Max von Baden
Persönliche Erinnerungen und Dokumente aus dem Ersten Weltkrieg

edition militaris

ISBN: 978-3-96389-027-7
Druck: edition militaris, 2018
Die edition militaris ist ein Imprint der Diplomica Verlag GmbH.

© edition militaris, 2018
http://www.diplomica-verlag.de
Printed in Germany
Alle Rechte vorbehalten.
Die edition militaris übernimmt keine juristische Verantwortung oder irgendeine Haftung für evtl. fehlerhafte Angaben und deren Folgen. Der Inhalt ist im historischen Kontext zu lesen.

Max von Baden

Persönliche Erinnerungen und Dokumente aus dem Ersten Weltkrieg

Meinem Sohn Berthold Friedrich

Inhalt

Vorwort ... 15

Erster Teil ... 17

1. Meine Arbeit in der Gefangenenfürsorge ... 19
2. Politische Fühlungen ... 35
3. Die Erklärung des verschärften U-Bootkriegs ... 68
4. Die Passivität der berufenen Faktoren. Neue Verbindungen ... 84
5. Der Zusammenbruch der russischen Monarchie. Recht und Unrecht im Kriege ... 101
6. Julikrisis ... 121
7. „Die hundert Tage Michaelis" ... 148

Zweiter Teil ... 179

1. Meine Antwort auf den Brief Lansdownes ... 181
2. Brest-Litowsk ... 212
3. Fortsetzung des Dialogs mit Lansdowne ... 241
4. Mein Kampf für die Einleitung der politischen Offensive ... 255
5. Der „Ethische Imperialismus" ... 283
6. Politische Bemühungen während der siegreichen Offensive ... 301
7. Der militärische Rückschlag und seine Folgen ... 322
8. Verzögerte Entschlüsse ... 361

Vorwort

Nicht lange nach der Revolution, als es deutlich wurde, daß mir eine wesentliche Schuld an dem deutschen Zusammenbruch zugeschrieben werden sollte, faßte ich den Entschluß, in der Öffentlichkeit Rechenschaft abzulegen. Ich sah bald ein, daß ich vor dem deutschen Volk und vor mir selber die wirklichen Zusammenhänge nur aufklären konnte, wenn ich die mir gegenüber erhobenen Vorwürfe sorgfältig prüfte, entschlossen, auch den Standpunkt des Gegners zu verstehen.

Zu den strittigen Vorgängen vom 9. November sah ich mich gezwungen, schon im Jahre 1919 Stellung zu nehmen. Ich tat dies in einer Veröffentlichung, die in der ganzen Presse abgedruckt, aber in der Polemik so gut wie totgeschwiegen wurde.

In acht Jahre langem Forschen und Fragen glaube ich auf dem Wege zur Wahrheit so weit vorgedrungen zu sein, wie ich dazu imstande bin.

Aus der Rechtfertigungsschrift ist während der Arbeit etwas anderes geworden: ein quellenmäßig begründeter Bericht über diejenige Epoche des deutschen Schicksals, in die er verflochten war. Ich vertraue dem Gewicht der Tatsachen.

Ich habe zuerst im Dezember 1918, dann in den folgenden Jahren meine persönlichen Erinnerungen niedergelegt, für deren Redaktion und Ergänzung durch historische Quellenforschung ich Herrn Kurt Hahn zu großem Dank verpflichtet bin.

Es ist mir Bedürfnis, auch den anderen Mitarbeitern meinen Dank zu sagen, ohne deren aufopfernde Hilfe die Arbeit nicht hätte vollendet werden können: Frau Professor Richter für kritische Sichtung und Verarbeitung des Materials, Fräulein M. Rokol für die Verwaltung und Ordnung des Archivs, Fräulein Dr. Rinck-Wagner für historische Nachprüfung, Mitarbeit an den Anmerkungen und die Herstellung des Index.

Ich muß mir versagen, meiner Verpflichtung gegenüber all denen Erwähnung zu tun, die mir durch Rat, Auskunft und aufbauende Kritik zur Seite gestanden haben. Meiner Dankbarkeit gegenüber Geheimrat Oncken aber möchte ich noch besonderen Ausdruck geben: für Aufbau des Ganzen und Einteilung im einzelnen sind mir seine Ratschläge unschätzbar gewesen.

Salem, im April 1927
Max, Prinz von Baden

Erster Teil

Erstes Kapitel

Meine Arbeit in der Gefangenenfürsorge

Bei Kriegsausbruch befand ich mich im Stab des Generalkommandos des XIV. Armeekorps, dem die badischen Truppen unterstellt waren. Meine Gesundheit zwang mich im Herbst 1914 zur Rückkehr in die Heimat. Sobald ich einigermaßen wieder hergestellt war, habe ich mich dem badischen Roten Kreuz zur Verfügung gestellt. Mein Tätigkeitsgebiet wurde die Gefangenenfürsorge.

Die Arbeit für fremde Gefangene und die Hilfeleistung für unsere Volksgenossen in der Gefangenschaft widersprachen sich so wenig, daß vielmehr ihre unlösliche Verknüpfung mit jedem Tage deutlicher wurde.– Nur gestützt auf die Tatsache, daß man den in Deutschland gefangen gehaltenen Gegnern zu helfen bemüht war, konnte man in Feindesland präzise und rasche Antwort erhalten, schwierige Mühewaltungen mit Erfolg erbitten.

Es ist aber falsche Seelenkunde, zu glauben, daß in die Liebestätigkeit ununterbrochen Zweckmäßigkeitserwägungen sich hineindrängen. Die menschliche Not ruft nach erster Hilfe, man gibt sie, wenn man sie geben darf. „Feindesliebe ist auch im Kriege das Zeichen derer, die dem Herrn die Treue halten."[1] Ich habe dieses Wort Siegmund-Schultzes im Jahre 1917 aufgegriffen und den mahnenden Zusatz daran geknüpft: „Und auch das Zeichen derer, die Deutschland die Treue halten."

Zunächst arbeitete ich in deutsch-russischen Gefangenenangelegenheiten. Hier konnte ich meine verwandtschaftlichen Beziehungen zum russischen Hofe nutzbar machen, um Klagen anzubringen. Ich war in

---

[1] Dieser Satz findet sich in einem der ersten Aufrufe der „Auskunft, und Hilfsstelle für Deutsche im Ausland und Ausländer in Deutschland", die im Jahre 1914 Siegmund-Schulhe und Fräulein Dr. Rotten gegründet hatten. Die Hilfsstelle hat, bald von den Behörden unterstützt und benutzt, bald bekämpft, bis zum Kriegsende ihre überaus segensreiche Arbeit fortgesetzt.

der Lage, Hilfe aufzurufen, die damals in Rußland noch überraschend große Wirkungen hervorbringen konnte. Bald wurde meine Mitarbeit auch für das Wohl der deutschen Gefangenen in England und Frankreich und der englischen und französischen Gefangenen in Deutschland in Anspruch genommen.

Nach Rußland vermittelte meine Cousine, die Königin von Schweden, meine Korrespondenz. Sie hat dabei meinen Beschwerden immer besonderen Nachdruck verliehen; litt sie doch unsagbar unter jedem Unglück, das die deutsche Heimat und deutsche Menschen betraf.

Ich unterhielt einen regen Briefwechsel mit der Kronprinzessin von Schweden, der klugen und warmherzigen Tochter des Herzogs von Connaught, Enkelin des Prinzen Friedrich Karl von Preußen. In vorbildlich neutraler Gesinnung hat sie sich ununterbrochen um deutsche und englische Gefangene bemüht. Diese edle Fürstin ist leider zu früh gestorben. Sie hat in ihrer neuen wie ihrer alten Heimat Liebe und Verehrung in reichem Maße gefunden.

Schweizer Menschenfreunde wurden mir eine große Hilfe. Sie waren unermüdlich tätig, deutsche Wünsche nach Frankreich und französische nach Deutschland zu vermitteln.

Die Bemühungen um Einzelschicksale wurden bis zum Oktober 1918 von mir fortgeführt. Sie haben zuweilen eine erdrückende Arbeitslast aufgehäuft. Daneben mußte ich mich mit den Grundfragen der Gefangenenpolitik auseinandersetzen: Repressalien – Austauschverfahren – seelische und körperliche Gesundheit der Gefangenen.

Ich kam gleich zu Beginn meiner Tätigkeit mit Professor Partsch in nahe Berührung, dem Leiter der badischen Gefangenenfürsorge. Der bedeutende Rechtslehrer hat seinen eigenen Platz in der Geschichte der deutschen Wissenschaft: nach dem Kriege wurde er einer der Vorkämpfer für Deutschlands Recht. In der Erinnerung von Tausenden aber wird er als großer Philanthrop fortleben. Er hatte eine Kraft, die seinen Freunden unerschöpflich schien, bis zu seinem jähen Tode am 30. März 1925. Er starb, noch nicht fünfzigjährig, als Opfer des Krieges und seiner Menschenliebe, die keine Schonung für sich selbst kannte. Ich werde nie vergessen, wie scheinbar unüberwindliche Hindernisse vor seinem fortreißenden Temperament einfach zerbröckelten. Er hatte eine Art, zu sagen: „Das ist unrecht, der sinnlos," der gegenüber die Kriegspsychose und die ihr entstammenden Vorurteile sich nicht halten konnten.

Partsch konnte meine Hilfe den Behörden gegenüber gut gebrauchen; bei den öffentlichen Werbungen vermochte ihm mein Name beschämend viel zu nützen.[2]

Ich habe mich nach Kräften bemüht, dem amerikanischen „Verein Christlicher junger Männer" die aufbauende Arbeit zu erleichtern, die er in den Gefangenenlagern aller kämpfenden Länder leistete. Die Delegierten Harte und Hoffmann hielten mich dauernd durch ihre Berichte auf dem Laufenden. Ich habe vielfach ihre Wünsche im Kriegsministerium persönlich vertreten. Der Organisation gelang das meiste, was sie anpackte. Einer ihrer schönsten Erfolge war die Einrichtung der Lagerbibliotheken in Rußland.

Rücksichten auf die nationale Würde hinderten uns manchmal, natürliche Erleichterungen zu gewähren. Man mußte auf der Hut sein, daß die Gegner aus vernünftigen Konzessionen nicht falsche Schlüsse zogen. Aber die nationale Würde verlangte nicht minder, daß niemand uns nachsagen konnte, in unseren Gefangenenlagern kämen Grausamkeiten oder sinnlose Härten vor. Noch heute erfüllt es mich mit großer Befriedigung, daß nach der Aussage vieler in badischen Gefangenenlagern Internierter und dem Gutachten neutraler Besucher keines unserer Lager diesen Vorwurf verdiente. Auch im übrigen Deutschland ist im Verhältnis zu der gewaltigen Menge von beinahe vier Millionen Gefangener, die wir zuletzt hatten, die Zahl der Ausnahmen, deren wir uns zu schämen haben, äußerst gering. Aber wer sein Vaterland im rechten Geiste liebt, den bedrücken die wenigen bösen Fälle, die sich tatsächlich ereignet haben. Mich haben sie immer deswegen mit besonderem Zorn erfüllt, weil sie so unnötig waren angesichts der bekannten Einstellung des obersten Kriegsherrn und seiner zu Anfang des Krieges noch ungebrochenen Macht, auch die Gesinnungen zu disziplinieren. Seine Majestät hatte nicht gezögert, in vielen

---

[2] Professor Partsch und ich verbreiteten einen Aufruf für Sammlung eines Fonds zur Unterstützung von Badenern, die sich in Gefangenschaft befanden, oder aus ihr in die Heimat zurückkehrten. Diese „Prinz-Max-Fonds" genannte Sammlung ergab eine sehr ansehnliche Summe, dank der Freigebigkeit vieler Badener, besonders der Industrie des ganzen Landes.

privaten Gesprächen eindringlich zur caritas inter arma zu mahnen. Aber die große richtunggebende Kundgebung unterblieb, und übereifrige Patrioten konnten sich einbilden, man erwirbt Gunst, wenn man sich in der Gefangenenbehandlung vor dem hütet, was sie als „sentimental" zu bezeichnen pflegten. Die stellvertretenden kommandierenden Generale, die in ihrem Bezirk für die Gefangenenlager verantwortlich waren, unterstanden nach der Kriegsverfassung nur Seiner Majestät. Das preußische Kriegsministerium hatte keine Befehlsgewalt innerhalb der Lager. Es mußte häufig Umwege gehen, um seinen Willen durchzusetzen. Dieser Wille war gut. Ich habe ernste Kämpfe mit dem Kriegsministerium ausfechten müssen, aber nie Ablehnung des Grundgedankens gefunden: Menschlichkeit und Vaterlandsliebe zugleich verbieten alle Härten, die der Kriegszweck nicht fordert. Rückblickend möchte ich ein Wort des Bischofs Bury[3] bekräftigen, das er bei einem Besuch in Deutschland während des Krieges gesprochen hat: Deutschlands Kriegsministerium ist seine humanste Behörde.

In Deutschland war das Problem der Gefangenen nicht allein wegen der zahllosen Völkerschaften, die sich in unseren Lagern zusammenfanden, sondern mehr noch durch die Knappheit unserer Lebensmlttel und medizinisch-hygienischen Bedarfsgegenstände unlösbar kompliziert. Häufig konnte das, was man als wünschenswert einsah, schlechterdings nicht geleistet werden, bis es dem Kriegsministerium gelang, die Liebessendungen aus der Heimat der Gefangenen grundsätzlich zu regeln.

Die Wahl des Obersten, später General Friedrich zum Leiter der Gefangenenangelegenheiten im Kriegsministerium war ausgezeichnet. Seine Klugheit und Menschenkenntnis, die Sachlichkeit seines Urteils, seine Freundlichkeit gaben ihm eine besondere Eignung für sein schweres Amt.

Ich betrachte es als ein Glück, daß ich diesem vortrefflichen Landsmann an einer Stelle begegnete, an der es von höchster Bedeutung war, Verständnis zu finden.

Unvergeßliche gemeinsame Erlebnisse verbinden mich mit Friedrich. Wir trafen mehrfach in der Schweiz zusammen, um in den Kantonen St.

---

[3] Er war während des Krieges anglikanischer Bischof von Nord- und Zentraleuropa. Im Gegensatz zu vielen anderen Theologen hat er die Bergpredigt

Gallen, Appenzell, Glarus, Graubünden und am Vierwaldstätter See die Einrichtungen zu besichtigen, welche die Schweiz für die ausgetauschten Gefangenen geschaffen hatte. Wir waren beide voll Bewunderung für die Tatkraft, Umsicht und Warmherzigkeit der Schweizer.

Das Wort „neutral" ist für jede kriegführende Nation nicht nur mit guten Gedanken verknüpft: man hat kritiklose, ja servile Parteinahme für die feindliche Sache erlebt, Hilfsdienst für die Propaganda der Lüge, und nicht zuletzt, als sich im Jahre 1918 das Kriegsglück von unseren Waffen zu wenden begann, eine Schadenfreude, die besonders wehe tat, wenn sie aus stammverwandten Städten aufstieg. Heute, wenn ich von meinem Wohnsitz Salem in das begnadete Nachbarland hinüberschaue, überwiegen fr mich die schönen Erinnerungen. Gern gedenke ich einer besonderen Wohltat, die ich meiner Berührung mit Persönlichkeiten wie Dr. Vohny und Frau, Dr. Schwytzer und Ney verdanke: man wurde widerstandsfähiger gegen den Kriegstaumel und seinen Anspruch, gesunden Sinn, Menschlichkeit und Gerechtigkeit außer Kraft zu setzen.

Der Gefangenenaustausch führte mich mit General Friedrich auch in Konstanz zusammen. Dorthin begab ich mich so oft wie möglich, wenn die Züge mit schwerverwundeten Deutschen von Lyon über die Schweiz eintrafen und schwerverwundete Engländer und Franzosen abtransportiert wurden. In Konstanz waltete Major v. Polentz als Stellvertreter des Kriegsministeriums seines Amtes. Es gelang ihm, sich großes Ansehen bei Freund und Feind und bei den neutralen Schweizern zu erwerben. Der Name „le roi de Constance", der ihm bei den Franzosen beigelegt wurde, ist bezeichnend.

Den überwältigenden Eindruck, den ich bei der Ankunft der ersten schwerverwundeten Deutschen empfing, habe ich in einem Brief an den Reichskanzler niedergelegt. Man stand in banger Erwartung gebrochener, verkrüppelter Menschen und suchte nach Worten, die den rechten Trost spenden sollten. Da fuhr der Zug ein, und wir wurden von einem Jubel umfangen, der unsere Herzen erhob: „Was liegt am eigenen Leid, wenn nur Deutschland siegt!"

---

nie außer Kraft gesetzt.

Bei einem solchen Verwundetenaustausch hatte ich einen Konflikt mit dem Kriegsministerium. Deutsche und französische Offiziere sollten gleichzeitig abtransportiert werden. Die Franzosen waren bereits in Konstanz eingetroffen, da erfuhr unsere Behörde, daß Frankreich seinen Teil des Abkommens nicht erfüllt hätte, und nun wurde den unglücklichen schwerkranken Männern kurz vor Erreichung der ersehnten Freiheit mitgeteilt, daß sie in die Gefangenschaft zurück müßten. Da wandte ich mich telegraphisch an den Kaiser und bat ihn, durch einen Akt der Großmut die französischen Behörden zu beschämen. Er würdigte sofort diesen Standpunkt, und ich konnte den verzweifelten französischen Offizieren die Botschaft bringen, daß ihrem Weitertransport nichts im Wege stünde. Als ich sie verabschiedete, appellierte ich an ihre Ritterlichkeit, die von ihnen verlange, auch in ihrer Heimat zu bekennen, daß sie ihre Freiheit allein der Großmut unseres Kaisers, des in Frankreich am meisten verleumdeten Mannes, zu verdanken hätten. Es dauerte dann gar nicht lange, bis die deutschen Offiziere in der Heimat eintrafen.

Die Herbeiführung des Gnadenaktes war ganz im Sinne des Reichskanzlers.[4]

Ich muß aber zugestehen, daß Frankreich gegenüber die Repressalienpolitik in der Gefangenenbehandlung nicht vollständig zu entbehren war. Vielfach halfen sich unsere Lagerkommandanten damit, daß sie anbefohlene Härten nicht ausführten, wohl aber die ihnen unterstellten Gefangenen veranlaßten, nach Hause zu schreiben, daß die angedrohten Maßnahmen in Kraft getreten wären.

Gegen England wurden die Repressalien mit der Zeit immer unnötiger. Bei den leitenden Stellen war dort sicher der Wille vorhanden, gerecht vorzugehen. Böse Einzelfälle sind zu verzeichnen – an ihnen trägt die Gesinnung der Hetzpresse die wesentliche Schuld.[5] Doch die Gerechtig-

---

[4] „Meinen besonderen Glückwunsch darf ich aussprechen, daß Ew. Hoheit sich bei Seiner Majestät dem Kaiser dafür verwandt haben, die französischen Offiziere und Unteroffiziere, auch ohne Gegenseitigkeit, auszuliefern. Ein Werk edelster Menschlichkeit, das der Welt die Augen öffnen sollte über die sittliche Größe der angeblichen Hunnen und Barbaren." (13. März 1915.)

[5] Am meisten tat sich in der Hetze gegen deutsche Gefangene und alle, die ihnen Gutes erwiesen, der „John Bull" hervor. Leider konnte er in der Zeit der ärgsten

keit fordert, festzustellen, daß in England keine rohe Tat geschah und kein wüstes Wort gesprochen wurde, ohne daß anständige Menschen in zorniger Abwehr aufstanden. Die Quäker[6] vor allen haben die Fahne des Roten Kreuzes nie gesenkt. Ihre mutige Werbearbeit hat Dr. Markel den Weg bereitet, um der große Beschützer der deutschen Gefangenen zu werden.

Rußland gegenüber war unsere Lage sehr schwierig. Dort verband sich gewissenlose Nachlässigkeit vielfach mit jener Grausamkeit, die im slawischen Charakter so unberechenbar hervorbricht und häufig mit echter Herzensgüte abwechselt. Das Ergebnis waren die furchtbarsten Greueltaten des Krieges. Repressalien aber waren hier sinnlos. Dem Russen wogen die Leiden der eigenen Volksgenossen gering gegenüber der Lust an Rache, die besonders nach deutschen Siegen nicht zu zügeln war. Ich habe immer das Kriegsministerium vor Vergeltungsmaßnahmen gegen Rußland gewarnt, weil sie verhundertfacht auf unsere Landsleute zurückfallen würden.

In Rußland konnte nur das Eingreifen einzelner gebietender Persönlichkeiten rasche Hilfe bringen. Bei einer dramatischen Gelegenheit konnte ich die Kaiserinmutter zu einer rettenden Intervention bewegen. Ein österreichischer Offizier war unschuldig als Spion zum Tode verurteilt worden. Am Tage, da er gehängt werden sollte, setzte die Kaiserinmutter seine Begnadigung durch.

Die Zustände beim Bau der Murmanbahn sind oft geschildert worden. Dort leisteten deutsche Gefangene, schlecht gekleidet, schlecht ernährt, in eisiger Kälte die härteste Fronarbeit. Sie starben zu Tausenden an Skorbut. Ärzte waren kaum vorhanden, Pflegepersonal überhaupt nicht, es fehlte an den nötigsten Medikamenten. Teuflische Aufseher unternahmen es, noch die Todkranken zur Arbeit zu peitschen.[7]

Denunziationen berichten, daß seine Abonnentenzahl die Million erreicht habe.
[6] Die „Emergency Committee of the Society of Friends for Helping Germans, Austrians and Hungarians in Distress" bemühte sich besonders um die Zivilgefangenen, während Dr. Markel sich der Kriegsgefangenen annahm.
[7] Man kann verstehen, daß unser Kriegsministerium den Bericht der schwedischen Schwestern über die Zustände an der Murmanbahn geheim hielt, um den Anverwandten der Unglücklichen nicht das Herz zu brechen.

Die amerikanische Gesandtschaft schritt nicht wirksam ein; sie hat den ihr anvertrauten Schutz der gefangenen Deutschen in Rußland lässig und herzlos verwaltet. Es wird mir schwer, dieses auszusprechen in Erinnerung an die Amerikaner, mit denen ich in Deutschland zusammenarbeitete.

Ich habe an das Gewissen der Großfürstin Konstantin[8] appelliert, so stark und zornig ich es vermochte. Sie hat meinen Onkel, den Prinzen Alexander von Oldenburg, zu Hilfe gerufen, der an der Spitze des Hygienewesens in Rußland stand. Er unternahm eine Inspektionsreise, und ihm ist besonders dafür zu danken, daß deutsche von Skorbut befallene Gefangene in ein warmes Klima transportiert wurden.

Das entscheidende Verdienst an der Auflösung der Hölle im Murmangebiet gebührt meines Wissens der Tochter des schwedischen Gesandten in Petersburg, Fräulein Elsa Brändström.[9] Sie gehört zu den großen Frauen unserer Epoche. Nur weibliche Kraft und Güte konnte unternehmen und vollbringen, was ihr gelang. Sie wurde mit Recht der gute Engel der deutschen Gefangenen genannt.

Bei meinen Bemühungen für die Gefangenen war es mir immer von besonderer Bedeutung, daß ich das ganze badische Land geschlossen hinter mir hatte. Ich habe nie kleinliche oder ungute Regungen gespürt, die unsere Arbeit stören wollten.

Der Ehrendoktor, den mir die Universität Freiburg verlieh, war für mich mehr als eine bloße Formsache. Ich nahm ihn als ein Zeichen aufrichtiger Zustimmung und denke noch oft an die Worte, mit denen der Dekan Professor Rosin mir die Auszeichnung überreichte:

---

[8] Geborene Prinzessin Elisabeth von Sachsen-Altenburg, Gemahlin des mir eng befreundeten Großfürsten Konstantin Konstantinowitsch, des bedeutenden russischen Dichters und Übersetzers des Hamlet.
[9] Nach ihrer erschütternden Schilderung (Unter Kriegsgefangenen in Rußland und Sibirien 1914 bis 1920, Berlin 1922, Seite 62) gingen von den 70 000 Kriegsgefangenen im Murmangebiet 25 000 zugrunde, 32 000 waren im Herbst 1916 schwer krank.

„ ... Wir wissen, was Ihre vorsichtige und doch so einflußreiche Arbeit für die Ebnung der Wege bedeutete, auf denen es mehr und mehr gelang, das Schicksal so zahlreicher auf dem östlichen Kriegsschauplatz Vermißter festzustellen, um die namentlich nach großen Schlachten manches treue Herz in der Heimat sich sorgte. Wir wissen, wie viele unserer kranken und verwundeten Gefangenen durch Ihre nie rastende Mühewaltung aus Frankreich oder Rußland zurückkehrten, um in der Schweiz ihre Heilung oder doch ärztliche Untersuchung und Fürsorge zu finden. Wir wissen, wie es Ew. Großherzoglichen Hoheit gelang, die ernste Mahnung zu menschlicher Behandlung unserer Gefangenen zur Geltung zu bringen, wie immer wieder und nach allen Seiten hin, insbesondere auch im neutralen Ausland, Sie alle diejenigen Kräfte um sich zu sammeln verstanden, die willens und geeignet sein konnten, bei den feindlichen Mächten für Verbesserung der Lebensbedingungen unserer Gefangenen, eingreifendere ärztliche Behandlung, Befriedigung ihrer religiösen und geistigen Bedürfnisse, Erleichterung ihres Postverkehrs mit der Heimat einzutreten."

Im Verlauf des Krieges setzte sich die von Partsch und mir verfolgte Linie eigentlich in der gesamten öffentlichen Meinung und auch bei den Behörden durch.

Als ich am 17. Dezember 1917 die Worte sprach: „Der Geist des Roten Kreuzes gehört zur deutschen Armee wie der Offensivgeist. Wer dem entwaffneten Feind den Pardon versagt, ist ebenso ein Verräter, wie derjenige, der nicht alles zur Niederzwingung eines kämpfenden Feindes unternimmt," war ich überwältigt von der Zustimmung, die aus allen Teilen des Landes zu mir drang. Am stärksten war sie allerdings in der Armee.

Im Sommer 1918 schickte ich an Seine Majestät eine ausführliche Denkschrift über Gefangenenprobleme und wiederholte darin zusammenfassend alte Vorschläge in neuer Form; insbesondere holte ich einen Plan wieder hervor, der noch auf Gespräche mit Herrn v. Jagow zurückging, dem Staatssekretär des Auswärtigen im ersten Kriegsjahr. Ich forderte die Gründung eines Gefangenenministeriums mit einem Mann von internationalem Gewicht an der Spitze. Seine Aufgabe sollte eine doppelte sein: einmal öffentliche Abwehr gegen Verleumdung, vor allem aber einheitliches Regiment über die Gefangenenlager, das alle sachlichen und Personenfragen fest in der Hand hielte und dadurch jede Abweichung von der humanen Linie zu verhindern in der Lage wäre.

Der Kaiser drückte mir seine uneingeschränkte Zustimmung aus und befahl dem Auswärtigen Amt und dem Kriegsministerium, meine Vorschläge in die Tat umzusetzen.

Als ich bald darauf General Friedrich in Konstanz traf, dankte er mir in bewegten Worten: mein Brief an den Kaiser hätte die letzten Widerstände überwinden helfen. Er sei heute überzeugt, daß meine Gefangenenpolitik vom ersten Tage an die richtige gewesen wäre. – Es war das letzte Mal, daß ich General Friedrich sah; wenige Wochen darauf erhielt ich die erschütternde Nachricht von seinem Tode.

Zweimal hatte ich Begegnungen mit dem „Feind":

Ich traf in der Schweiz mit einem Abgesandten des englischen Königs zusammen. Die Verhandlungen mit dem Engländer wurden mit denkbarer Kühle und Sachlichkeit geführt und beschränkten sich auf die Erörterung einzelner Beschwerdepunkte.

Überhaupt blieben meine westlichen Beziehungen – anders als die östlichen – ohne jede politische Färbung. Aber der nahen Berührung mit der englischen Mentalität verdanke ich eine Erkenntnis, die für mein ganzes kriegspolitisches Denken entscheidend werden sollte: ich begegnete häufig im Gespräch mit englischen Gefangenen, auch mit gebildeten und ritterlich denkenden Offizieren, einer Leichtgläubigkeit gegenüber unseren „Schandtaten" und „Weltherrschaftsplänen", die mich wahrhaft erschreckte; und auf der anderen Seite eine Bereitwilligkeit, angesichts spontaner deutscher Menschlichkeit umzulernen, die in ihrer Art ebenso erstaunlich war. Ich weiß von einer Reihe von Engländern, die nach ihrer Rückkehr aus Deutschland sich in ihrer Ehre gebunden fühlten, Zeugnis gegen unsere Verleumder abzulegen. Eine großzügig und einheitlich geleitete Gefangenenbehandlung hätte die Blockade durchbrechen können, die England gegen die deutsche Wahrheit über sein eigenes Volk verhängt hatte.

Wenn ich mir von Kriegsanfang an die schwersten Sorgen über den fortschreitenden Siegeszug der feindlichen Propaganda machte, wurde mir immer zum Trost gesagt: nach dem Kriege würde der Weg zur Gerechtigkeit wieder frei werden. Demgegenüber hatte ich das bestimmte

Gefühl: der Krieg kann nicht anständig ausgehen, es sei denn, daß die unanständige Kriegsgesinnung vorher überwunden wird.

Wenn man die Zeitungen las, mochte man an diesem Ziel verzweifeln; aber von der Front wurden wiederholt Anzeichen gemeldet, daß in der kämpfenden Truppe die normale menschliche Gesinnung nicht verlorengegangen war. Dafür konnten wir Ende 1914 ein erschütterndes Beispiel erleben: am Weihnachtstage war jählings und unerwartet das verhöhnte Evangelium in den Herzen der kämpfenden Soldaten auferstanden. Aus den Schützengräben lösten sich scharenweise englische und deutsche Soldaten und sahen sich den Menschenbruder an, auf dessen Tötung es ihnen bisher allein angekommen war, sprachen freundlich miteinander, tauschten Zigaretten aus und feierten in der heiligen Nacht eine Waffenruhe, ohne Befehl und Erlaubnis ihrer Vorgesetzten. Ich hörte, daß kurze Zeit darauf auf beiden Seiten ein sehr strenger Tagesbefehl herauskam, um derartige kriegsstörende Erlebnisse unmöglich zu machen.

Im November 1915 wohnte ich der Stockholmer Gefangenenkonferenz bei.

Ich hatte die Anregung zu diesen Besprechungen gegeben. Bei Gelegenheit einer Besichtigung des Gefangenenlagers in Stralsund, zusammen mit dem schwedischen Gesandten Grafen Taube, einem aufrichtigen Freund der deutschen Sache, lernte ich den Fürsten Lieven kennen. Dieser war Leiter des Lazarettzuges der Kaiserinmutter von Rußland gewesen und war mit dem Zuge gefangen genommen worden. Er war ein vornehmer Balte besten Schlages; ich hatte mich um seinen Austausch gegen einen deutschen Herrn bemüht. In wenig Stunden sollte er über Schweden nach Rußland fahren. Wir sprachen über die Gefangenenfrage, und dabei kam mir der Gedanke, ihm einen Brief an meine Tante, die Kaiserinmutter, mitzugeben, der sie bitten sollte, sich für eine Konferenz der Roten-Kreuz-Delegationen von Rußland, Deutschland und Österreich einzusetzen. Als Ort des Zusammentreffens schlug ich Stockholm vor, das mir nicht nur der geographischen Lage wegen der geeignetste Ort zu sein schien, sondern auch deshalb, weil Prinz Karl von Schweden, der Vorsitzende des schwedischen Roten Kreuzes, der mit einer Nichte der Kaiserin verheiratet war, die Garantie einer unbedingt unparteiischen Leitung der

Geschäfte bot. Das schwedische Rote Kreuz hatte damals schon viel für leidende Deutsche getan.

In meinem Brief an die Kaiserinmutter sagte ich, die pharisäische Haltung, die alle Regierungen und Länder in der Gefangenenfrage einnähmen, verhinderte, das gemeinsame Leiden dieser unglücklichen Menschen gerecht zu beurteilen. Mit gegenseitigen Vorwürfen wäre nichts getan, es gälte, der Wahrheit ins Gesicht zu sehen und Richtlinien für eine möglichst menschliche Behandlung der Gefangenen zu finden. Das könne nur in mündlicher Aussprache geschehen. Ich bat sie, ihre große Autorität für eine Konferenz in die Wagschale zu werfen. – Ihrer Initiative ist es dann hauptsächlich zu danken gewesen, daß die Widerstände in Rußland überwunden wurden. Am 22. November 1915 wurde die Konferenz eröffnet, die bis zum 1.Dezember 1915 dauerte. Der Zusammenprall der Geister war zeitweise sehr hart, und es konnte leider auch nicht verhindert werden, daß ein Vormittag darauf verwandt wurde, die Vorwürfe, die man sich zu machen hatte, gegenseitig vorzutragen und an Einzelfällen zu erhärten. Es war ein unwürdiges Beginnen, aber die russische Delegation war trotz meiner Bemühung, uns diese Stunden zu ersparen, nicht davon abzubringen.

Die Arbeit selbst aber, die die Konferenz leistete,[10] kann man als gut und segensreich bezeichnen. Freilich traten später bei der Ausführung der getroffenen Vereinbarungen neue Komplikationen ein, die zu gegenseitigen Repressalien führten und eine solche Steigerung erreichten, daß von deutscher Seite Prinz Waldemar von Dänemark, der Bruder der Kaiserinmutter und Vorsitzende des dänischen Roten Kreuzes, angerufen werden mußte, um den Greueln ein Ende zu machen. Ich weiß, daß der Deutsche Kaiser sehr ungehalten darüber war, daß man deutscherseits es zu einer so verschärften Lage hatte kommen lassen durch Maßnahmen, die ohne sein Wissen unternommen worden waren.

---

[10] Das am 1.Dezember 1915 in Stockholm unterzeichnete Schlußprotokoll konnte nur festsetzen, daß die gefaßten Beschlüsse von den Teilnehmern der Konferenz bei ihren Regierungen befürwortet werden sollten. Damit war gesagt, daß sie der Genehmigung der Regierungen bedurften, um praktische Geltung zu erlangen. Am 13. Mai 1916 wurden dann Vereinbarungen zwischen den Delegierten der Roten Kreuze unterzeichnet.
Es wurde beschlossen, Zentralausschüsse und lokale Hilfsausschüsse zu bilden, in welchen auch Neutrale sitzen sollten. Sie sollten die Wünsche der Gefangenen feststellen, die Liebesgaben verteilen und das Recht haben, die Lager – nach Einholung der Erlaubnis bei deren militärischen Behörden – zu besuchen.
Ferner wurden Vereinbarungen getroffen über: Nachrichtenübermittlung in die Heimat; Gefangenen- und Totenlisten; Nachforschung nach Vermißten; Austausch von Andenken; Postdienstbeschleunigung und Paketdienst; Sicherung von Geldsendungen an Gefangene; Liebesgaben; Bücherbeschaffung und Übermittlung; Behandlung von Ärzten und Sanitäts-personal, Austausch nicht für den Dienst der Gefangenen benötigter Personen; Pflege der Verwundeten und Kranken, Hygiene der Lager; notwendiges Minimum der Einrichtungsgegenstände für Offiziere und Mannschaften; Nahrung, Kleidung, Behandlung der Gefangenen; Erleichterung der Seelsorge; Vertretungsausschuß der Gefangenen in jedem Lager.
Das Wichtigste war vielleicht der Beschluß, einen gemischten Ausschuß für die kriegführenden Länder zu bilden, aus drei Neutralen, drei von den deutschen, österreichischen und ungarischen Roten Kreuzen und drei vom russischen Roten Kreuz ernannten Mitgliedern. Diese Ausschüsse sollten durch die Lager aller beteiligten Länder reisen und Erkundigungen einziehen, Auskünfte von den Behörden verlangen, ohne Zeugen mit den Gefangenen sprechen dürfen. Leider wurden gerade der Bildung dieser gemischten Kommission, welche der Entstehung von Greuellegenden vorgebeugt und wirklichen Mißständen vielfach abgeholfen hätte, von russischer Seite Steine in den Weg geworfen. Es kam nur eine Reise von Neutralen zur Ausführung.

Aus Anlaß der Stockholmer Konferenz hatte der deutsche Reichskanzler mich mit einem wichtigen diplomatischen Auftrag betraut, über den ich heute noch nicht in der Lage bin, mich zu äußern.

Die Korrespondenz mit Rußland wurde immer lebhafter. Ihr unmittelbarer Zweck war natürlich, Hilfe zu bringen. Aber ich leugne nicht, daß ich von Anfang an wachsam Ausschau hielt nach Zeichen der Kriegsmüdigkeit. Ich wollte die Hoffnung nicht fahren lassen, daß das kaiserliche Rußland sich in schwerer Kriegsnot auf die mächtige Tradition deutschrussischer Freundschaft zurückbesinnen würde. Ich habe alles getan, was ich konnte, um den philanthropischen Faden fester zu knüpfen, damit er im gegebenen Augenblicke für eine politische Botschaft zur Verfügung stünde. Darum habe ich auch meine Korrespondenten nicht entmutigt, wenn sie auf die heikle Frage von Recht und Unrecht in diesem Kriege zu sprechen kamen, und geduldige Belehrung versucht, wo mir kränkende und groteske Vorurteile entgegentraten. Meine Korrespondenten zeigten sich für die Aufklärung durchaus empfänglich. Immer stärker wurde ihr Wille, den deutschen Gefangenen zu helfen. Allerdings arbeiteten sie unter dem dauernden Druck einer nervösen Angst vor der öffentlichen Meinung, wie man sich das in Deutschland kaum vorzustellen vermag.[11]

---

[11] So schrieb die Zarin am 5. Januar 1916 an den Zaren: „ … Ich las einen endlosen Brief von Max an Vicky, er wünschte, daß ich ihn läse – er versucht, gerecht zu sein, aber es war mehr als schmerzlich, da manches leider wahr war über hier und die Gefangenen – ich kann nur wiederholen, daß ich finde, man müßte einen höhergestellten Beamten mit Mme. Orjewsky absenden, um unsere Gefängnisse, besonders in Sibirien, zu inspizieren. Es ist so weit weg, und leider erfüllen die Leute in unserem Lande nur selten ihre Pflicht, besonders wenn sie außer Sichtweite sind. Der Brief packte mich, viel Wahres war darin, und auch falsche Dinge, und er sagt, die Unseren wollen keine Vorwürfe gegen die Behandlung hier glauben (ebenso umgekehrt). Ich sah, was die Schwestern ihm erzählt hatten, auch über die Kosaken. Aber all dies ist zu schmerzlich, nur finde ich, daß er recht hat, wenn er sagt, sie haben nicht Lebensmittel genug, um ihre Gefangenen zu ernähren." … „Außer um der Menschlichkeit willen, deshalb, weil nicht schlecht von unserer Gefangenenbehandlung gesprochen werden darf, möchte man strenge Befehle geben, und daß die, die sie nicht erfüllen, bestraft werden – aber ich habe nicht das Recht, mich als ‚Deutsche' darum zu kümmern, einige rohe und dumme Menschen nennen mich wahrscheinlich so, um meine Einmischung zu hindern. Unsere Kälte ist zu intensiv, mit mehr Nahrung kann man ihr Leben retten – 1000 sind gestorben – unser Klima ist so schrecklich

„Wie gern," so schrieb mir eine Verwandte, „ach, wie gern hätte ich die deutschen Schwestern gesehen, aber ich darf nicht. Ich bin direkt elend davon, daß man mich im alten Vaterland für feige halten könnte. Du weißt nicht, wie schwer das alles ist."

Es war natürlich gerade für diejenigen Damen des russischen Hofes, die deutscher Abstammung waren, äußerste Vorsicht geboten.

Ende Oktober 1915 erhielt ich von zwei Verwandten die Nachricht, wie wenig sie helfen könnten. Daß sie sich selbst nach Gefangenen erkundigten, sei unmöglich, nur durch Bekannte in der offiziellen Welt – ein andermal hieß es, durch Neutrale – könnten sie auf Mißstände aufmerksam machen. Die Großfürstin Konstantin klagte, wie schrecklich die Verschickung der baltischen Pastoren sei. „Mein Mann will durchaus nicht, daß ich mich in derartige Aktionen mische." Dann heißt es im nämlichen Brief: „Alix (die Kaiserin) in etwas zu mischen, wäre eben ein direktes Verbrechen." Die Kaiserinmutter war viel eher in der Lage, für feindliche Gefangene etwas zu tun, weil ihre Stellung im russischen Volk gefestigter war.

Mitte Mai 1916 (anläßlich der Schrecknisse beim Bau der Murmanbahn) klingt es, als ob ein Mut der Verzweiflung über eine der deutschgeborenen Großfürstinnen gekommen wäre: „Ich will mich nicht mehr schonen, wenn es sich um Menschenleben handelt," heißt es in einem Brief.

Nicht lange nachher erhielt ich ein paar Zeilen, die mich aufhorchen ließen.

„In höheren, nicht zu verrannten Gesellschaftskreisen werden die Ansichten klarer. Die von der Front Kommenden sind vernünftiger. Schweige, aus Angst, zu viel zu sagen. Wir verstehen uns."

Hierin sah ich eine Andeutung, die ich weitergeben sollte. Um diese Zeit hatte ich Gelegenheit, den Reichskanzler v. Bethmann Hollweg zu

---

verheerend. Ich hoffe, daß Georgi und Tatitschew auf ihrer Reise alles inspizieren werden – besonders die kleinen Städte, und ihre Nasen in alles hineinstecken werden, da man doch auf den ersten Blick nicht alles bemerken kann ..." („Die letzte Zarin", ihre Briefe an Nikolaus II. und ihre Tagebuchblätter von 1914 bis zur Ermordung, herausgegeben von Joachim Kühn, Berlin, S. 144.)

sehen, und ich machte ihm Mitteilung von dem Brief meiner Verwandten. Er nahm die Sache ernst. Wir verabredeten weitere Schritte. –

So mündete meine Tätigkeit für die Gefangenen in die auswärtige Politik.

Zweites Kapitel

Politische Fühlungen

Bis zum Jahre 1915 gab es in gebildeten Kreisen eigentlich nur die Haltung des abwartenden Vertrauens, eines Vertrauens, das schier unerschöpflich war. Rückblickend ist es erstaunlich, zu sehen, wie Männer von erprobter Urteilsschärfe und Unabhängigkeit des Charakters jede Regung selbständiger Meinung in Angelegenheiten des Krieges bei sich und ihrer Umgebung unterdrückten.

> „Wenn wir einen Frieden wollen, wie wir ihn brauchen, dann müssen wir jetzt vor allem vertrauen auf die deutschen Waffen, auf das kämpfende deutsche Volk. Vertrauen wir aber auch auf den Friedenswunsch und den Friedenswillen des Deutschen Kaisers. Zweimal hat der Kaiser in den letzten Jahren durch sein persönliches entscheidendes Eingreifen uns den Frieden gesichert. Ganz unbeschadet der Gegensätze zu der Politik des Kaisers müssen wir heute erklären: im jetzigen Augenblick können wir dem Kaiser vertrauen." [12]

Diese Worte sprach nicht etwa eine der Stützen des Thrones, sondern der Sozialdemokrat Wolfgang Heine am 22. Februar 1915 in einer großen Volksversammlung, und der Stuttgarter „Beobachter" lobte ihn dafür, daß er im Vertrauen auf Kaiser und Kanzler für die Gegenwart jede selbständige Parteiaktion ablehne.

Im Jahre 1916 war eine kritische Unterströmung zu spüren. Sie drang auf vielen und mannigfachen Wegen zu mir. Herr v. Tirpitz schrieb mir besorgt über anglophile Erwägungen, die unsere schärfste Waffe, den U-Bootkrieg, stumpf machten und denen zuliebe die Chance eines russischen Separatfriedens vernachlässigt werde. Vor allem aber ging durch militärische Kreise ein banges Raunen und Fragen: war die Entscheidung, Verdun anzugreifen,[13] richtig? Ist es recht, den mißlungenen Angriff fortzusetzen? Ich hielt es für meine Pflicht, den leitenden Männern im Auswärtigen Amt von solchen Strömungen Kenntnis zu geben. Die Herren waren so freundlich, mir eine ausführliche Antwort zu erteilen.

---

[12] „Berliner Tageblatt" vom 23. Februar 1915.

Staatssekretär v. Jagow schrieb mir am 5. Juli 1916:

„Ew. Großherzoglichen Hoheit danke ich untertänigst für das gnädige Schreiben vom 1. d. Mts. Nach den sofort von mir angestellten Ermittlungen ist René Wibaux aus Roubaix durch das Militärgericht in Mons zu 1 Jahr 1 Monat Gefängnis verurteilt worden. Die Nachricht, er sei zum Tode verurteilt, scheint sonach auf Irrtum zu beruhen. Der Fliegerangriff auf Karlsruhe muß diesmal entsetzlich gewesen sein, das Übergreifen der kriegerischen Vernichtung auf die Zivilbevölkerung, wie es sich in diesem Kriege herausgebildet hat, läßt einen wirklich die Frage stellen, worin der berühmte „Kulturfortschritt" der Menschheit besteht. Nur in der Erfindung teuflischer, technischer Mittel? Geradezu zynisch ist das französische Kommunique, aber vice versa wäre wohl auch mancher deutsche Überpatriot zu einem ähnlichen Dokument fähig gewesen! Man kommt da wieder auf das unheilvolle und zweischneidige Kapitel der Repressalien. Wir verleben jetzt bange Tage. Gott gebe, daß wir dem Sturm, der in Ost und West gegen uns tobt, auch noch gut standhalten! Die österreichische Schlappe hat ihn entfesselt und damit alle guten Aussichten zerstört. Denn die Stimmung in Frankreich neigte zum Zusammenbruch; jetzt ist sie wieder ganz hoch. Ohne die erfolgreiche russische und die dadurch hervorgerufene englische Offensive wäre die geheime Kammersitzung in Paris wohl nicht so glimpflich für Briand verlaufen. Nun müssen wir auch noch durch dieses Blutbad. Die Übermacht ist groß. Die Nachrichten von der Front klangen ja gottlob nicht bedrohlich, aber ich fürchte immer, daß diese Generaloffensive von längerer Dauer sein wird. Die Vorbereitungen der Gegner scheinen sehr umfassend zu sein, sie wollen uns offenbar zermürben. Man sollte mit Ansichten und Prophezeiungen ja vorsichtig sein, aber mir will es scheinen, als ob der jetzige Moment doch den Höhepunkt des Kampfes bedeutet und es nachher zum Abflauen kommen muß, das uns irgendeiner Lösung entgegenführt. Eine größere Kraftanstrengung kann man sich wenigstens kaum mehr denken. Ew. Hoheit wollen nicht glauben, daß ich in einer Pax Britannica[14] mein Ideal sehe; timeo Danaos et pacem ferentes, aber irgendeinen Frieden müssen wir schließlich nehmen, und ich möchte ihn von jeder Seite nehmen,

---

[13] Der Angriff begann am 21. Februar 1916.

[14] Herr v. Jagow hat in einem Privatbriefe im Jahre 1926 seine Auffassung des Ausdrucks „Pax Britannica" dahin definiert: „Ich habe unter ‚Pax Britannica' selbstverständlich keinerlei ‚englischen Diktatfrieden', sondern nur einen Frieden mit England auf dem Wege allgemeiner Verständigung (den weite Kreise prinzipiell ablehnten und perhorreszierten) verstanden. Wir, d. h. die politische Leitung, haben auch tatsächlich damals – und ebenso vorher – keinerlei Anknüpfungen mit England geplant oder einzuleiten versucht – einfach aus der Überzeugung, daß in London der Boden dafür nicht reif war. Daß zur Herstellung eines russischen Separatfriedens alle nur möglich erscheinenden Versuche gemacht, daß sie aber sämtlich gescheitert sind, ist, wenn ich nicht irre, auch Sr. Gr. H. dem Prinzen damals schon bekannt gewesen."

wenn es ein einigermaßen günstiger Friede ist. Aber die Russen wollen doch bisher nun einmal nicht. And ich sehe nicht, wie sich darin etwas ändern soll. Der leitende Wille fehlt, die bestimmenden Kräfte paralysieren sich, und der Muschik muß weiter bluten. Mich beschäftigt wieder sehr das Problem einer autoritativen Instanz für das Gefangenenwesen, aber es wird wohl ein Problem bleiben. Der herrschende Regen soll gut sein für die Front, weil er die feindlichen Flieger behindert, aber für unsere Ernte ist er schlecht."

Unterstaatssekretär Zimmermann antwortete mir am 2. August 1916:

„ ... Die Reichsleitung ist durchaus von der Tatsache durchdrungen, daß England unser gefährlichster Feind ist. Die gegenteilige Annahme, namentlich der Marinekreise, beruht offenbar auf der Wahrnehmung, daß der Reichskanzler sich seit seinem Dienstantritt bis zum Kriegsausbruch hatte angeltgen sein lassen, eine Verständigung mit England herbeizuführen. Durch diese Politik hat er sich in scharfen Gegensatz zu der Kaiserlichen Marine gebracht und sich deren tiefes Mißtrauen zugezogen. Zu der fraglichen Politik ist der Reichskanzler jedoch keineswegs durch besondere Zuneigung oder Freundschaft für England, sondern aus ernsten Erwägungen veranlaßt worden. Sie hat leider nicht zu dem erwünschten Ziel und damit zur Vermeidung dieses entsetzlichen Krieges geführt. Seither gibt sich der Reichskanzler hinsichtlich Englands keinerlei Illusionen hin, ist vielmehr mit mir davon überzeugt, daß England unser erbittertster Gegner ist, daß er unsere übrigen Feinde zusammenhält und rücksichtslos gegen uns ausbeutet, und daß wir diesen Todfeind daher mit allen uns zu Gebote stehenden Waffen bekämpfen müssen. Nicht der Wunsch nach schonender Behandlung Englands, sondern allein die Überzeugung, uns neue Feinde zuzuführen, hat ihn davon abgehalten, dem scharfen U-Bootkrieg zuzustimmen."

Vierzehn Tage später schrieb er ergänzend:

„ ... Daß die Reichsleitung sich andauernd bemüht, den Krieg baldmöglichst zu einem siegreichen Abschluß zu bringen, ist selbstverständlich. Sie wird dies ersehnte Ziel indes wohl nur dann erreichen können, wenn sie einen Separatfrieden mit Rußland zustande bringt. Leider sind die diesbezüglichen Bemühungen militärischerseits nicht sonderlich gefördert worden. Meiner Meinung nach hat die Heeresleitung zu viel Interesse für Verdun gezeigt und darüber den Osten vernachlässigt. Hoffentlich wird diese Unterlassungssünde jetzt gutgemacht."

Die Sommeschlacht war eigentlich im August 1916 für die Alliierten schon verloren, wenn man die erzielten Erfolge mit den Opfern und Anstrengungen verglich. Die öffentliche Enttäuschung hätte erregte Formen angenommen, wenn nicht gleichzeitig die Brussilow-Offensive den Zusammenbruch der österreichisch-ungarischen Nordfront herbeigeführt hätte. So wurde die Durchbruchsoffensive der Engländer in eine „Entlastungsoffensive" umgedichtet und fortgesetzt. Da kam der Eintritt der Rumänen in den Krieg[15] mit maßloser Siegeshoffnung von der Entente begrüßt, von uns aber durch die Ernennung Hindenburgs zum Chef des Generalstabs pariert.

> „Die dramatische Ersetzung des Generals v. Falkenhayn durch Marschall v. Hindenburg als Chef des deutschen Generalstabs hat vielleicht in unserem Lande ebensoviel Sensation erregt wie in Deutschland." [16]

> „So sei die letzte Woche durch Rumäniens Eintritt und Hindenburgs Übernahme des Oberbefehls die politisch und militärisch wichtigste seit der Schlacht an der Marne." [17]

So hieß es damals in der englischen Presse.

Nach unserem raschen Siegeszug in Rumänien trat in der Stimmung der alliierten Völker der natürliche Rückschlag ein. Die Kampagne des Jahres 1916 endete in einer bitteren Enttäuschung auf allen Seiten. Bestes Blut war bei uns und bei den Feinden in Strömen geflossen und weder wir noch die anderen waren dem Sieg um einen Schritt näher gekommen. Das Wort „Toter Punkt" („deadlock") war auf aller Lippen. Auch in Deutschland wurde die Unmöglichkeit einer rein militärischen Entscheidung von vielen eingesehen, in deren Gegenwart man bisher das Wort „Verständigungsfrieden" nicht hatte aussprechen dürfen. Man blickte mit einer gewissen fordernden Erwartung auf die leitenden Staatsmänner: was werdet ihr tun, um diesen Krieg zu beenden, der bei dem scheinbar erstarrten Gleichgewicht der Kräfte sinnlos werden muß?

Da traten im Herbst 1916 nicht nur vereinzelte Menschen an mich heran, die von der bangen und unbestimmten Sorge erfüllt waren: es geht nicht gut mit dem Krieg; sondern mir wurde eine wohlinformierte und wohldurchdachte Kritik entgegengebracht, die das Wesen unserer Kriegs-

---

[15] Die Kriegserklärung Deutschlands an Rumänien erfolgte am 28. August 1916.
[16] „Times" 31. August 1916.
[17] „Manchester Guardian" 31. August 1916.

politik angriff und die mit gewichtigen Gründen zu beweisen unternahm: wir verlieren den Krieg, wenn es so weitergeht.

Ich kam mit Jakob Noeggerath durch die Großherzogin Luise in Verbindung, an die ihn Herr v. Jagow empfohlen hatte. Noeggerath war Amerikaner deutscher Abstammung, Enkel eines namhaften Bergmanns und Sohn eines berühmten Arztes. Bei Ausbruch des Krieges war er als Ingenieur in Deutschland tätig. Er war von Anfang an durchdrungen davon, daß deutsches und europäisches Interesse die rechtzeitige Beendigung des Krieges forderten, und zwar durch eine Verständigung unter den Protagonisten. Die Mission der Vereinigten Staaten sah er darin, ihr ungeheures Schwergewicht in die Wagschale des Friedens und nicht des Krieges zu werfen. Zimmermann lernte ihn kennen und schätzte ihn besonders wegen seiner Kenntnis der angelsächsischen Psyche. Er holte häufig seinen Rat in amerikanischen Fragen ein. Noeggerath stand in keinerlei Beziehung zu dem deutschen Botschafter in Amerika. Aber ohne sich im einzelnen dessen bewußt zu sein, unterstützte er den verzweifelten Kampf, den Graf Bernstorff nun schon jahrelang gegen die Erklärung des verschärften U-Bootkrieges führte. Immer wieder und mit immer neuen Gründen bestärkte er den Unterstaatssekretär in seinem Widerstand gegen die Forderungen der Marine.

Der Ausgangspunkt unserer Beziehungen war mein Wirken für die Gefangenen. Noeggerath wollte der caritas inter arma eine hohe politische Bedeutung zumessen, wogegen ich mich anfänglich sträubte. Er erklärte den Kampf um unseren guten Namen für so wichtig wie die Schlachten, die unsere Heere schlugen. Um jeden Preis müsse verhindert werden, daß unsere Feinde ihren „Greuelbedarf" aus deutschen Gefangenenlagern deckten. Sie brauchten die „German atrocities" nicht nur zum Zweck der Auslandspropaganda, sondern in erster Linie, um die „Moral" der eigenen Völker zu befestigen.

Noeggerath erschreckte mich durch die These: wenn wir den Kriegswillen der Feinde nicht erweichen, so verliert Deutschland den Krieg, denn die Alliierten haben unerschöpfliche Hilfsquellen an Menschen und Material und können, wenn ihre Kriegsmoral nicht versagt, länger aushalten als wir.

Aber die politische Kriegführung gegen die feindliche „Moral" habe überhaupt noch nicht begonnen. Er bat mich um meine Hilfe und deutete an, daß ich vielleicht beim Kaiser intervenieren könnte. Rußlands Kriegswille sei durch das Schwert zu brechen. Frankreich sei im Felde nicht entscheidend zu besiegen und würde leiden und kämpfen, solange England nicht aus dem Kriege heraus will. Den englischen Kriegswillen aber könne Deutschland lahmen. Drüben sei bereits eine starke Opposition gegen den Vernichtungskrieg latent vorhanden: wir sollten sie in die Öffentlichkeit rufen. Noeggerath forderte: erstens den Kampf in der Schuldfrage. Es gelte, der Weltmeinung bestimmte Tatsachen der Kriegsentstehung stets aufs neue einzuhämmern, die das Dogma vom deutschen Überfall schließlich zerstören müßten. Zweitens den Kampf in der Greuelfrage. Wir müßten nicht nur der Ententepropaganda keine Angriffsfläche bieten, sondern zur Offensive gegen die Unfehlbarkeitspose der Feinde übergehen. Wir hätten überwältigendes Material über die Greueltaten der Alliierten, das wir aus falschem Zartgefühl zurückhielten. Mit offiziellen Zeitungsartikeln sei es allerdings nicht getan. Man könnte die feindlichen Völker nicht zwangsweise auf die „Norddeutsche Allgemeine Zeitung" abonnieren.

In der Greuel- wie in der Schuldfrage müsse die Aufmerksamkeit der Welt durch große Kanzlerreden herangeholt werden. Das aber seien nur Hilfsaktionen. In England würde der Wille, den Krieg à outrance durchzufechten, sich so lange behaupten, bis durch Herrn v. Bethmann dem englischen Volk deutlich gemacht wird: ein mit Englands Ehre und Sicherheit vereinbarer Friede ist auf dem Wege der Verhandlungen erreichbar. Noeggerath machte den Wert dieser politischen Kriegführung von einer entscheidenden Vorbedingung abhängig: Amerika dürfe nicht im Krieg sein; sonst würde den alliierten Völkern der Sieg als eine Naturnotwendigkeit erscheinen und ihr Kriegswille sich gegen alle Versuchungen eines Verständigungsfriedens verhärten. Er äußerte seine Besorgnis über die frivole Unterschätzung Amerikas, die der sich täglich steigernden Propaganda für den verschärften U-Bootkrieg zugrunde läge.

Einmal im Kriege, würde Amerika seinen Ehrgeiz daran setzen, den größten, den furchtbarsten, den längsten, den teuersten Krieg zu führen. Die Hilfsquellen der Vereinigten Staaten würden der Entente dann noch ganz anders zur Verfügung stehen als heute. Auch das technische Ingenium der Amerikaner würde zur Abwehr der U-Bootgefahr seine Höchstleistung vollbringen.

Ich erhielt einen starken Eindruck von der Ruhe und Sicherheit, mit der Noeggerath seine Behauptungen aufstellte, und von der Folgerichtigkeit der mir vorgetragenen Gedanken. Aber ich konnte mich des Verdachts nicht erwehren, ob nicht eine gewisse „westliche" Voreingenommenheit den Blick zu fest auf England und Amerika gerichtet hielte, und darüber vielleicht plötzliche Auswege, die sich im Osten öffnen konnten, außer acht gelassen würden.

Noeggerath verdankte seine Einsichten nicht zufälligen Eindrücken. Er stand in dauernder Verbindung mit einer Gruppe von Männern, die mit ihm der Meinung waren, die Kunst des Staatsmannes müßte Führung und Ausgang des Krieges beeinflussen. Einige dieser Herren arbeiteten in der Zentralstelle für Auslandsdienst.[18] Dort hatte Paul Rohrbach in Fühlung mit dem Auswärtigen Amt für die feindliche und neutrale Presse Lektorate eingerichtet. Die Lektoren waren genaue Kenner der Länder, deren Zeitungen sie bearbeiteten und zu Wochenberichten und fortlaufenden Anregungen auswerteten. Die gewonnenen Informationen wurden durch Erkundungen im neutralen Ausland ergänzt. Verbindungen mit Agenten waren grundsätzlich ausgeschlossen.

Ich war immerhin genügend beunruhigt, um Beweismaterial zu erbitten. Im Laufe der nächsten Monate wurde ich von der „diagnostischen Werkstätte" der Zentralstelle reichlich mit Denkschriften, Vorschlägen, Wochenberichten versorgt. Ich gewann einen genauen Einblick in die Methode der „Deutung", die dort zu einer feinen Kunst ausgebildet war. Immer klarer stand mir das strategisch-politische Grundproblem des

---

[18] Die Zentralstelle für Auslandsdienst war eine charakteristische Schöpfung der Kriegszeit. Offiziell war sie dem Auswärtigen Amt angegliedert und unterstand zunächst dem Botschafter v. Mumm, dann dem Geheimen Legationsrat v. Radowitz. Die laufenden Geschäfte leitete Generalkonsul Thiel, später Generalkonsul Kiliani. Die von Paul Rohrbach gegründete „Pressestelle" erfreute sich weitgehender Unabhängigkeit; die meisten Lektoren standen in keinem Beamtenverhältnis. Unter anderen arbeiteten dort der Nationalökonom Carl Brinkmann und der Kunsthistoriker Otto Grautoff. Im folgenden wird immer unter „Zentralstelle" die „Pressestelle der Zentralstelle für Auslandsdienst" verstanden.

Krieges vor Augen, so wie es der Rohrbachsche Kreis in jahrelanger Zusammenarbeit herausgestellt hatte.

Das strategisch-politische Grundproblem in der Beleuchtung der Zentralstelle für Auslandsdienst

Das englische und russische Lektorat standen im Vordergrund des Interesses. Die französische Presse trat an Bedeutung zurück, entsprechend ihrem gleichförmigen Charakter, der sich naturgemäß ergab aus dem Kriegsschicksal des besetzten Landes und der grande passion der französischen Nation.

In der russischen Abteilung wurde mit besonderer Sorgfalt die Provinzpresse durchforscht. Die Zensur drang in dem weiten russischen Reiche nicht überall durch. Das lag einmal an ihrer unordentlichen Handhabung, sodann auch an dem impulsiven russischen Temperament, das nicht gehorchen kann, wenn Wut oder Freude übermächtig werden.

Als einer der russischen Lektoren war der Kurländer Silvio Brödrich – mit wiederholten Unterbrechungen – in der Zentralstelle tätig. Er war die prominenteste Persönlichkeit des Kreises. Seit zehn Jahren war er der führende Kolonisator in seiner Heimat. Er wurde dort wegen seiner unwiderstehlichen Tatkraft scherzhaft der „Bismarck des Ostens" genannt. Er hatte von 1905 bis zum Kriegsausbruch 10000 deutsche Kolonisten aus Südrußland und anderen Teilen des Reiches herausgeholt und auf seinem heimatlichen Gebiet angesiedelt, die mißtrauischen, ja feindseligen russischen Behörden dabei überredend und vergewaltigend. Nach der Besetzung Kurlands durch deutsche Truppen war es ihm gelungen, die Großgrundbesitzer seines Landes zu einer großen Opfertat zu begeistern. Sie stellten ein Drittel ihres Besitzes als Siedlungsland für deutsche Kolonisten zur Verfügung. Wenn Livland und Estland erobert sein würden, so verbürgte er sich, daß auch dort das Beispiel des kurländischen Adels Nachahmung finden würde. Brödrich wurde in der Bearbeitung der russischen Presse durch Rohrbach, den bekannten Publizisten Axel Schmidt, zeitweise auch durch den vorzüglichen Rußlandkenner Friedrich v. Haken unterstützt. Haken war vor dem Kriege unter Kriwoschein im russischen Landwirtschaftsminisierium tätig gewesen. Leider zwang ihn schon im Jahre 1915 eine schwere Erkrankung, seine Arbeit in Berlin zu unterbrechen. Nach dem deutschen Zusammenbruch ließ er sich als Sterbender nach seinem geliebten Riga bringen.

Das englische Referat wurde von Kurt Hahn geleitet, der am 1.August 1914 England nach jahrelangem Aufenthalt verlassen hatte. Die englische Presse stellte ein einzigartiges diagnostisches Material dar. Man konnte die großen Zeitungen wie die „Times", die „Westminster Gazette", „Manchester Guardian" gar nicht mit unseren führenden Blättern vergleichen.

„Die deutsche Presse," so schrieb Rohrbach,[19] „ist, wenn auch mit beachtenswerten Ausnahmen, sobald es sich um auswärtige Politik handelt, ein Tummelplatz von Meinungsäußerungen unvollkommen unterrichteter Redakteure, oder sie schreibt maßgeblichen Orts gegebene Informationen nach." Die großen englischen Blätter reflektieren nicht nur die wichtigen Entscheidungen der Kriegspolitik, sondern sie bereiten sie vor. Das Kabinett und das War Office liegen oft in hartem Streit. Beide suchen Rückhalt in der Presse, um sich bei Eintritt in die letzten Beratungen auf volkstümliche Strömungen stützen zu können. Auch der einzelne Minister ruft gegen den ihm verderblich scheinenden Standpunkt seiner Kollegen die Presse zu Hilfe. So werden die großen Meinungsverschiedenheiten: „Strategische Entscheidung im Osten oder Westen", „Dienstpflicht" oder „Willing service", „Bevorzugung der Heimatbasis oder der Armee bei der Menschenmaterialverteilung", in aller Öffentlichkeit ausgetragen, und die ins Vertrauen gezogenen Blätter können es sich nicht versagen, Bulletins auszugeben, wie es der von ihnen vertretenen Sache im Kabinett ergeht. Die Zeitungen vergessen immer wieder, daß der Feind zuhört; von Zeit zu Zeit versuchen sie ihre Indiskretionen durch Anfälle von krampfhafter Verschwiegenheit gutzumachen, die aber nur komisch wirken und gerade das enthüllen, was sie verbergen wollen.

Lord Northcliffe nahm eine Sonderstellung ein, er arbeitete nicht nur vor und mit: die Direktive lag häufig in seiner Hand.

So war die Zentralstelle imstande, wichtige Ereignisse vorauszusagen, wie die Einführung der allgemeinen Wehrpflicht, die dramatische und

---

[19] In einer unveröffentlichten Denkschrift vom Juli 1915: „Die innerpolitische Lage in England und die Möglichkeit ihrer Beeinflussung von Deutschland aus."

abrupte Bildung eines Koalitionsministeriums; am 14. Juli 1915 wurde in Rechnung gestellt, daß sich schließlich Lloyd George bereit finden würde, aus Northcliffes Händen die nationale Führerschaft anzunehmen. Vier Wochen vor der Versenkung der „Lusitania" wurde auf die Folgen hingewiesen, die eine Torpedierung von Personendampfern für die Kräftigung der englischen Kriegsmoral haben würde.

Der Obersten Heeresleitung konnten aus der Presse nützliche Aufschlüsse über die Entwicklung des englischen Kriegsplanes zur Verfügung gestellt werden.

Mindestens einmal die Woche traten die Referenten zusammen und tauschten ihre Informationen aus. Sie stimmten in der Kriegszielfrage nicht immer miteinander überein. Es gab Abirrungen und Schwankungen – manchmal hatten die Worte: Zeebrügge und Lüttich auch in diesem Kreis einen verlockenden Klang. Aber über das strategisch-politische Grundproblem des Krieges war aus fortgesetzter intensiver Zusammenarbeit eine Übereinstimmung herausgewachsen, die für die einzelnen Mitglieder dieser Gruppe den Charakter eines Glaubensbekenntnisses angenommen hatte:

Erstens: Wir müssen Frankreich oder Rußland oder England außer Gefecht setzen. Solange die Entente in ihren drei Hauptgliedern militärisch aufrecht steht, so lange überwiegt das Gefühl, über so viele Menschen und so viel Material zu verfügen, daß der Sieg früher oder später einmal mit Notwendigkeit kommen muß. Sobald dagegen eine von den Ententemächten hors de combat gesetzt wäre, würde es mit dem Glauben an den Sieg auch in den verbündeten Ländern vorbei sein.

Zweitens: Kann England durch den U-Bootkrieg besiegt werden? Eins ist sicher: niemals, wenn Amerika im Kriege ist.

Drittens: Die beiden Mächte, die durch eine unmittelbare Entscheidung zu Lande außer Gefecht gesetzt werden könnten, sind Frankreich und Rußland. Frankreich gegenüber waren die Zertrümmerungsversuche so lange sinnvoll, als der englische Kriegswille und die englische Kriegsmaschine noch in den Anfängen ihrer Entwicklung waren. Die große Chance ging in der Marneschlacht verloren.

Viertens: Wenn unsere Kammerschläge im Westen keine entscheidende Niederlage der verbündeten Armeen herbeiführen, so hämmern sie den englisch-französischen Zusammenhalt nur fester.

Fünftens: Rußland ist besiegbar. Das Dogma von seiner Unbesiegbarkeit ist falsch und gründet sich auf mißverstandene historische Parallelen. Seit Kriegsbeginn predigten Rohrbach und seine Freunde:

> „Es wird sein wie beim Fällen eines Baumes: bis zu einem gewissen Punkt bemerkt man keine Wirkung des Sägens; der Baum steht gerade wie zuvor. Ist man aber beim Durchsägen des Stammes an den kritischen Punkt gekommen, so beginnt es im Baum zu krachen und, ohne daß der Arbeiter noch viel zu tun braucht, stürzt der Baum um. So wird es auch mit Rußland gehen – wenn unsere Säge lange genug bei der Arbeit bleibt."

> „… Das Wichtigste ist vielleicht das psychologische Moment, die Suggestion … Heute ist die allgemeine Überzeugung: Die Revolution wird kommen … Wir brauchen nicht unbedingt einen gewaltsamen Umsturz zu erwarten. Das Übergehen der Regierungsgewalt in die Hände der linken Parteien, das Versagen der Zentralgewalt gegenüber den örtlichen Autoritäten, sobald Beamte und Offiziere die Sache der Regierung verloren geben, würde für uns dieselbe Wirkung haben wie eine wirkliche Revolution: es würde das ganze Land … wehrlos uns zu Füßen legen … Die Russen sind ein Volk, das, wenn einmal der Zusammenbruch begonnen hat, jede Widerstandskraft verliert."[20]

Die Gewalt der subversiven Tendenzen ist durch die Aufrollung des Fremdvölkerproblems verstärkt worden: seit Gründung des polnischen Staats wittern die Finnländer, die Ukrainer, die Balten, die Litauer Morgenluft; zumal wenn wir als Befreier der kleinen Nationen einen neuen Siegeszug im Osten antreten. Die Nationalitäten werden das russische Reich in dem Augenblicke sprengen, da die Niederlage seiner Armeen besiegelt ist. Und dann wird die „russische Apfelsine" in ihre ethnographischen Bestandteile zerfallen.

Diese Rohrbachsche These ist durch die bisherigen Ereignisse keineswegs widerlegt, sondern bestätigt worden. Aber – diesen Vorwurf erhebt Rohrbach in seiner Denkschrift „Anmaßgebliche Bemerkungen zum Zweifrontenkrieg"[21] im Spätjahr 1914 habe Hindenburg für seinen Vor-

---

[20] Aus v.Hakens unveröffentlichter Denkschrift „Russisches" vom Oktober 1915.
[21] Vom 30. August 1916.

stoß nach Polen nicht genügend Truppen zur Verfügung gehabt.[22] Ihm fehlten die 180000 Mann, die uns unsere gleichzeitigen Angriffe in Flandern gekostet haben sollen. Im August 1915 war er ganz nahe daran, der russischen Hauptarmee die Katastrophe zu bereiten.[23] Hätten seine Kräfte ausgereicht, um das Loch bei Wilna zu schließen, dann wäre auch der Zusammenbruch Rußlands im Innern wahrscheinlich gewesen.[24] Nun hat sich die russische Armee wieder erholt, während wir erneut die Entscheidung in Frankreich suchten. Aber diese Erholung besagt nur, daß „unsere Säge nicht lange genug an der Arbeit war".[25] Die englische Militärkritik

---

[22] Bestätigt wird diese Behauptung durch folgende Feststellung Moltkes in einem Brief vom 12. Januar 1915 an einen General: „Im November konnte im Osten Großes erreicht werden. Die Bitten und Vorstellungen des Feldmarschalls Hindenburg sind ungehört verhallt." Vgl. Generaloberst Helmuth v.Moltke, Erinnerungen, Briefe, Dokumente 1877 bis 1916, Stuttgart 1922, S. 408.

[23] In seiner Kritik der Leitung der Operationen des Jahres 1915 trifft Rohrbach nicht den Kern. Auf Grund der strategischen Gesamtlage konnten im August 1915 nicht stärkere Truppen bei Wilna versammelt werden. Entscheidend ist, daß die umfassende Bewegung über Wilna zeitlich an das Ende der Offensive gelegt war, nicht an ihren Anfang, wie das Hindenburg bei der Besprechung in Posen am 2. Juli 1915 vergeblich gefordert hatte. Im Frühsommer hätte für die russischen Hauptkräfte kaum eine Möglichkeit des Entkommens bestanden; sie waren noch nicht aus dem Weichselbogen heraus und wären nach menschlichem Ermessen abgeschnitten worden.

[24] Vgl. „Daily News" vom 25. September 1915: „Hätte Hindenburg die (russische) Armee bei Wilna gefangen, so wäre es möglich gewesen, daß eine Katastrophe Rußland im Innern überwältigt hätte."

[25] Vgl. hierzu die Aufzeichnungen Paléologues vom 3. September 1915 (Am Zarenhof während des Weltkrieges, München 1926, Band I, Seite 407f.): „Wenn ich mir alle beunruhigenden Anzeichen wiederhole, die ich in diesen letzten Wochen vermerkt habe, scheint es mir offenkundig, daß sich eine aufrührerische Krisis im Schoße des russischen Volkes vorbereite. Zu welcher Zeit, in welcher Gestalt, unter welchen Umständen wird diese Krisis ausbrechen? Wird die gelegentliche und bestimmende Ursache eine militärische Katastrophe, eine Hungersnot, ein blutiger Aufstand, eine Kasernenmeuterei, ein Drama im Palast sein? Das weiß ich nicht. Aber das Ereignis scheint sich mir schon jetzt anzukündigen mit dem unerbittlichen Charakter einer geschichtlichen Schicksalsfügung. Jedenfalls sind die Wahrscheinlichkeiten schon so stark, daß ich mich für verpflichtet halte, die französische Regierung zu benachrichtigen; ich richte also an Delcassé ein Telegramm, das ihm die Gefahren der militärischen Lage schildert und folgendermaßen schließt: Was die innere Lage anbetrifft, ist sie nichts weniger als beruhigend. Bis zur letzten Zeit durfte man glauben, daß

hat es für unbegreiflich erklärt, daß der deutsche Generalstab, von westlichen Zwangsideen besessen, den Russen diese Atempause gegönnt hat, die sie zu ihrer großen Offensive gegen Österreich befähigte und von ihnen selbst als eine unerwartete Gabe des Schicksals empfunden wurde.

Die Eroberung Petersburgs wäre im Vergleich zu unseren Anstrengungen vor Verdun leichte Arbeit gewesen. Damit wäre die russische Kriegsindustrie ins Herz getroffen worden und unser östlicher Gegner außer Gefecht gesetzt.

Läßt sich das Versäumte nachholen? Darauf kann nur unsere Oberste Heeresleitung eine Antwort geben. Mag nach diesem blutigen Jahre unsere Offensivkraft noch zu einem neuen großen Schlage ausreichen oder nicht – eines steht fest: wir können es uns nicht mehr leisten, unsere militärische Kraftanstrengung weiterhin ohne Unterstützung durch die Politik zu lassen. Frankreich oder England oder Rußland, eines dieser Länder muß in seiner Heimatfront entscheidend getroffen werden.

Wie soll das geschehen? Wenn das russische Volk, oder das englische, oder das französische, einen Frieden auf dem Verhandlungswege erreichbar sieht – der zwar nicht der Friede ist, den es sich wünscht, aber von diesem Frieden nur durch eine so geringe Differenz getrennt, daß das Sterben und Leiden für diese Differenz nicht mehr lohnend erscheint – dann bricht in diesem Volk eine Krise aus, die es entweder zum Frieden bereit oder mindestens zur militärischen Höchstleistung unfähig macht.

Können wir in Rußland eine solche Friedenskrisis herbeiführen? Rußland, so antwortete Rohrbach, gibt uns keinen Separatfrieden, ehe seine Kriegsmaschine zerbrochen ist.

Wohl wächst am Hof des Zaren eine Strömung, die im Grunde das Bündnis mit den westlichen Demokratien haßt und in einer frühzeitigen Beendigung des Krieges die einzige Rettung für die Autokratie sieht.

---

sich keine revolutionären Unruhen vor Kriegsschluß ereignen würden. Heute könnte ich nicht mehr dafür einstehen. Die Frage, die sich stellt, ist nun, zu wissen, ob Rußland innerhalb eines näheren oder entfernteren Zeitpunktes noch imstande sein wird, seine Rolle als Verbündeter wirksam auszufüllen. Wie ungewiß auch diese Eventualität sein möge, so muß sie fortan in die Voraussichten der Regierung der Republik und in die Berechnungen General Joffres miteinbezogen werden."

Aber der Hof lebt heute in Angst vor neuerstandenen Gewalten, die ihn mißtrauisch kontrollieren. Der Liberalismus hat mit der Armee und führenden Mitgliedern der kaiserlichen Familie ein Bündnis zur siegreichen Durchführung des Krieges geschlossen. Die Kriegsziele: Konstantinopel und Befreiung der slawischen Brüder sind das große Bindemittel. Die Rufer im Streit sind die konstitutionellen Demokraten, hinter denen die Bank- und Industriekreise und die dünne Schicht der Intelligenz stehen; sie hängen mit einer ganz besonderen Inbrunst an diesem Kriege; erwarten sie doch von dem Sieg an Frankreichs und Englands Seite den endgültigen Aufstieg ihres Vaterlandes aus mittelalterlicher Finsternis.

Nach den fortgesetzten Niederlagen der russischen Armee im Sommer 1915 streckte der Dumablock seine Hand nach der Macht aus: er forderte die Berufung einer parlamentarischen Regierung – die Antwort des Zaren war die Vertagung der Duma und die Absetzung des Höchstkommandierenden Nikolai Nikolajewitsch, den er im Einverständnis mit den Abgeordneten glaubte.

Die liberalen Imperialisten aber geben ihre Sache nicht verloren. Sie haben die gesamte Kriegsindustrie in ihre Hände gebracht und unternehmen es, sie nach westeuropäischem Muster zu organisieren. Sie sitzen überall in den leitenden Kriegskomitees. Die öffentliche Meinung ist mit ihnen und schlägt alle paar Monate drohenden Alarm über eine Neigung zum verräterischen Sonderfrieden, die sich in reaktionären Kreisen rege.

Was haben wir diesem neuen Rußland zu bieten? Nichts – es sei denn, daß wir die Türkei und Österreich zu opfern bereit sind.

An Frankreichs Heimatfront können wir ebensowenig heran, solange es nicht an seinem Sieg verzweifelt, oder wir öffentlich erklären, daß wir über Elsaß-Lothringen mit uns reden lassen. Welcher deutsche Staatsmann würde das wollen und könnte das wagen? Die Kontinentalpolitiker, die hoffen, Frankreich mit England zu verfeinden, und es dieser Feindschaft zuliebe zum Verzicht auf Elsaß-Lothringen zu bringen, verkennen die seelischen Wirklichkeiten, die hinter Frankreichs nationaler Erhebung stehen; sie machen Konstruktionen in der Luft.

Einzig der englische Kriegswille ist zu erweichen. Wohl ist England unser zähester und mächtigster Gegner, der die ganze Allianz zusammenhält, aber – das ist der Glaube – nur so lange, als dem englischen Volke kein ehrenvoller Friede erreichbar scheint.

Wie mit Leuchtsignalen zeigt die englische Presse dem aufmerksamen Beobachter die verwundbaren Stellen der Heimatfront. Die deutsche Staatskunst wird seit dem November 1914 mit einer sich von Monat zu Monat steigernden Eindringlichkeit gebeten, in letzter Zeit beschworen, die politische Offensive gegen England vorzutragen. Die Zentralstelle verfolgt die Entwicklung des englischen Kriegswillens in präziser Kleinarbeit von Woche zu Woche.

Die Kriegsbegeisterung, welche die erste Mobilisierung begleitete, lebte von unserem Einmarsch in Belgien.

Wäre die Verletzung der belgischen Neutralität vermieden worden, so hätte es Anfang August 1914 eine Spaltung des englischen Kabinetts gegeben. Unter konservativer Führung hätte sich sofort ein Koalitionsministerium gebildet und dann doch den Krieg erklärt; aber weder draußen im Imperium noch in England selbst würde sich dieser Krieg auf eine einheitliche nationale Bewegung gestützt haben.[26]

Am 8. März 1915 schreibt die „Times" ihren berühmten Artikel: „Why we are at War" (Warum wir im Krieg sind), darin sie sich kühn zu dem historisch geheiligten Ziel der „Balance of Power" bekennt und vor der Täuschung warnt, daß England in erster Linie für Belgien kämpfe. Die „Times" ist sich darüber klar: falls das Schwergewicht immer weiter auf die belgische Frage gelegt wird, so hat die deutsche Regierung ein Machtmittel in der Hand, der englischen Kriegführung den Atem ausgehen zu lassen durch die Erklärung: wir wollen Belgien nicht annektieren.

Im Gegensatz zur „Times"-Partei stellen Sir Edward Grey und Sir John Simon am 22. und 23.März 1915 Belgien als Kriegsanlaß und als Kriegsziel in den Vordergrund:

> „Wenn wir die Veranlassung des Krieges betrachten, so finden wir die Erklärung unserer nationalen Einigkeit, die Inspiration zu unserer nationalen Geschlossenheit, den Schlüssel zu unserem nationalen Kriegsziel, wenn wir den belgischen ‚aspect' im Auge behalten."

---

[26] Die neue Veröffentlichung aus den englischen Archiven enthüllt die große Sorge in Paris und London, wie der Pazifismus im englischen Volke überwunden werden könnte.

Bemerkenswert ist, daß weder Grey noch Simon die elsaß-lothringische Frage mit einem Wort erwähnen. Das einzige beim Namen genannte Kriegsziel ist: Integrität und Entschädigung Belgiens.[27]

Eine Erkundung im Haag im April 1915 bestätigte diese Deutung. Auf einer internationalen Pazifistenkonferenz kommen deutsche und englische Pazifisten in nähere Berührung. Der englische Lektor der Zentralstelle begleitet die deutschen Herren als Dolmetscher. Lowes Dickinson, einer der feinsten historisch-politischen Schriftsteller Englands[28] glaubt über die Ansichten Sir Edward Greys orientiert zu sein. Der deutsche Bericht über die Besprechungen lautet in seiner entscheidenden Stelle:

> „Das belgische Problem stände für den Engländer auch heute noch durchaus im Vordergrunde, und zwei Dritteln des englischen Volkes würde der Krieg leid sein, sobald man wisse, daß Deutschland Belgien nicht dauernd behalten wolle. Nach diesem Zeugnis also wäre die Zerrissenheit des englischen Volkes, die bei Vermeidung der belgischen Neutralitätsverletzung zu Anfang des Krieges bestanden hätte, jetzt noch herbeizuführen. Das Resultat davon würde nach der Meinung unserer Gewährsmänner ein baldiger Friede sein, aber, wenn unsere Gewährsmänner sich darin täuschen sollten, was wir für möglich halten, so würde für die englische Kriegspartei die Fortsetzung des Krieges auf die größten Schwierigkeiten stoßen."

Gleichzeitig beruft sich ein hoher holländischer Beamter auf eine direkt aus dem englischen Foreign office stammende Mitteilung, daß die Erklärung über Belgien den Weg zu Friedensverhandlungen öffnen würde.

Die zweite Mobilisierung im Sommer 1915 gelang der englischen Regierung dank der Kriegswut, welche die Versenkung der „Lusitania" entfesselte.

---

[27] Vgl. die Mitteilung von Colonel House an Wilson vom 15. Februar 1915 aus London: „Tatsächlich besteht keinerlei Stimmung, außer in einem ganz kleinen Kreise, für etwas anderes als Kriegsergebnis als eine dauernde Friedensregelung und die Räumung und Entschädigung Belgiens; aber niemand glaubt, daß Deutschland dazu bereit ist." (The Intimate Papers of Colonel House, London, Vol. I,S. 380.)

[28] Verfasser von „The Greek View of Life", „The Meaning of Good", „The European Anarchy", „War: its Nature, Causes, and Cure".

Der Engländer aller Stände hat ein kindliches Bedürfnis, den Ernst seines Tagewerks durch ein Stück intensiver Lebensfreude zu unterbrechen. Es war Asquith in zehn Monaten nicht gelungen, die kriegsfremde Gesinnung seines Volkes zu überwinden. Gewiß waren Zeppelinangriffe, Weißbücher über deutsche Greuel in Belgien und über grausame Gefangenenbehandlung geeignet, England für die Sache des Krieges zu entflammen. Aber es war immer nur ein Aufleuchten und Wiederverlöschen. Franzosen, die England besuchten, wurden durch die alltägliche Unberührtheit und Heiterkeit des Landes verstimmt. „Man sieht diesem Lande nicht an, daß Krieg ist", klagt die „Times" noch Anfang Mai 1915.

Da kam die Torpedierung der Lusitania.

> „Es soll hier nicht die Versenkung der ‚Lusitania' irgendwie moralisch beleuchtet werden. Ich glaube, daß die Weltgeschichte mit den Worten das Urteil sprechen wird, mit denen seinerzeit der ‚Manchester Guardian' Winston Churchill abfertigte, der die kühnen deutschen Seeleute nach ihrem Angriff auf die englische Küste Baby-Killers nannte: ‚Wir machen Mr. Churchill darauf aufmerksam, daß man Säuglinge nicht nur durch Granaten, sondern auch durch Hunger töten kann.' Die Versenkung der ‚Lusitania' war vom rechtlichen Standpunkte aus[29] – den moralischen einmal ganz beiseite gelassen – eine Repressalie gegen den Hungerkrieg, den England der deutschen Nichtkombattanten-Bevölkerung angekündigt hatte. Ich erinnere nur an die tägliche Rubrik in der ‚Westminster Gazette': ‚Our hungry enemies', inder mit Behagen und Schadenfreude ausgemalt wurde, wie gerade die Elenden und Armen in Deutschland unter der Blockade zu leiden hätten. So wird auch die Psychologie der späteren Generationen begreifen, warum in Deutschland – gewiß nicht mit Jubel, aber mit gehemmtem Mitleid, ja, ich kann nicht leugnen, hie und da mit einer gewissen Genugtuung – die Tatsache verzeichnet wurde, daß der Jammer des Krieges nun auch in das schöne, grüne England hineindrang, das im Vertrauen auf seine Unberührbarkeit in diesen Krieg gewilligt hatte. Aber auch solche Vergeltungsbedürfnisse sind ‚Sentimentalitäten', die wir ja verlernt haben. Sicher ist dies eine: Englands Unberührtheit und Vertrauen in die Unberührbarkeit war uns ein großer Bundesgenosse und der schlimmste Feind des englischen Kriegswillens; bis zu der ‚Lusitania'-Affäre sträubte sich der gesunde Instinkt des englischen Volkes dagegen, an die Größe der deutschen

---

[29] Nach der Aussage von Dudley Field Malone, Kollektor des Hafens von Neuyork, führte die Lusitania 4200 Kisten Springfield-Metallpatronen, welche insgesamt elf Tonnen schwarzes Schießpulver enthielten, vgl. Tirpitz, Deutsche Ohnmachtspolitik im Weltkrieg, 1926, S. 334, Anm.

Gefahr für das englische Imperium zu glauben, ein Volk in Waffen zu werden und so auf das ‚Erstgeburtsrecht' seiner Insellage zu verzichten. ... Die Argumente der ‚Westminster Gazette' und des Propagandakomitees von Rosebery, Balfour und Asquith hätten es nicht geschafft, hätten den breiten englischen Volksmassen nicht die Überzeugung beigebracht, warum es so nötig sei, auf dem Kontinent zu kämpfen. Der phantasiearme Durchschnittsengländer konnte nicht als Wirklichkeit erleben, was er nur vom Hörensagen kannte. Nun spürte England mit allen Sinnen die ganze Furchtbarkeit der deutschen Gefahr und zweifelte nicht weiter an dem deutschen Hasse. Das leere Schlagwort der englischen Hetzpresse ‚Frightfulness' (Politik des Terrors) erhält mit einem Male Blut und Leben durch die Frauen und Kinder, die da an die (irische) Küste gespült werden. Wir müssen dies Wort in seiner ganzen Häßlichkeit verstehen, wenn wir Englands Kriegswillen von heute verstehen wollen. Sobald Nichtkombattanten bei der deutschen Kriegführung umkommen, verhindert das Wort, ‚Frightfulnes' bei unseren neutralen und kriegführenden Feinden die gerechte Deutung: Deutschland kann bei der Erreichung eines harten militärischen Zweckes die Zivilisten nicht immer schonen. Sondern ‚Frightfulness' löst sofort das Gefühl aus: gerade auf die Nichtkombattanten ist es abgesehen. Ihr Jammer und Tod soll die feindlichen Völker kleinmütig machen. So gering schätzt Deutschland die moralische Widerstandskraft seiner Feinde ein."[30]

Northcliffe besorgte, daß auch die leidenschaftlichste patriotische Wut abflaute, und beschloß sofort, die „Lusitania"-Stimmung zu verankern. Zu diesem Zwecke gründete er sein Koalitionsministerium.

---

[30] „Die Methode ist interessant. Am 10. Mai 1915 schreibt die ‚Times' einen Leitartikel: ‚Die Geächteten der Zivilisation'. Lord Rosebery richtete einen offenen Brief an die ‚Times': Nie ist das Wort ‚Schlimmer als ein Verbrechen, ein Fehler' deutlicher illustriert worden als durch die Versenkung der ‚Lusitania'. Deutschland will uns terrorisieren. Es wird nur unsere nationalen Kräfte zu einer neuen ungeheuren Kraftanstrengung zusammenraffen. – Am 11. Mai fordert die ‚Times' straffere nationale Organisation. Am 12. Mai: Veröffentlichung des Greuelberichtes des Bryce-Komitees. Am 13. Mai weiß die ‚Times' antideutsche Demonstrationen und Plünderungen zu verzeichnen. Am 14. Mai schreibt die ‚Times' auf Grund von Repingtons Besuch an der Front: ‚Der Mangel eines unbegrenzten Vorrats an Explosivgeschossen hat in verhängnisvoller Weise unseren Erfolg aufgehalten. Wären die Mittel vorhanden, so könnten die deutschen Linien zweifellos durchbrochen werden. Dieser Satz wird an drei aufeinanderfolgenden Tagen wörtlich wiederholt und als Motto der weiteren Agitation vorangestellt. Dabei wird bei jeder Gelegenheit darauf hingewiesen, daß Asquith den Granatenmangel als eine Behinderung der englischen Offensive abgeleugnet hätte." (Kurt Hahn, Englands Kriegswille im Lichte der englischen Presse, Preußische Jahrbücher, Januar 1917, Bd. 167, Heft 1, S. 1 ff.)

Lloyd George wird (19. Mai 1915) zum Munitionsminister bestellt. Northcliffe begrüßt ihn sofort als seinen Vertreter zur Einführung der allgemeinen Wehrpflicht, ernennt ihn zum nationalen Führer und trägt ihm die Nachfolge Asquiths an. Das Munitionsgesetz ist die erste Ausmünzung der neugeschaffenen Opferbereitschaft. Die Zustimmung der Gewerkschaften zur Preisgabe wichtiger Privilegien der gelernten Arbeiter, ihre Heranziehung zur Mitverantwortung für die Leistungen der Munitionsfabriken war der große Schritt, der den englischen Krieg zum Volkskrieg machte. Lloyd George sagte nicht zuviel, wenn er im Juni 1915 die Worte sprach: „Jetzt endlich ist die Kriegsmaschine in Gang gekommen." Smillie, der Bergarbeiterführer, gibt seine wichtige Gegenzeichnung am 29. Juni: „Ein Streik ist in dieser Zeit undenkbar". Von nun an war der englische Krieg ein vernunftloser Rachekrieg.

„Zeigt man dem englischen Volke den Sieg, so will es den Sieg um jeden Preis, der Gedanke an einen Kompromißfrieden wird mit Entrüstung und der ganzen englischen Zähigkeit abgestoßen. Gewiß gibt es noch sehr schwere Betriebsstörungen in der englischen Kriegsmaschine, aber sie geht. Stockt sie einmal, so kann durch Verhetzung im Anschluß an Cavell- und Fryatt-Fälle immer wieder eine neue Welle patriotischer Wut losgelassen werden, und schon ist die alte ‚Lusitania'-Stimmung wieder da mit dem Refrain: ‚Sie wollen uns terrorisieren. Wir sind keine Feiglinge.' Von jetzt an kann der englische Kriegswille nur erschüttert werden, wenn die militärische Situation so deprimierend ist, daß auch die größten englischen Anstrengungen den Sieg nicht mehr zu verbürgen scheinen. Die englische Siegeszuversicht hat nun vier Grundlagen:"

Die Hoffnung auf Deutschlands wirtschaftlichen Zusammenbruch.

Die Hoffnung auf die russische Dampfwalze.

Das allgemeine Gefühl der Überlegenheit an Menschen und Rohmaterial.

Die Überzeugung, daß seit der „Lusitania"-Affäre Amerika an einer verschluckten Kriegserklärung leide, die früher oder später noch zutage befördert werden könne.

Hemmungen und Schwankungen des englischen Kriegswillens lassen sich vom Spätjahr 1915 an feststellen. Sie folgen den militärischen Wechselfällen und sind mit Gewissensprüfungen in der Schuldfrage verknüpft.

Vom Mai bis zum Spätjahr 1916 erreicht die englische Friedensbewegung einen Höhepunkt.

Am Ende der enttäuschenden Kampagne des Jahres 1915 tritt tiefe Depression in England ein. Die allgemeinen Hoffnungen: wir können länger aushalten, Deutschland wird früher zusammenbrechen, verlieren an tröstender Kraft angesichts eines neuen Kriegswinters in Schlamm und Blut, den Deutschland sicher überstehen wird. Amerikas Intervention scheint in weite Ferne gerückt, Rußland aber ist eine „erledigte Kraft", wie Lloyd George öffentlich sagt. Bulgariens Eintritt in den Krieg scheint diese Deutung zu bestätigen. Es kommt im November zu einer Debatte des Oberhauses über den Frieden.

Lord Courtney spricht für das liberale Gewissen in England. Besonderen Eindruck macht die noble Geste, mit der er es ablehnt, den Fall Cavell zur Kriegsreklame auszubeuten. Er weist wohl auf die gute Gelegenheit zur Gnade hin, die Deutschland versäumt habe. Dann aber fährt er fort: Die letzten Worte der Miß Cavell waren, „Patriotismus ist nicht genug; man muß auch den Haß überwinden." Hierbei wendet er sich an die Bischöfe: „Ich mache mir diese heiligen Worte zu eigen und bitte Eure Lordschaften, sie in ihrer ganzen Einfachheit anzunehmen."

Lord Loreburn spricht im Namen der vergessenen Pittschen Staatskunst; „Manchester Guardian" zieht folgendermaßen das Fazit aus seinen Worten:

> „Wir haben bisher in allen früheren Kriegen mit Schiffen und mit Gold gefochten, und unsere Anstrengungen zu Lande haben sich streng auf Subsidien beschränkt. In diesem Kriege setzen wir unsere volle Stärke an Schiffen und unsere volle Stärke an Gold ein: aber auch unsere Anstrengung zu Lande ist zum ersten Male ebenso groß wie die irgendeines unserer Verbündeten. Eines Tages wird es für unsere Regierung nötig sein, zu erklären, wie wir dazu kamen, unsere Art der Kriegführung zu revolutionieren, und ob die Regierung sich beim Entschluß zu dieser Revolution völlig klar war, was sie unternahm."

Die englische Presse im November 1915 weist der deutschen Staatskunst so deutlich wie noch nie den Weg, wie sie die englische Heimatfront vollends erschüttern kann.

So schreibt Arnold Vennet in der „Daily News" vom 4. November 1915:

„Alle unsere wirtschaftlichen Anstrengungen, alle Anstrengungen unserer Flotte und Armee werden umsonst sein, wenn wir nicht eine andere schwere Gefahr vermeiden: die Gefahr eines verfrühten Friedens. Wenn einmal der Friede unter diesen oder jenen Bedingungen allgemein erreichbar scheint, die dahin gedeutet werden können, daß sie mit unserem Prestige vereinbar sind, so wird das Land eine sehr schwere Krisis durchmachen, und die Versuchung, diesen falschen Frieden zu schließen, wird fürchterlich sein.

Es gibt bereits in England eine ganz aufrichtige Gruppe, die die Möglichkeit der Macht in sich birgt (a quite sincere and potentially powerful body of opinion), die jenen falschen Frieden begünstigt."

Der konservative Garvin sagt ebenfalls im November 1915 im „Observer", daß er sich wenig er vor deutschen Siegen fürchte als vor klugen und plausiblen deutschen Friedensvorschlägen, die darauf berechnet sind, „unsere Parteizwistigkeiten neu zu beleben".

Im Januar 1916 geht die allgemeine Wehrpflicht durch, gut vorbereitet durch den Abbau des freiwilligen Systems, den Lord Derby planmäßig vorgenommen hatte. Die Opposition, die sich noch in liberalen und Arbeiterkreisen regt, hat etwas unwirkliches an sich angesichts der unerhörten Kriegsanstrengung, die von England gefordert und geleistet wird. Andererseits geht keine neue Welle der Kriegsbegeisterung durch das Land, als die langjährige Kampagne für die allgemeine Wehrpflicht endlich ans Ziel gelangt ist.

Im Lauf des Jahres waren zwei Kraftquellen des englischen Krieges ein wenig trüber geworden:

Erstens der Glaube, Deutschland trüge die Alleinschuld am Kriege. Die Arbeitsgemeinschaft, die sich in der U.D.C. (Union of Democratic Control)[31] unter ihrem Führer E. D. Morel zusammengefunden hatte, brachte die Schuldfrage auf einfache und einleuchtende Formeln[32] und wurde nicht

---

[31] Gegründet am 17. November 1914.
[32] Nach dem „Labour Leader" vom März bis Juni 1915 lassen sich diese wie folgt zusammenfassen:
Daß Deutschland allein für den Krieg verantwortlich sei, ist erstens nicht wahr und führt zweitens zu einem langen Krieg bis zur bedingungslosen Übergabe Deutschlands, und dieser wieder zu einem Frieden, der künftige Kriege in sich birgt und Englands wahres Interesse schädigt, das Versöhnung mit Deutschland erfordert.
Der Haß gegen Deutschland führt die englische Politik dazu, ihre einstige Vorsicht gegen Rußland zu vergessen. Rußland beabsichtigt, ganz Polen mit

müde, sie in immer neuen und geistvollen Variationen zu wiederholen. Die englische Regierung wurde sichtlich nervös über den Erfolg dieser Aufklärungsarbeit.

Im Spätsommer 1915 war es der Zentralstelle für Auslandsdienst gelungen, Herrn v. Bethmann zu einem bedeutsamen öffentlichen Vorstoß zu bewegen, der den Wahrheitskämpfern in England wertvolles Material in die Hände gab. Der ideale Tummelplatz für die feindliche Propaganda war bisher das Dunkel gewesen, das über dem deutsch-österreichischen Meinungsaustausch in den kritischen zwölf Tagen des Juli 1914 schwebte. „Warum hören wir nichts von dem Depeschenwechsel Wien–Berlin?" Diese Frage wurde zum Schlagwort. Schließlich hieß es allgemein, Deutschland habe Österreich aufgehetzt. Störend wurde die sogenannte „Westminster Gazette-Depesche" empfunden: der deutsche Reichskanzler hatte am 30. Juli 1914 die folgende Warnung nach Wien gelangen lassen:

> „ ... Wir sind zwar bereit, unsere Bündnispflicht zu erfüllen, müssen es aber ablehnen, uns von Wien [leichtfertig und] ohne Beachtung unserer Ratschläge in einen Weltbrand hineinziehen zu lassen. . ."[33]

Danzig in seinen Besitz zu nehmen und sich in Konstantinopel festzusetzen. Damit würde es den Landweg nach Indien beherrschen und ein Heer von zehn Millionen aufstellen können.

3. Die Abmachungen des englischen Auswärtigen Amtes während der letzten zehn Jahre führten zu einer bedingungslosen Bindung an Rußland und Frankreich gegen die Zentralmächte. Dadurch war Deutschlands Stellung mit dem einen Verbündeten Österreich sehr gefährdet, die Balance of Power zu seinen Ungunsten zerstört. Während der Marokkokrisis stand England offiziell Deutschland feindlich gegenüber. Das diplomatische Übergewicht der Entente wurde benutzt, um Deutschland in Marokko um sein gutes Recht zu betrügen. Deutschland war friedliebend, solange es sich sicher fühlte; es begann für den Krieg zu rüsten, als es sich fürchtete.

Für Deutschland war der entscheidende Faktor die wachsende russische Bedrohung. Seit 1912 hatte in Rußland die Kriegspartei das Heft in der Hand. Es wird gesagt, Deutschland plante den Krieg, um die Weltherrschaft zu gewinnen, darum war es allein vorbereitet und gerüstet. Das ist nicht wahr. Gerüstet hatten alle; Frankreich hatte seine Menschenkraft weit schärfer angespannt als Deutschland und war ihm, schon ohne Rußland, an Zahl der Soldaten, Masse und Güte des Materials ebenbürtig. Lloyd George selbst hat 1908 gesagt: „Wären wir in der Lage Deutschlands – würden wir dann nicht rüsten?"

[33] Von Bethmann Hollweg an den deutschen Botschafter in Wien, v. Tschirschky,

Dieser Teil der Instruktion wurde am Vorabend des Krieges dem Berliner Korrespondenten des Blattes als Zeichen des deutschen Friedenswillens vom Auswärtigen Amt zur Verfügung gestellt, aber aus Rücksicht für Österreich dann im deutschen Weißbuch nicht abgedruckt.

Die „Westminster Gazette", das Organ Greys, hatte das unbequeme Dokument dadurch zu entwerten gesucht, daß sie erklärte, es sei entweder gefälscht oder durch eine Gegenorder in seiner Wirkung aufgehoben worden. Als sich Herr v.Bethmann am 19. August 1915 entschloß, die österreichische Empfindlichkeit nicht mehr zu schonen und die Echtheit dieser Depesche zu verbürgen, tat er dies mit so überzeugendem Ernst, daß später kaum jemand mehr gewagt hat, ihre Authentizität oder bona fides anzuzweifeln.

Nicht minder machten die wiederholten Angaben des Kanzlers über den Tatbestand der allgemeinen russischen Mobilmachung in der neutralen und feindlichen Welt Eindruck.

Zweitens: Der Glaube, England führe diesen Krieg mit reinen Händen, verlor an Kraft. Von Monat zu Monat stieg der moralische Ekel des englischen Liberalismus: Lord Northcliffe war es tatsächlich durch den Besitz der „Times" gelungen, die Gesinnung des Mobs in die höheren Stände heraufschlagen zu lassen. Die Hetzpresse[34] begleitete die zunehmende

---

am 30. Juli 1914, vgl. Kautsky, Die deutschen Dokumente zum Kriegsausbruch, Charlottenburg 1919, Band II Nr. 396. Das im Original enthaltene Wort „leichtfertig" wurde sowohl in dem der „Westminster Gazette" gegebenen Text wie in der Reichstagsrede vom 19. August 1915 ausgelassen.

[34] „Wie wir neulich bei einer Erzählung gelacht haben über die Deutschen in irgendeinem Unterstand, als eine Anzahl Granaten, von geschickten Händen geschleudert, sie geradewegs in ihre fetten Bäuche traf und sie alle in Stücke riß. Es war ein köstlicher Scherz ... Wir lachten und lachten ... Das Töten von Deutschen ist ihnen (den britischen Tommies) nicht mehr wie das Töten von Ungeziefer, je mehr, je lustiger. Männer, die Granaten in die feindlichen Schützengräben geworfen und Minen unter ihren Verschanzungen zum Explodieren gebracht haben, und gelacht haben, wenn die zerfetzten Körper mit Erdklumpen zusammen in die Luft flogen, lachen geradeso über die Sprünge eines Kätzchens auf einer französischen Schwelle." ... Über einen besonders geschickten Scharfschützen: „Er grinste, als ich ihn bat, mir seine größte Strecke mitzuteilen: Ich habe zwölf an einem Nachmittag abgeschossen ... wenn ich einen oder zwei am Tag töten kann, bin ich zufrieden ... manchmal gibt's guten Sport

Kriegsverrohung mit aufmunternden Zurufen. Der Bischof von London lobte den Kapitän des „King Stephen", weil er an einer verunglückten Zeppelinmannschaft vorbeigefahren war, ohne den um Hilfe Rufenden und mit dem Wasser Kämpfenden Rettung zu bringen.

Gegen Ende des Jahres folgte Herr v.Bethmann der Anregung der Zentralstelle und trat in den Wettkampf der Greuelbeschuldigungen ein, der seiner vornehmen Natur so zuwider war. Am 9. Dezember 1915 stellte er die gräßliche Mordtat an den Pranger, welche die Vesatzung des unter amerikanischer Flagge fahrenden englischen Kriegsschiffes „Baralong" an der wehrlosen Mannschaft eines deutschen U-Bootes verübt hatte. Seine Worte hatten eine unerwartet große Wirkung. Wie stark die Engländer sich in ihrem Ehrgefühl getroffen fühlten, zeigte das öffentliche Angebot, das Grey am 5. Januar 1916 machte: ein amerikanisches Schiedsgericht sollte den umstrittenen Tatbestand feststellen, einmal im „Baralong"-Fall, dann aber auch in Fällen, in denen England Anklagen gegen die deutsche Seekriegführung erhob.[35] Leider griffen wir den Vorschlag Greys nicht auf.

Im Mai 1916 fanden öffentliche Friedensdiskussionen im englischen Parlament statt. Gleichzeitig kam sichere Kunde nach Deutschland: unsere Politik hat wieder Gelegenheit, den Kriegswillen des englischen Volkes zu erweichen.

England ist in schwerer Sorge über die Kriegslage. Soeben haben Deutschland und Amerika die Sussexkrisis[36] friedlich überwunden. Haig

---

und manchmal nicht ... die Sache hat schon ihre komische Seite, wenn man sie nur aus dem richtigen Gesichtswinkel ansieht." („Daily Chronicle", 30. Juli 1915; Bericht von Philip Gibbs, dem bekannten Schriftsteller.) Der Kanzler hat in seiner Rede vom 9. Dezember 1915 die „Daily Chronicle „ wohl erwähnt, aber es nicht über sich gebracht, die furchtbaren Worte zu zitieren. „Ich scheue mich, solche Worte auch nur in den Mund zu nehmen."

[35] Versenkung der „Arabic"; Angriff auf den unbewaffneten Dampfer „Ruol" und Beschießung eines gestrandeten englischen Unterseebootes an der dänischen Küste durch einen deutschen Torpedobootzerstörer.

[36] Am 24. März 1916 wurde ohne vorherige Warnung der Passagierdampfer „Sussex" versenkt; unter den Opfern befand sich eine Anzahl Amerikaner. Es kam beinahe zum Bruch mit den Vereinigten Staaten, doch wurde die Krisis durch unsere Note vom 4. Mai beigelegt, darin die Zurückführung des U-Bootkriegs auf die völHerrechtlich anerkannten Formen des Kreuzerkriegs zugestanden war. Es

will noch einmal schlagen, und zwar – so sickert es durch – soll wieder der entscheidende Durchbruch unternommen werden. Die Öffentlichkeit hat kein Vertrauen mehr dazu, daß er gelingt. Im Frühjahr 1916 läßt sich eine wohlorganisierte Opposition feststellen gegen den englischen Generalstab und seine strategische Grundauffassung: der Krieg muß auf der Westfront entschieden werden.

„Manchester Guardian" wird der Hauptvertreter der „östlichen Schule"; er arbeitet in einem deutlichen Vertrauensverhältnis zu unzufriedenen Ministern und Generalen. Seine Kritik an der westlich gerichteten Kriegspolitik kommt nie zur Ruhe. Wöchentlich einmal präzisiert sie der „Student of War"; alle vierzehn Tage wird die Polemik in der „Kriegsgeschichte des Manchester Guardian" zusammengefaßt. Nach jedem Mißerfolg des englischen Generalstabs werden die Angriffe so eindringlich und zielbewußt vorgetragen, wie sonst in der englischen Presse nur Northcliffe arbeitet. Die Hauptthesen lauten:

Die Grenzen in Asien sind so wichtig für die Sicherheit des englischen Reiches, ja vielleicht wichtiger als die Grenzen in Europa.

Es ist primitive Politik und primitive Strategie, wenn man glaubt, die Deutschen nur in Flandern besiegen zu können, weil sie nun einmal in Flandern stehen und damit so nahe an England herangerückt sind.

Ein Durchbruch ist auf der Westfront unmöglich, es sei denn, daß entscheidende Durchbrüche vorher im Osten gelungen sind.

Auch die Deutschen können im Westen nicht durchbrechen.

Das Siegen ist im Osten nicht so blutig wie im Westen. Ebenso, wie wir nur im Osten entscheidend siegen können, können wir auch nur im Osten entscheidend besiegt werden. England kann in Kiew und Peters-

---

wurde aber der folgende Vorbehalt ausgesprochen: „Sollten die Schritte der Vereinigten Staaten nicht zu dem gewollten Erfolge führen, den Gesetzen der Menschlichkeit bei allen kriegführenden Nationen Geltung zu verschaffen, so würde die deutsche Regierung sich einer neuen Sachlage gegenübersehen, für die sie sich die volle Freiheit der Entschließung vorbehalten muß." Helfferich, Vom Kriegsausbruch bis zum uneingeschränkten U-Bootkrieg, Berlin 1919, Seite 338ff.

burg gerade so gut den Krieg verlieren, wie Deutschland ihn auf dem Balkan, in Konstantinopel oder in Mesopotamien verlieren kann.

Neben dieser grundsätzlichen Gegnerschaft läuft eine starke Kritik an den persönlichen Fähigkeiten von Haig und Robertson und findet Widerhall auch in Kreisen, die an und für sich auf dem Standpunkt stehen, England dürfe seine Kräfte nicht zersplittern, sondern müsse die Entscheidung auf der Westfront suchen. Man findet boshafte Bemerkungen, wie „Haig könne wohl ein großes Loch machen, aber es fehle ihm die strategische Kunst, durch dieses Loch hindurch zukommen".

Nach dem Fall von Kutel-Amara (April 1916) wäre es den Konservativen ein leichtes gewesen, Asquith und Grey zu stürzen und unter Lloyd George und Carson ein neues, konservativ gerichtetes Koalitionsministerium zu bilden. Aber sie scheuen im letzten Augenblick davor zurück, den Liberalismus zu verprellen. Er könnte – das ist die offen ausgesprochene Sorge – seine Unterstützung aus dem Kriege zurückziehen, und dann wäre England zur kriegerischen Höchstleistung unfähig. Der konservative Lord Hugh Cecil warnt in einem offenen Brief an die „Times" vom 30. April 1916:

„Ich vermute, nahezu vierzig Prozent unserer Bevölkerung werden ausgesprochene Liberale sein. Sie verabscheuen aus Temperament und Tradition den Krieg, nicht nur, wie wir alle es tun, wegen seiner Schrecken und Lasten, sondern weil sie glauben, daß er der bürgerlichen und politischen Freiheit gefährlich ist. Sie mißtrauen vielem und fürchten vieles von dem, was der Krieg nötig macht: große Beschränkungen der persönlichen Freiheit, ausgedehnte Wehrpflicht, eine allgemeine Unterordnung der inneren Angelegenheiten unter fundamentalere, die der Krieg mit sich bringt ... Aber dank der patriotischen Führerschaft der liberalen Minister und besonders des Premierministers hat die Hauptmasse der Liberalen trotz dieser Voreingenommenheit fast einstimmig den gegenwärtigen Krieg unterstützt und gebilligt. Der so von Mr. Asquith und seinen Gesinnungsgenossen geleistete Dienst ist von entscheidender Wichtigkeit gewesen, denn wenn vierzig Prozent der Bevölkerung sich feindlich zum Krieg verhalten hätten, so wäre es kaum möglich gewesen, die nationalen Hilfsmittel in einem Maße in Anspruch zu nehmen, wie es der Lage angemessen ist, oder die nationale Anstrengung während einer so langen Periode angespannt zu halten, wie es nötig gewesen ist und sein wird, und es ist ‚unentbehrlich', daß diese Haltung des Liberalismus bestehen bleibt. Wäre eine Regierung an der Macht, die sich nicht des Vertrauens der Liberalen erfreute, etwa eine solche Regierung, wie sie von Mr. Lloyd George unter Beihilfe von

Sir Edward Carson gebildet werden könnte, so würde eine Tendenz unter den Liberalen entstehen, von der Billigung des Krieges mehr und mehr hinwegzutreiben bis zur Annahme einer pazifistischen Stellung. Dies würde in Wahrheit ein nationales Unheil sein. Unsere Feinde würden gewaltig ermutigt werden, unsere Verbündeten nicht minder niedergedrückt. Wenn hinter der Regierung eine nicht länger geeinigte Nation stände, dann würde keine Geschicklichkeit in der Verwaltung genügen, um den Krieg zu dem entscheidenden Abschluß zu bringen, den wir alle wünschen."

Auch das Vertrauen der Gewerkschaften gehört heute Asquith weit mehr als Lloyd George. Lloyd George ist nicht mehr der große Beschwörer der industriellen Unruhe. Streiks sind heute durchaus möglich. In Schottland, so heißt es, werde offener Aufruhr gepredigt. Die fortgesetzten Appelle an den Patriotismus der Arbeiter: „Gebt eure Gewerkschaftsregeln auf", werden mit steigendem Mißtrauen aufgenommen. Man wittert dahinter eine konservative Verschwörung, um den Kriegszwang in den Frieden hinüberzuretten und dadurch für den Besitz den kommenden Klassenkampf zu erleichtern. Ramsay MacDonalds Beliebtheit wird auch von seinen Feinden nicht mehr bestritten. Unvermittelt taucht bei industriellen Streitfragen der Ruf nach dem „Frieden durch Unterhandlungen" auf. In zahllosen Flugblättern werden Zitate aus maßvollen Reden des deutschen Kanzlers verbreitet. Das Ziel ist immer die Vermittlung der Suggestion: Ein ehrenvoller Friede ist erreichbar. Man sucht und findet Fühlung außerhalb der Arbeiterkreise. Ernste Stimmen kommen aus der City, die vor einer unbegrenzten Verlängerung des Krieges warnen.[37] Ein Mann wie Lord Brassey[38] tritt öffentlich für den Verständigungsfrieden mit Deutschland ein. Bedeutsam ist die Schwenkung, die sich in der Stellung der pazifistischen Arbeiterführer zu Grey vollzogen hat. Er wird nicht mehr wegen seiner Diplomatie vor dem Krieg angegriffen, sondern als der

---

[37] So Robert Fleming, ein einflußreich er Mann in der Londoner City. „Economist", 3. Juni 1916, schrieb dazu: „Herrn Robert Flemings Erklärung letzte Woche gibt die Haltung von Tausenden von intelligenten und rechtlich gesinnten Geschäftsleuten in allen Teilen des vereinigten Königreichs sehr richtig wieder."
[38] Lord Brassey war früher Zivillord der Admiralität, Gründer und erster Herausgeber des Flottenjahrbuches, Gouverneur von Viktoria – also ein Mann, der in Machtfragen absolut zuverlässig war.

„europäisch" gesinnte Mann des Kabinetts angesprochen, der einen schweren Stand gegen die Chauvinisten hat.

Am 24. Mai 1916 findet die große Debatte im Unterhaus über den Frieden statt. Ihre Bedeutung wird in der englischen Presse vertuscht, die nur magere Auszüge aus den langen Reden der Pazifisten bringt; aber die stenographischen Berichte kommen in die Hände der Zentralstelle. Die staatsmännische Kundgebung von Ramsay MacDonald überschattet die menschenfreundlichen Äußerungen seiner Gesinnungsgenossen. MacDonald sagt eine doppelte Botschaft nach Deutschland herüber: Wollt ihr die belgische Integrität und Souveränität wiederherstellen, dann sollte der Frieden marschieren. Aber wenn ihr nur die geringsten Anschläge gegen Belgiens Gebiet und Unabhängigkeit im Schilde führt, dann trefft ihr England an der Ehre, auch mich und meine Pazifisten. Wir sind dann auch für einen Krieg á outrance.

„Ich sage mit aller Bestimmtheit, daß dieses Land, wenn es noch einen Fetzen Ehre behalten soll, keinen Frieden annehmen kann, der die Preisgabe der belgischen Souveränität in irgendeinem Grade bedeutet. Wenn Deutschland sich einbildet, daß irgendeine Gruppe unseres Volkes bereit ist, den Frieden unter Preisgabe eines Teiles – und ich betone, nicht nur der belgischen Souveränität, sondern eines Teiles dieser Souveränität – anzunehmen, dann wäre es gut, wenn die deutsche öffentliche Meinung je eher, je besser aus dieser Täuschung gerissen würde ... Aber wenn von Deutschland erklärt werden würde, so daß niemand die Echtheit dieser Erklärung bezweifeln könnte: ‚Wir wollen nicht Belgien; wir wollen nicht die belgische Souveränität beeinträchtigen; im Augenblick, wo der Friede erklärt ist, ... werden wir Belgien räumen. Unser Durchmarsch – um des Kanzlers eigene Worte zu brauchen – war nur ein Akt militärischer Notwendigkeit – ein Argument, das unser Land heute besser versteht als vor zwanzig Monaten"

Ramsay MacDonald läßt den Satz unvollendet.

„Ein Teil der Schlacht, und ein sehr wichtiger Teil der Schlacht, ist die Fähigkeit, seinem Feinde völlig klarzumachen, was die eigenen Absichten sind, so daß der Feind unsere Erklärungen nicht mißbrauchen und entstellen kann, um seine innere Stärke zu vermehren."

„Man muß die Psychologie des Feindes ebenso bearbeiten wie seine bewaffneten Streitkräfte."

Durch einen unbedingt zuverlässigen Neutralen erfährt man von einem bedeutsamen Nachspiel zu dieser Rede:

Grey geht am Schluß der Sitzung auf MacDonald zu und sagt: „I heard you with pleasure: ... I only answered Ponsonby and not you. I did not answer you, because I agree with you."[39]

Darauf macht ihn Ramsay MacDonald auf einen Zwischenruf aufmerksam, der seine Rede unterbrochen und die Bereitwilligkeit Deutschlands, Belgien freizugeben, in Frage gestellt habe. Grey erwidert, er sei auf Grund bestimmter Informationen überzeugt: der Kanzler denke nicht daran, Belgien freizugeben.

Das Auswärtige Amt erhält sofort Kenntnis von diesen Vorgängen. Die Zentralstelle vertritt die Auffassung, MacDonald solle in die Lage versetzt werden, Grey zu widerlegen. Das könne nur geschehen, wenn Deutschland ihm ein öffentliches Beweismittel, d. h. die Erklärung über, Belgien zur Verfügung stelle. Allerdings heiße es blitzschnell handeln. Man weiß von der gewaltigen Offensive der Engländer, die bevorsteht. Voraussichtlich werden monatelang die Kriegshandlungen die öffentliche Aufmerksamkeit absorbieren, und dann müssen politische Aktionen fruchtlos verpuffen.

Das Auswärtige Amt gab der Anregung keine Folge.

Die Kraftprobe zwischen Lloyd George und Grey bereitet sich vor.

Solange die Somme- und die Brussilow-Offensive dauern und die nach Rumäniens Eintritt in den Krieg neu emporgeschnellten Siegeshoffnungen jeden Kompromißgedanken zurückstoßen, üben die Pazifisten eine natürliche Zurückhaltung. Aber versteckte Andeutungen tauchen wiederholt auf, die auf Interventionsabsichten Amerikas und ihre Begünstigung durch Grey hinweisen. In der Tat sind Wilsons Kundgebungen deutlich in den Wortschatz des englischen Liberalismus getaucht. Die Zentralstelle erhält bestätigende Kenntnis von nahen Verbindungen, die sich zwischen dem liberalen „Komitee für auswärtige Angelegenheiten" und Oberst House angeknüpft haben. Der Gedanke der Friedensliga, mit Amerika als Garantiemacht, war schon vor Monaten hier und da schüchtern ausgesprochen worden und steht fest umrissen im Mittelpunkt einer Erörterung, die scheinbar nur akademischen Charakter trägt, aber zuweilen unverse-

---

[39] „Ich habe Sie mit Vergnügen angehört ... Ich habe nur Ponsonby geantwortet und nicht Ihnen, weil ich mit Ihnen übereinstimme."

hens in das Argument mündet: wenn die Friedensliga Wirklichkeit wird und Deutschland sich die von ihm wie von allen anderen Großmächten geforderten Beschränkungen auferlegt, dann braucht sich England auch durch ein unbesiegtes Deutschland nicht mehr in seiner Sicherheit bedroht zu fühlen. Ja hier und da wird das lockende Schlagwort eingestreut: Deutschlands Eintritt in die Friedensliga bedeutet die Niederlage des preußischen Militarismus.[40]

Am 28. September 1916 hält es Lloyd George für nötig, in offene Kampfstellung gegen Grey und Wilson zu treten: in seinem Boxer-Interview sagt er, so grob und zornig er es kann, nach Amerika hinüber: Hände weg vom Krieg. Die Hetzpresse jubelt ihm zu.

Aber eine starke unterirdische Strömung des Widerwillens ist an vielen Stellen zu spüren, im Parlament, in Versammlungen, in Zuschriften an die großen Zeitungen. Einmal über das andere ergeht aus altliberalen Kreisen, gerade aus solchen, die nahe Fühlung mit der kämpfenden Truppe haben, die Aufforderung an Grey, „hinter den kriegsvergnügten Zivilisten aufzuwischen": vor England, vor Amerika, aber auch vor Deutschland. Grey wartet, bis die Kampagne des Jahres ihrem enttäuschenden Ende zugeht, und hält dann seine berühmte Rede vom 23. Oktober, darin er deutlich Amerika ermutigt, sein Gewicht in die Wagschale des Friedens zu werfen, und den Plan der Friedensliga mit warmen Worten willkommen heißt; über die Kriegsentstehung fuhrt er zum erstenmal eine maßvollere Sprache. Fast scheint es, als ob eigene Gewissensprüfung mitklinge, wenn er an Deutschlands Adresse den Vorschlag richtet:

„Ich wünsche nichts sehnlicher, als daß die beiden Behauptungen: die russische Mobilmachung wäre eine aggressive und keine defensive Maßnahme, und: irgendeine andere Macht als Deutschland hätte um die belgische Neutralität gefeilscht oder einen Angriff durch Belgien geplant, von einem unparteiischen Tribunal nachgeprüft würden."

Die Zentralstelle vertrat die Auffassung, daß Grey nicht ohne Hintergedanken an eine mögliche Entspannung der Lage seinen Vorschlag gemacht habe. Von der Frage: War dieser Krieg zu vermeiden? war es nicht weit zu der anderen: Ist er nicht zu beendigen?

---

[40] Vgl. Hans Delbrück, Der realpolitische Pazifismus.

Damals schien eine gute Gelegenheit gegeben, einen Präzedenzfall für einen Kompromiß zu schaffen, denn in der einen Frage hätten wir gewonnen und in der anderen verloren. Die Regierung wurde eindringlich gebeten, in präziser Form diese Herausforderung anzunehmen, d. h. die Einsetzung eines unparteiischen Tribunals zur Untersuchung dieser beiden Fragen zu fordern.

Das Auswärtige Amt schwankte: Bethmann antwortete Grey am 9. November und akzeptierte das Programm der Friedensliga. Aber das Angebot in der Schuldfrage fertigte er mit der allgemeinen Wendung ab: „Wir scheuen kein Tribunal."

Mit der Greyschen Rede hat der Kampf der Friedens- und Kriegspartei einen Höhepunkt erreicht. Die öffentliche Kraftprobe zu forcieren, ist jetzt im Bereich unserer Politik. Wie würde sie ausgehen? Die Zentralstelle glaubt an den Sieg von Lloyd George: noch sei genügend Kriegsleidenschaft im Lande, um ein Knock-out-Ministerium zu gründen. Aber eine konservativ gerichtete, von Lloyd George geführte Regierung würde – das ist die Meinung – einmal England in eine moralische Isolierung hineintreiben, die für seine Weltstellung unerträglich wäre, vor allem aber die inneren Schwierigkeiten nicht meistern können, zumal, wenn sie durch eine Friedenskrisis verschärft würden.

„Unter Lloyd George treibt England entweder in die Niederlage hinein oder kommt zur Vernunft." So lautet die Voraussage. Allerdings wird sie an eine Bedingung geknüpft: Deutschland darf England nicht den gewaltigen Bundesgenossen Amerika zuführen.

Der Kolonialminister Solf ist in nahe Beziehungen zur Zentralstelle getreten. Er ist überzeugt, daß dort das strategisch-politische Grundproblem im Kern richtig erfaßt wird: „Nach Osten schlagen, nach Westen sich verteidigen und den Angriffswillen der Engländer durch eine politische Offensive lahmen." Aber er sieht mit Sorge, daß die Widerstandskraft der leitenden Männer gegen die Forderungen der Marine täglich mehr dahinschwindet. Er rechnet tatsächlich damit, daß wir es fertigbringen könnten, England aus seinen furchtbaren Verlegenheiten mit einem Schlage zu erlösen. Da verabredet er mit Rohrbach: man solle eine öffentliche Warnung herausbringen und so deutlich wie möglich unserer Staatskunst den rettenden Ausweg weisen.

Am 20. November wird in der „Deutschen Gesellschaft" vor einer aus Politikern und Diplomaten bestehenden Zuhörerschaft der Vortrag: „Englands Kriegswille im Lichte der englischen Presse"[41 gehalten]. Darin wird auf den Weg ins Verderben hingewiesen, den ein verblendetes England gehen könnte. Unter dieser Verschleierung aber wird die deutsche Regierung angeredet und beschworen, den Verlockungen des Übermuts zu widerstehen.

„Die [englischen] Staatsmänner, deren Einsicht heute eine Lösung gefunden haben mag, fühlen noch nicht die starke Volksbewegung im Rucken, die ihnen allein die Kraft des Handelns und Redens gäbe. Man hört hier und da in England das Wort: Das Volk ist noch nicht reif für den Frieden. Das ist ein furchtbares Wort. Es bedeutet, daß man den Zermürbungsprozeß nicht nur bei den Feinden, sondern beim eigenen Volk abwarten will, ehe man den Ausweg zeigt, den man für richtig hält.

„Dieses eine aber ist sicher: der englische Liberalismus zieht heute seine moralische Unterstützung aus dem Kriege heraus. Nicht aus einem Kriege, der notwendig wäre für Englands Ehre und Sicherheit, wohl aber aus dem Kriege Lloyd Georges. Diese Pro-Boers und Menschheitsfreunde haben nicht nur ihre Söhne zu tausenden ins Feld geschickt, – sie sind auch die besten Werber des englischen Krieges gewesen, in England selbst und in der ganzen Welt. Sie waren schuld an Englands gutem Namen und haben uns überall großen moralischen Schaden getan. Immer von neuem haben Männer wie Gilbert Murray und Lord Bryce die Neutralen mit der englischen Gewaltpolitik, ja mit dem englisch-russischen Bündnis versöhnt, dadurch, daß sie ihr gutes Gewissen der Sache der Alliierten zur Verfügung gestellt haben. Ihr ehrliches Vokabularium ist England Armeen wert gewesen.

„Nun wird der englische Krieg ein anderer werden. Nichts mehr von ‚Um Belgiens willen haben wir das Schwert gezückt', nichts mehr von ‚Befreiung kleiner Nationen', ‚Vom Ägäischen Meere nordwärts bis an den Ostrand des Baltischen Meere' – ich zitiere Lord Bryce. Nichts von internationalen Konferenzen zur Schlichtung von Streitigkeiten und vom ‚Areopag der Völker'; der englische Krieg wird häßlich und zynisch werden, ein Raub- und Handelskrieg; er wird nicht einmal mehr dem Anstandsgefühl der Welt die Konzession machen, sich zu verschleiern.

„Wie es diesem Kriege in England gehen wird, darüber kann ich von hier aus nichts sagen. Aber daran ist kein Zweifel: in der Welt wird das England Lloyd Georges gehaßt werden, wie das Zerrbild Deutschlands gehaßt worden ist. Oderint, dum metuant mag ein Motto sein, gut genug für kleine Staaten, die sich mit den Nachbarn raufen, oder eine kleine Großmacht, auf deren Machtzuwachs die Welt noch nicht aufmerksam geworden ist, sei es, daß er noch zu

---

[41] Gedruckt: Preußische Jahrbücher, Januar 1917, Bd. 167, Heft 1, S. 1 ff.

bescheiden ist, sei es, daß ein genialer Staatsmann die Welt zu beruhigen wußte. Aber, wenn eine Weltmacht der ganzen übrigen Welt zuruft: Oderint, dum metuant, dann wird sie früher oder später unter dem Haß der Welt zusammenbrechen, wie Sir Edward Grey in seiner Rede am 27. Januar 1916 den Scharfmachern zurief, da sie die schonungslose Ausübung der Seemacht auch gegen die Neutralen verlangten."

Die Fackel des europäischen Gewissens, so schloß der Vortrag, brenne in England aus.

„Wenn sie um so heller dem deutschen Kriege voranleuchtet, dann werden die seelischen Gewalten mit uns sein, die England gegen uns aufgerufen hat, und die ihm heute verloren gehen. Auch Friedrich der Große begann seinen Krieg in einer Atmosphäre des Hasses und der Ungerechtigkeit, und hatte die Welt moralisch erobert, als er zu Ende ging."

Drittes Kapitel

Die Erklärung des verschärften U-Bootkriegs

In den ersten Dezembertagen 1916 stürzte Lloyd George das Ministerium Asquith-Grey. Ende November waren Gerüchte in London umgelaufen, daß Grey, Balfour, Lansdowne, Runciman und McKenna einen Frieden durch Unterhandlungen begünstigten.

Am 6. Dezember fiel Bukarest.

Am 12. Dezember 1916 erfolgte das Friedensangebot der Mittelmächte. Wie Helfferich in seinem Buch „Vom Kriegsausbruch bis zum uneingeschränkten U-Bootkrieg"[42] mitteilt, ist er der Vater des Planes. Unter dem Eindruck der maßvollen Rede Greys vom 23. Oktober 1916 brachte er die Anregung an Bethmann heran: Grey solle durch einen deutschen Schritt gezwungen werden, Farbe zu bekennen. – Als unser Angebot herauskam, war Grey nicht mehr im Amt.

Am 21. Dezember 1916 entsandte Präsident Wilson seine erste Friedensnote, darin er die kriegführenden Länder aufforderte, präzise Kriegsziele zu nennen, damit der Krieg nicht weiter „im Dunkeln" fortgeführt werde.

Die deutsche Regierung lehnte am 26. Dezember höflich ab, ihre Ziele zu nennen: der unmittelbare Gedankenaustausch zwischen den Kriegführenden schiene der geeignetste Weg.

Am 30. Dezember wurde die Antwortnote der Entente auf unser Friedensangebot überreicht. Sie war erfüllt mit Beschimpfungen, die uns erneut als die Alleinschuldigen an dem Ausbruch des Krieges wie an seiner gesetzlosen Führung stempeln wollten; der deutsche Vorschlag sei wertlos, weil er jeglichen Gehalts und jeglicher Präzisierung entbehre. Er erscheine weniger als ein Friedensschritt denn als ein Kriegsmanöver.

Am Schlusse der Note hieß es:

---

[42] S. 356.

„In dem Augenblick, in dem Deutschland zur Welt von Frieden und Menschlichkeit spricht, führt es belgische Bürger zu Tausenden in die Sklaverei."[43]

Am 6. Januar fand in der amerikanischen Handelsgesellschaft ein Essen statt, bei dem Botschafter Gerard, kürzlich von persönlicher Besprechung mit der Regierung in Washington zurückgekehrt, der Welt verkündete: die Beziehungen zwischen den Vereinigten Staaten und Deutschland seien nie besser gewesen.

Am 12. Januar antwortete die Entente dem Präsidenten Wilson. Kriegsziele wurden proklamiert, wie sie die Mittelmächte nur nach einer vernichtenden Niederlage annehmen konnten. Neben Räumung und Entschädigung sämtlicher besetzten Gebiete wurde die Rückgabe Elsaß-Lothringens, die Aufteilung Österreich-Ungarns, die Austreibung der Türken aus Europa gefordert.

Am 20. Januar erhielt ich die Nachricht, daß die Ankündigung des verschärften U-Bootkrieges bereits beschlossen sei.

Am 22. Januar 1917 wurde eine neue Friedensbotschaft Wilsons veröffentlicht. Von der Plattform des amerikanischen Senats aus wurde das große Wort in die öffentliche Meinung der Welt geworfen: „Ein Friede ohne Sieg". Das Gleichgewicht der Mächte sollte durch die Gesellschaft der Nationen ersetzt werden, der Amerika beizutreten bereit wäre. Wilson forderte ferner: die Anerkennung des Selbstbestimmungsrechts der Völker; nach Möglichkeit den freien Zugang zum Meer für alle Nationen, die Freiheit der Meere und die Beschränkung der Rüstungen.

Ende Januar 1917 war ich in Berlin. Ich hatte in Gefangenenangelegenheiten im Kriegsministerium und im Auswärtigen Amt zu tun. Außerdem wollte ich den Kanzler sprechen, um zu sehen, wie weit er bei den Bemühungen um den russischen Separatfrieden meine Dienste gebrauchen könnte.

Die Entscheidung über den U-Bootkrieg war gefallen: die Stimmung in Berlin war voller Widersprüche; Beklemmungen und Hoffnungen lösten sich ab, je nachdem, mit wem man sprach.

---

[43] Die belgischen Deportationen hatten Ende Oktober 1916 begonnen.

Auf der einen Seite schwirrten die optimistischen Zahlen der Marine herum; mit mathematischer Präzision wurde der Monat, beinahe der Tag ausgerechnet, an dem England auf die Knie gezwungen wäre.

Die Militärs zeigten dagegen keine übermütige Zuversicht; sie hatten in schwerer Besorgnis über die militärische Lage zum letzten Mittel gegriffen. Sie glaubten daran, daß im Jahre 1917 das in Rom beschlossene Programm der Alliierten zur Ausführung kommen würde: eine gleichzeitige Generaloffensive auf allen Fronten; dabei wurde auch mit einer erneuten Brussilow-Offensive gegen Österreich gerechnet. Nach den schweren Erfahrungen des Sommers 1916 sei es Deutschlands Pflicht, jedes Mittel zu versuchen, um die Gewalt des feindlichen Ansturms zu schwächen: eine Offensive zu Lande komme für uns nicht mehr in Betracht; die U-Bootoffensive der Marine gegen die feindlichen Verbindungen verspreche die Munitionszufuhr zu behindern. Die Reichsleitung zeige uns keinen Weg zu einem ehrenvollen Frieden. Wir hätten keine Wahl als den verschärften U-Bootkrieg.[44]

Die Politiker fand ich in einer Geistesverfassung, die man nur als dumpfe Ergebenheit bezeichnen konnte. Sie glaubten nicht an den Erfolg des U-Bootkrieges. Helfferichs Widerlegung der Zahlen der Marine[45] war für sie auch heute noch schlüssig; aber nach der herausfordernden Antwort der Entente an uns und besonders an Wilson sei jede Hoffnung auf Frieden zerstört, jedenfalls auf einen ehrenvollen Frieden. Wilson habe kein Verständnis für die deutschen Lebensinteressen, auch würde er nicht die Macht haben, ihre Berücksichtigung durchzusetzen. Unter diesen Umständen habe man kein Recht, auf die Anwendung unseres schärfsten Kriegsmittels noch weiter zu verzichten. Der Kanzler – dies ist mir von zuverlässiger Seite mitgeteilt worden – schauderte im Grunde vor der Verantwortung zurück, die er dereinst vor seinem Gewissen und vor der Geschichte tragen müßte: einen faulen Frieden verschuldet zu haben, weil er die letzte Siegeschance nicht ausgenutzt hätte.

---

[44] Ludendorff (Meine Kriegserinnerungen, Berlin 1919, S. 250) schreibt, daß er vor eine neue Lage gestellt und in seinen Anschauungen stark beeinflußt worden wäre, wenn ihm der Kanzler am 9. Januar den Zusammenbruch eines unserer Feinde in Aussicht gestellt hätte, wie wir ihn nachher in Rußland erlebten.
[45] Vgl. Helfferich, a. a. O., S. 385 f.

Da trat mir eine vierte Meinung entgegen: Noeggerath kam zu mir und wollte meinen Beistand aufrufen, um den verschärften U-Bootkrieg noch aufzuhalten. Erfüllt von der überzeugenden Kraft seiner Gründe meinte er, alle Rechtgesinnten müßten sich noch fünf Minuten vor zwölf verbünden, um das Unheil zu verhüten. Ich setze den Vortrag her, wie er mir – dem Inhalt nach – damals gehalten wurde. Die gemeinsame Arbeit der Rohrbach-Gruppe stand dahinter:

1. Der Optimismus der Marine ist unbegründet. Deutschland verschärft den U-Bootkrieg, aber es verschärft auch die Kraft der Abwehr. In diesem Krieg ist der Irrtum hundertmal nachgewiesen, daß die Engländer töricht oder schlapp wären. Deutschland wird England wahrscheinlich in Todesnot bringen, aber Amerika wird in den Krieg eintreten und das technische Ingenium Amerikas und Englands und die Zähigkeit ihrer gemeinsamen Rasse werden einen Ausweg aus dieser Todesnot finden.

2. Der Pessimismus der Armee ist unbegründet. Die in Rom beschlossene Generaloffensive kann nicht zur Ausführung kommen. Die russische Armee leidet an Munitionsmangel; sie ist nicht nur zu größeren Offensiven unfähig, sondern auch in ihrer Verteidigungskraft bedroht. Im englischen Parlament wird Rußlands Munitionsmangel offen besprochen. Die Lebensmittelkrise in Rußland droht zu revolutionären Unruhen zu führen, falls nicht Abhilfe geschafft wird.[46] Die Not fängt an, sich in der Armee fühlbar zu machen.

Das Regime Protopopow kann die Lebensmittelkrise und die Munitionskrise nicht nur nicht lösen, sondern will es nicht. Vielmehr – so heißt es – arbeiten Protopopow und seine Leute darauf hin, soziale Unruhen herbeizuführen und die Armeen in ihrer Leistungsfähigkeit zu „verkrüppeln", um einen Vorwand zum Friedensschluß zu haben. Aber der Zar wird heute von Gewalten bedroht, die stärker als die Reaktion sind. Das hat Rasputins Ermordung (29. Dezember 1916) bewiesen. Man behaupte-

---

[46] Siehe Bericht des „Manchester Guardian"-Korrespondenten M. P. Price vom 5. Dezember 1916 aus Tiflis.

te, Mitglieder der kaiserlichen Familie gehörten zu den Anstiftern.[47] Der Jubel der Armee und des Dumablocks begrüßte die Tat.

Lord Milner ist nicht nur nach Rußland gereist, um an der Gesundung der russischen Kriegsorganisation mitzuarbeiten, sondern er will den Zaren dazu bestimmen, Männer in die Regierung zu berufen, auf die sich der Dumablock und die Alliierten verlassen können. Die Spannungen müssen früher oder später zu einer Explosion führen. Mag der Ausgang sein, wie er will: Rußland kann die ihm von der Römischen Konferenz zugewiesene Aufgabe in diesem Jahre nicht erfüllen.[48]

3. Der Fatalismus der Politiker ist unbegründet. Sie brauchten nicht am Ende ihrer Weisheit zu sein. Die höhnenden Worte der alliierten Staatsmänner bezwecken, die unbedingte Kriegsentschlossenheit ihrer Völker kundzutun. Das ist ein Bluff. Die Einmütigkeit, auf die sich Lloyd George beruft, existiert nicht.

Sein Programm der dritten Mobilisierung ist ungeheuer: der Mannschaftsersatz, die Munitionsproduktion, der Ackerbau, der Schiffsbau sollen alle außerordentlich gesteigert werden; ganze Arbeiterrubriken sollen zum Heeresdienst herangezogen werden, die nur im Vertrauen auf ihre Unabkömmlichkeit in die Wehrpflicht gewilligt hatten. Im Hintergrunde drohen Wehrpflicht in Irland und „farbige Arbeit" für England.

---

[47] Großfürst Dimitrij Pawlowitsch gehörte zu den Verschwörern, Fürst Felix Jussupow, Gemahl einer Nichte des Zaren, war der Mörder (Paléologue a. a. O. II, S. 298).

[48] Ende Januar 1917 schickten die beunruhigten Westmächte besondere Missionen nach Rußland. Am 1.Februar ist die erste Sitzung der Alliiertenkonferenz: Die französischen, englischen, italienischen Abgesandten drängen energisch auf kräftige, übereinstimmende Offensiven an den verschiedenen Fronten. Da erklärt der Generalstabschef Gurko: „Daß die russische Armee nicht imstande sei, eine große Offensive zu unternehmen, ehe sie nicht durch die sechzig neuen Divisionen verstärkt wird, deren Bildung kürzlich beschlossen wurde. Nun, damit diese Divisionen aufgestellt, abgerichtet, mit allem nötigen Material ausgestattet werden, müssen mehrere Monate, ja vielleicht ein Jahr verstreichen. Bis dahin wird die russische Armee nur ganz nebensächliche Operationen unternehmen können, die jedoch hinreichen werden, um den Feind an der Ostfront zu binden." (Paléologue, a. a. O., Bd. II, S. 348.)

Das Erwerbsleben wird starke Hemmungen erfahren. Fast alle Betriebe sollen unter Staatsaufsicht gestellt werden. Lloyd George will die Gewinne beschränken, gedenkt überhaupt den Besitz rücksichtslos zu besteuern.

Wird die dritte Mobilmachung gelingen? Ja – unter der Bedingung, daß Amerika im Kriege ist. Nein – wenn Deutschland den Bruch mit Amerika vermeidet. Noeggerath und seine Freunde möchten dafür bürgen, daß dann Lloyd Georges Sache verloren ist. Deutschland
steht inmitten einer weittragenden politischen Aktion. Bethmann könne sie so lange fortsetzen, bis eine englische Friedenspartei auf den Plan gerufen wäre, mit der er reden kann. Ihr Programm ist bekannt: ein liberaler Sendbote hat im Sommer 1916 dem Obersten House ein Exposé über Kriegsziele überreicht. Das vertrauliche Dokument ist wahrscheinlich nicht ohne Absicht des Verfassers auch nach Deutschland gekommen; es enthielt als wichtigste Punkte:

Basis zur Diskussion zwischen Kriegführenden

1. Eroberung sollte nicht an sich Annexion rechtfertigen:

a) Wiederherstellung von Belgien, Serbien und Montenegro. Volle Entschädigung Belgiens,

b) Rückgabe der deutschen Kolonien oder gleichwertiger Gebiete. Neue Verteilung des afrikanischen Kolonialbesitzes. Kauf und Tausch sollten grundsätzlich zulässig sein.

2. Vernunftgemäße Befriedigung:

a) der Forderung auf Anwendung des Nationalitätenprinzips in Europa durch neue Grenzziehung, Autonomie oder eine andere Lösung,

b) der Forderung der Zentralmächte und anderer europäischer Staaten nach vermehrter wirtschaftlicher Betätigung in unerschlossenen Ländern.

Zu a) Der Verzicht auf Eroberung sollte nicht bloß Rückkehr zum Stauts quo mit allem seinem Widersinn bedeuten. Soweit als möglich sollte das Nationalitätsprinzip in Polen, Elsaß-Lothringen, im Trentino, den südslawischen Distrikten und anderswo befriedigt werden. Volksabstimmung, selbst unter neutraler Überwachung, wird nicht immer durchführbar sein. In manchen Fällen ist Autonomie innerhalb eines größeren Staates wahrscheinlich besser als Unabhängigkeit vom Standpunkt der betreffenden Nation wie des europäischen Friedens.

Zu b) Dem deutschen Unternehmergeist sollten in der asiatischen Türkei besondere wirtschaftliche Erleichterungen gewährt werden. Die armenischen Provinzen könnten unter russische Souveränität gestellt werden.

Weitgehendste Anwendung des Prinzips der „Offenen Tür" in allen außereuropäischen Gebieten – Freihäfen am Adriatischen und Ägäischen Meer, vielleicht an der Nord- und Ostsee, könnten erwogen werden.

Von beiden Seiten Annahme wirksamer Garantien gegen künftige Kriege zu Land oder zur See durch Errichtung einer dauernden Instanz für die friedliche Regelung aller internationalen Streitfälle. Solch ein System würde Rüstungsbeschränkungen einschließen.

Dieser Punkt übersteigt an Bedeutung alle anderen. Sir E. Grey habe am 26. August 1915 brieflich diesen Gedanken ausgedrückt, andererseits auch Ballin, ein persönlicher Freund des Kaisers, die Vermeidung künftiger Kriege und des Rüstungswettkampfes als die größte Aufgabe des Staatsmannes bezeichnet.

5. Einer Konferenz von Kriegführenden und Neutralen oder ständigen Kommissionen soll nach Einigung der Kriegführenden auf dieser Basis die Ausarbeitung der Statuten einer Friedensliga übertragen werden.

Diese Vorschläge beruhten, sagt die Erläuterung, auf dem Glauben, daß die Alliierten einen Frieden erstrebten, der die gerechten Forderungen aller Völker befriedigte und nicht Groll und Bitternis, die zur Vorbereitung künftiger Kriege führen müßten, hinterließe.

Der Weg über die amerikanische Vermittlung ermögliche es, daß Deutschland sich auf der gleichen Grundlage mit den Alliierten, die mit den Amerikanern übereinstimmen, treffen könnte; aber England glaubt, „für die Kinderstube zu kämpfen", d. h., daß seine Nachkommen nur gesichert sind, wenn Deutschland' geschwächt ist. Die Lösung dieser Schwierigkeit ist der große Gedanke der Friedensliga.

Begleitet wurden diese Vorschläge von „Argumenten für Amerikaner", die dartun sollten:

a) Das Schweigen des englischen liberalen Committee for Foreign Affairs sei nicht als Zustimmung zur Regierungspolitik zu deuten,

b) die liberale englische Presse lege sich Rücksichten auf, um den rechten Geist bei Heer und Flotte zu erhalten,

c) ein Umschwung in der öffentlichen Meinung sei denkbar und daher die Friedenspartei ein möglicher Machtfaktor,

d) ohne diesen Umschwung aber seien, bei ihrer Abhängigkeit von öffentlichen Strömungen, die leitenden Männer Englands nicht imstande, etwas für den Frieden zu tun.

Noeggerath erläuterte das wichtige Dokument:

Dieses Programm ist sicher nicht so, wie es steht, von Deutschland zu akzeptieren; aber es ist von einem für Deutschland annehmbaren Programm nicht so weit entfernt, daß Verhandlungen nicht eine Brücke schlagen könnten.

Die englischen Anhänger des Verständigungsfriedens haben jetzt deutliche Zeichen nach Deutschland herübergegeben: Setzt das Friedensgespräch fort. Heraus mit euren Kriegszielen. Das Organ Greys, die "Westminster Gazette" wendet sich einmal über das andere an den Kaiser und den Kanzler, sie möchten Klarheit über die deutschen Absichten schaffen. Wilson wird fortgesetzt aufgefordert, der englischen Öffentlichkeit die Kenntnis der deutschen Bedingungen zu vermitteln.

> „Dürfen wir Herrn Wilson darauf aufmerksam machen, daß der nächste praktische Schritt der ist, uns zu sagen, wenn er es weiß, was die deutschen Bedingungen sind, oder, wenn er es nicht weiß, die Deutschen dazu zu bringen, ihre Bedingungen zu enthüllen." [49]

Wenn die deutsche Staatskunst sich diesem Hilferuf versagt, so bleibt die Unternehmung des Kanzlers, die mit dem Friedensangebot begonnen hat, elend stecken. Anderseits ist die deutsche Regierung in der Lage, für Wilson und die englischen Freunde des Friedens die Basis der Verständigung so deutlich herauszustellen, daß diesen Machtfaktoren die Fortsetzung des Krieges sinnlos erscheinen muß. Es gilt, Anschluß an drei Bewegungen zu finden, die in der gegenwärtigen internationalen Situation

---

[49] „Westminster Gazette" vom 23. Januar 1917.

unaufhaltsam zu sein scheinen und die Wilsons Botschaft an den Senat[50] und das gemäßigte englische Programm entscheidend mitbestimmt haben.

Deutschland braucht nichts zu widerrufen, wenn es an diese Bewegungen Anschluß suchen will. Wir hatten bereits mit ihnen während des Krieges Fühlung.
1. Freiheit der Meere (Abschaffung des Seebeuterechts, wirkliche Sicherstellung der Ein- und Ausfuhr von Lebensmitteln, die nur für die Zivilbevölkerung bestimmt sind, usw.):
Altes deutsches und amerikanisches Programm, auch während des Krieges wiederholt vom deutschen Reichskanzler als deutsches Kriegsziel aufgestellt und durch den deutschen Botschafter in Amerika vertreten.
2. Sicherstellung der kleinen Nationalitäten:
Mehrfach vom Kanzler proklamiert, vor allem in der Aprilrede[51] 1916. Wir hatten eine bessere Chance als die Entente, diesen Programmpunkt in den Dienst unserer Sache zu stellen. Denn während sie von Völkerbefreiung redete, erkämpften wir die Befreiung kleiner Nationen.
3. Die Friedensliga:
In der Novemberrede mit Wärme vom deutschen Kanzler akzeptiert.

Im Rahmen dieses Programms könnte mühelos die unzweideutige Erklärung über Belgien erfolgen.
Den Einwand: nach der höhnenden Abweisung unseres Friedensangebotes sei es kaum mit der nationalen Würde vereinbar, noch weiter von Frieden zu reden, ließ Noeggerath nicht gelten. Wilsons erste, bis heute noch unerledigte Anfrage[52] gäbe die natürliche Handhabe, Kriegsziele zu nennen, am besten in Beantwortung einer Interpellation des Reichstags. Die Noeggerath nahestehende Gruppe hatte dem Kanzler vorgeschlagen, eine programmatische Rede etwa folgendermaßen einzuführen:

> „Wilson fordert von den kriegführenden Mächten Auskunft darüber, warum dieser Krieg noch weitergeht, der alle Neutralen vor schwerwiegende Entscheidungen stellt. Wir glauben, daß keine kriegführende Macht es verantwor-

---

[50] Vom 22. Januar 1917.
[51] Vom 5. April 1916.
[52] Vom 21. Dezember 1916.

ten kann, wollte sie dieses Ersuchen des Präsidenten zurückweisen. Das amerikanische Volk hat ein Recht zu wissen, worum es geht, und wer in diesem Kriege der Angreifer und der Verteidiger ist ... Eigentlich brauchten wir nur auf die Erklärungen der deutschen Regierung hinzuweisen. Aber wir dürfen nicht verkennen, daß die Stellung unserer Heere in Feindesland es unseren Gegnern erleichtert, die Motive zu verfälschen, die uns seinerzeit zum Schwerte greifen ließen. Auch können wir nicht ableugnen, daß unter dem Einfluß der gerechten Erregung über unsere Feinde Stimmungen und Strömungen in Deutschland entstanden sind, die über die ersten Beweggründe der deutschen Politik hinausgreifen und einen Rachekrieg fordern, der die Demütigung aller unserer Feinde rings um uns in die Landkarte einzeichnen soll. Ich erinnere an die Eingabe der sechs Verbände, die ins Ausland gelangt ist und ohne Zweifel geeignet war, die Welt in Schrecken zu setzen. In der Tat, wären unsere siegreichen Heere von dem napoleonischen Eroberwillen geleitet, der in dieser Eingabe sich so freimütig gebärdet, so könnten wohl die gegnerischen, ja auch neutrale Länder, sich in ihrer Sicherheit bedroht fühlen. Es sind in letzter Zeit besonnene Patrioten an die Regierung herangetreten und haben zwar nicht ihren Verdacht geäußert, es könnte die deutsche Regierung von jenen Welteroberungsplänen beeinflußt werden, aber sie haben doch ihren Zweifel erkennen lassen, ob die kaiserliche Regierung nach ihren Kriegszielen heute noch berechtigt sei, zu erklären, daß der deutsche Krieg ein Verteidigungskrieg ist. Können wir uns wundern, daß dieselben Zweifel auch aus neutralen Ländern immer wieder zu uns dringen? Ich habe daher dem Präsidenten Wilson die folgenden Kriegsziele mitgeteilt: ... "

Ich fragte nach den praktischen Resultaten, die von einer solchen Aktion erwartet würden. Die Antwort war: Ob die sich neu zusammenfindende Friedenspartei stark genug sein würde, Lloyd George zu stürzen oder ihn zur Umkehr zu bringen, das kann man von hier aus nicht im voraus bestimmen. Nur soviel ist sicher, sie würde als Machtfaktor in der Öffentlichkeit handeln, und die englische Kriegsmaschine ist so delikat gebaut, daß sie eine patriotische Opposition gegen den Krieg auf die Dauer nicht würde aushalten können.

Die entscheidende Wirkung aber wird die Entfremdung zwischen England und Amerika sein. Es gilt, den diplomatischen Wettkampf zu gewinnen: vor Wilson und der amerikanischen Öffentlichkeit. Deutschland muß unschuldig an der Fortsetzung des Krieges sein und erscheinen. Man ist in England in schwerer Sorge vor einer solchen Entwicklung. Es ist nicht allein Wilson, den man in seinen Interventionsabsichten zu kränken fürchtet. Besonnene Engländer sind sich heute dessen bewußt, daß hinter dem

Präsidenten der Pazifismus des amerikanischen Volkes steht, das ihn gewählt hat, damit er die Vereinigten Staaten aus dem Kriege draußen hält.[53] Greys Organ, die „Westminster Gazette", warnt (am 3. Januar 1917) vor der Täuschung, daß die Majorität in den Vereinigten Staaten so denke wie der Osten:

> „Die hohen Kosten der Lebenshaltung drücken stark auf jedermann, und die hohen Preise werden auf den Krieg geschoben. Es gibt Tausende, denen der Krieg keinen Profit gebracht hat, sondern nur verzweifelte Anstrengungen, wirtschaftlich durchzukommen, und diese Tausende wollen Frieden, um der Verschuldung zu entgehen. Es ist nutzlos, diese Menschen darauf hinzuweisen, daß andere Leute in Amerika große Profite aus dem Kriege gezogen haben. Die Antwort lautet: ,Wir sind die Majorität, und uns bringt der Krieg nur Verlust' …
>
> Zum Guten oder zum Schlechten, wir müssen uns darüber klar werden, daß der Präsident eine große Machtstellung einnimmt, und daß, wenn er das amerikanische Volk hinter sich hat und zum Sprecher von anderen Neutralen wird, wir ihn notwendigerweise als einen sehr ernsten Faktor in diesem Stadium des Krieges ansehen müssen."

Nach der „Times" vom 2. Januar 1917 arbeitet Graf Bernstorff darauf hin, den Alliierten die Verantwortung für die Fortsetzung des Krieges vor dem amerikanischen Volk anzuheften und zwar mit einem doppelten Zweck: einmal, um die amerikanische Friedensliebe dahin zu fruktifizieren, daß der Export von Material und Geld an die Alliierten beschränkt wird;[54] und

---

[53] Bernstorff, Deutschland und Amerika, Berlin 1920, S. 300: „Sofort nach der amtlichen Bekanntgabe seiner Wiederwahl schrieb der Präsident eine Friedens-Vermittlungsnote, behielt sie aber leider in seinem Schreibtische, weil gerade damals unglücklicherweise wegen der belgischen Deportationen eine neue deutschfeindliche Woge über das Land ging … Wenn die unselige Maßregel … nicht erfolgt wäre, die obendrein in einem Augenblick ergriffen wurde, wo wir dem Präsidenten mitgeteilt hatten, daß wir Belgien nicht annektieren wollten, hätte die Weltgeschichte vermutlich einen anderen Verlauf genommen. Die amerikanische Vermittlungsaktion würde unserem Friedensangebote zuvorgekommen sein und infolgedessen wahrscheinlich Erfolg gehabt haben, weil wir dann den uneingeschränkten U-Bootkrieg nicht hätten aufnehmen können, ohne die Vermittlung auslaufen zu lassen."

[54] Fast zur gleichen Zeit (29. Dezember 1916) telegraphiert, wie wir heute wissen, Graf Bernstorff nach Berlin: er sei überzeugt, daß unsere Feinde nicht auf Verhandlungen eingehen werden, wenn nicht von Amerika aus ein starker Druck

zweitens, um Washington dahin zu bringen, sänftiglich mit den weiteren Völkerrechtsbrüchen umzugehen, die Deutschland im Schilde führt.

Bernstorff – so meint Noeggerath – kann viel erreichen, wenn der deutsche Reichskanzler ihm zu Hilfe kommt. Die beiden Schrecknisse der englischen Politik: „Embargo"[55] und Duldung des verschärften U-Bootkrieges könnten Wirklichkeit werden für den Fall, daß nach einer maßvollen deutschen Kriegszielerklärung die Alliierten mit unverminderter Brutalität den Frieden zurückstoßen würden. Dann haben wir die klare Situation vor der amerikanischen Öffentlichkeit herbeigeführt: der von Wilson, von der englischen Friedenspartei und von Deutschland als gerecht anerkannte Friede scheitert an dem bösen Willen der Alliierten. Wenn Deutschland die am 12. Dezember begonnene politische Aktion zu ihrem natürlichen Ende bringt, könnte es möglicherweise sogar den verschärften U-Bootkrieg erklären, ohne daß Amerika die diplomatischen Beziehungen abbricht; allerdings nur unter der Bedingung, daß er befristet, d. h. von der Zusage begleitet wird: sobald England mit seiner Blockade in die Grenzen des vorher geltenden Völkerrechts zurückgeht, hört die Verschärfung des U-Bootkriegs auf.

Rußland außer Gefecht; England zur Höchstleistung unfähig, seine Kraft, die Bundesgenossen zu halten, entscheidend geschwächt; England in ernstem Konflikte mit den Vereinigten Staaten. Hier ist ein klarer Weg zu einem anständigen Frieden oder zum Siege. – Vorbedingung: Fortsetzung der politischen Offensive und Aufschub des U-Bootkrieges.

---

ausgeübt werde. „Letzteres wird aber m. E. geschehen, wenn Eure Exzellenz im übrigen glauben, amerikanische Vermittlung annehmen zu können. Mit Ausnahme der belgischen Frage dürfte die hiesige Regierung uns bei allen Verhandlungen mehr Vorteil als Nachteil bringen, da die Amerikaner jetzt erst zur Erkenntnis gekommen sind, was die Seeherrschaft Englands bedeutet." (Bernstorff, a. a. O., S. 323.) Ein erstes Druckmittel wendet Wilson Anfang Dezember an: Der Federal Reserve Board, die unserer Reichsbank entsprechende Behörde, warnte die Banken vor ungedeckten Schuldscheinen (Anleihen) fremder Staaten; damit war der Entente praktisch die amerikanische Geldquelle verstopft. (Ebenda, S. 329.)
55 Vgl. den Bericht von House über ein Gespräch mit Lloyd George vom 2. Juni 1915: „Er erklärte, es würde eine ernste Bedrohung für die Sache der Alliierten sein, wenn wir die Verschiffung von Kriegsmunition in dieser Zeit unterbinden würden." (House, a. a. O., I, S. 468.)

Auf der anderen Seite: Wenn die deutsche Regierung sich nicht entschließt, mit dem verschärften U-Bootkrieg zu warten, so bringt sie Amerika an die Seite der Aliierten, mit seiner unerschöpflichen, unberechenbaren Kriegskraft. Das ist ein mehr als vollgültiger Ersatz für den wahrscheinlichen Ausfall Rußlands. Dann hat Lloyd George die englische Nation hinter sich für seine Knock-out-Politik. Das ist der klare Weg zur deutschen Niederlage.

Rückblickend will es uns scheinen, als ob nur mit Blindheit geschlagene Menschen die falsche Wahl treffen konnten[56] Der Kanzler hat tatsächlich eine Marneschlacht abgebrocken, als er dem öffentlichen Friedensgespräch mit Wilson ein jähes Ende bereitete.

Damals war ich zwar tief beeindruckt durch die Auffassung, die mir entgegengebracht wurde. Ich habe auch in Gesprächen mit offiziellen Persönlichkeiten die Notwendigkeit des Aufschubs des verschärften U-Bootkrieges zu plädieren gesucht. Aber ich konnte schon deshalb nicht überzeugen, weil ich gegenüber Einwänden die natürliche Unsicherheit eines Menschen hatte, der sich nicht im Besitz allseitiger Informationen fühlt. Der Gegengrund, der mich stutzig machte, lautete: der Erfolg des verschärften U-Bootkrieges hängt davon ab, daß er am 1. Februar 1917 begonnen wird. England muß vor der neuen Ernte besiegt sein.

---

[56] Lord Grey, Fünfundzwanzig Jahre Politik, 1862 bis 1916, München 1926, II, S. 120, urteilt: „Im Lichte der späteren Ereignisse erscheint es klar, daß Deutschland eine große Gelegenheit, zum Frieden zu gelangen, versäumt hat. Wäre es der Politik Wilsons beigetreten und bereit gewesen, einer Konferenz zuzustimmen, so hätten sie die Aliierten nicht ablehnen können. Sie waren von amerikanischen Lieferungen abhängig; sie hätten nicht das Übelwollen der Regierung der Vereinigten Staaten riskieren können, noch weniger ein Rapprochement zwischen den Vereinigten Staaten und Deutschland." Und S. 143: „Es gab aber ein diplomatisches Versehen, das der Sache der Aliierten verhängnisvoll werden konnte – wenn es begangen wurde. Es wurde mit allem Bedacht vermieden. Dieser Kardinalfehler wäre ein Zwist mit den Vereinigten Staaten gewesen: es mußte nicht notwendigerweise ein Bruch sein, aber ein Stand der Dinge, der die Amerikaner zu einem Einschreiten gegen die Blockade oder zu einem Embargo auf die Ausfuhr von Kriegsmaterial aus den Vereinigten Staaten verleitet hätte. – Dagegen machte Deutschland diesen schweren Fehler."

Am 27. Januar trat noch ein retardierendes Moment ein: Graf Bernstorff telegraphierte, und zwar im Auftrag des Präsidenten Wilson, der einen neuen Friedensschritt unternehmen wollte: wir möchten ihm zur öffentlichen Bekanntmachung unsere Friedensbedingungen mitteilen. Bernstorff drängte erneut auf einen Aufschub des U-Bootkrieges. Eingeweihte wußten damals nur von der Tatsache dieser Depesche.[57] Man kannte weder ihre beschwörende Sprache noch die zwingende Beweiskraft der angeführten Gründe.

Ein Letztes wurde versucht. Der Staatssekretär Ummermann war im Großen Hauptquartier. Noeggerath ging zu einem einflußreichen Militär, der ein vertrauter Mitarbeiter Ludendorffs war und in Berlin weilte:

---

[57] Die Depesche lautete: „Washington, 27. Januar 1917. House bat mich spontan im Auftrage Wilsons, ihn zu besuchen, und sagte mir das Folgende als offiziellen Auftrag des Präsidenten: Wilson anbietet zunächst vertraulich, Friedensvermittlung auf Grund seiner Senatsbotschaft, d. h. also ohne Einmischung in territoriale Friedensbedingungen. Als nicht vertraulich betrachte Wilson sein gleichzeitig an uns gerichtetes Ersuchen um Mitteilung unserer Friedensbedingungen." Nachdem unsere Feinde uns ihre unmöglichen Friedensbedingungen offen ausgesprochen, seien auch wir moralisch verpflichtet, unsere Bedingungen bekannt zu geben, die ja nach unseren Mitteilungen gemäßigte seien, und die er dann der ganzen Welt bekanntmachen würde. „Wenn wir nur zu ihm Vertrauen hätten, sei Präsident überzeugt, daß er dann die beiden Friedenskonferenzen erreichen könne ... Präsident meint, die an ihn gerichtete Ententenote brauche als Bluff nicht in Betracht gezogen zu werden. Er hoffe bestimmt, Friedenskonferenzen zustande zu bringen, und zwar so schnell, daß unnötiges Blutvergießen der Frühjahrsoffensive verhindert werde ... Wenn jetzt ohne weiteres U-Bootkrieg begonnen wird, wird Präsident dies als Schlag ins Gesicht betrachten, und Krieg mit den Vereinigten Staaten ist unvermeidlich. Hiesige Kriegspartei wird Oberhand gewinnen und Beendigung des Krieges meines Erachtens unabsehbar sein, da Machtmittel der Vereinigten Staaten trotz allem, was man dagegen sagen kann, sehr groß sind. Andernfalls, wenn wir auf Wilsons Vorschlag eingehen, allein Pläne trotzdem an der Hartnäckigkeit unserer Gegner scheitern, wird es dem Präsidenten sehr schwer werden, gegen uns in den Krieg zu gehen, selbst wenn wir dann uneingeschränkten U-Bootkrieg anfangen. Es handelt sich also vorläufig nur um einen Aufschub von kurzer Dauer, um unsere diplomatische Stellung zu verbessern. Ich selbst bekenne mich allerdings zur Ansicht, daß wir jetzt durch Konferenzen einen besseren Frieden erreichen werden, als wenn sich die Vereinigten Staaten unseren Feinden anschließen." (Bernstorff, a.a.O., S.373ff.)

Es steht ein neuer Friedensschritt von Wilson bevor. Warten Sie noch sechs Wochen. Wenn Wilson von den Alliierten abgewiesen wird, können Sie den U-Bootkrieg führen, ohne daß Amerika eingreift.

Noeggerath setzte durch, daß ihm ein Telephongespräch mit dem Staatssekretär des Auswärtigen Amtes vermittelt wurde. Er beschwor Zimmermann in leidenschaftlichen Worten, den U-Bootkrieg nicht aufzugeben, wohl aber aufzuschieben. Zimmermann lehnte ab.

Nachdem unwiderruflich der schicksalsschwere Entschluß festzustehen schien, wurde von der Zentralstelle der Versuch unternommen, auf die Gestaltung der an Wilson abzusendenden Note Einfluß zu nehmen. Eine schmale Hoffnung schien zu bestehen, den Abbruch der Beziehungen mit Amerika zu vermeiden, wenn Deutschland den verschärften U-Bootkrieg befristete, d. h. in dem Augenblick aufzugeben versprach, in dem Wilson seinen Standpunkt in der Blockadefrage durchsetzte. Ferner wurde empfohlen, daß der U-Bootkrieg als Repressalie gegen die Blockade nicht nur formal begründet, sondern auch moralisch gerechtfertigt würde. Es galt der trägen Phantasie der fremden Völker nachzuhelfen: d.h., wir mußten die Leiden der deutschen Frauen und Kinder, vor allen Dingen auch der kranken und alten Leute, in so lebhaften Einzelheiten schildern, daß das menschliche Mitgefühl dadurch nicht minder erregt würde als durch die Opfer unserer Seekriegführung. Geheimrat Simons, der Vortragende Rat in der Rechtsabteilung des Auswärtigen Amts, wurde zu Hilfe gerufen. Er war sofort einverstanden und erklärte diesen Gedankengang für die einzig mögliche Begründung des U-Bootkrieges.

Simons arbeitete auf dieser Linie einen Notenentwurf aus. Staatssekretär Zimmermann brachte ihn im Hauptquartier zur Sprache. Dort fiel die Entscheidung gegen eine Befristung des U-Bootkriegs.

Am 31. Januar 1917 wurde Paul Rohrbach zu Herrn Meyer-Gerhard[58] gerufen, der sich lebhaft dafür eingesetzt hatte, daß diesmal nicht aus

---

[58] Herr Meyer-Gerhard hatte Dernburg bei seinem Propagandafeldzug in Amerika zur Seite gestanden und wurde von Bernstorff während der Lusitania-Krisis nach Deutschland geschickt, um im Einverständnis mit Wilson den ersten ausführlichen mündlichen Bericht über die amerikanische Situation und über den Inhalt der Unterredungen Bernstorffs mit Wilson zu überbringen (Bernstorff, a. a. O., S. 152).

kurzsichtigen taktischen Erwägungen heraus die Leiden der deutschen Nichtkämpfer verschleiert würden. Herr Meyer-Gerhard eröffnete Rohrbach : Leider habe es sich als unmöglich herausgestellt, das wirksame philanthropische Argument zu verwenden. Das Reichsgesundheitsamt[59] habe soeben eine Erklärung veröffentlicht, wie günstig der Gesundheitszustand des deutschen Volkes durch die Kriegsernährung beeinflußt würde.[60]

---

[59] Ich bin nicht ganz sicher, ob damals das Reichsgesundheitsamt oder eine andere offizielle Behörde genannt worden ist.

[60] Eine ähnliche Erfahrung machte Bernstorff. Deutschamerikaner sammelten Geld mittelst einer weitreichenden Propaganda, um trotz der englischen Blockade Milch für die deutschen Säuglinge herbeizuschaffen. Gerade damals aber veröffentlichte das amerikanische Staatsdepartement einen vom deutschen Auswärtigen Amt gebilligten, wenn nicht inspirierten Bericht, wie günstig die Milchfrage, wie überhaupt die Säuglingsfrage, in Deutschland liege. Damit war der Hilfstätigkeit der Boden unter den Füßen weggezogen (Bernstorff, a. a. O., S. 256/57).

Viertes Kapitel

Die Passivität der berufenen Faktoren
Neue Verbindungen

Unmittelbar nach Überreichung unserer Note am 31. Januar 1917 war die Gewißheit gegeben: Amerika bricht die diplomatischen Beziehungen ab, und die Kriegserklärung ist nur eine Frage von Wochen oder Monaten. Aber dieser Verlauf der Dinge war ja von Anfang an erwartet worden. Es blieb nichts anderes übrig, als sich nach Kräften gegen pessimistische Einflüsterungen zu wehren und zu hoffen, daß die Marine recht behalten würde.

In einem anderen wichtigen Punkte wollte ich ebenfalls nicht an die düstere Prognose der Zentralstelle glauben. Ich hielt die Möglichkeit eines russischen Separatfriedens noch immer für gegeben, wenn nur der Zar zu der Einsicht gebracht werden könnte, daß der Friede die letzte Hoffnung biete, Thron und Reich zu retten.

Auf der anderen Seite konnte ich nicht leugnen, daß ich durch die Erlebnisse der letzten Januartage in meiner ehrfürchtigen und gläubigen Haltung gegenüber den Lenkern unseres Schicksals erschüttert worden war. Wo war der lange gestaltende Wille? Ich war erschrocken über die Gewichtsverteilung, die sich zwischen staatsmännischen Erwägungen und militärischen Notwendigkeiten herausgebildet hatte. Die inneren Schwierigkeiten in Rußland und England wurden vielleicht von der Zentralstelle zu hoch eingeschätzt, aber ich fühlte, sie waren zu leicht befunden worden, ohne daß man sie gebührend gewogen hatte.

Für mich ergab sich aus meinen Eindrücken eine klare Folgerung: von dem nachdenkenden Patrioten wird heute mehr verlangt als kritiklose Gefolgschaft. Er ist verpflichtet, mit geschärfter Wachsamkeit die großen kriegspolitischen Entscheidungen zu verfolgen und hat sich so umfassend und genau zu informieren, wie es seine Stellung ermöglicht.

Ich blieb noch den Februar über in Berlin und bat Noeggerath, der als Amerikaner dauernd mit seiner Abreise rechnen mußte, mir die gleichen Informationsquellen zu erschließen, die ihm in den letzten Jahren zur

Verfügung gestanden hatten. So lernte ich eine Reihe von Herren aus dem Rohrbachschen Kreise persönlich kennen und wurde in die Interna der Zentralstelle für Auslandsdienst eingeweiht. Die erst zu Anfang des Krieges gegründete Behörde war in der Umbildung begriffen. Paul Rohrbach stand seit längerer Zeit in gespannten Beziehungen zum Auswärtigen Amt. Der erste Anlaß war eine Meinungsverschiedenheit in der Armenierfrage. Zwar war er überzeugt, daß Deutschland im geheimen alles täte, um den türkischen Greueln Einhalt zu tun, aber er hielt – besonders seit der öffentlichen Festlegung der Alliierten auf das russische Kriegsziel: Konstantinopel – die deutsche Position für stark genug, um ein kühneres Vorgehen, sogar einen öffentlichen Druck auf die Türkei zu rechtfertigen, der ja zunächst von angesehenen Privatleuten ausgehen könnte. Die russische Politik des Auswärtigen Amtes hatte dann den entscheidenden Konflikt herausgeführt. Die Berichterstattung des Lektors Axel Schmidt war nicht als objektiv anerkannt worden. Zunächst hatte ihn sein wiederholter Hinweis auf die nahende russische Revolution verdächtig gemacht; vor einigen Wochen war ihm der Auftrag erteilt worden, Material aus der russischen Presse herbeizuschaffen, das für die Sicherheit der Position Protopopows spräche. Axel Schmidt hatte dies abgelehnt mit der Begründung, Protopopow könne in Stockholm einen Frieden unterzeichnen, aber er würde von der mächtigen liberalen Kriegspartei weggefegt, wenn nicht in die Peter-Pauls-Festung abgeführt werden. Daraufhin wurde Schmidt der Abgang nahegelegt. Rohrbach erklärte sich mit seinem Lektor solidarisch und löste seine offiziellen Beziehungen zum Auswärtigen Amt.

Mit Rohrbachs Ausscheiden verlor die Pressestelle ihre Selbständigkeit. Einzelne Lektoren wurden von der Nachrichtenabteilung des Auswärtigen Amts übernommen. Hahn war von Oberstleutnant v. Haeften zunächst angefordert worden, der seit dem Sommer 1916 die Militärische Stelle des Auswärtigen Amts leitete. Anfänglich traten der Übersiedelung des englischen Lektors Hindernisse entgegen. Nach der Erklärung des verschärften U-Bootkriegs hatte er einen scharfen Zusammenstoß mit dem Amt: er war überzeugt, daß die Diplomaten den Kampf gegen die militärischen Gewalten zu früh aufgegeben hatten, und faßte seine Gründe erneut in einer Denkschrift zusammen, die mit den bitteren Worten schloß:

„Die englische Regierung hat die deutsche Entscheidung, wie sie gefallen ist, nicht nur gewünscht, sondern sie hat auch mit allen publizistischen und diplomatischen Mitteln darauf hingearbeitet. Die Ententenoten mochten uns wahnsinnig erscheinen, weil sie unsere Verbündeten nur fester an uns schmieden mußten, aber es lag Methode in diesem Wahnsinn; nämlich die Methode des agent provocateur."

Diese Arbeit ging auch Oberstleutnant v. Haeften zu. Darüber war das Auswärtige Amt empört. Als Hahn das englische Referat in der Militärischen Stelle übernehmen sollte, wurde Protest eingelegt: es ginge nicht, daß ein Mann, der dem Amt so entgegengesetzte Ansichten vertrete, eine laufende Berichterstattung für die Oberste Heeresleitung besorgte.

Haeften ließ sich das Recht nicht nehmen, der Obersten Heeresleitung auch unabhängige Informationen zu verschaffen, die er für wertvoll hielt. Und so hat Hahn vom Frühjahr 1917 bis zum Oktober 1918 ohne die geringste Beschränkung seiner Meinungsfreiheit seine Auffassung bei Oberstleutnant v. Haeften vertreten dürfen.

Ich hatte eine Reihe von Aussprachen mit verschiedenen Persönlichkeiten aus dem Rohrbachschen Kreise. Immer wurde mir die dringende Bitte entgegengebracht, ich möchte doch meinen Einfluß geltend machen, sei es in Propagandafragen oder in der Angelegenheit der belgischen Deportationen. Vor allem aber wurde mir nahegelegt: sollte sich durch ein Wunder die Konstellation vom Januar 1917 wieder neu bilden, dann möchte ich doch beim Kaiser Schritte tun, damit die gute Gelegenheit nicht noch einmal verpaßt würde. Die Herren schienen anzunehmen, daß die deutschen Bundesfürsten und ihre Thronfolger dauernd zu Rate gezogen würden.

Ich habe immer wieder darauf hingewiesen, wie wenig es mir läge, unerbetenen Rat zu geben. In der Gefangenenfrage hatte ich eine feste Position, die sich auf Erfahrung – und ich durfte sagen – auf Sachkenntnis stützte. In der großen Politik fühlte ich mich noch als Laie.

Aber die Herren drängten auf meinen Beistand mit immer neuen Gründen. Es sei an der Zeit, daß die Fürsten handelnd eingriffen. Und schließlich wurde mir eine erschütternde Tatbestandaufnahme über die politische Passivität berufener Faktoren vorgetragen:[61]

Aus Anlaß einer Reise nach Kurland hatte Rohrbach im Sommer 1916 versucht, bis zum Feldmarschall vorzudringen, um ihn womöglich für den Gedanken zu gewinnen, einen neuen Vormarsch im Osten durch einen politischen Angriff auf die englische Heimatfront zu begleiten und zu erleichtern. Es gelang Rohrbach nicht, den Feldmarschall zu sprechen, wohl aber die Generale Ludendorff und Hoffmann. Bei Hoffmann war sofort Verständnis auch für die westliche Politik Rohrbachs vorhanden.[62] General Ludendorff bestätigte, daß die von Rohrbach seit Sommer 1915 vertretene Ansicht die einzig richtige gewesen wäre, den Krieg gegen das so gut wie erschöpfte Rußland durch einen Angriff auf Petersburg zu beenden. Er nannte den Entschluß, die Entscheidung im Westen bei Verdun zu erzwingen, ein Verbrechen. In Kowno fiel das Wort: „Das Jahr 1916 wird blutig vertrödelt." Aber den Vorschlag : Verzichten wir auf herausfordernde Kriegsziele im Westen, wies der General mit den Worten zurück: „Das ist Politik, und Politik habe ich als Militär nicht zu machen; wollte ich aber eine Politik machen, so würde sie heißen: Ich hasse England." Auf die Frage Rohrbachs, ob er auch den Feldmarschall sehen könne, erhielt er zur Antwort: „Der Herzog von Braunschweig ist zu Besuch; außerdem denke ich nicht daran, Ihnen Gelegenheit zu geben, dem Feldmarschall Ihre Ideen vorzutragen."

Wo war der Staatsmann, der hier gegenhalten konnte? Rohrbach hatte im Jahre 1916 Bethmann für seinen Plan gewinnen wollen, nach Osten militärisch, nach Westen politisch zu schlagen. Bethmann – das war der Eindruck – schien es nicht als seine Aufgabe anzusehen, sich zielsetzend bei den großen strategischen Entscheidungen zur Geltung zu bringen.

---

[61] Ich gebe die Ausführungen dem Inhalt nach wieder; für den genauen Wortlaut kann ich natürlich nicht einstehen, auch dort nicht, wo ich der Übersichtlichkeit wegen Anführungszeichen gesetzt habe.
[62] Vgl. Max Hoffmann (Der Krieg der versäumten Gelegenheiten, München 1923, S. 232): „Ich glaube, daß ein solcher Friede [nach dem status quo ante] im Jahre 1917 erreichbar gewesen wäre, falls wir klipp und klar auf Belgien verzichteten."

Dieser Verzicht auf die politische Gestaltung des Krieges kam mit erstaunlicher Offenheit in einem Leitartikel der offiziösen „Norddeutschen Allgemeinen Zeitung" zutage, der den öffentlichen Streit um die Kriegsziele mit der Mahnung schlichten wollte: „Erst schlagen, dann fragen." Rohrbach und seine Freunde dachten unter Berufung auf Clausewitz anders: Der Feldherr habe den Staatsmann zu fragen, was er mit dem deutschen Krieg zu erreichen wünsche, und die Antwort, die er dann erhalte, müßte ihn bei der Entscheidung beeinflussen, wo er schlagen solle. Man dächte oft an das Wort von Bertrand Ruffel: „Lord Northcliffe macht Geschichte, ohne sie zu kennen," und möchte es umgekehrt auf den Kanzler anwenden: „Bethmann Hollweg kennt Geschichte, ohne sie zu machen." Wie er im Kriegsrat zögert, sich und seinen Willen durchzusetzen, so traut er sich auch nicht zu, in der öffentlichen Meinung des In- und Auslands entscheidende Wirkungen zu erzielen. Er unterschätzt die Bedeutung des Wortes, vor allem seines Wortes. Er hat das Ohr der Welt, wenn er spricht; man spürt selbst in Feindesland die Aufrichtigkeit, die hinter seinen Reden steht. In der großen Politik sei es wie in der Dichtkunst: wo die Echtheit des inneren Erlebnisses fehlt, verhallen die Worte, ohne daß die Menschen bewegt werden. Der Kanzler sei sich der ihm innewohnenden bewegenden Kraft offenbar nicht bewußt. Wenn er zum Angriff auf die Alldeutschen übergehen würde, so könnte er eine unwiderstehliche Volksbewegung hinter sich und seine Politik bringen. Wir hätten einen temperamentvollen Ausbruch dringend nötig, ähnlich dem im Jahre 1911, da der Kanzler die Geduld mit Herrn v. Heydebrand verlor und ihm zurief: er möchte nicht immer das deutsche Schwert im Munde führen. Mangelndes Selbstvertrauen ist nicht allein der Grund für seine Zurückhaltung. Er läßt das Trugbild des Burgfriedens nicht fahren. „Wir dürfen die Einheitsfront nicht zerreißen", so hatte er Rohrbach erwidert. – Sie ist längst zerrissen. Überdies müßten wir eine patriotische Opposition erfinden, wenn sie nicht existierte. Die Annexionisten richten nur Schaden an, solange ihr Gegensatz zur Regierung verschleiert wird. In offener Kampfesstellung gegen die Regierung können sie verhindern, daß eine maßvolle Kriegszielerklärung den Eindruck der Schwäche vermittelt.

> „Aber der Kanzler ist ja selbst nicht von der Wirkung der Erklärung über Belgien überzeugt. Daran ist das Auswärtige Amt schuld. Herr v. Bethmann ist

ohne eigene Kenntnis der englischen Mentalität. Wenn ihm der Tatbestand des englischen Kriegswillens mit der genügenden Lebendigkeit vom Auswärtigen Amt präsentiert worden wäre, so hätte Bethmanns politische Offensive nicht zugunsten des verschärften U-Bootkrieges abgebrochen werden können, im Augenblick, da sie durchstoßen wollte. Die Herren können nicht aus ihrer diplomatischen Einstellung heraus. Sie rechnen damit, daß die Kriegsentwicklung einmal eine Situation heraufführt, aus der sich automatisch Verhandlungen ergeben; und dann wollen sie mit aller erdenklichen Gewissenhaftigkeit und Geschicklichkeit an die Arbeit gehen, um das Beste für Deutschland herauszuholen. Inzwischen aber warten sie mit verschränkten Armen und werden nicht inne, daß ihre Tatenlosigkeit den Anfang der Verhandlungen hinausschiebt und daß für deren guten Ausgang die Rechtzeitigkeit wichtiger ist als ihre Geschicklichkeit.

„Das Auswärtige Amt hat eine subalterne Auffassung von seiner eigenen Bedeutung im Kriege. Die Gründe liegen tief: in einer Verkennung der menschlichen Natur. Die Herren wissen nicht, daß von der ‚Moral' der Völker der Ausgang des Krieges abhängt. Es fehlt das
Feingefühl für die öffentlichen Strömungen, das unschätzbare diagnostische Material der feindlichen Presse wird nicht genügend gewertet, dagegen die Bedeutung von Agenten und ‚Vertrauensmännern' überschätzt. Je geheimnisvoller ihre Nachrichten, um so besser."

Es sei häufig recht schwer, die ungeteilte Aufmerksamkeit des Amtes zu finden. Die Präokkupation in einer Richtung verleite meist zur Taubheit gegen die Nachrichten, die aus anderer Himmelsgegend gebracht werden. Wir aber führten einen Dreifrontenkrieg, auch politisch, und es ginge nicht an, englische Friedensmöglichkeiten zu vernachlässigen, weil man begründete Aussicht auf einen russischen Separatfrieden zu haben glaube.

Die Anrempeleien der Rechtsparteien gegen das „dämliche" Auswärtige Amt seien ungerecht. Im Gegenteil, die Herren entwickelten häufig einen schlauen und scharfen Geist bei der Entwirrung gegebener schwieriger Situationen. Nur fehle ihnen die Phantasie, d. h. die Fähigkeit, das nicht Sichtbare oder gar das Zukünftige als eine lebendige Wirklichkeit sich vor Augen zu stellen.

Kaum glaubliche Einzelheiten wurden mir mitgeteilt.

Als Rohrbach eine Denkschrift: „Die innerpolitische Situation in England und ihre mögliche Beeinflussung durch Deutschland" dem Amt vorgelegt hatte, erhielt er die Antwort: Ihr scheint wirklich zu glauben, daß Lord Northcliffe England regiert. Als im Mai 1916 ein dirigierender Diplomat im Auswärtigen Amt den englischen Lektor empfing, um sich über Friedensmöglichkeiten zu unterhalten, da leugnete er, daß Englands Selbstachtung die Wiederherstellung der belgischen Souveränität und Integrität fordere: „Sie irren sich; lesen Sie Asquiths Reden genau nach; Sie werden finden, er spricht immer nur von der belgischen Souveränität und nicht von der belgischen Integrität."

Es fehlte an der Sorgfalt in der Behandlung des öffentlichen Wortes.

Der englische Lektor war für die Übersetzung unserer Sussexnote mit herangezogen worden. Da fand sich im deutschen Text die folgende merkwürdige Fassung des entscheidenden Zugeständnisses:

Wir wollen keine Schiffe versenken, es sei denn nach Warnung, und unter Rettung der Besatzung.

Auf die erstaunte Frage, warum wir mit dieser komplizierten Wendung künstlich die Aufmerksamkeit auf den heikelsten Punkt des U-Bootkreuzerkrieges lenkten, nämlich: die Unmöglichkeit, auf stürmischer See die Sicherheit der Rettungsboote zu verbürgen, wurde die Antwort erteilt: Die Marine verlangt diese Fassung. Erst hatte dagestanden: „Nach Warnung und nach Rettung zu versenken." Die Übersetzer schlugen nun vor, eine bei früherer Gelegenheit von Bernstorff gewählte harmlose Wendung zu gebrauchen: „Wir wollen die Handelsschiffe nicht versenken ohne Warnung und ohne Rettung der Mannschaften." Sie stießen zunächst auf starren Widerstand, bis sie auf den glücklichen Gedanken kamen, die Entscheidung von Simons anzurufen, dem es mühelos gelang, die psychologische Unmöglichkeit der von der Marine gewünschten Formulierung nachzuweisen. Die Note ging dann mit dem Text Bernstorffs hinaus.

Ich fragte nach dem Schicksal der Fühler, die bisher von und nach England ausgestreckt worden waren. Hatte wirklich begründete Hoffnung auf Frieden bestanden, und scheiterte sie durch unsere Schuld? Die Antwort lautete:

Das könne unmöglich gesagt werden. Eines aber stehe fest: die Erkundungen im April 1915 und Mai 1916 hätten die deutsche Regierung davon überzeugen müssen, daß unsere Erklärung über Belgien eine politische Waffe wäre, auf deren Anwendung man nicht verzichten dürfe; zum mindesten hätte der Versuch gelohnt.

Im April 1915 habe die amtliche Antwort gelautet: Auf die Sache selbst könne nicht eingegangen werden. Zunächst sei es doch außerordentlich fraglich, ob der betreffende holländische Herr eine seriöse Persönlichkeit[63] sei. Andere Umstände kämen hinzu: das Verhältnis zu Italien sei immer schwieriger geworden und müsse zunächst geregelt werden.

Von wohl unterrichteter Seite sei dann noch erklärend hinzugefügt worden, daß man es für zweckmäßig erachte, diesen Versuch einstweilen zu ignorieren, da man begründete Hoffnung habe, sich mit Rußland auf dem Weg über Kopenhagen zu verständigen.

Anfang 1916 sei der Bescheid des Auswärtigen Amts gewesen: Man müsse zunächst einmal die bevorstehende große Offensive der Engländer abwarten.

„Wahrlich, man schien einer unzugänglichen Mentalität gegenüberzustehen. Unter diesen Umständen war es das Natürliche, daß wir versuchten, eine öffentliche Zwiesprache von Parlament zu Parlament herbeizuführen.

„Wir gingen zu Friedrich Naumann. Er ist einer der bewegendsten Redner Europas, er packt die Menschen immer wieder durch die stets sich erneuernde Eigenart seiner Sprache, unerwartet bricht durch wohlgeformte Perioden das Feuer eines großen und mitleidenden Herzens. Wir baten ihn, da offenbar die Regierung – wohl aus Rücksicht auf die öffentliche Meinung – sich in der Friedensfrage nicht rühren wolle, im Namen seiner Partei im Reichstag zu sagen, daß er die Wiederherstellung der belgischen Integrität und Souveränität als eine deutsche Ehrenpflicht betrachte. Wir fanden ein rasches Verstehen. Aber er hieß uns, zunächst seinen Fraktionsvorsitzenden Herrn v. Payer aufsuchen, um ihn von der außenpolitischen Wichtigkeit der vorgeschlagenen Aktion zu überzeugen.

„Herr v. Payer schnitt sehr bald das Gespräch mit den Worten ab: ‚Meine jungen Freunde, was geht mich das feindliche Ausland an? Ich bin ein Deutscher und kümmere mich um mein Vaterland.'

„Naumann selbst zog sich sofort zurück, als sein Parteiführer sich mit dieser Schärfe geäußert hatte.

„Im Oktober 1916 gelang es dann, Naumann zu einer bedeutsamen außenpolitischen Rede zu bewegen. Die Erklärung über Belgien fehlte, aber, ange-

---

[63] Er war ein hoher niederländischer Beamter.

regt von der Zentralstelle und ermutigt vom Auswärtigen Amt, ergriff er die moralische Offensive in der Schuldfrage.[64] Das amtliche Material war mit un-

---

[64] Auszug aus der Rede Naumanns nach dem stenographischen Bericht der 64. Reichstagssitzung vom 11. Oktober 1916: „ ... Solange nur die belgische Frage die Debatte erfüllte, hatten es die Engländer leicht, über kleine Nationen zu reden, da sie auf den deutschen Einmarsch hinweisen konnten, ohne sagen zu müssen, was sie getan haben würden, wenn dieDeutschen nicht einmarschiert wären. Seit aber die Behandlung Griechenlands hinzugekommen ist, seit man die Methode des Drucks auf Rumänien kennengelernt hat, seit man weiß, wie die skandinavischen Staaten und Holland von England aus und wie die Schweiz von Frankreich aus bedrängt und umdrängt wird, so fangen wir an, einen Ausdruck zu verstehen, der sich im vorigen Monat in der englischen Wochenschrift ‚Truth' findet, wo gesprochen wird von den mitlaufenden kleinen Staaten der englischen Weltmacht unter dem Ausdruck: ‚Unsere Protégés und Schakale.' ... England sammelt die Völkerwelt feindlich um uns Deutsche und um unsere Bundesgenossen herum ... Den einen Verband der Herrschaft wollen sie dann ‚die Menschheit' nennen und ‚die Kultur', und aus dieser einen kultivierten Gesamtmenschheit soll nur ein Bundesglied ausgeschlossen werden: das sind wir und die zu uns gehören! Um diesen Zusammenschluß der einen großen Menschheit mit Ausschluß des einen doch auch von Gott geschaffenen Gliedes zuwege zu bringen, bilden sie die große Legende, daß wir allein ‚die Feinde des menschlichen Geschlechts' sind. ...Was zunächst den deutschen Militarismus anlangt, so haben diejenigen leicht darüber zu reden, die ... vom Wasser umschlossen, in ihrer Isoliertheit sagen konnten: eine Landarmee brauchen wir nicht! Deutschland war immer in einer anderen Lage ... ‚Sehen Sie die Lage Deutschlands an! Seine Armee ist das, was für uns unsere Flotte ist: seine einzige Verteidigung gegen eine Invasion ... Angenommen, wir hätten hier eine ähnliche Kombination, welche uns einer Invasion aussetzen könnte – würden wir nicht rüsten? Natürlich würden wir rüsten!" So sagte im Jahre 1908 derselbe Lloyd George ... Was die andere Behauptung angeht, daß die deutsche Regierung im Juli 1914 den englischen Vorschlag zum Frieden abgelehnt und damir die Menschheit in das unendliche Unglück hineingestürzt habe ... Mit Recht ist gesagt worden: England solle sich den Fall vorstellen, daß der englische Thronfolger an der afghanisch-indischen Grenze ermordet sei. Würde in diesem Fall England wohl einen russischen Vorschlag angenommen haben, diesen Zwischenfall einer internationalen Konferenz zu unterbreiten? Wir glauben, daß England in einem solchen Falle ebensowenig wie Österreich auf eine Strafexpedition verzichtet hätte, und wissen nur nicht, ob England von vornherein, so wie Österreich, von einem Landerwerb dabei abgesehen hätte ... Es gab aber nun auch nach Ansicht des englischen Auswärtigen Amts einen besseren Weg zum Frieden, nämlich die Einleitung eines direkten russisch-österreichischen Meinungsaustauschs. Deutschland ist bis an die Grenze des Möglichen gegangen, auf diesem Wege den Frieden zu retten. Dies wäre auch nach aller menschlichen

nachahmlicher Meisterschaft behandelt; aber das Ereignis der Rede wurde Naumanns unerwarteter Sammelruf in der inneren Politik:

‚... Aus den Schützengräben heraus quillt ein Volk nach dem langen Kriege anders geworden in die Heimat zurück, und wenn dieser Tag kommt – wir hoffen ihn, wir ersehnen ihn – wenn unser Volk von seiner unendlichen Mühe heimkommt, gedenkend der Toten, die zu Hunderttausenden draußen liegen, mit sich bringend die Verwundeten, die nur das halbe Leben aus dem Kriege herausgetragen haben, wenn das kämpfende Volk heimwärts wallt, und kommt sozusagen als Ganzes im Gefolge seines Kaisers durch das Brandenburger Tor – soll man dann sagen: Jetzt seid Ihr wieder durchs Brandenburger Tor gezogen, jetzt bleibt auch alles, wie es vorher war?! Das ist eine glatte seelische Unmöglichkeit.'

„Bei diesen Worten hatte er seine Arme ausgebreitet, als wollte er das auseinanderstrebende deutsche Volk umfassen und zusammenhalten. Die Abgeordneten drängten von allen Seiten zur Rednerbühne hin. Auf der Rechten war kein Widerspruch zu hören, man fühlte das Erschauern im ganzen Saal.

„Dann kam plötzlich eine große Traurigkeit über Naumann, und er brach in Tränen aus. Eine lähmende Resignation lag in dieser unvermittelten Rührung. Es war, als wollte er sagen: Ich habe schon so oft das Gewissen der Nation aufgerührt durch meinen Glauben und mein
Wort, es hat sich doch immer wieder zur Ruhe begeben.

„Die Zuschauer aber hatten das Gefühl: Naumann ist nicht ohne Schuld, wenn die große von ihm entfachte Bewegung der Gewissen spurlos für die praktische Politik zerrinnt; Naumann will nur die Herzen öffnen, aber wartet dann, daß andere die weitere Arbeit leisten. Ihm liegt es nicht, öffentlich zu drohen und zu fordern, im geheimen zu warnen und zu drücken, wie das Menschen müssen, die politische Machtwirkungen erzielen wollen. Naumann begnügt sich, den rettenden Ausweg immer aufs neue mit schwindender Hoffnung zu zeigen. Das deutsche Volk aber wird ihn niemals gehen, ohne daß es ihn geführt wird.

„Naumann ist wiederholt gebeten worden, diese oder jene Aktion zu betreiben; er hat einmal grundsätzlich erklärt, man sei als Außenstehender nicht im Besitz allseitiger Informationen; die Verantwortung der leitenden Männer sei übermenschlich; man dürfe nicht durch Drängen und Kritik diese Last noch größer machen.

„Das war im Grunde die Einstellung der meisten Parlamentarier, die die Politik des Kanzlers stützten. Sie waren blind gegen die Tatsache, daß es Herrn v. Bethmann unter Umständen nur lieb sein konnte, wenn man ihn auf der eigenen Linie vorwärts drängte. So erklärt es sich, daß der Kanzler sich in dem ent-

---

Wahrscheinlichkeit aussichtsvoll gewesen, wenn England in Petersburg dieselbe Rolle gespielt hätte, wie Deutschland in Wien. Alles war in guter Entwicklung, als die russische Mobilmachung die politische Erörterung zur militärischen Frage umwandelte."

scheidenden Kriegsrat (in Pleß am 9. Januar 1917) auf keinen parlamentarischen Rückhalt berufen konnte.[65]

„Wir haben auch Hilfe außerhalb des Parlaments gesucht. Unter dem frischen Eindruck der Haager Besprechungen im Mai 1916 gingen zwei Herren des Rohrbach-Kreises zu Ballin, auf dessen Einfluß beim
Kaiser man Hoffnungen setzte.

„Ballin versagte sich: im Frühjahr 1915 seien ernste Friedensmöglichkeiten vorhanden gewesen; heute sei ganz England zur Fortsetzung des Krieges bis zum äußersten entschlossen. Das habe ihm gestern ein Herr bestätigt, der noch vor 14 Tagen am Tische des englischen Königs gesessen hätte.

„Dann wurde Harnack um seinen Beistand gebeten. Er unterhielt damals wie auch später nahe Beziehungen zum Kaiser und zum Kanzler. Harnack fand die Mitteilung über das Gespräch Grey-MacDonald erleuchtend. Er sah deutlich die einzigartige Gelegenheit für den Kanzler, MacDonald ins Recht und Grey ins Unrecht zu setzen.

„Plötzlich erhob er sich und sagte im Ton tiefster Niedergeschlagenheit: ,Meine Herren, die Politik, die Sie empfehlen, wäre die Rettung; aber ich fürchte, das deutsche Volk ist noch nicht reif dafür; es muß noch viel mürber werden.'

„Ihm wurde erwidert: ,Mit einem mürben Volk im Rücken kann der Kanzler seine Politik nicht mehr machen.'

„Harnack sagte dann zu, Herrn v.Bethmann aufzusuchen, aber nur unter der Bedingung, daß eine vorhergehende Erkundung beim Staatssekretär des Äußeren, Herrn v. Jagow, ihm seinen Besuch beim Kanzler als aussichtsvoll erscheinen ließe.

„Der Besuch beim Kanzler ist dann unterblieben."

Hans Delbrück ist Harnacks Schwager und steht ihm auch politisch nahe. Seit mehr als zwei Jahren wirbt er allmonatlich in den Preußischen Jahrbü-

---

[65] Bethmann Hollweg, Friedensangebot und U-Bootkrieg, Berlin 1919, Seite 20: „Das Zentrum hatte im Oktober 1916 namens seiner sämtlichen Fraktionsmitglieder erklärt, daß für die politische Entscheidung über die Kriegführung zwar ich dem Reichstag gegenüber allein verantwortlich sei; meine Entscheidung dabei werde sich aber wesentlich auf die Entschließung der Obersten Heeresleitung zu stützen haben. Falle die Entscheidung für die Führung des rücksichtslosen U-Bootkrieges aus, so dürfe ich des Einverständnisses des Reichstages sicher sein. Das bedeutete: Formal bleibt der Reichskanzler verantwortlich, aber bei einer Differenz mit der Obersten Heeresleitung hat er auf keinen Rückhalt beim Reichstag zu rechnen. Der Reichstag folgt der Obersten Heeresleitung. Hiermit war, da Konservative und Nationalliberale schon seit früher unbedingte und drängende Verfechter des U-Bootkriegs waren, der parlamentarische Ring geschlossen. Der Reichstag hatte eine Verantwortung für den Lauf der Dinge genommen, von der er sich auch hinterher nicht mehr freimachen kann."

chern für den Verständigungsfrieden. Er ist mit Recht der Vater dieser Idee genannt worden. In der Tat hat er die Herausgabe Belgiens öffentlich zu fordern gewagt, als wir vor Paris standen und der Rückschlag an der Marne noch nicht eingetreten war.[66] Seit dem Spätjahr 1914 versammelten sich an jedem Mittwoch abend unter Delbrücks Vorsitz seine Gesinnungsgenossen; hohe Beamte, Gelehrte, auch einige Parlamentarier waren darunter. In den Januarzusammenkünften habe, in der sicheren Erwartung des verschärften U-Bootkrieges, eine geradezu verzweifelte Stimmung geherrscht. Man sei versucht gewesen, ein Wort aus der Ilias abzuwandeln: „So sangen sie die Totenklage über Deutschland, als es noch lebte."

Da sei ein Außenseiter erschienen, der wußte, daß sich immer wieder aufs neue die künstlich zurückgedrängten Zweifel und bangen Ahnungen auch noch bei den leitenden Männern meldeten und keine Ruhe geben wollten. Er rief die Herren auf: „Greift noch in letzter Stunde ein! Noch schwankt die Wage. Vielleicht kann die Warnung dieser hochansehnlichen Versammlung den Ausschlag geben. Kein Entschluß ist unwiderruflich, solange er nicht ausgeführt ist."

Aber die Herren, auch Hans Delbrück, meinten in schier unbegreiflicher Zurückhaltung: man solle der Reichsleitung die einmal feststehende Entscheidung nicht noch schwerer machen.

Schließlich wurde mir ein Beispiel entgegengebracht, das aus meiner besonderen Interessensphäre stammte; die Herren meinten wohl, mir an diesem Fall am besten die Notwendigkeit persönlichen Eingreifens zu demonstrieren. In der Tat, die mir geschilderte Begebenheit hat mich mit einem großen Schrecken darüber erfüllt, wie zuwider – ja verhaßt – es dem geistig bedeutenden Deutschen ist, bei gemeinsamen Dingen mit Hand anzulegen und persönliche Verantwortung auf sich zu nehmen.

„Johannes Lepsius[67] und Siegmund-Schultze war es gelungen, die Unterstützung des Kriegsministeriums für den folgenden Plan zu gewinnen:

---

[66] Vgl. seine Aufsätze „Der realpolitische Pazifismus" und das „Beispiel Napoleons". Preußische Jahrbücher, Bd. 167, Heft 3.
[67] Dr. Johannes Lepsius war ein bedeutender Gelehrter mit der Seele eines Künstlers, ein Künstler mit dem Willen eines Missionars. Ihm stand das geschriebene und gesprochene Wort wie wenigen Menschen zur Verfügung. Seine dramatischen Satiren über England gehören zu den geistvollsten Schöpfungen aus der Kriegszeit. Dieser Denker und Kämpfer hätte sicher unserer Propaganda große Dienste leisten können, wenn seine Mitarbeit verlangt worden wäre. Leider geriet er in einen scharfen Konflikt mit dem Auswärtigen Amt. Lepsius war der Direktor

„Eine Kommission unabhängiger Männer, vorwiegend Gelehrter, sollte sich zusammenfinden und das Recht erhalten, die deutschen Gefangenenlager unerwartet und periodisch zu besuchen. Es sollten alles Männer von einer so unanfechtbaren internationalen Autorität sein, daß ihr Zeugnis auch im feindlichen Ausland nicht entwertet werden konnte. Dem Kriegsministerium wurde gesagt: Die Organisation bezwecke vor allem, unseren guten Ruf zu schützen, und es gälte, private und öffentliche Informationen ins Ausland zu leiten, um die Bildung von Greuelmärchen zu zerstören. Zugrunde lag unausgesprochen die Hoffnung, das Kriegsministerium durch rasche Informationen besser als bisher instand zu setzen, untergeordneten Stellen, die Härten oder Schikanen verübten, das Handwerk zu legen.

„Der ganze Plan stand und siel damit, daß eine bestimmte Persönlichkeit an die Spitze der Kommission träte. Es handelte sich um einen Gelehrten, der in der gesamten Kulturwelt das größte Ansehen genoß.» Manchester Guradian« schrieb von ihm während des Krieges: Sein Name werde auch heute noch in England geliebt. Das alles stellte man diesem Manne eindringlich vor. Nach kurzer Bedenkzeit gab er die niederschmetternde Antwort: Es widerstrebe ihm als Zivilisten, sich um militärische Dinge zu kümmern.

„Alle diese Erfahrungen waren dazu angetan, zur Hoffnungslosigkeit zu stimmen. Da war im Spätjahr 1916 der Generalstäbler Oberstleutnant v.Haeften in Berührung mit diesem Kreis gekommen. Er hatte mehrfach den Lektorenkonferenzen beigewohnt; ihm lag daran, so rasch wie möglich wichtige Informationen aus der feindlichen Presse dem General Ludendorff zuzuleiten.

---

der deutschen Orient-Mission. Er sah seine Lebensaufgabe darin, für das mit der Vernichtung bedrohte Volk der Armenier Europas Schutz zu organisieren. Zu Anfang des Krieges reiste er nach der Türkei und kehrte mit vernichtendem Anklagematerial gegen die türkische Regierung zurück. Zum großen Teil waren es deutsche und amerikanische Zeugnisse, die er für die Schuld der Türken an den Armenier-Massakers beibrachte. Er war nicht einverstanden mit der offiziellen Theologie, für die nach seiner Auffassung die Lehren der Bergpredigt auch im Kriege Geltung haben sollten. Gegen den Willen des Auswärtigen Amts und die Warnungen gutmeinender Freunde versandte er im Jahre 1916 in Tausenden von Exemplaren einen gedruckten Bericht über die Türkengreuel. Dann ging er nach dem Haag und hat dort in enger Fühlung mit dem Rohrbach-Kreis die internationale Situation nach den Möglichkeiten eines Verständigungsfriedens durchforscht. Er war seit einem Jahrzehnt davon überzeugt, daß der russisch-englische Gegensatz in Kleinasien nicht auf die Dauer zu beseitigen wäre, daß dagegen die deutsch-englische Verständigung in der türkischen Frage im eigenen Interesse beider Großmächte liege. Er sah für England und Deutschland die geschichtliche Verantwortung gegeben, ordnend und schützend in das Geschick der auf türkischem Boden lebenden Fremdvölker einzugreifen, letztlich auch im Interesse der Türkei.

„Ein Vorfall war bezeichnend. Haeften fragte die Lektoren nach der Wirkung der belgischen Deportationen. Einer nach dem anderen stellte den Schaden fest, den diese Maßnahmen dem deutschen Namen gebracht, den unschätzbaren Dienst, den sie dem Feinde erwiesen hatten. Haeften war entsetzt; aber sofort kam ein Aufleuchten in sein Gesicht, das jedem Anwesenden kund tat: hier springt ein Wille auf, der Abhilfe schaffen kann. ‚Ich bitte die Herren, Vorschläge zu machen, wie die Maßnahmen ohne deutschen Prestigeverlust rückgängig gemacht werden könnten.'

„Heute scheint die Aufhebung der belgischen Deportationen gesichert.

„Ihn leitete ein untrügliches Situationsgefuhl im Verkehr mit der Öffentlichkeit und einzelnen Menschen. Im Gegensatze zu unseren Intellektuellen verabscheute er den Hiatus, der in Deutschland zwischen Einsicht und Tatentschluß zu klaffen pflegt.

„Er hatte wahrlich eine leichte und glückliche Hand. Während der Kämpfe vor Verdun widersprachen sich wieder einmal die deutschen und die französischen Heeresberichte über den Besitz von Fort Douaumont. Der Korrespondent einer argentinischen Zeitung, Oberst Kinkelin, kam zu ihm und bat ihn um die Wahrheit. Haeften ging ans Telephon, rief in Gegenwart des Korrespondenten auf seiner direkten Leitung das Große Hauptquartier an, fragte nach der Verdun-Armee und ließ sich dann mit dem Stab, der die Douaumont-Operationen leitete, verbinden. ‚Wer hält in diesem Augenblick Douaumont?' fragte er. Er hörte die Antwort und wandte sich an den Korrespondenten: ‚Die Franzosen.' [68]

Mir war der Name des Oberstleutnants v. Haeften kein unbekannter. Durch meinen Vetter, den Fürsten Ernst Hohenlohe, der an der Spitze des Roten Kreuzes bei Ober-Ost stand, wußte ich von einem leuchtenden Beispiel seiner Zivilcourage.

Nachdem Haeften zu Anfang des Krieges 1a (erster Generalstabsoffizier) bei Gallwitz gewesen war, wurde er Mitte Dezember 1914 zu Ober-Ost kommandiert; gleichzeitig sollte er für besondere Aufgaben dem Chef

---

[68] Vgl. R.Swing, „Chicago Daily News", Ende 1917: „Dies eine Mal wurde der rechte Mann für die außerordentlich delikate Aufgabe gefunden, mit den neutralen Korrespondenten umzugehen. Es war Oberstleutnant v. Haeften, der vor dem Kriege in der historischen Abteilung des Generalstabs gearbeitet hatte. Er ist einer der liebenswertesten und ehrenhaftesten Männer, die mir begegnet sind. Im Handumdrehen hatte er das volle Vertrauen der Journalisten gewonnen. Es war eine einzigartige Gabe, den Unterschied zwischen Nachrichten und Propaganda zu begreifen. Er wußte, daß Korrespondenten in ihrer eigenen Art arbeiten müssen, daß man sie keiner Beeinflussung und keinem Druck aussetzen sollte, daß sie selbst glauben müssen, ehe sie ihre Leser überzeugen können." Dann folgt die Schilderung der oben erwähnten Begebenheit.

des Stellvertretenden Generalstabs v. Moltke zur Verfügung stehen. Haeften sieht es selbst, er hört es von allen Seiten: Hindenburg wird mit Truppen ausgehungert, der Feldmarschall könnte Entscheidendes vollbringen, wenn man ihm nur die nötigen Machtmittel in die Hand gäbe. Um die Jahreswende erheben Hindenburg und Ludendorff dringende Vorstellungen bei dem Chef des Generalstabes v. Falkenhayn: der Schwerpunkt des Krieges müsse von dem westlichen nach dem östlichen Kriegsschauplatz verlegt werden. Es kommt zu einer ernsten Differenz zwischen Falkenhayn und Ober-Ost. Eine Überbrückung der grundsätzlichen Meinungsverschiedenheiten scheint nicht mehr möglich. Da übernimmt es Haeften, Seiner Majestät die Auffassung des Generalfeldmarschalls persönlich vorzutragen und in seinem Namen die Ersetzung des Generals v. Falkenhayn durch Moltke und Ludendorff vorzuschlagen, vor allem aber soll er versuchen, ein Machtwort des Kaisers herbeizuführen, um Ober-Ost die nötigen Truppen zu verschaffen. Hindenburg hätte sich damals noch nicht bereit gefunden, die Leitung der gesamten Operationen zu übernehmen.

In Berlin geht Haeften auf Veranlassung des Fürsten Hohenlohe zur Kaiserin, die mit stärkster Anteilnahme seinen Vortrag hört und seine Mission beim Kaiser zu unterstützen verspricht. Im kaiserlichen Hauptquartier wird im ersten Augenblick der Hilferuf unserer Ostarmeen nicht ungnädig aufgenommen. Aber die Stimmung schlägt jählings um. Haeften wird „versetzt", erst nach Köln, später nach Antwerpen, bis ihn im Sommer 1916 Falkenhayn nach Berlin holt, damit er im Auswärtigen Amt die neugegründete Militärische Stelle übernimmt.[69]

---

[69] Vgl. den Brief Moltkes an Generalfeldmarschall v. Hindenburg, Berlin, 23. Januar 1915: „Major v. ... ist gestern abend aus dem Großen Hauptquartier zurückgekehrt. Bevor er hier ankam, war bereits ein Telegramm hier mit seiner Versetzung in den Generalstab des Gouvernements und dem Befehl, sofort dorthin abzureisen. – Er ist heute abgefahren, konnte also seine Absicht, Ihnen persönlich Bericht zu erstatten, nicht ausführen. Mir ist mit ihm meine beste Hilfskraft genommen; er war mein Ludendorff in den hiesigen Verhältnissen. Seine Mission ist gescheitert, vollkommen. Sie ist sehr ungnädig aufgenommen, ohne Verständnis. Der brave Mann, der seine Existenz für sein Vaterland eingesetzt hat, ohne alle Rücksicht auf seine Person, der bereit war, alle Folgen auf sich zu nehmen, ist nun von mir getrennt. – Der Schritt, den er, Sie, Herr Feldmarschall, ich und die Kaiserin unternommen hatten, alle geleitet von der gleichen Sorge um das Land und das Ergebnis des Krieges, hat immerhin die

Im Amt haust er drei Tage. Der sofort unheimlich wachsende Apparat droht die Mauern zu sprengen. Vielleicht wurde auch der Leiter der neu gegründeten Stelle für den Geist des Hauses zu lebhaft. Er bekam ein eigenes großes Gebäude (ein requiriertes Hotel) unter den Linden.

Ich suchte ihn auf und fand alle günstigen Vorurteils bestätigt. Wir verständigten uns rasch über wichtige Dinge. Er sieht in der Betreibung des russischen Separatfriedens das Erfordernis der Stunde, aber hält plötzlich inne, um mich zu warnen: „Ich kann es nicht beweisen, aber ich möchte schwören, es passiert bald etwas in Rußland."

Wir sprachen von dem General Ludendorff, an dem er mit Heldenverehrung hing; aber er war nicht blind in seinem Urteil. Der General ist gutem und maßvollem Rat wohl zugänglich, meinte er mit einer frohen und kühnen Zuversicht in Stimme und Blick.

Am bedeutsamsten war mir die Übereinstimmung in einer Grundfrage unserer Kriegspolitik: „Das deutsche Schwert ist um so schärfer, je reiner es ist."

Ich trennte mich von Haeften voller Hoffnung auf einen neu erschlossenen Weg, Einsichten und Informationen zu gegebener Stunde an die Oberste Heeresleitung heranzubringen.

Ich blieb während der folgenden Kriegsjahre in Verbindung mit Haeften, direkt oder durch Hahn, der sein politischer Mitarbeiter wurde.

Haeften leitete die „Militärische Abteilung A" später „Oberste Heeresleitung A" bis zum Oktober 1918. Die Behörde wurde immer größer und bunter in ihrer Zusammensetzung. Ich glaube, kein anderes Haus in Deutschland hat so viel Eigenwillen und Temperament gleichzeitig beherbergt: Generalstabsoffiziere, verwundete Hauptleute mit dem Pour le mérite mußten mit und neben, unter und über Landsturmmännern arbeiten, die etwa Kellermann, Bonsels, Gundolf, Börries v. Münchhausen,

---

Wirkung gehabt, daß Ihnen nun vier Korps zur Verfügung gestellt werden. Meine Bitte, alles, was irgend entbehrlich sei, aus dem Westen herauszuziehen und nach dem Osten zu schicken, bleibt unerfüllt. Ob es Ihnen möglich sein wird, mit diesen vier Korps einen so großen Erfolg zu erringen, wie wir ihn brauchen, wenn wir diesen Krieg überhaupt beenden wollen, kann ich nicht beurteilen. Gott gebe es. – Sie kennen ja meine Ansichten, die sich mit den Ihrigen decken. (Helmuth v. Moltke, Erinnerungen, Briefe, Dokumente 1877 bis 1916, Stuttgart 1922, S. 417 ff.)

Eulenberg, Moeller van den Bruck,[70] Dr. Eugen Fischer[71] hießen. Auch Otto Braun sah ich dort. Er war während der Zeit, da seine Verwundung ihn zwang, der Front fern zu bleiben, in der nächsten Umgebung von Haeften beschäftigt, der ihm sein Vertrauen schenkte und ihm Gelegenheit gab, seinen ordnenden und gestaltenden Geist zu betätigen.

Es bedurfte wahrer Führerkraft, diesen Stab zur Verträglichkeit und freudigen Gefolgschaft zu stimmen. Haeften zügelte alle und erfüllte sie mit einer großen Leidenschaft, der Sache zu dienen, ohne Hintergedanken an persönliche Geltung. Ich habe von Haeftens Mitarbeitern gehört, daß es nicht immer leicht war, Schritt mit seinem Tempo zu halten: „Er wurde nie ärgerlich, wohl aber zuweilen sehr zornig. Indiskretionen und kleinliche Eitelkeiten konnten ihn zur Raserei bringen. Man weiß von Stühlen, die an die Wand flogen. Es war keiner im ganzen Hause, der nicht für ihn durchs Feuer gegangen wäre."

---

[70] Später Führer der konservativen Jugendbewegung, Verfasser von „Das dritte Reich", „Geschichte des deutschen Menschen".
[71] Damals Leiter der literarischen Abteilung der M.A.A., jetziger Generalsekretär des Parlamentarischen Untersuchungsausschusses.

Fünftes Kapitel

Der Zusammenbruch der russischen Monarchie Recht und Unrecht im Kriege

Während dieses Aufenthalts in Berlin suchte ich Gelegenheit, Abschied von meinen amerikanischen Mitarbeitern in der Gefangenenfürsorge zu nehmen. Ich traf die Herren im „Verein christlicher junger Männer" und versuchte unserem Dank in einer Ansprache Ausdruck zu geben. Ich setze sie hierher, weil ich dazu beitragen möchte, das Andenken dieser vortrefflichen Männer und ihrer tätigen Menschenliebe in meinem Vaterlande zu erhalten.

> „Ich habe Sie gebeten, hierher zu kommen, um Ihnen vor Ihrer Abreise für die Arbeit zu danken, die Sie in unseren Lagern geleistet haben. Ich habe ein Recht dazu, dies zu tun, weil ich auf Wunsch derer, die Sie hierher gesandt haben, das Protektorat über Ihre Arbeit übernommen hatte und durch Augenschein und nach den Berichten, die ich erhielt, die Vortrefflichkeit Ihres Wirkens zu beurteilen vermag.
>
> „Ich kann Sie versichern, daß das Zusammenarbeiten mit Ihnen und Ihren Führern zu den schönsten Erfahrungen gehört, die ich in diesem Kriege gemacht habe, in einer Zeit, da alle Fundamente, auf denen bisher das Leben der Völker und ihrer Beziehungen untereinander beruhten, ins Wanken geraten sind und völlig zu zerbrechen drohen. Die Arbeit unter den Gefangenen bedeutet in meinen Augen einen festen Punkt, um den sich alle jene Gedanken und Empfindungen sammeln können, die der weltumfassenden Nächstenhilfe gelten, welche es ablehnt, in dem verwundeten und gefangenen Feind etwas anderes zu erblicken als den leidenden Menschen. Die Gespräche, die ich hierüber mit Ihren führenden Männern gehabt habe, von denen ich in erster Linie Herrn Mott, Herrn Harte und Herrn Hall nenne, werde ich nie vergessen, denn sie haben mir wertvollste Bereicherung gebracht und mich in der festen Überzeugung gestärkt, daß neben dem unerbittlichen Kampf, der die Menschheit zerfleischt, die große Macht der Güte sich unbesiegbar behauptet und aus den Tiefen der Not mit stets erneuter Kraft Werke der Rettung zu vollbringen vermag.
>
> „In ernstester Stunde spreche ich zu Ihnen, denn Ihre Abreise bedeutet eine neue schicksalsschwere Phase dieses Weltkrieges. Ihr Heimatland Amerika hat die diplomatischen Beziehungen mit dem Land abgebrochen, in welches Sie gekommen sind, um Arbeit menschlicher Hilfeleistung zu vollbringen. Sie verlassen Deutschland in dem Augenblick, da eine neue Wolke am fernen Hori-

zont aufsteigt. Auf das dankbarste begrüße ich es aber, daß Ihre Arbeit trotzdem nicht aufgegeben wird. Ich erblicke darin den allerschönsten Ausdruck des Gedankens, den Sie in der Welt vertreten, würdig der großen christlichen Organisation, der Sie angehören ...

„Sie verlassen Deutschland, das, von Feinden rings umgeben, in schwerstem Kampf für seine bedrohte Existenz ringt. Sie haben mein Vaterland in einer Zeit des Leidens und der Not kennengelernt, in der alle Volkskräfte in höchster Anspannung das eine Ziel verfolgen: Erhaltung des nationalen Eigenlebens, Rettung all dessen, was dem Deutschen heilig und wert ist. Von den idealen Werten, die Deutschland in der Welt vertritt und die von Millionen Ihrer Landsleute geschätzt und gewürdigt werden, will ich nicht zu Ihnen reden, denn Sie haben Kriegsarbeit in Kriegszeit bei uns leisten müssen, und diese Seite deutschen Lebens ist Ihnen am deutlichsten nahegetreten. Sie haben ein Volk kennengelernt, das mit einzigartiger Geduld und Selbstverleugnung sein Leid und seine Leiden trägt, aus überzeugter Hingabe und Treue an sein Vaterland. Sie haben die Eigenschaften kennenlernen könnm, die Ihren großen Landsmann Emerson beeindruckten, als er Deutschland bereiste, und die der große Engländer Carlyle mit überzeugender Kraft seinen Landsleuten gegenüber vertrat. Sie haben sich eingefügt in das Getriebe der großen Organisation, die Deutschland für seine mehr als eineinhalb Millionen Gefangenen geschaffen hat ... Sie können dafür zeugen, daß von seiten unseres Kriegsministeriums der Wille vorhanden ist, das Los der Gefangenen, das unter allen Umständen ein trauriges ist, nach Kräften zu einem menschenwürdigen und erträglichen zu gestalten, und daß das Möglichste geschieht, um die geistige und leibliche Gesundheit derselben zu erhalten und zu fördern, soweit dies bei der ungeheuren Zahl und der großen Verschiedenheit ihrer Art und Abstammung überhaupt erreichbar ist, unter den Bedingungen, unter denen Deutschland jetzt zu leben gezwungen ist. Sie haben in den Lagern zahlreiche Elemente kennengelernt, die mit frohem Eifer die Maßnahmen aufnahmen und förderten, die den Gefangenen Erleichterung und Freude brachten. Reibungen und Schwierigkeiten, die bei menschlichen Dingen nie fehlen, haben Sie mit dankenswerter Geduld und freundlichem Sinn hingenommen und überwunden. An den Kommandanten haben Sie stets eine Stütze und willige Förderer Ihrer Arbeit gefunden. Und diese Arbeit war eine gute. Sie haben Glück und Trost gebracht, wohin Sie kamen, und zahlreiche Bauten, Kirchen, Arbeitsstätten und Bibliotheken zeugen von Ihrem nie ruhenden Fleiß und für die reiche Ausstattung an Mitteln, die Ihnen Ihre Organisation zur Verfügung stellte.

„Die Worte des Dankes, die ich Ihnen sage, können nur ein schwacher Abglanz sein der Freude und inneren Beglückung, die Sie selbst erfüllen; das kann ich den Weihnachtsberichten entnehmen, die Sie mir zugesandt haben. Deshalb fasse ich mich auch nur kurz. Aber Sie können sicher sein, daß dieser Dank in mir weiterleben wird und daß ich stets mit Befriedigung und nicht geringem Stolz an die Monate zurückdenken werde, in denen ich als Ihr Protektor mit Ihnen gemeinsam arbeitete.

„Daß ich auch ohne Sie die Ziele verfolgen werde, die die Ihrigen sind, daran werden Sie, so darf ich wohl sicher annehmen, nie gezweifelt haben. Zu hoch steht mir die Sache der Menschheit, zu laut spricht zu mir das Leid der Gefangenschaft, als daß ich aufhören könnte, ihnen zu dienen. Dem gleichen Dienste widmen sich eine Reihe vorzüglichster Organisationen und überzeugter Männer. Behalten Sie mich in freundlichem Angedenken und behalten wir alle die feste Zuversicht, daß, sollte uns die Feindschaft unserer Länder betrüben müssen, wir selbst doch nie Feinde untereinander sein können. Ich weiß es gewiß. Sie werden auch fern von uns Zeugnis ablegen für die Wahrheit, die Sie bei uns gefunden haben. Sie, die Sie das Amerika der Menschenfreundlichkeit, der Nächstenliebe und tatkräftigen Güte vertreten, werden für das Deutschland zeugen, das Sie kennengelernt haben und das unsere Gegner nicht kennen wollen, das Deutschland, das von Leid und Not selbst heimgesucht, ohne Haß Taten der Menschlichkeit vollbringt und Seele und Leib seiner Gefangenen achtet und wert hält, weil es in ihnen die leidende Menschheit wiederfindet, die nach Mitleid und Erlösung ruft.

„Und nun leben Sie wohl und tragen Sie weiterhin in sich das Glück derer, die beglücken dürfen, dorthin, wo der Segen neuer Arbeit Ihr Lohn sein wird."

Ehe ich abreiste, beschloß ich, meine Bemühungen um einen russischen Separatfrieden in ein neues Stadium zu leiten. Ursprünglich war meine Absicht, mich durch die Korrespondenz mit den russischen Damen allmählich zu der Gewißheit hinzutasten: ist die Situation am Zarenhof reif für einen entscheidenden Schritt? Haeften hatte mich in meinem Gefühl bestärkt, daß die Dinge in Rußland sich reißend schnell entwickeln würden und zeitraubende Rekognoszierungen nicht mehr am Platze wären. Ich wollte direkt an den Zaren schreiben. Der Kanzler, den ich orientierte, hielt den Versuch ebenfalls für geboten, wenngleich er skeptisch über den Erfolg dachte.

Im März 1917 machte ich auf meiner Rückreise in Koburg Station, um meine Tante zu besuchen, die Herzogin Marie, Tochter Kaiser Alexanders II. Ich hatte ihr vorher meine Absicht schriftlich mitgeteilt, einen Brief an den Zaren zu schreiben, und sie um ihren Rat und um ihre Vermittlung bei der Beförderung gebeten. Sie war eine kluge, willensstarke Frau, die an den Traditionen ihres Vaters festhielt und die russische Politik, die zu dem Konflikt mit Deutschland geführt hatte, scharf verurteilte. Als ihr Neffe, König Georg von England, sie bei Ausbruch des Krieges bat, Deutschland zu verlassen und sich nach England zu begeben, hatte sie seine Einladung dankend abgelehnt mit der Begründung, sie gehöre jetzt nach Deutschland. Sie war tief unglücklich über den Krieg, der zwischen ihrem Geburtsland und dem Deutschen Reich entbrannt war, und wünschte nichts sehnlicher, als zu einem Frieden zwischen den beiden Ländern beitragen zu können. Darum hatte sie mir auch ihre Unterstützung bereitwillig in Aussicht gestellt.

Am Abend des 13. März hatte ich den Brief in seine endgültige Fassung gebracht und nachts noch abgeschrieben. Zu Anfang meines Schreibens machte ich den Kaiser Nikolaus auf die Gefahren aufmerksam, die bei einer Fortführung des Krieges seinem Reich und seiner Dynastie erwachsen würden; dann teilte ich ihm die Nachrichten mit, die wir über die Mitwirkung des englischen Botschafters an Umsturzplänen[72] in Rußland hatten, und widerlegte die Legende, die mir in Briefen aus Rußland entgegengehalten worden war, als sei Kaiser Wilhelm einem Frieden mit Rußland abgeneigt. Schließlich verwahrte ich mich gegen die mögliche Unterstellung, mein Ziel sei, den Zaren von seinen Verbündeten zu trennen. Wenn er wirklich den Frieden wolle, so könne er ohne Zweifel den allgemeinen Frieden herbeiführen auf einer Basis, die für alle Beteiligten annehmbar wäre.

Am folgenden Morgen begab ich mich zur Herzogin. Auf dem Tisch lagen die Morgenblätter. Die Herzogin forderte mich auf, ihr die Telegramme vorzulesen. Als ich die erste Zeitung auseinanderfaltete, fiel mein Blick auf die Mitteilung von der Abdankung des Zaren.

Das war ein sehr schwerer Schlag für meine Pläne und auch für mich persönlich. Die Fäden zerrissen, die mich mit dem Lande meiner Mutter verbanden. Mannigfache Erinnerungen hingen für mich am Zarenhofe. Mit dem Zaren selbst war ich von Jugend an befreundet. Ich kannte seine im Grunde edle Natur, aber auch seine Unfähigkeit, die eigenen guten Impulse gegen fremde Einflüsse zu behaupten. Mit besonderem Schmerz mußte es mich erfüllen, daß ich nicht mehr in der Lage sein würde, auf das Schicksal der deutschen Gefangenen einzuwirken.

---

[72] Diese Nachrichten waren nicht ganz richtig. Die englische Diplomatie in Rußland zielte auf keinen Umsturz, sondern auf eine friedliche Umwälzung zugunsten des Dumablocks, in der Befürchtung, daß jede Revolution die russische Kriegsmaschine zerschlagen würde. Vgl. Anhang Nr. I.

Die deutsch-russische Verständigung war nun zerschlagen. Die neuen Gewalten würden sicher nicht für sie zu haben sein. Aber mochte auch Rußlands Kriegs Wille stärker denn zuvor aufflackern – seine Kriegskraft war so gut wie erloschen. Die russische Revolution war der Sieg für Deutschland, wenn jetzt Amerika die Entente nicht aufrechterhielt. Wenn nun gar die Rechnung der Marine nicht stimmt, dann wird aus der Erklärung des verschärften U-Bootkrieges eine Wahnsinnstat. Dann haben wir die Entente gerettet.

Die Vereinigten Staaten erklärten uns am 5. April den Krieg.

Zunächst traf uns die amerikanische Kriegserklärung nicht mit der Wucht, wie man hätte erwarten sollen. Die Versenkungsziffern der Marine waren günstig, und die meisten Menschen ließen ihre Hoffnungen hochfliegen – unter ihnen auch manche, die von bösen Zweifeln und Ahnungen erfüllt waren; „so wie Kinder pfeifen, die sich im Walde fürchten", meinte der Staatssekretär Solf. Auf dem Grunde der Volksstimmung aber wuchs heimlich das Gefühl: eine überwältigende Übermacht steht gegen uns, viele Hunde sind des Hasen Tod. Die Auslandspropaganda der Feinde schnellte empor, sobald Amerika auf die Seite der Alliierten trat, und ich merkte zum erstenmal, daß sie auch in unser eigenes Volk hineindrang. Zu Anfang des Krieges hatte man gelacht über die Sprüche von Recht und Menschlichkeit, die die Alliierten machten, und geglaubt, die ganze Welt müßte so durchsichtige Heuchelei durchschauen. Im Frühjahr 1917 konnten vereinzelte, aber bedrohliche Fälle von ansteckender Zweifelsucht festgestellt werden. Nachdem Amerika bei unseren Feinden war, gab es seltsam konstruierte Deutsche, die glaubten, die stärkere Sache müsse auch die reinere sein. Eine abergläubische Furcht wagte sich aus unerwarteten Gegenden hervor: Verdient Deutschland zu siegen? Ich hatte bis dahin geglaubt, daß der Kampf für unsere Ehre in erster Linie vor dem neutralen und feindlichen Ausland ausgefochten werden mußte. Heute sah ich klar: es gilt die Herzen des deutschen Volkes aufzurichten. Wir müssen erliegen, sowie der Feind uns so weit bringt, daß wir seiner materiellen Übermacht auch noch mit dem Gefühl einer moralischen Unterlegenheit gegenüberstehen.

Ich habe damals das Bedürfnis gefühlt, früher oder später öffentlich Zeugnis für Deutschlands Recht abzulegen. Aber ich sah es zunächst als meine Pflicht an, so gut ich konnte bis zur Wahrheit vorzudringen und den Versuch zu machen, mein unmittelbares Gefühl von der Gerechtigkeit unserer Sache durch gewissenhaftes Forschen in eine Erkenntnis zu verwandeln. Das ist mir in den nächsten Monaten gelungen; mir ist die Gewißheit zuteil geworden: wenn das deutsche Volk sich im August 1914 wie der umstellte Hirsch zur Wehr setzte, so log sein Gefühl nicht. Die Millionen von Deutschen, die ihr Leben oder ihr Liebstes hergegeben hatten in dem tröstenden Glauben, die tödlich bedrohte Heimat zu verteidigen, bauten nicht auf trügerischem Grunde, sondern auf einer historischen Wahrheit.

Ich habe die gewonnenen Einsichten in Einzelfragen zusammengefaßt, die eigentlich ebenso viele Antworten sind auf Zweifel, welche die Entente planmäßig schürte.

Viele der damals entstandenen Formulierungen habe ich später bei öffentlichen Diskussionen der Schuldfrage verwerten können.[73]

Wollte Serbien die österreichische Kontrolle bei der Untersuchung des Mordes von Serajewo nicht zulassen nur aus Prestigegründen oder auch aus schlechtem Gewissen?

Hätte Serbien das österreichische Ultimatum auch abgelehnt, wenn es sich nicht der russischen Unterstützung sicher gefühlt hätte?

Ordnete Rußland die allgemeine Mobilmachung an, weil es den Krieg für unvermeidlich hielt, oder gerade deswegen, weil es den drohenden Frieden fürchtete?

War das Vertrauen auf die Unterstützung durch England der bestimmende Faktor für den Sieg der russischen Kriegspartei, wie es der belgische Geschäftsträger, Baron d'Ecailles, die „Times" und Reuter am 29., 30. und 31.Juli 1914 behaupteten?[74]

---

[73] So am 3. Februar 1919 bei Gründung der Heidelberger Vereinigung (Arbeitsgemeinschaft für Politik des Rechts).
[74] Nach der neuen englischen Dokumentenpublikation (The Outbreak of War, Headlam Morley, London 1926, Bd. XI) ist dieser Einfluß Englands auf die russische Kriegspartei erwiesen; vgl. Privatbrief Nicolsons an Buchanan vom 28. Juli (Akten-Nr. 239).

Stand für die Generalstäbe und die Kanzleien in Europa fest, daß die russische Gesamtmobilmachung gleichbedeutend mit Krieg war, wie das Buchanan am 25.Juli und Oberst Repington am 31. Juli gesagt haben?

6. Welches war die Reihenfolge der Mobilmachungen?[75]

Hatte Deutschland ein Recht zur Furcht (Verhältnis der Rüstungen vor dem Kriege)?

Wo war ein langer Wille vorhanden, territoriale Veränderungen in Europa herbeizuführen, die nur ein Krieg bringen konnte? Waren Elsaß und Konstantinopel wirklich nur glückliche Einfälle während des Krieges oder Triebfedern der russischen und französischen Politik?

Warum wurde in Paris am 31. Juli 1914 die allgemeine russische Mobilmachung verheimlicht und die deutsche Gegenmaßnahme gegen die russische Bedrohung, die Erklärung des Kriegszustandes, als eine Provokation gegen Frankreich hingestellt?

Warum wurde Jaurès ermordet?[76] Warum der Prozeß gegen seinen Mörder nicht geführt?

---

[75] Reihenfolge der Mobilmachungen:
24.Juli: Einstellung der Demobilmachung der zu Manövern versammelten britischen Flotte.
25. Juli: 3 Uhr p. m.: Allgemeine Mobilmachung Serbiens.
25.Juli: Abends: österreichische Teilmobilmachung gegen Serbien.
26.Juli: Befehl zum Beginn der „Kriegsvorbereitungsperiode" für das ganze europäische Rußland. – Am gleichen Tage: Befehl zum Beginn der „mesures de précaution" in Frankreich.
28.Juli: Beginn der „Sicherheitsmaßnahmen" in Deutschland.
28.Juli: „Warning Telegram" an Heer und Flotte – in England –, eine Maßnahme, die der „drohenden Kriegsgefahr" in Deutschland entspricht.
29.Juli: Befehl zur russischen Teilmobilmachung.
30.Juli: Abends Befehl zur allgemeinen Mobilmachung in Rußland. – In Frankreich Befehl zur Aufstellung des Grenzschutzes.
30.Juli: 11 ½ a. m.: Österreichischer Mobilmachungsbefehl. – 1p. m.: Erklärung des Zustands drohender Kriegsgefahr in Deutschland.
1.August: 4 Uhr 45 p. m.: Befehl der allgemeinen Mobilmachung in Frankreich.
1.August: 5 Uhr p. m.: Deutscher Mobilmachungsbefehl.
Vgl.Max Montgelas: Die Mobilmachungen des Jahres 1914, „Die deutsche Nation", 1. Jahr, 8. Heft, August 1919, und Georges Demartial: La Guerre de 1914. L'Évangile Du Quai D'Orsay. Paris 1926.

[76] Am 1.August 1914.

Ich habe im Lichte der späteren Forschung immer wieder nachgeprüft, ob nicht dieses Bewußtsein des guten Gewissens eine Täuschung war, entstanden unter dem Einfluß der deutschen Kriegspropaganda. Es würde zu weit führen, die Ergebnisse meiner jahrelangen Beschäftigung mit der Schuldfrage im einzelnen darzulegen; ich möchte mich aber erneut zu den folgenden Thesen bekennen:

Das Vorgehen Österreichs, das als so herausfordernd dargestellt wurde war in Wahrheit die Antwort auf die unerhörteste Herausforderung: Es steht heute fest, daß die Pläne zum Mord von Serajewo in Belgrad geschmiedet worden sind, daß serbische hohe Offiziere darum gewußt haben; daß man in der serbischen Regierung von der Abreise der Mörder Kenntnis gehabt hat, aber nach einem erfolglosen Versuch, sie an der Grenze aufzuhalten, den österreichischen Thronfolger ungewarnt in sein Verderben hat gehen lassen.

Weder die Geheimbünde, noch die Regierung Serbiens würden zum Schlage gegen die Donaumonarchie ausgeholt haben, wenn sie nicht Rußlands Solidarität mit den eigenen Zielen hätten voraussetzen dürfen. Rußland ermutigte Serbien und zweifelte dabei keinen Augenblick, daß es sich auf Frankreich würde stützen können. Das Bündnis mit Frankreich war immer fester geworden: die beiden Nationen wurden von großen natinalen Zielen bewegt, die nur durch einen Krieg verwirklicht werden konnten.

Der Drang Rußlands nach Konstantinopel war seit dem Berliner Kongreß offenkundig und nur vorübergehend durch Verlockungen in Asien abgelenkt worden.

Seit Richelieu ist in der französischen Geschichte der Wille, an den Rhein zu gelangen, mit wechselndem Ungestüm lebendig. Er veranlaßte die Raubzüge Ludwigs XIV., er wies der französischen Expansion der Revolutionszeit und des ersten Kaiserreichs die Wege, er beherrschte den Imperialismus Napoleons III.[77] und war auch in den Köpfen bestimmter Politiker bei Kriegsausbruch nicht erloschen. Die Rückgewinnung Elsaß-

---

[77] Dies wird unwiderleglich durch H. Onckens Publikation bewiesen: Die Rhein-Politik Kaiser Napoleons III. von 1863 bis 1870 und der Ursprung des Krieges

Lothringens aber war der unerfüllte Traum der französischen Nation, für Poincaré das Ziel seiner Amtsperiode.

Im August 1914 drängte der Angriffswille der verbündeten französischen und russischen Regierungen zur Tat, aus dem Gefühl heraus: Heute sieht England noch auf unserer Seite, wir haben die Überlegenheit zu Wasser und zu Lande.[78] Aber wie lange noch?

Die Haldane-Mission hatte bei allen Schürern des Krieges nervöse Beklemmungen hervorgerufen. Folgerichtig überstürzte Rußland die allgemeine Mobilmachung und den Kriegsausbruch in dem Augenblick, da durch die Einigung Englands und Deutschlands auf die sogenannte Grey-Lichnowsky-Formel[79] der Weg zur friedlichen Lösung sich öffnete.

Grey wäre die Erhaltung des Friedens recht gewesen. Alle seine Ratschläge strebten danach, dieses Ziel zu erreichen; aber höher als der Friede stand ihm die Tripleentente. Sonst hätte er nicht versäumt, Rußland zu sagen: unsere Teilnahme am Kriege ist abhängig von der Art der Kriegsentstehung. Wenn ihr unseren Rat mißachtet und durch eine allgemeine Mobilmachung die diplomatische Situation zerschlagt und in eine militärische verwandelt, dann weigern wir uns, an dem entstehenden Weltbrand teilzunehmen.[80]

Obgleich Grey (seit dem 25. Juli) erstens wußte, daß die allgemeine russische Mobilmachung drohte, und zweitens sich völlig über deren

---

von 1870/71. Stuttgart 1926.

[78] Nach dem „Labour Header" vom 24. Juni 1915 hat die „Nowoja Wremja" vom 20. Juli 1914 geschrieben: ‚Ihre [der Tripleentente] Überlegenheit zu Lande und zur See rechtfertigt eine energischere Sprache bei den europäischen Beratungen."

[79] Sie lautete: „Wenn der österreichische Vormarsch in Belgrad angehalten wird, werden die Mächte prüfen, wie Serbien Österreich zufriedenstellen kann, ohne seine souveränen Rechte und seine Unabhängigkeit zu beeinträchtigen" (Die neue Diskussion der Schuldfrage in England, Preußische Jahrbücher, Bd. 166, Heft 2, S. 23).

[80] Man vergleiche etwa die scharfe Absage Bethmanns an Österreich in seiner Depesche an den deutschen Botschafter in Wien, Tschirschky, vom 30. Juli: „Wir sind zwar bereit, unsere Bündnispflicht zu erfüllen, müssen es aber ablehnen, uns von Wien leichtfertig und ohne Beachtung unserer Ratschläge in einen Weltbrand hineinziehen zu lassen".

unvermeidliche Folgen klar war[81] hat er es doch sorgfältig vermieden, solch warnende Sprache in Petersburg zu fuhren. Im Gegenteil: Zeichen über Zeichen gelangte nach Rußland, geeignet, die Furcht vor Englands Neutralität zu zerstreuen. Lord Northcliffe nannte es Verrat, wollte England unter irgendwelchen Umständen aus dem entstehenden Weltkrieg draußen bleiben; er sagte nach Rußland hinüber das furchtbare Wort: „Mechanismus der Entente" und ließ sich durch seinen Korrespondenten die Wirkung in Petersburg folgendermaßen quittieren: „The articles of the ‚Times' have done much to inspire hope."[82] Die Mobilhaltung der englischen Flotte aber wirkte wie ein Sturmsignal auf Petersburg.

Churchill hat diese Maßnahme veranlaßt, Grey aber hat sie gebilligt.

Grey hätte den Weltkrieg verhindern können, wenn er Rußland mit der Neutralität, Deutschland mit dem Aufgeben der Neutralität bedroht hätte, je nachdem durch Rußlands oder der Zentralmächte Schuld der Friede in Trümmer gehen würde. Grey war doppelt gelähmt: mit der Neutralität konnte er nicht drohen, weil er seine Ehre und die Ehre seines Volkes gebunden hatte, an jedem Kriege teilzunehmen, in den Frankreich hineingezogen würde, gleichviel, ob es im Anrecht oder im Recht war. Er war gebunden, weniger durch die Konversationen zwischen den englischen und französischen Militärbehörden, als durch die mit Frankreich vereinbarte Verteilung der Flotten. Die Küste Frankreichs war unverteidigt: „The French fleet is in the Mediterranian", sagt Grey sechsmal in der großen Rede vom 3. August 1914[83,] mit der er den Pazifismus der Libera-

---

[81] „Ich sagte alles, was ich konnte, um den [russischen] Staatssekretär des Äußern von der Notwendigkeit der Vorsicht zu überzeugen, und warnte ihn: Wenn Rußland mobilisieren würde, würde sich Deutschland nicht nur mit einer bloßen Mobilmachung begnügen oder Rußland Zeit geben, die ihre auszuführen, sondern wahrscheinlich sofort den Krieg erklären" (Great Britain and the European Crisis [englisches Blaubuch], London 1914, Nr. 17, der Botschafter in Petersburg Sir George Buchanan an Sir Edward Grey am 25. Juli 1914). – „Seit dem 26. [Juli], dem Tage, wo ihr die Gewißheit gekommen war, daß Rußland Vorbereitungen zur Mobilmachung betrieb, hatte die deutsche Regierung nicht aufgehört, die Russen, Franzosen, Engländer, Österreicher, Italiener zu warnen, daß die Mobilmachung der Krieg wäre: Mobilmachung bedeutet Krieg" (G. Demartial, a. a. O., S. 111).
[82] „Die Artikel der ‚Times' haben viel dazu beigetragen, Hoffnung zu erwecken."
[83] Als Grey seine Rede hielt, lag bereits das Anerbieten Bethmanns vor, die französische Küste nicht anzugreifen.

len beschwören wollte. Mit dem Kriege aber konnte er Deutschland nicht bedrohen, jedenfalls nicht deutlich und brutal genug, um die deutsche Illusion über Englands Haltung gänzlich zu zerstreuen, weil er vor seinem Parlament nun schon jahrelang die Fiktion aufrechterhielt, England habe noch die volle Freiheit des Handelns.[84]

An Greys Wunsch, den Krieg zu vermeiden, möchte ich auch heute, nachdem die neue englische Dokumentensammlung erschienen ist, nicht zweifeln; aber dieser Wunsch wurde nicht zum festen und gradlinigen Willen. Hinter Grey – daran kann nach den jüngsten Veröffentlichungen kein Zweifel mehr sein – standen die permanent officials, die wußten, was sie wollten. Sie hinderten ihn fortgesetzt daran, irgend etwas in Petersburg zu sagen, das verstimmen konnte. Englands Freundschaft mit Frankreich und Rußland sollte um jeden Preis erhalten werden, auch um den Preis des Friedens; und letzten Endes war es ihnen recht, wenn England die gute Gelegenheit ergriff, um sich des lästigen Flottenrivalen zu entledigen. Die Entscheidung über Krieg und Frieden hätte in London fallen können und sollen, unter dem Einfluß seiner Berater hat Grey sie nach Paris und Petersburg verlegt.

Wenn Grey sich in der Ehre gebunden fühlte nach den Abmachungen und Konversationen der letzten Jahre, Frankreich und Rußland in jedem Kriege gegen Deutschland und Österreich zu unterstützen, so kann ich das verstehen – aber um so stärker wurde meines Erachtens die Pflicht dem eigenen, seiner Bindungen unkundigen Volke gegenüber, nicht Frankreich und Rußland die Entscheidung zu überlassen, ob und wann der Krieg ausbrechen sollte.

---

[84] Als am 31. Juli 1914 das englische Kabinett sich zu einer bindenden Verpflichtung gegen Frankreich noch nicht entschließt, schreibt der Unterstaatssekretär Sir Eyre Crowe an Grey: „... Die Begründung, daß keine schriftliche Verpflichtung bestehe, die uns an Frankreich bindet, ist streng genommen richtig ... Aber die Entente ist abgeschlossen, verstärkt, erprobt und gefeiert worden in einer Weise, die den Glauben rechtfertigt, daß ein moralisches BVand geschmiedet wurde. Die ganze Politik der Entente kann keinen Sinn haben, wenn sie nicht bedeutet, daß in einem gerechten Streit England zu seinen Freunden steht. Diese ehrenhafte Erwartung ist erweckt worden. Wir können sie nicht ableugnen, ohne unseren guten Namen ernster Kritik auszusetzen." (British Documents 1926, Nr. 369. Vgl. auch Anhang Nr. II.)

Sir Thomas Barclay, den man den Vater der Entente genannt hat, sagt in seinen im April 1914 erschienenen Erinnerungen[85] ein Freund habe ihm geschrieben: „Trauern Sie nicht manchmal über die fürchterliche Perversion der Entente cordiale aus einem Werkzeug des Friedens in die größte Bedrohung mit einem europäischen Kriege, die jetzt besteht?"

Darauf erwiderte Barclay: „Daß die Entente pervertiert worden ist, steht außer Frage ... Zum Glück haben weisere Erwägungen wieder die Oberhand gewonnen ... Heute würde es keinem nützlichen Zweck mehr dienen, die Schürer der nationalen Gegensätze bloßzustellen. Sie sehen jetzt die Torheit einer Agitation ein, welche die Grundlagen des europäischen Konzerts untergrub."[86]

Schade, daß Barclay damals die Schürer nicht bloßgestellt hat. Heute wissen wir, nachdem die neue englische Dokumentensammlung erschienen ist, daß, um Graf Montgelas' Worte zu gebrauchen, dem französenfreundlichen Grey ein russenfreundlicher Unterstaatssekretär (Nicolson) und ein extrem deutschfeindlicher Vizeunterstaatssekretär (Crowe) zur Seite standen.

Und Deutschlands Schuld?

Die Anklage: die deutsche Militärpartei habe planmäßig den Weltkrieg entfesselt, braucht uns heute nicht mehr zu schrecken, seitdem wir wissen, daß der Chef des Großen Generalstabs v. Moltke im Grunde ein Pazifist war, ohne volles Vertrauen in die eigenen Fähigkeiten und ohne Glauben an Deutschlands Kraft, den Weltkrieg zu einem guten Ende zu führen. In seiner Gewissenhaftigkeit zögerte[87] er fast länger, als es die Sicherheit des Reiches erlaubte, dem Kaiser die allgemeine Mobilmachung anzuraten.[88]

---

[85] „Thirty Years Anglo-French Reminiscences 1876-1906." London 1914.
[86] Ebenda S. 283.
[87] Vgl. auch Haeftens Schilderung von Moltkes Zögern bei Theobald v. Schäfer, Generaloberst v. Moltke in den Tagen vor der Mobilmachung und seine Einwirkung auf Österreich-Ungarn, in „Die Kriegsschuldfrage", 4. Jahrgang, Nr. 8, S. 533 ff.

[88] Graf Montgelas weist nach, daß am 27. Juli die deutsche Regierung eigentlich das Versprechen nicht hätte geben dürfen, nicht zu mobilisieren, solange Rußland nur gegen Österreich mobilisiere. Jeder Aufmarsch gegen Österreich, d. h. gegen die Nord- und Ostgrenze von Galizien, setzte die Mobilmachung im Militärbezirk

Eines aber steht für mich fest: daß wir an dem Beitritt Englands zur Entente eine Schuld haben, durch das Versagen unseres politischen Instinkts. Ich glaube nicht, daß England jemals ein Bündnis mit Rußland und Frankreich eingegangen wäre, hätte es sich nicht durch unsere Flottenpolitik bedroht gefühlt. Wohl stand hinter unserem Schiffbau der ausgesprochene und erprobte Friedenswille des Kaisers, der in dieser Flotte eigentlich nicht mehr als eine herrliche Demonstration deutscher Macht sah und seine Freude an diesem wundervollen Instrument hatte, gänzlich unabhängig davon, wie es angewendet werden sollte. Aber daß England diese gewaltig anwachsende Seemacht als eine Gefahr empfand, war unvermeidlich; und nur dieses Gefühl, bedroht zu sein, hat den deutschfeindlichen Strömungen Geltung verschafft, im englischen Auswärtigen Amt ebenso wie in der öffentlichen Meinung. Ob die Furcht Englands vor der deutschen Flotte begründet war, das ist nicht entscheidend für die Beurteilung der Frage, ob unsere Flottenpolitik weise war oder nicht.[89] Diese Furcht ist jedenfalls eine historische Tatsache. Das Zahlenverhältnis der Großkampfschiffe 16:10 war für England allein nicht ausschlaggebend. Wir dürfen nicht vergessen, daß die Engländer unserer technischen Leistungsfähigkeit nicht immer mit dem Gefühl der Ebenbürtigkeit gegenüberstanden. Wenn wir es aber unternahmen, ungewarnt durch die Erfahrungen unseres Kontinents, die größte Seemacht zu beunruhigen, dann war es wahrlich vermessen, Rußland den Weg nach Konstantinopel zu verlegen und es auf seinem nervösen Punkt durch die Mission Liman v. Sanders' noch besonders zu reizen.

Ein weiterer Vorwurf kann Deutschland nicht erspart werden. Trotz der unklaren Wendungen Greys während der letzten vierzehn Tage durfte sich bei den deutschen Staatsmännern die Illusion nicht tagelang halten, der Krieg ließe sich auf Österreich-Serbien lokalisieren.[90] Mindestens von

---

Warschau voraus; durch diese Maßnahme mußte sich automatisch die Teilmobilmachung gegen Österreich auch zu einer Mobilmachung gegen Deutschland erweitern.

[89] Aus dem ersten Band der Publikation des Reichsarchivs (Der Weltkrieg 1914 bis 1918, Berlin 1925) geht hervor, daß der Ausbau unserer Landmacht stark zugunsten unserer Flotte vernachlässigt worden ist. Das ist für uns eine bittere Erkenntnis.

[90] Daran ändert nichts die Tatsache, daß selbst in Ententekreisen dieser Wunsch

dem Augenblick an, als es deutlich wurde, daß Rußland Serbien den Rücken stärkte, hätte Deutschland Österreichs Wunsch, ein für allemal mit der serbischen Bedrohung ein Ende zu machen, in seiner ganzen Tragweite erkennen und seine Unterstützung versagen müssen. Die deutsche Regierung hat ohne Zweifel in der ersten Julihälfte geglaubt, Europa zur Duldung einer Strafexpedition gegen Serbien einschüchtern zu können.

Auch gegenüber der anderen schweren Anschuldigung: „Deutschland trägt die Verantwortung für die gesetzlose Führung des Krieges" konnte ich festen Boden gewinnen. In der belgischen Frage vermochte ich allerdings zu keinem anderen Ergebnis zu kommen als Herr v. Bethmann: wir haben ein Unrecht getan und müssen es wieder gutmachen. Alle Versuche, uns durch spätere Dokumentenfunde zu entlasten, sind mir immer sinnlos und nicht ganz würdig erschienen.[91]

Im Augenblick schien die „Fürchterlichkeit" unseres U-Bootkrieges alle anderen „Missetaten" zu verdrängen, die uns vorgeworfen wurden. Ich gestehe, daß die Tötung der Nichtkämpfer durch unsere U-Boote mir

---

Österreichs als begründet anerkannt wurde. Sir M. de Bunsen, englischer Botschafter in Wien, schreibt am 29. Juli 1914 an Sir Edward Grey vertraulich: „Französischer Botschafter berichtet seiner Regierung, daß ihn Eingeständnisse des serbischen Gesandten, mit dem er bis zu dessen Abreise in enger Fühlung war, überzeugt haben, Zustand wachsender Gärung in südslawischen Provinzen der Doppelmonarchie sei derart, daß österreichisch-ungarische Regierung genötigt gewesen wäre, sich entweder in Lostrennung dieser Provinzen zu fügen oder eine verzweifelte Anstrengung zu machen, um sich die Provinzen dadurch zu erhalten, daß sie Serbien als Machtfaktor ausschalte. Serbischer Gesandter äußerte immer, die Zeit arbeite für Serbien, und er sagte französischem Botschafter, südslawische Provinzen wären innerhalb drei Jahren bereit, sich gegen Österreich-Ungarn zu erheben, ohne daß Serbien auch nur den kleinen Finger zu rühren brauche. Österreich-Ungarn merkte, daß es nicht länger warten konnte, und entschloß sich zum Kriege, von dem es jetzt anscheinend nichts mehr abzuhalten vermag. Nach Ansicht französischen Botschafters geht daraus hervor, daß Konflikt nicht Folge deutscher Anstiftung ist; auch gehe nicht unbedingt daraus hervor, daß Deutschland europäischen Krieg wünscht, wie viele in Frankreich glauben." (British Documents 1926, Nr. 265.) Es handelte sich aber nicht darum, die Berechtigung von Österreichs Vorgehen gegen Serbien zu prüfen, sondern darum, zu erkennen, daß es der Entente einen Vorwand zum Kriege lieferte.
[91] Vgl. Oberst Schwertfeger: Der geistige Kampf um die Verletzung der belgischen Neutralität (2. Aufl.), S. 18 ff. und 63/64.

immer erneute Gewissensnot gemacht hatte: konnten wir uns rechtfertigen anders als durch militärische Notwendigkeit? Ich.wußte von den Bedenken, die beim Kaiser und bei unserem ritterlichen Seeoffizierkorps anfangs zu überwinden waren. Galt doch die Schonung der Passagiere als eine Ehrenpflicht, die allen großen seefahrenden Völkern heilig war und die Herr v. Müller, der Kommandant der „Emden", noch in diesem Kriege unter äußerst schwierigen Umständen aufrechterhalten hatte.

Ich bin auf Grund sorgfältiger Untersuchungen damals zu der Überzeugung gekommen:

Der U-Bootkrieg in seiner jetzigen politischen Aufmachung ist für das Rechtsgefühl der Welt unerträglich. Er erscheint als eine zynische Erweiterung der Machtbefugnisse der Kriegführenden unter Verachtung der Rechte der Nichtkombattanten und Neutralen.

Im Dienste der Freiheit der Meere, als eine Repressalie gegen einen furchtbaren Rechtsbruch des Feindes, die aufhören würde, sobald der Feind zum Völkerrecht zurückkehrte, steht der U-Bootkrieg auf einer sicheren Rechtsbasis, die wir vor den Neutralen und dem feindlichen Ausland deutlich herausstellen können.

Die folgende Beweisführung erschien mir schlüssig:

England führt einen erbarmungslosen Krieg gegen die deutsche nichtkämpfende Bevölkerung. „Der rücksichtslose U-Bootkrieg ist eine andere Sache heute als vor einem Jahr. Wenn nur die Welt sehen könnte, wie die deutschen Nichtkombattanten unter der englischen Blockade leiden", das waren die Worte eines amerikanischen Diplomaten kurz vor dem Abbruch der deutsch-amerikanischen Beziehungen.

Der englische Hungerkrieg ist nicht nur unmenschlich, er ist auch ungesetzlich nach dem geltenden Völkerrecht. Überdies hat ihn die englische Regierung als völkerrechtswidrig anerkannt: Salisbury während des Burenkrieges, Grey in einer Note vom 7. Januar 1915, vor allem aber dadurch, daß er die Verschärfung der Blockade als eine Repressalie gegen die deutsche Seekriegführung hinstellte.[92]

Das Wort Repressalie schließt das Eingeständnis in sich, daß derjenige, der sie proklamiert, aus den Grenzen des Völkerrechts herausgeht – ja mehr als das, auch das Versprechen, in diese Grenzen zurückzukehren, sowie der Mißbrauch abgestellt ist, gegen den die Repressalie erklärt ist.

Auch Deutschland hat seinen verschärften U-Bootkrieg ursprünglich als Repressalie begründet.

Darüber hinaus haben die beiden Mächte ausdrücklich zugesagt, mit ihren Vergeltungsmaßnahmen aufzuhören, sowie diese Erfolg haben, d. h. den Gegner zum Recht zurückführen: Grey in seiner Wilhelmina-Note vom 12. Februar 1915, wir vier Tage später. Wer hat es ehrlich gemeint? Beide? Einer? Keiner? Es gibt einen untrüglichen Prüfstein für die bona fides einer Repressalie. Wilson hat ihn angewandt, als er England und uns gleichzeitig beim Wort nahm und in einer gleichlautenden Note vom 22. Februar 1915 von beiden Mächten forderte, die Repressalien abzustellen, wenn der Mißbrauch aufhören würde, gegen den sie erklärt seien. Deutschland nahm den Vorschlag in einer Note vom 28. Februar in seinen Grundzügen an, England lehnte ihn am 13. März ab.

Den Briten war die „Vergeltungspolitik" ein Vorwand gewesen, um die Seemacht so zu gebrauchen, wie Pitt sie verstand und Nelson sie handhabte, d. h. ohne Rücksicht auf Nichtkombattanten und Neutrale. Das gab im Dezember 1915 der „Manchester Guardian" in seiner „Kriegsgeschichte" (Bd. III, S. 240) mit erstaunlicher Offenheit zu:

„Hätte sich Deutschland in seiner Kriegführung innerhalb der gesetzlichen Grenzen gehalten, so wäre unsere Lage eine sehr schwierige geblieben, und es ist zweifelhaft, ob wir uns aus den Verstrickungen jener Deklarationen (London, Paris, der Haag usw.) je hätten lösen können. Zum Glück für uns, im ganzen gesehen, war Deutschland nicht damit zufrieden, wie es war, sondern beschenkte uns durch die Unterseeblockade und die Begehung von Hunderten von gesetzlosen Akten der Tyrannei mit einer Gelegenheit des Entschlüpfens."

---

[92] Der folgende Gedankengang war unter anderem auch in einem Interview von Herrn v. Jagow vom 12. Mai 1916 verwendet worden.

Gewiß, auch Deutschland griff jeden einleuchtenden Grund auf, um seine Seekriegführung auf dem Wege der Repressalien zu verschärfen, aber die geschichtliche Tatsache stand fest: wir hatten den Wilsonschen Vorschlag im wesentlichen angenommen, England nicht. Diesen gerechten Ausweg galt es immer wieder der Welt zu zeigen. Mir wurde klar, welche Gelegenheit wir verpaßt hatten, als wir es unterließen, bei Ankündigung des verschärften U-Bootkrieges zu erklären: er hört in dem Augenblick auf, da England Wilsons Standpunkt in der Blockadefrage akzeptiert.

Die Möglichkeit, daß England diesen Vorschlag annahm, war gegeben, allerdings nach Greys Sturz nur in sehr geringem Maß. Immerhin, vom Standpunkt der Marine blieb ein Risiko bestehen, und wir mußten es – in aller Ehrlichkeit, ohne Hintergedanken – auf uns nehmen; nur so konnten wir vor der Welt und auch vor unserem eigenen Gewissen die moralische Grundlage für unsere Seekriegführung gewinnen. Diese Grundlage würden wir noch befestigen, wenn wir unseren U-Bootkrieg in den grundsätzlichen Kampf hineinstellten, den Amerika und die kontinentalen Staaten nun schon über hundert Jahre gegen England um die Freiheit der Meere gekämpft haben. So hätte man sagen können:

„Soll die Freiheit der Meere mehr als ein Wort sein und der Welt wirklich das Sicherheitsgefühl geben, welches für einen dauernden Frieden unentbehrlich ist, so muß sie sich im Kriege behaupten; zum mindesten müssen die Fortschritte auf dem Wege zur Freiheit der Meere, die vor dem Kriege völkerrechtlich erstritten und in diesem Kriege verlorengegangen sind, vor der Beendigung des Krieges wieder errungen werden."

Amerika hatte uns auf diesen Weg selbst gewiesen, als Wilson in seiner Lusitania-Note (überreicht am 15. Mai 1915) Deutschland aufforderte, praktisch mit ihm zusammenzuarbeiten:

„Die Regierung der Vereinigten Staaten wird fortfahren, für die Freiheit der Meere einzutreten, ohne Kompromiß und um jeden Preis."
„Sie lädt auch die kaiserlich-deutsche Regierung ein, praktisch mitzuarbeiten in dieser Zeit, in der Zusammenarbeit am meisten vollbringen kann."

Die Freiheit der Meere durfte nicht, wie bisher, nur nebenbei erwähnt, sondern sollte als ein wesentliches deutsches Kriegsziel aufgestellt werden. Damit hätten wir den Rechtsgedanken in unseren nationalen Willen aufgenommen. Die Feinde schwangen die Fackel der Weltbeglückung gegen uns. Ihr Schein log, aber er blendete. Wir wehrten uns mit immer erneuten Erklärungen: wir hätten ein Recht auf Existenz und Entwicklung. Mir wurde damals deutlich, daß der Kampf ums Dasein, als einziger Antrieb der Nation, große menschliche Kraftquellen unerschlossen läßt. Auf die Dauer würde unser Volk sich des schleichenden Minderwertigkeitgefühls nicht erwehren können, wenn wir nicht über den nationalen Egoismus hinausgriffen und Kriegsziele proklamierten, die auch dem Interesse der Menschheit dienten. Die Freiheit der Meere schien ein verheißungsvoller Schritt auf dem rechten Wege. Ich stellte mir die Frage: können wir noch jetzt den U-Bootkrieg in den Dienst dieses großen Zieles stellen und ihn dadurch von dem gesetzlosen und unmenschlichen Charakter befreien, den er vor der Welt trägt?

Ich hörte, daß der General Ludendorff nach dem Bruch mit Amerika für den Plan gewonnen werden sollte, noch nachträglich den U-Bootkrieg zu befristen. Er habe abgelehnt: er würde diesen Weg gehen, wenn er Vertrauen zu den Diplomaten hätte.

Die Begründung war wohl merkwürdig, aber vom politischen Standpunkt aus war es richtig, jetzt nichts in der vorgeschlagenen Richtung zu unternehmen. Die Völker sahen wie gebannt auf den deutsch-englischen Zweikampf, der mit dem Bewußtsein höchster Not auf beiden Seiten ausgefochten wurde, und der ja, wie es hieß, am 1. Juli entschieden sein sollte. Bis dahin war die Welt nicht aufnahmefähig für politische Aktionen.

Ich habe auch später keinen Anlaß mehr genommen, eine neue Begründung des U-Bootkrieges anzuregen. Mir schien selbst in Amerika angesichts der Kriegsnotwendigkeiten die Völkerrechtliche Stellung der Nichtkombattanten nur noch akademische Bedeutung zu haben. Allerdings bin ich heute rückblickend der Meinung, daß wir vor dem eigenen Volke durch eine Befristung des U-Bootkrieges seine Rechtsgrundlagen hätten klären sollen – gerade, als die Zweifel an seiner Wirksamkeit sich mehrten. Daß es nicht geschah, war eine Unterlassungssünde. Sie war die

Ursache, daß die Entlarvung der Gegner und ihres Hungerkrieges vollständig erst im Waffenstillstand gelang.

Die Aufrechterhaltung, ja die Verschärfung der Blockade zu einer Zeit, da nicht nur der deutsche U-Bootkrieg, sondern der ganze deutsche Krieg eingestellt war, gehört zu den großen Schandtaten des Jahrhunderts.

Mögen die Greuel vergessen sein, wie sie hüben und drüben während des Krieges geschahen – aber ich zögere heute nicht, die bittern Worte wiederzugeben, die ich im Februar 1919[93] sprach, zu einer Zeit, da die Feinde noch täglich 800 deutsche Nichtkombattanten mit voller Überlegung töteten:

„Die Entente ist nicht mehr in der Lage, sagen zu können, sie werde durch eine gefärbte Kriegsstatistik über die Wirkung der Blockade irregeführt. Ganz Deutschland steht für eine unparteiische Begutachtung der Ernährungsverhältnisse offen; es ist überdies Sorge getragen worden, daß sich unanfechtbare, wissenschaftliche Grundlagen in den Händen der Allianz befinden, aus denen hervorgeht:

daß an den Wirkungen der Blockade täglich ungefähr 800 Menschen in Deutschland sterben;

daß sich unter den kleinen Kindern an manchen Zentren die Sterblichkeit nahezu verdoppelt hat;

daß unter Kindern und Halbwüchsigen die Todesernte der Tuberkulose in großen Städten doppelt so groß wie vor dem Kriege geworden ist, die Sterblichkeit der Mütter am Kindbettfieber sich für
ganz Deutschland um zwei Drittel vermehrt hat;

daß die Ärzte vielen heilbaren Krankheitsfällen ratlos gegenüberstehen, weil ihnen die nötigen Arzneien und Nahrungsmittel zur Hilfeleistung fehlen;

daß infolge der Unterernährung das ganze Volk von einer nervösen Erkrankung ergriffen ist, welche die Initiative lahmlegt und die moralischen Hemmungen schwächt;

daß Hunderttausende von Müttern nicht in der Lage sind, ihre rekonvaleszenten Kinder vollends gesund zu pflegen, weil sie sie nicht auffüttern

---

[93] Der Vortrag vom 3. Februar 1919 bei Gründung der „Arbeitsgemeinschaft für Politik des Rechts" ist gedruckt in den Preußischen Jahrbüchern, März-Heft 1919,

können, so daß vielfach Siechtum auf Lebenszeit zurückbleibt, daß mit einem Wort die Lebenskraft der heranwachsenden Generation an der Wurzel getroffen ist ...

> „Ich möchte die grundlegende Unterscheidung herausstellen, die bei der moralischen Beurteilung von Kriegs- und Waffenstillstandsgreueln einzuhalten notwendig ist. Die vorhandene oder eingebildete Kriegsnotwendigkeit entschuldigt nicht, aber schafft mildernde Umstände: das Zusammenraffen aller nationalen Energien zu Kampf und Sieg drückt naturgemäß Menschlichkeit und internationale Billigkeit von dem ihnen gebührenden Platz in der Hierarchie der Motive herab, aber sie haben naturgemäß in ihre Rechte zurückzutreten, sobald die Waffen ruhen. Das Kriegsunrecht wiegt schwerer, wenn es bestehen bleibt, nachdem Krieg und Kriegsnotwendigkeit vorüber sind. Die Waffenstillstandsopfer erheben vor Gott und den Menschen eine noch furchtbarere Anklage als die Opfer des Krieges."

Unsere ehemaligen Feinde geben uns heute deutlich zu verstehen, daß wir ihnen mit dem Kampf lästig fallen, den wir gegen unsere Verfemung führen. „Proprium ingenii humani est odisse quem laeseris." (Es ist eine Eigentümlichkeit des Menschengeistes, zu hassen, wen man verletzt hat.) Ich fürchte, wir müssen so lange lästig fallen, bis der Versailler Friede revidiert ist, der sich auf der Schuldlüge aufbaut – gegen sie sollte das deutsche Volk sich in gemeinsamer Front zur Wehr setzen. Es erfüllt mich mit Betrübnis und Bitterkeit, daß die Sozialdemokraten aus dieser Front ausgebrochen sind, in der sie während des Krieges so wacker gestritten haben. Fast will es scheinen, als wollten gewisse Kreise lieber ganz Deutschland vor der Geschichte schuldig sein lassen, als daß sie das alte Regime entlasten. Es ist beschämend, daß wir als Wahrheit anerkennen müssen, was E. D. Morel kurz vor seinem Tode geschrieben hat: [94]

> „Eine Gruppe der deutschen Linken scheint es für gut zu halten, das unwiderlegliche Forschungsergebnis: die Verantwortung für den Krieg muß geteilt werden, zu ignorieren oder zu bestreiten aus Besorgnis, die Anerkennung dieser Wahrheit könnte die Anklage gegen das alte Regime abschwächen ...
> „Was kann schließlich für ein Vorteil für die deutsche Linke dabei herausspringen, wenn sie durch Reden oder Schweigen der Vergangenheit gegenüber eine Haltung einnimmt, die darauf hinausläuft, die Regierung des Zaren von ihrer Hauptschuld am Kriege reinzuwaschen?"

---

unter dem Titel: Völkerbund und Rechtsfriede.
[94] E.D.Mo rel: Das Gift, das zerstört. Frankfurt a.M. S. 18.

Sechstes Kapitel

Julikrisis

Im Juni 1917 war man imstande, sich ein klares Bild von der Lage an den Fronten und besonders hinter den Fronten zu machen.

Die beiden gewaltigen Ereignisse, die russische Revolution und der Eintritt Amerikas in den Krieg hatten die Weltlage von Grund aus verwandelt.

In Rußland wurde die Katastrophe wie durch ein Wunder noch aufgehalten. In der ersten Zeit gab es zwei Regierungen, die den gleichen Anspruch auf Macht erhoben: den Dumaausschuß und den Arbeiter-und Soldatenrat. Kerenski war Vizepräsident der Sowjets und Justizminister der „Provisorischen Regierung" zugleich. Die Sowjets verdankten ihre Macht dem Schrei nach Frieden und Brot, der mit unerwarteter Stärke gleich bei Beginn der Revolution losgebrochen war. Es gelang Kerenski, die Arbeiter- und Soldatenräte immer wieder zu zügeln. Die imperialistischen Kriegsziele waren sofort mit dem alten Regime begraben worden. Aber England und Frankreich bestanden auf ihrem Pfunde Fleisch, der vereinbarten Mitwirkung an der Kampagne des Jahres. Was kümmerte die Alliierten das künftige Schicksal Rußlands? Wenn seine Armeen nur Österreich angriffen und deutsche Truppen banden.

Anfang Mai erzwingen die Alliierten eine Note Miliukows, darin von einem Kriege bis zum siegreichen Ende die Rede ist. Die erregten Massen antworten mit Riesendemonstrationen, die deutlich von Lenin und den Maximalisten gelenkt werden. Wenn auch Kerenski den Aufstand beschwört, so müssen doch Miliukow und der Kriegsminister Gutschkow bald darauf ausscheiden. Kerenski wird Kriegsminister und damit die beherrschende Figur Rußlands. Einen Separatfrieden mit Deutschland stößt auch die zweite Provisorische Regierung zurück. Aber Kerenski will die Fortsetzung des Krieges um anderer Ziele willen. Die Parole „Keine Annexionen und keine Entschädigungen" klingt immer wieder in die Welt hinaus. Die deutliche Resonanz, die sie bei den kämpfenden Völkern findet, ermutigt Kerenski. Er beschwört die Staatsmänner der Alliierten, ihre Kriegsziele herabzustimmen. Wenn das geschieht, so glaubt er an den Fortbestand der Allianz und an eine letzte siegreiche Kraftanstrengung gegen das einzig übriggebliebene „Bollwerk der Autokratie", den „preußischen Militarismus". Er ist jetzt viel an der Front, versucht die sich auflösende Zucht zu festigen und neuen Kampfwillen aufzurufen.

Wird es ihm gelingen? Die besten Sachkenner Rußlands halten es für möglich, daß die russische Armee noch einmal schlägt, sind aber überzeugt, daß dann nur um so sicherer und schneller das russische Chaos heraufgeführt werden wird.

Die unberechenbaren Verhältnisse an der Ostfront führten zur Revision des Kriegsplanes der westlichen Alliierten. Die Engländer und Franzosen waren sich nicht über die Frage einig: lohnt es sich, auf die Russen zu warten, oder nicht? Die Franzosen wollten gleich losschlagen, die Engländer erst, wenn die Russen bereit sein würden, ihren Teil der Generaloffensive zu leisten. Am 13. März 1917 hatte ein Kriegsrat in London zwischen Nivelle und Haig stattgefunden. Die Franzosen setzten ihren Standpunkt durch, wie Haeften am 3. April der Obersten Heeresleitung mitteilen konnte. Die Offensive in der Champagne wurde beschlossen, unser Rückzug an der Ancre mag die Entscheidung zugunsten des französischen Planes gebracht haben.

General Ludendorff hatte ursprünglich gezögert, die zur Erleichterung der Defensive erforderliche Verkürzung der Front vorzunehmen. Er besorgte eine Ermutigung des Feindes. Haeften hatte sich dem General gegenüber stark gemacht, über die neutralen Korrespondenten die Suggestion in das feindliche Ausland zu werfen: hinter einem deutschen Rückzug steckten unheimliche Pläne Hindenburgs. Haeften hatte sein Versprechen wahr gemacht: Laut englischen Quellen befürchtete der französische Generalstab, nachdem unser Rückzug tatsächlich geglückt war, eine reißende Offensive gegen Soissons. Den alliierten Heerführern wurde in der Öffentlichkeit Mangel an Wachsamkeit vorgeworfen, weil sie Hindenburgs „Erfolg" nicht verhindert hatten.

Für die Offensive Nivelles wurde im voraus gewaltig die Trommel gerührt. Man übertrieb seine Erfolge bei Douaumont ins Sinnlose und pries ihn als neuen Napoleon. England beteiligte sich nur zum Teil an der Reklame.

Der Streit über die strategische Grundfrage: Ist ein Sieg im Westen mit den vorhandenen Mitteln möglich? hatte in England vor dem Beginn der Offensive eine sensationelle Wendung genommen. Haig hatte den „östlich" gerichteten Skeptikern öffentlich Trotz geboten: „Sie fragen mich, ob wir die deutsche Front durchbrechen werden," so hatte er einem französischen Journalisten gesagt, „natürlich, und scharf, an vielen Stellen. Wir werden ohne Unterlaß zuschlagen, bis die deutschen Armeen vernichtet sind." Er hatte auf die Kavalleriemassen hingewiesen, die zur Verfolgung des geschlagenen Feindes bereitstünden. Da war Churchill, der „Amateurstratege"[95] gegen Haig aufgetreten: Die Kavalleriemassen im Westen verschluckten mehr Tonnageraum als die Saloniki-Expedition und seien hinter der englisch-französischen Front ebenso überflüssig im Jahre 1917 wie im Jahre 1916. Der Sieg an der Westfront sei zweifelhaft. „Gehirn spart Blut."

Die Mitte April begonnene Offensive führte zu einer furchtbaren Menschenschlächterei. Die Erfolge standen in keinem Verhältnis zu den Verlusten. Nivelle wurde am 17.Mai 1917 seines Postens enthoben, Pétain wurde sein Nachfolger. Er galt als der Kunktator. Sein Programm war bekannt: er will nichts Entscheidendes unternehmen, bis Amerikas Hilfe da ist und eine überwältigende Überlegenheit an Material und Menschen sichergestellt hat. Bis dahin soll nur mit begrenzten kleinen Offensiven gearbeitet werden. – Frankreichs Armee und Volk erlebten die schwerste moralische Erschütterung während des Krieges. Es kam zu Meutereien und Erschießungen, deren Umfang uns damals nicht bekannt geworden ist.

---

[95] Das Ansehen der „Amateurstrategie" war in England im Wachsen. Der Bericht, den eine vom Parlament eingesetzte Kommission im März 1917 über den Mißerfolg der Dardanellen-Expedition erstattete, führte nicht zu einer Verurteilung des Churchill zugeschriebenen Planes. Vielmehr ergab sich: 1. Der Gedanke war gesund, die Türkei als den schwächsten der feindlichen Bundesgenossen zu treffen und die Hoffnungen Deutschlands auf Expansion im Osten zunichte zu machen. 2. Der Augenblick war richtig, denn die russische Regierung erbat dringend Hilfe für ihre im Kaukasus bedrängten Truppen. 3. Der Plan konnte gelingen, aber Kitchener erklärte, es seien nicht so viel Truppen verfügbar, als nötig waren, um den Erfolg zu bringen. 4. Die Kommission kommt zu dem Schluß, daß die Truppen sehr wohl verfügbar gewesen wären.

Der Kriegsminister Painlevé gab der allgemeinen Erbitterung in der Kammer Ausdruck: Frankreich darf sich nicht einem Scheiterhaufen gleich selbst verzehren und die Welt erleuchten.

Der Stimmungssturz ist so tief, daß die französischen Sozialisten es wagen können, einer Anregung aus Petersburg zu entsprechen und für Elsaß-Lothringen die Volksabstimmung zu fordern. Die öffentlichen Beruhigungsreden nehmen kein Ende: das dritte Wort ist immer Amerika. Man fragt sich: Würde der französische Kriegswille den Zusammenbruch der Nivelleschen Offensive überleben, wenn ihn nicht die Hoffnung auf die Vereinigten Staaten aufrecht erhielte?

In England halten es die „östlich" gerichteten Kriegspolitiker für an der Zeit, zum Generalangriff gegen die Durchbruchsstrategie überzugehen – das liberale Kriegskomitee setzt eine geheime Sitzung durch; Churchill scheint die treibende Kraft zu sein. Hinter der Tagesordnung: „Mannschaftsersatz" verbirgt sich deutlich der Plan, die Politik des Generalstabs einer Kritik zu unterziehen, die bis auf die Fundamente reicht. Selbst in der Öffentlichkeit wird der Generalstab in die Defensive gedrängt. Um ihn zu entlasten, deutet Repington auf Geheimpapiere aus dieser „tragischen" Zeit, die beweisen, daß der französische Generalstab dem Rat des englischen zuwidergehandelt hat. Repington räumt eine entscheidende Position. Er gibt seinen Gegnern zu, daß die Alliierten den großen Schlag vertagen müssen, bis sie ihn mit überwältigender Überlegenheit führen können, aber er entwertet diese Konzession durch die Forderung: England und Amerika haben diese Übermacht noch in diesem Jahr herzustellen. 200 000 amerikanische Rekruten will er bis zum Herbst an der französischen Front haben: Frankreich könne nicht bis zum nächsten Jahr warten. Es habe sein letzten Reserven im Feld.

Die Antwort kommt aus der liberalen Presse mit aller Deutlichkeit zurück: England und Amerika können und dürfen die Forderung des Generalstabs nicht erfüllen. Amerika muß sich in diesem Jahre auf die einzig rettende Aufgabe konzentrieren: die Deblockierung Englands. Keine Kraftanstrengung – so heißt es mit fühlbarer Eifersucht – zugunsten der amerikanischen Flotte und Armee, solange der englische Schiffsraum in tödlicher Gefahr ist. Ebensowenig kann England den verlangten Mannschaftsersatz aufbringen, ehe es die Bedürfnisse der Landwirtschaft und des Schiffbaues befriedigt und die U-Bootgefahr gemeistert hat.

Daran kann kein Zweifel sein: sie ist noch nicht überstanden. „Die deutschen Versenkungsziffern sind annähernd wahr," so erklärt im Unterhaus am 24. April 1917 ein Führer der englischen Opposition, Runciman, hinter dem starke Schiffahrtsinteressen stehen. Allenthalben wird der Ton ernsthafter Sorge laut, nicht nur auf den Bänken der Opposition, auch am Regierungstisch, besonders aber unter den Sachverständigen, die in der Presse schreiben. Sie warnen vor einer Herabminderung der Vitalität der arbeitenden Klassen, sie sprechen von drohendem ernsten Mangel und beschimpfen die „indolente" Regierung, die 5 Minuten vor 12 die Warnungen noch nicht beherzigen wolle.

Aber die Männer, die Alarm schlagen, weisen gleichzeitig auf Abwehrmittel hin, an deren Erfolg sie glauben, und die man unmöglich schon als Maßnahmen der äußersten Not bezeichnen kann. Im Gegenteil: sie sind milde, gemessen an dem Zwang, unter dem das deutsche Wirtschaftsleben steht. Wenn in Wahrheit der U-Bootkrieg für England die Niederlage bis zum Juli herbeiführen würde, so wäre die Nichtanwendung der vorgeschlagenen Heilmittel ein verbrecherischer Leichtsinn gewesen, für den es in der englischen Geschichte keine Parallele gibt.[96]

---

[96] Lord Devenport kündigt am 25. April 1917 eine „Enthaltsamkeitspropaganda" an mit Hilfe von Zeitungen, Schule und Kirche. Er fordert freiwillige Beschränkung des Brotverbrauchs auf vier Pfund die Woche; des Zuckerverbrauchs auf ein halbes Pfund die Woche. Die kämpfende Truppe wird nicht in ihren Rationen gekürzt, aber die Heeresleitung willigt in eine Herabsetzung der Ration für die 70–100 000 Mann, die außerhalb Englands mit Bureauarbeit und ähnlichem beschäftigt sind.
Die „Westminster Gazette" fordert dagegen Zwangsmaßregeln:
a) Verbot des Gebrauchs von Zerealien zur Herstellung von Getränken;
b) Allgemeine Streckung des Weizenmehls;
c) Höchstpreise für Brot;
d) Regierungskontrolle der Brotherstellung vom Korn bis zum fertigen Brot usw.
Auch die „Times" fordert Zwangsrationierung.
Der Sachverständige Archibald Hurd verlangt, daß die Armee die Tausende von gelernten Schiffarbeitern von der Front freigibt, damit sie für den beschleunigten Bau von Schiffen verfügbar werden.

Eines steht freilich fest: Amerika kann in diesem Jahre sein materielles Schwergewicht nicht in die Wagschale werfen; weder kann es England deblockieren, noch die 200000 Mann im Herbst bereitstellen, die Repington fordert. Die amerikanische Kriegsmaschine kommt mit ungeheurem Spektakel in Gang, aber in sehr langsamem Tempo, da das amerikanische Ansehen es zu fordern scheint, nicht aus den Fehlern der Alliierten zu lernen, sondern eigene schlechte Erfahrungen zu machen. An dem Ernst des Kriegswillens allerdings ist nicht zu zweifeln.[97]

Die große Unterstützung, die Amerika in diesem Jahre den Alliierten liefert, ist moralischer Art. Es gelingt dem Präsidenten Wilson, den erlöschenden Kriegsidealismus der alliierten Völker wieder zu beleben. Die

---

[97] „Manchester Guadian, History of War", VI. Band, S. 293, schreibt über die amerikanische Hilfe:
Schiffe und Truppen waren nicht sofort verfügbar, wohl aber Finanzhilfe. Am 11. April wird eine Sieben-Milliarden-Dollar-Anleihe aufgelegt, deren Ertrag einer britischen und französischen Mission förmlich übergeben wird zur Verteilung an die verschiedenen Alliierten.
Die deutschen, in amerikanischen Häfen internierten Schiffe, deren Tonnage einer monatlichen Versenkung durch deutsche U-Boote gleichkam, werden den Alliierten zur Verfügung gestellt. Ferner wird ein Schiffsamt eingerichtet mit Vollmachten, neuen Schiffsraum zu bauen, zu kaufen, zu pachten. Der Bau soll „standardisiert" werden; zum Oktober werden die ersten Stapelläufe erwartet.
Die allgemeine Wehrpflicht wird eingeführt, ohne das Zwischenstadium des Aufrufs von Freiwilligen. Für den Dienst außerhalb des Landes sollten zunächst nur diejenigen verwendet werden, die sich freiwillig meldeten, aber im Notfall konnte der Präsident auch zu Zwang greifen.
4. Wilson versucht zunächst sämtliche noch neutralen Staaten durch sein Beispiel in den Krieg gegen Deutschland zu ziehen. Das gelang nur bei einigen und allmählich; aber Amerika schloß sich den Maßnahmen Englands zur Unterdrückung des Handels der Neutralen mit Deutschland an und war womöglich noch rücksichtsloser in den Blockademaßnahmen auch gegen die nichtkombattante Bevölkerung. Die Blockade sollte jetzt sowohl „luftdicht wie wasserdicht" gemacht werden.
5. Der Kongreß überträgt dem Präsidenten fast unbeschränkte diktatorische Macht, insbesondere über Erzeugung, Verteilung und Verbrauch von Nahrungsmitteln; über Eisenbahnen, Schiffahrt und Bergwerke; über Rohstoffe und alle wesentlichen Industrien; über Lieferung von Geld und Kriegsmaterial für die europäischen Alliierten. Selbst die öffentliche Meinung wurde – wenn auch eine Zensur, wie in England, vom Kongreß abgelehnt wurde – durch eine Reihe von Vollmachten des Generalpostmeisters drastisch kontrolliert.

russische Revolution hat einen ungeheuren Eindruck auf das amerikanische Volk gemacht. Wilson nimmt die Parole Kerenskis auf und predigt einen Kreuzzug für die Demokratie. Seine Botschaft feuert das zu Tode erschöpfte Rußland zu einer letzten Kraftanstrengung an und öffnet die englische Arbeiterschaft aufs neue der Kriegspropaganda, gegen die sie sich gerade zu sperren begann.

Für uns aber wird die gefährlichste Wirkung das Aufhorchen des deutschen Volkes. Solange unsere Kriegstüchtigkeit in stets erneuten Siegen sich als überlegen erwies, waren die Parteien der Linken bereit, die als notwendig erkannte Reform unseres staatlichen Lebens bis nach dem Kriege zu vertagen. Im Mai soll zwar das Auswärtige Amt noch die Illusion gehabt haben, im Juli würden die Friedensverhandlungen beginnen. In der Öffentlichkeit aber meldet sich der Pessimismus. Wohin man hört, heißt es: England wird nicht klein beigeben, wie die Marine uns zugesagt hat. Das Mißtrauen gegen die leitenden Männer der Regierung wird zu einer harten Kritik an unserem System. So fallen die Lockrufe der westlichen Demokratien auf einen fruchtbaren Boden. Immer fester scheint sich der demokratische Ring um das „reaktionäre Deutschland" zu schließen. Das Volk fährt erschrocken auf in einem verstärkten Gefühl der Vereinsamung.

Mir war es klar, daß wir einer schweren Krisis entgegengingen. Wie können wir sie überstehen? Die objektiven Grundlagen für eine ruhige Auffassung der Lage waren gegeben; denn unsere Pessimisten hatten zwar recht gehabt, wenn sie den Versprechungen der Marine mißtrauten; aber sie hatten nicht in Rechnung gestellt, daß auch die Feinde verhängnisvolle Fehler machen konnten: den alliierten Völkern war ebenfalls Sieg und Friede nach einer letzten Höchstleistung versprochen worden. England und Frankreich waren in der Tat nach dem Zusammenbruch der Nivelle-Offensive nicht sehr weit von einer moralischen Katastrophe.

Ich sah deutlich, daß der Krieg in diesem Jahre – da wir ebenso wie die Alliierten die Aussicht auf einen raschen Sieg verloren hatten – zu einer Kraftprobe der Nerven geworden war. Derjenige Staatsmann würde sein Volk heil durch die Krisis hindurchführen, der der beste Psychologe wäre.

Daraus ergab sich: die Regierung sollte sich umgehend eine neue Vertrauensgrundlage schaffen. Das konnte nur geschehen, wenn die „Neuorientierung" aus einem Schlagwort zu einer Wirklichkeit wurde. Ich sah damals in der Reform des preußischen Wahlrechts das wirksame und genügende Heilmittel.

Anfang Juli schrieb ich an Haeften:

„Salem, Baden, 7. Juli 1917.
„Mein lieber Oberstleutnant v. Haeften!
„Nach unserer Begegnung im März d. J. glaube ich ein, wenn auch bescheidenes Anrecht darauf zu haben, Ihnen die folgenden kurzen Ausführungen zu senden, in der Gewißheit, daß Sie dieselben so nehmen werden wie meine damaligen Äußerungen, nicht als der Zudringlichkeit, sondern der Hilfsbereitschaft entspringend.

„Die innere Lage, von der äußeren beeinflußt, scheint mir folgende zu sein: eine wachsende Kriegsmüdigkeit in allen Kreisen, eine starke Gärung in der ärmeren Bevölkerung, namentlich der arbeitenden Klassen, genährt durch die Suggestion der westlichen und amerikanischen Demokratien und deren Agenten, und stark beeindruckt durch die Ereignisse in Rußland. Von diesen Erscheinungen sind die süddeutschen Staaten wohl am wenigsten, Preußen sicherlich am unerfreulichsten berührt. In den großen Städten und Industriegebieten spielt die Ernährungsschwierigkeit dabei eine besondere Rolle. Eine weitere Rolle spielt der U-Bootkrieg, und zwar deshalb, weil die Bevölkerung große Hoffnungen auf eine schnelle, entscheidende Wirkung dieser Waffe gesetzt hat und sich nun zu fragen anfängt: Sind wir getäuscht worden? Auf Herbst dieses Jahres erwarteten weiteste Schichten unseres Volkes Friedensaussichten. Eine große Hindenburgsche Offensive, mit der die meisten rechneten, ist ausgeblieben und kann ja auch nicht erwartet werden.

„Von allen Seiten sagen unsere Feinde unserem Volk: Ihr könnt Frieden haben, wenn ihr demokratisiert worden seid, vorher aber nicht. Dieses infame Wort wird geglaubt und jedenfalls von der Sozialdemokratie verwertet. Es fällt auf fruchtbaren Boden, weil die Reichsleitung kein Vertrauen genießt, und speziell in Preußen, weil von dort aus das Wort Neuorientierung bis jetzt nur als ein Versprechen in die Welt gesetzt worden ist.

„Wir stehen also vor folgender Erwägung und Fragestellung: Können wir den Krieg fortsetzen, ohne innere, schwere, die Einigkeit schädigende, die Munitionserzeugung gefährdende Unruhen befürchten zu müssen, wenn wir dem Wunsche des Volkes nach sogenannter Demokratisierung nicht sofort entgegenkommen? Ich hasse dieses Wort Demokratisierung ... Man müßte ein deutsches Wort erfinden, das die Mitarbeit weitester Volkskreise am Leben des Staates bezeichnete. Das haben wir in Süddeutschland schon, und, wie wir jetzt sehen, nicht zu unserem Schaden. Ich glaube, daß es höchste Zeit ist, daß dies in Preußen auch entsteht.

„Preußen hat den unverbesserlichen Fehler begangen, nicht schon vor dem Krieg sein Wahlrecht zu ändern, dann stände vieles ganz anders.

„Ich war kein Freund der Osterbotschaft[98] weil sie nur ein Versprechen war.

„Mein Programm wäre jetzt: sofortige Realisierung der Osterbotschaft durch eine, wenn noch möglich, freie Tat des Kaisers. Diese Realisierung muß in erster Linie das Wahlrecht Preußens treffen, denn auf dieses konzentriert sich der Haß der Mehrheit des preußischen und deutschen Volkes. Ich bin ein Gegner des allgemeinen, gleichen, heimlichen Wahlrechts, weil ich es als eine Unwahrhaftigkeit ansehe. Wenn es noch möglich ist, was ich leider bezweifeln muß, sollte man ein anderes einführen, ein Proportional- oder nicht auf Besitz aufgebautes Pluralwahlrecht. Die preußische Regierung muß es selbst einbringen und durchfechten, und zwar sofort. Ferner müßten liberal denkende Männer in die preußische Regierung und Verwaltung berufen werden. So allein glaube ich, daß wir ohne Schaden der Notwendigkeit eines vierten [Kriegs-]Winters ins Auge sehen können.

„Man sagt, die Oberste Heeresleitung, besonders General Ludendorff, sei dagegen. Man sagt, der Reichskanzler könne diesen Widerstand nicht überwinden. Ist die Oberste Heeresleitung eines baldigen Sieges sicher, so hat sie recht, sonst nicht. ...

„Ich habe in der kurzen Zeit unseres Gegenüberstehens volles Vertrauen zu Ihrem Urteil und zu Ihrer menschlichen unbedingten Zuverlässigkeit gewonnen. Deshalb wage ich es, an Sie die Frage zu stellen: Kann ich in dieser Sache etwas tun und sind Sie geneigt und imstande, mich auf der bezeichneten Linie zu unterstützen?

„Wenn dem so ist, so schreiben Sie mir, bitte, nach Karlsruhe zwei Zeilen, aus denen ich Ihre Meinung erkennen kann. Da ich aber weiß, wie sehr Sie in Anspruch genommen sind, möchte ich Sie bitten, nur in Schlagworten zu antworten. Ich werde Sie schon verstehen: Kriegslage, Friedensaussichten, Dauermöglichkeit unseres Aushaltens, Umfang der Gärung und der möglichen Unruhen; persönliche Stellung des Kanzlers und Ludendorffs zu der Realisierung der Osterbotschaft.

„Ich verlange viel, ich weiß es, es steht Ihnen aber vollkommen frei, mir einfach zu sagen, daß ich hier nichts tun kann oder sollte, wenn Sie meinen, daß mein Weg falsch ist oder die Lage meine Mitwirkung ausschließt.

„Mit einem sehr freundlichen Gruß bin ich stets Ihr sehr ergebener
Max, Prinz von Baden."

Mein Brief fiel auf fruchtbaren Boden. Die Antwort, die ich erhielt, ermutigte mich, nach Berlin zu reisen. Ich wußte damals noch nicht, daß die von mir empfohlenen Maßnahmen tastend und zögernd erscheinen mußten gegenüber der Reform, die Haeften seit Wochen betrieb. Er hielt längst den Zeitpunkt für vorüber, an dem noch von dem gleichen, allgemeinen und geheimen Wahlrecht etwas abgehandelt werden könnte.

---

[98] Vom 7. April 1917.

Haeften leiteten keine parteipolitischen Erwägungen. Er kannte nur das Ziel: die deutsche Widerstandskraft zu stärken, die feindliche zu schwächen. Die Fortschritte im Innern forderte er im Interesse der Kriegführung.

Anfang Juli war ein Manifest von zehn bedeutenden Gelehrten, meist konservativ gerichteten Männern, in der Presse erschienen, das die Einführung des allgemeinen, gleichen, geheimen und direkten Wahlrechts für ein Gebot der Stunde erklärte. Der „Vorwärts" sprach von der Kundgebung der „zehn Aufrechten". Hans Delbrück war der Verfasser.

Im letzten Augenblick wäre beinahe die ganze Aktion gescheitert, weil mehrere der Unterzeichner Gewissensbedenken bekamen, ob nicht die Oberste Heeresleitung sich durch diese öffentliche Forderung peinlich berührt fühlen könnte. Da war es Haeften, der auf eigene Verantwortung, ohne vorherige Rückfrage bei seinem Chef, den Herren die Garantie der Resonanz im Hauptquartier vermittelte.

Tatsächlich ging er noch weiter in dem, was er für geboten hielt; die Wahlreform schien ihm notwendig, aber nicht hinreichend. Um die Kriegskraft des deutschen Volkes zu ihrem letzten Einsatz zu bringen, sah er nur den Weg, die Volksvertretung an der Verantwortung zu beteiligen.

Am 8. Juni hatte Haeften seinem Chef einen sehr ernsten Vortrag gehalten:

Ein neuer Kriegswinter nach der großen Enttäuschung werde kaum durchzuhalten sein – das sage jeder, der den Kohlrübenwinter erlebt hat. Dann sprach er von der Notwendigkeit, einen Verständigungsfrieden zu suchen. Ludendorff fragte: Wie solle der kommen? Haeften: Nur über England – dort ist der Angelpunkt. Paris ist unversöhnlich. Und dann entwickelte Haeften den Gedanken der politischen Offensive gegen die englische Heimatfront. Ludendorff hörte aufmerksam zu – am Schlusse war er gepackt. Nun erklärte Haeften: Diese Aktion setzt eine Umbildung der Regierung voraus. Eine starke Volksbewegung muß hinter den Kanzler gebracht werden. Er regte die Bildung eines Ministeriums der inneren Sammlung an mit einer breiten Front von rechts bis links: führende Persönlichkeiten des öffentlichen Lebens, ausgesucht nach ihrer Tüchtigkeit, ohne Rücksicht auf Partei und Konfession, sollten ihr angehören. Von geeigneten Parlamentariern nannte er unter anderen Graf Westarp, Naumann, Ebert oder David. Der Feldmarschall und General Ludendorff hörten diese Vorschläge mit deutlichen Zeichen ihrer grundsätzlichen Zustimmung an.

Nicht viel später wurden ähnliche Erwägungen in der Umgebung des Kaisers angestellt. Man glaubte auch dort, die Position der Reichsregierung durch die Aufnahme von Parlamentariern stärken zu können, nach innen wie nach außen. Der Kanzler beauftragte Payer, Vorverhandlungen einzuleiten. Leider blieben alle diese guten, vorbeugenden Pläne in den ersten Ansätzen stecken. Unsere Regierungsmaschine war wie gelähmt. Die Ursache – so hörte ich später – war die Entfremdung zwischen dem General Ludendorff und Herrn v. Bethmann. Man mißtraute einander, ja man orientierte sich nicht einmal mehr. Es waren weniger sachliche Gegensätze, die die beiden Männer trennten; vielmehr könnte man sagen, daß die Persönliche Gegnerschaft eine unsachliche Stellungnahme verursachte. Die Frage der Wahlrechtsreform und der Heranziehung von Parlamentariern hätte eine raschere Erledigung finden können, wenn nicht die Oberste Heeresleitung gefürchtet hätte, durch eine Einigung mit Bethmann über diese großen Fragen seinen Abgang zu verzögern, den sie für eine Staatsnotwendigkeit hielt. Der General Ludendorff glaubte, daß nur eine Kampfnatur die öffentliche Meinung und das Parlament meistern könnte. Und im Grunde – so meinten seine Freunde – verlangte der General nach einem Kanzler, der auch ihn meistern könnte. Tiefgehende Temperamentsunterschiede lagen zwischen dem Denker Bethmann und dem Tatmenschen Ludendorff; keiner verstand die Sprache des anderen. Es war, als ob die unselige Spaltung im deutschen Wesen, auf der unser Versagen in der Geschichte so häufig beruht, sich in diesen beiden Männern in tragischer Weise verkörpert hätte. Anfang Juli schien ein Kompromiß im Bereich der Möglichkeit, falls der Kanzler sich von Zimmermann, vor allem aber von Helfferich trennte, den damals die Oberste Heeresleitung als Bethmanns bösen Geist ansah. Von Solf angeregt sollte eine Aussprache von Mann zu Mann herbeigeführt werden. Bethmann konnte kein Vertrauen mehr aufbringen und versagte sich.[99]

---

[99] Eine interessante Parallele ist das Verhältnis von Bismarck und Moltke im Kriege 1870/71, vgl. Oncken, Großherzog Friedrich von Baden und die deutsche

So geschah nichts, und der Sturm brach los, als der Reichstag zusammentrat und Erzberger frisch und tatendurstig von Wien eintraf, aber getränkt mit dem Pessimismus, der dort herrschte.

Am 11. wurde die Julibotschaft des Kaisers veröffentlicht, die das allgemeine, gleiche und direkte Wahlrecht dem Volke verhieß. Bethmann Hollweg trat am 13. Juli zurück.[100]

Als ich an diesem Tage in Berlin eintraf, fand ich eine geradezu hysterische Erregung vor, die durch die Hundstagshitze noch gesteigert wurde.

Die widerspruchvollsten Nachrichten wurden noch am Abend an mich herangebracht: Bethmann ist entlassen worden, weil er im Begriff stand, sich dem kaudinischen Joch der Friedensresolution zu beugen – so sagten die einen; die anderen behaupteten mit gleicher Bestimmtheit: Erzberger hat ihn beseitigt, weil er die Resolution nicht annehmen wollte.

In Wahrheit mußte er gehen, weil die Oberste Heeresleitung und einzelne Parlamentarier ihn stürzen wollten und die Sozialdemokraten ihn nicht mehr hielten. Aus den verworrenen Gerüchten löste ich im Laufe der nächsten Tage die folgenden Informationen heraus:

Am 5. Juli hatte Scheidemann sehr scharf gegen die Entschlußlosigkeit Bethmanns gesprochen. Tags darauf erfolgte der Vorstoß Erzbergers[101] im Hauptausschuß ohne jede Warnung. Er bestritt der Marine ihre Rechnung, erklärte, kein Vertrauen mehr zum Staatssekretär der Marine, Capelle, zu haben, und schloß mit der Forderung, die Regierung solle sich zu einem reinen Verteidigungskrieg bekennen und von Eroberungsabsichten lossagen. Der Enttäuschung über den U-Bootkrieg und der Sorge um Österreichs Durchhaltekraft gab er hemmungslosen Ausdruck. Im Anschluß an diese Sitzung wurden auf Naumanns Antrag interfraktionelle Besprechungen eingeleitet zwischen Vertretern der drei Parteien: Zentrum, Sozialdemokratie und Fortschrittliche Volkspartei. Es kam zur Einigung in der inneren und äußeren Politik auf der folgenden Grundlage: allgemeines,

---

Politik von 1854 bis 1871, II. Band, S. 293ff., 305f., 313ff., 327f. Über Moltkes Stellung zur Politik („ich habe mich nur um militärische Dinge zu kümmern") vgl. ebenda 300ff.

[100] Die Bekanntmachung erschien erst am 14. Juli 1917.

[101] Vgl. M. Erzberger, Erlebnisse im Weltkrieg, Stuttgart und Berlin 1920, S. 255 ff., ferner C. Hautzmann, Schlaglichter, Frankfurt a. M. 1924, S. 95 ff.

gleiches, geheimes Wahlrecht für Preußen, keine Zwangsannexionen und keine Entschädigungen. Der Entschluß zur Friedensresolution wurde gefaßt.

Die Oberste Heeresleitung war empört darüber, wie Bethmann die Krisis behandelte. Als der Wunsch im Interfraktionellen Ausschuß laut geworden war, die beiden Heerführer zu hören, waren sie bereitwillig nach Berlin gereist und vertrauten darauf, daß sie durch ihre Darlegung der Kriegslage die Abgeordneten beruhigen, zum mindesten sie von der Notwendigkeit überzeugen könnten, die gegenwärtigen Kampfhandlungen nicht durch Nervosität zu stören. Die Generale wurden nur zu einem militärischen Vortrag beim Kaiser zugelassen. Die vorgesehene Aussprache mit den Parteiführern wurde als politische Betätigung angesehen und verwehrt. Nach Spa zurückgekehrt, hörten sie, daß der Kanzler die Friedensresolution anzunehmen gedenke; jetzt gingen sie zum offenen Kampf über und stellten dem Kaiser die Kabinettsfrage: Bethmann oder wir.

Zunächst schien es, als wollte der Kaiser dieser Drohung gegenüber fest bleiben. Er hätte wohl zum mindesten den Feldmarschall dazu bewegen können, seine Demission zurückzuziehen und mit Bethmann weiterzuarbeiten. Der Herzog von Braunschweig setzte sich für Herrn v. Bethmann ein. Er hielt es für leichtfertig, einen Kanzlerwechsel vorzunehmen, ohne den rechten Nachfolger in Bereitschaft zu haben. Auch schien ihm Herr v. Bethmann zu diesem Zeitpunkt der geeignete Mann, um die Sozialdemokraten beim Kriege zu halten und das Programm der Neuorientierung in die Tat umzusetzen, ohne daß Erschütterungen den Staat gefährdeten.[102]

Da fanden die Unterredungen des Kronprinzen mit besonders ausgewählten Vertretern der parlamentarischen Parteien statt:[103] Erzberger und Stresemann hielten den Kanzlerwechsel für unbedingt erforderlich und konnten sich auf Beschlüsse ihrer Parteien berufen. Herr v.Payer warnte vor dem Sprung ins Dunkle. Mit besonderer Sorgfalt wurde erkundet: ist für die Sozialdemokraten Herr v. Bethmann noch der Mann ihres Vertrauens? Aus der Antwort, die der Abgeordnete David gab, mußte der

---

[102] Tatsächlich hatte Bethmann kurz vor seiner Entlassung die Wahlrechtsreform einen Schritt weitergeführt durch den Erlaß vom 11. Juli 1917.

Kronprinz schließen, daß die Sozialdemokraten zwar den Kanzler keineswegs stürzen wollten, ihn aber auch nicht für unentbehrlich hielten. Er informierte pflichtgemäß seinen Vater, und so trennte sich Seine Majestät von seinem ersten Berater, der sein volles Vertrauen besaß.

Ich habe in den nächsten Tagen viele Menschen gesehen: Diplomaten, Soldaten, Parlamentarier. Ein Höflichkeitsbesuch des Generalfeldmarschalls in meinem Hotel hatte die öffentliche Aufmerksamkeit auf mich gelenkt. Kombinationen knüpften sich an meinen Namen, die jeder Grundlage entbehrten, und ich erhielt mehr Besuche, als mir lieb war. Wohin ich hörte, wurde von Herrn v. Bethmanns Entlassung mit Erleichterung gesprochen.

Gleich damals war ich anderer Meinung; im Lichte der späteren Ereignisse bin ich zu der Auffassung gekommen, daß Bethmanns Sturz eine nationale Katastrophe war. Ich bin nicht blind gegen seine Schwächen; ich weiß, daß die verhängnisvollen Entscheidungen, die gegen seine bessere Einsicht erzwungen wurden, vor der Geschichte Anklage erheben werden – weniger gegen die militärischen Widerstände, die ihm entgegen waren, als gegen den staatsmännischen Willen, der nicht stark genug war, sie zu brechen. Bethmann Hollweg hätte der öffentlichen Meinung Herr werden können, wenn die Oberste Heeresleitung ihn gestützt hätte – und der Obersten Heeresleitung gegenüber hätte er sich durchgesetzt, wenn er einen Rückhalt in der öffentlichen Meinung gehabt hätte. So aber mußte er nach zwei Fronten kämpfen. Auch diese Aufgabe wäre vielleicht noch in seinem Bereich gewesen, wenn seine Mitarbeiter ihn mit Vertrauen auf seine eigene Linie erfüllt hätten. Sie aber waren häufig voller Skepsis, und die ihm innewohnende „Krankheit des Zweifels" lähmte dann vollends seine Entschlußkraft. Ich habe ein tragisches Dokument in meinem Besitz, das Zeugnis ablegt für seine Vereinsamung, die er auch während der Kanzlerschaft gefühlt haben muß. Es ist ein Brief aus dem Dezember desselben Jahres. Man hört deutlich die Klage heraus: warum hatte ich so wenig Bundesgenossen! An ihnen hat es ihm wahrlich gefehlt; sie befähigen häufig einen Menschen, über sich selbst hinauszuwachsen. Nach Jagows Abgang fand Bethmann für seine ethisch orientierte Außenpolitik

---

[103] Vgl. das Protokoll dieser Besprechungen: Ludendorff, Urkunden, S. 408 ff.

spontanes Verständnis eigentlich nur bei dem treuen Stab seiner näheren Mitarbeiter in der Reichskanzlei, unter den Staatssekretären nur bei Solf. Wo waren die mächtigen Helfer im öffentlichen Leben, die den leidenschaftlichen Patrioten ebenbürtig waren, die gegen ihn standen? Im Parlament hielten eigentlich nur Payer und Haußmann treu zu ihm. Aber der Haß der Rechten kümmerte ihn mehr, als ihn die Sympathie der Demokraten freute.

Ich glaube heute, daß die Freunde Herrn v. Bethmanns recht haben, wenn sie sagen: die Bildung der parlamentarischen Majorität auf der Basis des Verständigungsfriedens hätte ihm die ersehnten Machtmittel in die Hand gegeben, um sich und sein Programm durchzusetzen.

Auf die Frage, die ich häufig an meine Besucher richtete: Was sie denn an Herrn v. Bethmanns Sturz so glücklich mache? bekam ich meist allgemeine Redensarten zu hören, wie: Endlich klare Verhältnisse! Es stellte sich aber heraus, daß die Herren über die nächste Zukunft noch gänzlich im unklaren waren; zum mindesten wußten viele nicht, wen sie sich als Nachfolger Bethmann Hollwegs wünschen sollten. Die Oberste Heeresleitung war meines Wissens der Personenfrage nicht ernstlich nähergetreten. Einzelne Parlamentarier, wie Erzberger und Stresemann, arbeiteten für Bülow, gegen den damals unüberwindliche Widerstände beim Kaiser vorlagen. Der Interfraktionelle Ausschuß hatte keinen eigenen Kandidaten. Hinter dem Sturz Herrn v. Bethmanns stand fahriges Denken und fahriges Handeln. Man zeigte parlamentarischen Machtwillen, man klirrte mit dem Säbel, führte die schwerste innerpolitische Krise herauf seit der Gründung des Reiches und rechnete im Grunde darauf, daß von oben schon ein Ausweg gefunden würde.

Ich habe noch in letzter Stunde mich bemüht, Stimmung gegen die Friedensresolution zu machen, obgleich ich von zwei vergeblichen Versuchen wußte, die bereits von Haeften und seinem Kreis ausgegangen waren. Haeften hatte David beschworen, für die Vertagung der Friedensresolution zu arbeiten. Er hatte ihm beruhigende Versicherungen gegeben über die Haltung der Obersten Heeresleitung zum Verständigungsfrieden und zur Zusammenarbeit mit Parlamentariern – Versicherungen, die er nicht nur ehrlich meinte, sondern deren tatsächliche Grundlagen im Hauptquartier gegeben waren. Er hatte ihn auf die Kriegslage hingewiesen, besonders auf das schwere Ringen bei Luck. Jetzt sei es nicht an der Zeit, Dokumente des Verzagens in die Öffentlichkeit zu bringen. „Ihr könnt dreist eure innere Krisis machen, aber nur kein Wort, das die militärische Kampfkraft schwächt. Wir müssen im gegenseitigen Einverständnis auf den Herbstfrieden hinarbeiten. Gelingt das nicht – dann bleibt immer noch die Friedensresolution."

Aber Haeften hatte tauben Ohren gepredigt.

Ebensowenig gelang es, den Sozialdemokraten einen neuen Weg zu zeigen, wie sie das Programm des Verständigungsfriedens wirksam in die Öffentlichkeit bringen konnten, ohne gleichzeitig den Eindruck deutscher Mutlosigkeit zu vermitteln: Zwingt den Kanzler, endlich die Erklärung über Belgien unzweideutig abzugeben. Auf diesen Rat erfolgte die überraschende Antwort: Dann bricht die wichtigste Errungenschaft in der parlamentarischen Geschichte Deutschlands, die neugewonnene Majorität auseinander; wenn wir das Zentrum halten wollen, dürfen wir die belgische Frage nicht anrühren.

Ich traf den Abgeordneten Erzberger zufällig in der Stadt und richtete die Frage an ihn: „Die Friedensresolution haben Sie gemacht in Verbindung mit Rom?" Erzberger: „Nein." – „Dann in Verbindung mit Österreich?" Er antwortete so, daß man schließen konnte: Ja. Ich sagte: Gegen ihren Inhalt hätte ich nichts einzuwenden, aber Form und Zeitpunkt seien sehr schlecht gewählt. Die Antwort, die ich erhielt, war wahrhaft niederschmetternd: „Was wollen Sie, Hoheit – damit, kriege ich auf dem Verhandlungswege Briey und Longwy."

Was mich besonders in Erstaunen setzte, war die Tatsache, daß Erzberger wie die meisten Politiker in Berlin sich gar kein genaues Bild von der wirklichen Kriegslage machte; weder die Kraftquellen, noch auch die Schwächequellen der feindlichen Fronten schienen gebührend gewertet zu werden.

Am 14. Juli erfährt man, daß der Ausweg Michaelis gefunden worden ist. Meiner Erinnerung nach war die Kanzlerschaft des preußischen Staatskommissars für Volksernährung in der Öffentlichkeit nur von der „Täglichen Rundschau" empfohlen worden. Die annexionistische Rechte bringt ihm vom ersten Tage an in der Presse Sympathien entgegen. Der Interfraktionelle Ausschuß ist – so hört man in den Blättern der Linken –

von Mißtrauen und Erstaunen erfüllt, will aber Ruhe geben, wenn der neue Mann sich auf den Boden der Resolution stellt. Die Oberste Heeresleitung schöpft neue Hoffnung, die Resolution zu Fall zu bringen.

Ich habe damals die Erfahrung gemacht, daß unsere politischen Machtfaktoren in einem gewissen Zustand der öffentlichen Erregung nicht mehr in der Lage sind, an eigenen wohldurchdachten und erprobten Einsichten festzuhalten, sondern sich hauptsächlich von Gefühlen des Ärgers, oder des Prestiges, oder der Schadenfreude leiten lassen. Das ist „sentimentale" Politik.

Die Oberste Heeresleitung hatte sich – dank einer monatelangen Aufklärung – zu dem Ziel eines Verständigungsfriedens hingetastet; hatte darüber hinaus den Gedanken aufgenommen, zur Steigerung unserer Kriegskraft Parlamentarier in die Regierung zu berufen. Jetzt ärgerte man sich mit Recht über den „defaitistischen" Ton, in den die Debatten des Interfraktionellen Ausschusses getaucht waren. Sofort trat der Gedanke, Parlamentarier sollten in das Ministerium eintreten, in den Hintergrund. Man sah nur das eine Ziel: wie kann man den Einfluß der Sozialdemokraten wieder ausschalten?

Ebenso hatte die Reichstagsmajorität eine grundlegende Wahrheit gefunden: wir helfen dem deutschen und schaden dem feindlichen Krieg, wenn wir Annexionen ablehnen und noch einmal in die Welt hinausrufen: Wir verteidigen nur unser Land. Der Grundgedanke trat aber bald zurück hinter den Kampf um die Formel, die zu einer Prestigefrage für die neugegründete Majorität wurde. Der Kampf um den Mann wäre wichtiger gewesen. Der neue Kanzler hätte ein überzeugter und überzeugender Anhänger des Verständigungsfriedens sein müssen, gleichviel, ob er die schwächlich formulierte Resolution[104] nachbetete oder nicht. Aber sofort

---

[104] Die Friedensresolution vom 19. Juli 1917 lautet: „Wie am 4. August 1914 gilt für das deutsche Volk auch an der Schwelle des vierten Kriegsjahres das Wort der Thronrede: ‚Uns treibt nicht Eroberungssucht'. Zur Verteidigung seiner Freiheit und Selbständigkeit, für die Unversehrtheit seines territorialen Besitzstandes hat Deutschland die Waffen ergriffen. Der Reichstag erstrebt einen Frieden der Verständigung und der dauernden Versöhnung der Völker. Mit einem solchen Frieden sind erzwungene Gebietserwerbungen und politische, wirtschaftliche oder finanzielle Vergewaltigungen unvereinbar. Der Reichstag weist auch alle Pläne zurück, die auf eine wirtschaftliche Absperrung und Verfeindung der Völker nach

nach der Ernennung von Michaelis lächelten sich die Auguren zu: der Kanzler steht mit seinen Sympathien auf der Seite der Annexionisten und wird die Majorität enttäuschen. War diese Deutung richtig, so mußte entweder die Majorität in Opposition gehen – dann störte sie den Krieg; oder nachgeben – dann war sie blamiert. Der Feind würde frohlocken; er konnte dann sein eben kraftlos werdendes Feldgeschrei von neuem anstimmen: Demokratie gegen Autokratie. Aber vielen klugen Leuten in Berlin schien damals die Blamage Erzbergers das wichtigste Gebot der Stunde zu sein. Ich glaubte, in diesem Wirrwarr der Unsachlichkeit bestimmte Einsichten festgehalten zu haben. Jetzt hatte ich nicht mehr das Gefühl, nach dem Weg zu tasten; ich war überzeugt: hier ist die richtige Politik. Ich hielt es für nötig und möglich:

1. den Grundgedanken der Reichstagsresolution zu retten;
2. Würdelosigkeit und Verzagtheit von ihr abzustreifen und damit dem soldatischen Gefühl Genüge zu tun;
3. den Führern der Reichstagsmajorität eine väterliche und wohlverdiente Rüge zu erteilen und der Reichsleitung dadurch wenigstens die Geste der Führung wieder zu sichern;
4. gleichzeitig die Annexionisten in schärfster Opposition auf den Plan zu rufen für ihre besondere Aufgabe, den Feinden die ungebrochene Siegeszuversicht der hinter ihnen stehenden Kreise zu beweisen;
5. vor allem aber ein Vertrauensverhältnis zwischen Heeresleitung, Reichsleitung und Reichstag vor die Welt hinzustellen, das den Feinden die Hoffnung auf fortgesetzte innere Krisen Deutschlands nehmen würde.

---

dem Kriege ausgehen. Die Freiheit der Meere muß sichergestellt werden. Nur der wirtschaftliche Friede wird einem freundschaftlichen Zusammenleben der Völker den Boden bereiten. Der Reichstag wird die Schaffung internationaler Rechtsorganisationen tatkräftig fördern. Solange jedoch die feindlichen Regierungen auf einen solchen Frieden nicht eingehen, solange sie Deutschland und seine Verbündeten mit Eroberung und Vergewaltigung bedrohen, wird das deutsche Volk wie ein Mann zusammenstehen, unerschütterlich ausharren und kämpfen, bis sein und seiner Verbündeten Recht auf Leben und Entwicklung gesichert ist. In seiner Einigkeit ist das deutsche Volk unüberwindbar. Der Reichstag weiß sich darin eins mit den Männern, die in heldenhaftem Kampf das Vaterland schützen. Der unvergängliche Dank des ganzen Volkes ist ihnen

Wir entwarfen demgemäß eine Erklärung, mit der der Kanzler vor den Reichstag treten sollte.

„Vorschlag, eingereicht am 15. Juli 1917 für die Form, in welcher sich der Reichskanzler auf den Boden der Mehrheitsresolution stellen sollte.

„Viel kommt natürlich auf die Form an, in der der Reichskanzler Michaelis sich die Friedensresolution zu eigen macht. Er könnte etwa sagen:

‚Der deutsche Krieg ist mir vom ersten Tage an ein Freiheitskrieg gewesen. Wer für sein Recht und seine Freiheit kämpft, der hat Achtung vor dem Recht und der Freiheit anderer Völker zu haben. Sonst ist ihm seine eigene Sache nicht heilig. Darum habe ich alle jene Pläne, die unbekümmert um Recht und Freiheit anderer Nationen Deutschlands Hegemoniestellung erkämpfen wollten, als eine Verfälschung der Motive empfunden, die uns wie ein Mann zum Schwerte greifen ließen. Meine eigene Weltanschauung fordert also von mir, mich auf den Boden Ihrer Resolution zu stellen. Aber ich kann Ihnen, meine Herren, nicht vorenthalten, daß ich den Zeitpunkt bedaure, an dem Sie erneut das Wort ‚Verständigung' in die Welt hinausrufen. Gewiß sind überall Kräfte am Werk, die die Basis eines dauernden Friedens suchen und einen Zustand herbeisehnen, da die Völker wieder in gegenseitiger Achtung nebeneinander leben. Aber von den feindlichen Regierungen hören wir den Ton des Übermuts, aus dem herausklingt, daß sie noch immer darauf hoffen, einem gedemütigten deutschen Volke den Frieden diktieren zu können. ‚Jagt erst euren König weg' und ähnliche Worte des Wahnsinns haben wir immer wieder in den letzten Monaten aus England und Amerika vernommen. Dieser Gesinnung gegenüber ist es für mein Gefühl schwer, das Wort ‚Verständigung' zu gebrauchen. Darum möchte ich, wenn ich mich auf den Boden Ihrer Resolution stelle und mit Ihnen den Verständigungsfrieden als mein Kriegsziel verkünde, Ihnen, meine Herren, und durch Sie dem deutschen Volke mit allem Ernst zum Ausdruck bringen, daß mir der psychologische Augenblick für die Verständigung noch nicht gekommen scheint.

‚Unsere Feinde wollen den Krieg à outrance, und darum müssen wir auch den Krieg à outrance in unseren Willen aufnehmen. Die Forderung der Stunde heißt: Alle nationalen Kräfte auf das eine Ziel: Sieg im Verteidigungskampf, zusammenraffen usw."

Diesen Vorschlag entschloß ich mich, Seiner Majestät zur Verfügung zu stellen. Ich schrieb ihm, daß „am Donnerstag die Schlacht geschlagen wird, die über den Sieg entscheidet".

Die große Sitzung war am 19. Juli. Ich ging mit meinen beiden Schwagern, dem Großherzog von Mecklenburg und dem Herzog von Braun-

---

sicher."

schweig in den Reichstag. Der Herzog war nicht ohne Voreingenommenheit, noch erfüllt von bitterem Verdruß über Bethmanns Entlassung und die Methoden, die angewandt worden waren, sie herbeizuführen. Ich aber bemühte mich, auf den neuen Mann Hoffnungen zu setzen. Er war immerhin einer unserer besten Organisatoren, hatte in seinem Ressort Führereigenschaften bewiesen; seine Zivilcourage wurde auch von seinen Gegnern anerkannt. Schließlich glaubte ich, daß seine tiefe und echte Religiosität es ihm erleichtern würde, Kriegsziele abzustoßen, die die Rechte und die Ehre anderer Nationen verletzten.

Da kam die berühmt gewordene Rede: „Wie ich sie auffasse"[105] die im Inland und Ausland den Eindruck der Schwäche und Unaufrichtigkeit zugleich hervorrief. Der Eindruck war falsch, aber unvermeidlich, und so ging die große politische Schlacht verloren.

Die parlamentarische Kraftprobe wurde mit knapper Not vermieden. Vielleicht war das nicht einmal gut – denn die Führer der Majorität sagten sofort eine Periode kontrollierenden Mißtrauens an.

Wo man hinhörte, war Enttäuschung, Resignation, Katzenjammer. Für die vorherrschende Stimmung war nichts so bezeichnend wie die allgemeine Suche nach dem Nachfolger, die sofort nach Michaelis' Rede einsetzte. Ich sprach mit vielen Männern verschiedener Richtung und habe niemand gefunden, der an den Bestand des Ministeriums Michaelis glaubte. Peinlich und überraschend wirkte auf mich die Frage, die hie und da auftauchte: ob ich denn nicht das Kanzleramt annehmen würde. Ich wehrte lachend ab – aber ich kann nicht leugnen, daß diese Fragen mich in eine Erregung versetzten, über die ich selbst betroffen war.

Ich glaube, die Erklärung hierfür geben zu können. Ich sah deutlich, daß wir bei dem jetzigen ziellosen Kurs rettungslos in einen neuen Winterfeldzug hineintrieben. Kommt es dazu, so verlieren wir die Massen, und dann ist – auch in Deutschland – eine energische Fortführung des Krieges nicht mehr möglich.

Muß es zu diesem vierten Kriegswinter kommen? Die Oberste Heeresleitung will den vierten Kriegswinter nicht, ebensowenig wie der Reichstag. Auch die Mehrheit des englischen Volkes, vor die Wahl ge-

---

[105] Vgl. Georg Michaelis, Für Staat und Volk, Berlin 1922, S. 328.

stellt: Sieg mit Amerikas Hilfe oder ehrenvoller Friede in diesem Jahr aus eigener Kraft, würde den Frieden wählen. Aber wir dürfen nicht warten, bis vielleicht in ein paar Monaten eine neue Regierungskrisis in Deutschland eine gute Lösung bringt. Je näher und wirklicher die amerikanische Hilfe wird, um so mehr befestigt sich die Stellung Lloyd Georges.

Ich war nach den mir gewordenen Informationen überzeugt, daß wir den englischen Kriegswillen vor dem Winter erweichen müßten und könnten. Unsere äußere und innere Situation war wahrhaft krank, aber es brauchten nur bestimmte politische Schritte zu geschehen, um die Gesundung herbeizuführen. And ich mußte mir sagen, daß Geburt und Stellung es mir vielleicht leichter als anderen machten, diese heilenden Handlungen durchzusetzen:

Wir müssen lockende Kriegsziele an das englische Volk heranbringen, so bald und so öffentlich wie nur möglich, darunter vor allem die Erklärung über Belgien.

Aber wir müssen die würdelose Friedensbeflissenheit abstreifen, die den Soldaten mit Recht so auf die Nerven geht.

Wir müssen die versprochene Wahlrechtsreform beschleunigt durchführen und darüber hinaus Parlamentarier in die Regierung aufnehmen, ganz besonders auch Sozialdemokraten, die verantwortlich an der Steigerung unserer Kriegskraft mitarbeiten müssen.

Ich habe diese Tage dazu benutzt, um in Gesprächen mit Persönlichkeiten verschiedenster politischer Richtung festzustellen, auf welche Resonanz ein solches Programm rechnen konnte. Das Ergebnis schien mir eine Verantwortung zuzuweisen, nach der ich nie verlangt hatte. Ich war überwältigt, welche überzeugende Kraft diesen einfachen Gedanken innewohnte. Haeften war ermutigend: man könne die Oberste Heeresleitung gewinnen, wenn man nur taktvoll vorginge und soldatische Gefühle schone. Linksstehende Politiker schienen wie erlöst bei der Aussicht, daß man eine Brücke zwischen der Majorität und Ludendorff schlagen könnte.

Ein Gespräch mit dem Abgeordneten David war mir bedeutsam.

David ist eigentlich eine feine Gelehrtennatur, ganz ohne die Borniertheit des engen Parteimannes. So hatte er frühzeitig eingesehen, wie wichtig für die Erlangung eines ehrenvollen Friedens es sei, daß wir uns vor der Welt die Anklagen nicht mehr gefallen ließen, die gegen uns als böswilligen Urheber des Krieges geschleudert wurden. Er hatte soeben auf der Stockholmer Konferenz tapfer für Deutschlands guten Namen gestritten.[106]

Es war mir überaus lehrreich, gerade diesen Mann reden zu hören. Hier war kein Verdacht mangelnder patriotischer Gesinnung. Er versicherte mich, es müsse nach innen reformiert, nach außen auf den Verständigungsfrieden weithin sichtbar hingearbeitet werden. Die Alternative sei: Maschinengewehre gegen das eigene Volk und ein verlorener Krieg.

Einen tiefen Eindruck erhielt ich von Friedrich Naumann; auch im Gespräch konnte man sich dem Zauber seiner Rede nicht entziehen. Für ihn war die „Zuverlässigkeit" in Macht- und Menschheitsfragen eine Selbstverständlichkeit. Er trat mit Entschiedenheit auf meinen Standpunkt.

Diplomaten, konservativ gerichtete Minister, Männer des Wirtschaftslebens versicherten mich ihrer Übereinstimmung.

Ich hatte die Freude, einen Abend bei Hans Delbrück zu verbringen. Karnack, Meinecke, Troeltsch – mir von Heidelberg her wohlbekannt – waren anwesend, ich glaube auch Schiffer. Hans Delbrück hatte deutlich die Führung: es war nicht allein sein rascher Blick für das Wirkliche und sein kühner Griff nach dem Wesentlichen, was ihn aus dieser erlesenen Gesellschaft heraushob. Aus jedem seiner Blicke und Worte leuchtete eine Liebe zu Deutschland, die ich nicht anders als „zärtlich" nennen kann. Es waren wahrlich nur hingebende Patrioten zugegen, aber mir war, als ginge Deutschland Hans Delbrück auf eine ganz besondere Weise an, als gäbe es für ihn keine Zuflucht mehr, weder im eigenen Familienglück noch in seiner ehrwürdigen Wissenschaft, sollten Schicksal und Verblendung das Vaterland ins Unglück stürzen.

---

[106] Vgl. E.H.R.David, Wer trägt die Schuld am Kriege (Reden, gehalten vor dem holländisch-skandinavischen Friedenskomitee in Stockholm 1917), Berlin 1917. Es ist ein gutes klares Buch nach dem damaligen Stand der deutschen Forschung. David und seine engeren Parteifreunde haben als „Kaisersozialisten" die häßlichsten Angriffe nicht nur von ausländischen Genossen – die sich keineswegs scheuten, ihrerseits für den Ententekrieg zu agitieren –, sondern auch von den deutschen Unabhängigen zu erdulden gehabt. In den ersten Tagen nach der Revolution haben seine Freunde für sein Leben gefürchtet.

Und daß es so kommen würde, damit rechneten die Versammelten fast alle. Seit der Behandlung der Reichstagskrisis waren sie von der Unbelehrbarkeit der Obersten Heeresleitung und der öffentlichen Meinung überzeugt. Als ich aber im Vertrauen auf Haeftens richtigen Blick versicherte, daß die Oberste Heeresleitung sehr wohl für den Verständigungsfrieden zu haben wäre, wenn nur die Bürgschaft gegeben sei, daß die seelische Spannkraft der Nation zur kriegerischen Höchstleistung erhalten bliebe – da herrschte Einstimmigkeit darüber: wenn die Annexionisten keinen Rückhalt mehr an der Obersten Heeresleitung haben, ist der Weg für die vernünftige Politik frei. Ich nahm die Gewißheit mit, daß die Herren nicht zögern würden, im gegebenen Augenblick ihr Ansehen in die Wagschale der öffentlichen Meinung zu werfen.

Die meisten Gespräche konnte ich rein sachlich führen und der Personenfrage ausweichen. Da erhielt ich von einem nahen Gesinnungsgenossen einen Brief, darin mit zwingenden Argumenten bewiesen wurde: der Kurswechsel könnte seine Heilkraft draußen in der Welt nur bewähren, wenn ein neuer Mann das neue Programm verkündete, und zwar ein solcher, bei dem das Bekenntnis zum Verständigungsfrieden nicht als Zeichen der Schwäche oder der Unaufrichtigkeit gedeutet werden könnte.

Zwei riesengroße Hindernisse, so hieß es darin, stünden zwischen uns und dem Frieden:

„1. Der Glaube der feindlichen Völker: Deutschland meint, die Welt terrorisieren zu können; dieses Deutschland darf nicht siegen.

Wenn Prinz Max an die Spitze der Regierung treten könnte, so wäre ein Mann am Ruder, der die Barmherzigkeit durch die Tat bewiesen hat, als die Feinde nur fromme Sprüche machten.

2. Der Glaube: Deutschlands Kriegsziele sind mit den Rechten anderer Völker unvereinbar.

Das Bekenntnis zum Verständigungsfrieden kann nur wirken, wenn es von einem Manne abgelegt wird, der nicht pater peccavi zu sagen braucht."

Der Brief endete:

„Überall tasten sich heute Gesinnungsgenossen zueinander hin. Oft aber finden sie sich nicht, und so unterliegen sie der wohlorganisierten Gemeinschaft der

Gegner. Eine Kandidatur des Prinzen Max würde das Signal sein, um zu sammeln, was zueinander gehört."

Mehr noch als dieser Brief schreckte mich eine Mitteilung auf, die ich über die Stimmung führender Parlamentarier erhielt, und zwar gerade ruhig denkender Männer: Die Herren sähen mit düsterem Fatalismus der Entwicklung der Dinge entgegen. Für die herrschende Resignation sei ein Ausspruch bezeichnend, den Conrad Haußmann gegenüber einem meiner Bekannten getan hatte: Nach Bethmanns Sturz und Michaelis' Ernennung gibt es für ihn nur hilfloses Abwarten. Die Niederlage wird uns zur Besinnung bringen, und dann hilft die Besinnung nichts mehr. Als ihm darauf erwidert wurde: es gäbe einen Mann, der diesen circulus vitiosus durchbrechen könne kraft des Gehörs, das er bei der Obersten Heeresleitung und beim Kaiser finden würde; sein Programm sei Durchführung der Wahlrechtsreform und die Vereinigung der belgischen Frage, da wäre Haußmann aufgesprungen und habe aus einer schwäbischen Liebesgeschichte die Worte zitiert: „Zeigen Sie mir den Mann, und ich werde ihn heiraten." Und dann habe er sehr ernst hinzugefügt: „Heute sollten alle Leute voneinander wissen, die daran arbeiten, der Katastrophe vorzubeugen."

Auf diese Mitteilung hin habe ich eingewilligt, mit Haußmann eine Unterredung zu haben, darin die Lage offen besprochen werden sollte. Haußmann bat, seinen Parteifreund und Führer Payer mitbringen zu dürfen.

Das Gespräch verlief ungefähr folgendermaßen:

Ich begann mit einer kurzen Darlegung der Vorbedingungen für einen Frieden, womöglich noch im Herbst; ich verschwieg nicht, daß ich die Resolution für verfrüht und die Regie für fehlerhaft hielt. Die Annexionisten hätten schärfer angreifen müssen, und dann hätte man sie auch schärfer zurückweisen können. Man müsse sie nicht dämpfen, wohl aber bekämpfen. Daran habe es auch Bethmann fehlen lassen. Mir habe Michaelis an sich nicht mißfallen.

Im Laufe der Unterredung fragte mich Payer geradezu: ob ich wohl gegebenenfalls mich bereitfinden würde, Kanzler zu werden. Ich erwiderte, von selbst wäre ich nicht auf den Gedanken gekommen, daß ich ein solches Amt übernehmen könne. Sollte ich je diesem Plane nähertreten, so müßte ich überzeugt sein, daß niemand geeigneter wäre als ich. Es sei ein Zufall, kein Verdienst, daß in meiner Person ein paar momentan willkommene Eigenschaften und Voraussetzungen zusammenträfen.

Aber es gäbe auch starke Einwendungen: ich sei kein Redner, namentlich kein Debatter; wenn ich mir auch zutraute, vorbereitete Reden zu halten. Weiter sei es für mich als Thronfolger ein Wagnis, in den Parteikampf zu treten.

Payer erwiderte mir freundlich, mit der Redegewandtheit der Reichskanzler, die er gehört habe, sei es auch nicht zum besten bestellt gewesen. Auch wachse der Mensch mit seinen höheren Zwecken. Haußmann fügte einiges Liebenswürdige hinzu und meinte, mir würden ja immer Parlamentarier und Staatssekretäre zur Seite stehen, um meinen Standpunkt durchzufechten. Erforderlich würde sein und Hauptsache, daß ich mich offen auf die Mehrheitsparteien stützte und so die parlamentarische Regierung verwirklichte. Wegen meiner künftigen Stellung in Baden brauchte ich keine Bedenken zu haben; Baden habe, mit Ausnahme des norddeutschen Professorenwinkels in Freiburg – hier mußte ich lächeln –, keine Konservativen. Die badischen Nationalliberalen gingen unter Rebmann, die Zentrumsleute unter Fehrenbach mit; die badischen Sozialdemokraten, von Franck und Kolb erzogen, gingen so sicher mit, wie er für seine badischen Parteifreunde garantieren könne. Ich würde also alle badischen Parteien auf meiner Seite haben und dem Parteikampf entrückt sein, wenn ich dem Ruf der Stunde und des Reichsinteresses folgte und eine neue deutsche Politik machte. Daß das Föderative dabei nicht zu kurz kommen werde, darauf könne man bei mir als Badener und Thronfolger wohl rechnen.

Nun brachte ich meine politischen Vorbehalte vor: Die Scheidung zwischen Volk und Krone müsse im Interesse beider überwunden werden, und das sei nur möglich durch ehrliche Zulassung der Volksvertretung zu den Regierungsgeschäften. Aber ich sei nicht nur durch Geburt, sondern auch aus Überzeugung Monarchist und müßte die Frage stellen: Würden alle die Parteien, auf die ich mich stützen müßte, diesen Standpunkt aufrichtig gelten lassen? Bei den Sozialdemokraten würden doch immer, wenigstens stillschweigend, auf diesem Punkte Vorbehalte gemacht werden.

Ich wandte mich an Payer:

„In Ihrer gestrigen Rede war mir das Wort ‚Deutscher Parlamentarismus' besonders sympathisch. Ich meine, wir dürfen nicht kritiklos den westlichen Parlamentarismus übernehmen. Die Reichsregierung sollte wohl Parlamentarier, aber nicht nur solche enthalten. Wir brauchen tüchtige Männer aus der Beamtenschaft und den freien Berufen an leitenden Stellen. In der Grundrichtung der Politik müßte natürlich Übereinstimmung unter den Staatssekretären herrschen. Unter keinen Umständen dürfe die Führung durch den Reichskanzler verlorengehen."

Payer stimmte zu: er würde große Sorge haben, wenn wir uns nach westlichem Muster parlamentarisierten; das ginge auf Kosten der Tüchtigkeit und des Sachverstandes.[107]

Ich hatte nach diesem Gespräch das Gefühl, daß es Zeit wäre, beschleunigt abzureisen. Meine näheren Gesinnungsgenossen waren wie von der idée fixe besessen, daß meine Kanzlerschaft die einzige Rettung wäre. Unter diesen Umständen war eine fortgesetzte Diskussion der Personenfrage unvermeidlich, und ich haßte nichts so sehr wie den Gedanken, auch nur an die Grenze des Intrigierens heranzukommen. Ich fand bei übereifrigen Freunden nicht das genügende Verständnis für diesen Gesichtspunkt. Das Ministerium Michaelis mußte seine Chance haben. Ich hatte geradezu den Verdacht, daß bestimmte wertvolle Informationen an die Reichsleitung nicht herangebracht wurden, weil man sie für den Nachfolger aussparte. So nahm ich, noch ehe ich abreiste, die Gelegenheit wahr, eine wichtige Mitteilung – ich glaube, es war an Seine Majestät – weiterzugeben:

Auf einem geheimen Wege, der mit solcher Vorsicht umkleidet wurde, daß ich ihn auch heute noch nicht nennen kann, war mir der folgende Bericht zugegangen: Eine durchaus auf national-belgischem Boden stehende einflußreiche Persönlichkeit hatte in bestimmter Form zur Weitergabe nach Deutschland folgende Äußerungen getan:

---

[107] Ich gebe dieses Gespräch wieder nach meiner persönlichen Erinnerung und unter Benutzung einer Niederschrift, die Haußmann im Juli 1917 angefertigt und mir später zur Verfügung gestellt hat.

Der belgische Krieg ist aus eigenen Gründen begonnen und sollte nach unserer Auffassung aus eigenen Gründen wieder aufhören können.

Nach einer authentischen Erklärung der deutschen Regierung, welche Belgiens Unabhängigkeit und Integrität anerkennt, würde die belgische öffentliche Bewegung für die Loslösung von den Kriegszielen der Entente sehr stark sein.– Der „nationale Belgier" verfügte auch über gute Verbindungen nach Le Havre.

Ein Separatfrieden kommt natürlich für Belgien nicht in Betracht, wohl aber eine wirksame Initiative zur Herbeiführung eines allgemeinen Friedens.

Mein Rat ging nun dahin: Zunächst vertraulich auf diplomatischem Wege dem belgischen König die gewünschte Erklärung über Belgien zu geben; gleichzeitig sollte der „nationale Belgier" von diesem Schritte Kenntnis erhalten, um zum mindesten einen öffentlichen Druck auf Le Havre ausüben zu können, falls von dort keine Initiative zugunsten des Friedens erfolgte.

Ich verließ Berlin mit der schriftlich niedergelegten Bitte, man solle jede, auch die diskreteste Werbung für meine Kandidatur unterlassen.

Ich hatte Grund, einige Tage später diese Mahnung zu verstärken. Der Großherzog von Baden hatte gehört, daß die Möglichkeit meiner Kanzlerschaft viel besprochen worden war, und erhob vorbeugenden Einspruch gegen die Bekleidung des Kanzleramtes durch den badischen Thronfolger. Sein Standpunkt war mir durchaus verständlich.

Siebentes Kapitel

„Die hundert Tage Michaelis"

Jetzt hieß es, allen Optimismus zusammennehmen, um zu glauben, daß Michaelis entgegen üblen Voraussagen die nötige Einsicht und Tatkraft zeigen würde. Ich vertraute auf Herrn v. Kühlmann, der zum ersten Berater des Kanzlers ausersehen war. Das Bagdad-Abkommen galt mit Recht als eine der diplomatischen Glanzleistungen der Vorkriegszeit. Ein zäher Wille hatte es endlich an den Abschluß herangebracht, als der Krieg ausbrach. Kühlmann war der Diplomat, dem das Hauptverdienst an diesem großangelegten Verständigungswerk zugeschrieben wurde. Viel kam darauf an, wie der neue Staatssekretär des Auswärtigen sich mit der Obersten Heeresleitung stellen würde.

Leider mußte ich bald nach meiner Abreise den Eindruck gewinnen, daß der Sinn der Obersten Heeresleitung sich wieder gegen die Sozialdemokratie zu verhärten begann.

Haeften schrieb mir am 31. Juli:

> „ ... Ich fürchte, daß Herrn M [ichaelis] die wichtige, ja vielleicht zunächst wichtigste Aufgabe der Ausschaltung der Sozialdemokratischen Partei als ausschlaggebenden Faktors unserer inner- wie außenpolitischen Angelegenheiten kaum gelingen dürfte. Was aber dann? Dann stehen wir vor einer neuen inneren Krisis, deren Lösung meiner Ansicht nach unter keinen Umständen dem Parlament überlassen werden darf; darum ist es die Aufgabe der Krone, den Ausbruch einer solchen Krise durch vorbeugende, rechtzeitige Entschließungen zu verhindern.
>
> „Die Wiederkehr solcher Ereignisse, wie sie sich in der ersten Julihälfte abspielten, muß im Interesse der Staatsautorität unter allen Umständen verhindert werden; sonst würden wir einer allmählichen inneren Auflösung entgegengehen! ... "

Die „Hundert Tage Michaelis" gehören zu den Zeitabschnitten des Krieges, an die man nur mit bitterstem Herzeleid denken kann. Das „blutig vertrödelte Jahr 1916" wurde nicht wieder eingeholt. Im Sommer und

Herbst 1917 wurden nie wiederkehrende Gelegenheiten in der äußeren und inneren Politik vertan.

Man stellt bei den Vorwürfen gegen die Ära Michaelis immer die Papstnote in den Vordergrund.

Es ist gewiß erstaunlich, daß auf die feierliche Anfrage des Papstes vom 1. August die öffentliche Antwort Deutschlands erst nach mehr als sechs Wochen erfolgte und dann, ohne die verlangte Erklärung über Belgien zu enthalten, Und es ist noch unbegreiflicher, daß der vertrauliche Brief des Nuntius Pacelli vom 30. August, darin erneut eine Erklärung über Belgiens Wiederherstellung beinahe mit Inbrunst erbeten wurde, auch erst nach einem Monat eine Antwort erhielt, die wieder auf eine Absage hinauslief.[108] Aber die gerade in letzter Zeit noch verschärfte Polemik geht von falschen Voraussetzungen aus,[109] gibt Anrecht, wo keins liegt, und schont, wo Tadel verdient wird. Ich wende mich insbesondere gegen drei Behauptungen, die immer wieder aufgestellt werden:

Erstens: Der Reichskanzler Michaelis habe in Abhängigkeit von der Obersten Heeresleitung die Friedensaktion des Papstes sabotiert.

Demgegenüber kann man beweisen:

a) Im Spätsommer und Herbst 1917, als General Ludendorff aus dem Kriege herauswollte, hätte man die Vollmacht, zum mindesten das stillschweigende Einverständnis der Obersten Heeresleitung erreichen können, die öffentliche und uneingeschränkte Erklärung über Belgien abzugeben.[110]

b) Die damalige Reichsleitung allerdings wäre außerstande gewesen, bis zur letzten Grenze der Bereitwilligkeit der Obersten Heeresleitung vorzudringen: sie arbeitete nämlich immer nur auf eine diplomatische Verwertung der belgischen Erklärung hin. Die „Moral" des englischen Volkes konnte aber nur durch eine öffentlich ausgesprochene Erklärung über Belgien getroffen werden, und so war Michaelis gar nicht in der Lage, bei seinen Verhandlungen mit den Soldaten das wirksamste Argu-

---

[108] Vgl. Bredt, Der Deutsche Reichstag im Weltkriege. Das Werk des Untersuchungsausschusses. 1926. 8. Vand. Kapitel „Die Papstnote".
[109] Vgl. Friedrich Ritter von Lama, Der vereitelte Friede, Augsburg 1926.
[110] Vgl. Haeftens Äußerungen vor dem Untersuchungsausschuß am 2. u. 3. März 1922, Das Werk des Untersuchungsausschusses, 3. Bd., 1925, S. 266ff.

ment ins Treffen zu führen: wenn wir auch nicht den Frieden bringen, so erleichtern wir den deutschen Krieg.

c) Der berufene Berater, der verantwortliche Leiter unserer auswärtigen Politik, Herr v. Kühlmann, lehnte grundsätzlich und hartnäckig die öffentliche Erklärung über Belgien ab, um nicht sein bestes Pfandobjekt vor den Friedensverhandlungen aus der Hand zu geben.

d) Es gelang Kühlmann am 10. September, die Vertreter der Majoritätsparteien so weit gefügig zu machen, daß sie in die Absendung der inhaltlosen Note an den Papst willigten.

e) Für die Beurteilung der Friedenschancen interessierte Kühlmann allein die Haltung des amtlichen England; über sie glaubte er sich auf eigenen Wegen Gewißheit verschaffen zu können, und im Falle die Erkundung günstig verlief, war er vom Kaiser und Kanzler bevollmächtigt, die uneingeschränkte Wiederherstellung der belgischen Souveränität und Integrität zuzusagen.

Herr v. Kühlmann unterschätzte die Abhängigkeit der englischen Regierung von der öffentlichen Meinung und ebenso unsere Macht, diese öffentliche Meinung zu beeinflussen.

f) Aus dieser Verachtung eines jeden Weges, der über die Köpfe der Diplomaten hinweg direkt zum englischen Volke führen würde, weit mehr als aus den hemmenden Einflüssen der Obersten Heeresleitung und des Reichskanzlers, ist die Behandlung der Papstnote zu erklären.

Zweitens wird behauptet, es habe ein ernsthafter englischer Friedensfühler vorgelegen. – Daran glaube ich nicht; auf Grund von genauen Tatbestandaufnahmen, die ich damals über die englische Situation erhielt.

Zweifellos hatte im Juli und August der eine oder andere Kollege von Lloyd George einen Schwächeanfall erlitten, der ihn vernünftigen Erwägungen zugänglich machte.[111] Mag sein, daß die Demarche von de Salis [112] aus einer solchen Depression Balfours geboren war, obgleich die darin

---

[111] Siehe „Observer" Anfang August.
[112] Die Depesche vom 21. August 1917 über die Vorbedingungen jeder Friedensbesprechung, die der britische Gesandte beim Heiligen Stuhl, Graf de Salis, dem Kardinalstaatssekretär überreichte, lautete in der Übersetzung: „Wir haben noch nicht Gelegenheit gehabt, uns mit unseren Alliierten über die Note Seiner Heiligkeit zu beraten und sind nicht in der Lage, eine Antwort auf die

enthaltene Berufung auf die Kriegszielnote der Entente an Wilson[113] wahrlich nicht darauf hindeutet. Wie dem auch sei – ich bin der Meinung, daß die Vernunft in jedem Falle bereits verflogen war, bis zu dem Termin, an dem frühestens die Erklärung über Belgien hätte einlaufen können.

Drittens heißt es, daß die Papstnote der beste Anlaß war, um die Sprengbombe in die englische Öffentlichkeit zu werfen. Ich glaube, daß eine noch günstigere Gelegenheit gegeben war, als am 27. Juli der Führer der Opposition im Unterhause, Asquith, die direkte Frage an Michaelis richtete, ob er bereit sei, Belgien wiederherzustellen.–

Die Mißgriffe der Regierung Michaelis in der inneren Politik sind vergessen; in Wahrheit wiegen sie noch schwerer. Ich möchte behaupten, daß unser Verfassungsleben heute noch an gewissen Präzedenzfällen aus jener Periode krankt.

Man frohlockte damals in reaktionären Kreisen, daß man der Reichstagsmajorität einen Kanzler präsentiert hatte, der nicht der Mann ihres Vertrauens, sondern ihres Mißtrauens war. Dieses Mißtrauensverhältnis zeitigte aber gerade parlamentarische Machtansprüche, wie sie

---

Vorschläge Seiner Heiligkeit in betreff der Bedingungen zu geben, die einen dauerhaften Frieden sicherstellen können. Unserer Meinung nach ist keinerlei Annäherung an dieses Ziel wahrscheinlich, solange nicht die Zentralmächte und ihre Verbündeten offiziell die Ziele erklärt haben werden, die sie mit dem Kriege verfolgen, ebenso wie die Wiederherstellungen und Entschädigungen, zu denen sie bereit sind, und die Mittel, welche in Zukunft die Welt gegen die Erneuerung der Greuel sichern könnten, unter denen sie jetzt leidet. Selbst was Belgien angeht – und in diesem Fall haben jene Mächte selbst anerkannt, daß sie im Unrecht sind – haben wir niemals Kenntnis von einer bestimmten Erklärung erhalten, über ihre Absichten, Belgiens völlige Unabhängigkeit wiederherzustellen und die Schäden wieder gutzumachen, die sie es haben erdulden lassen. Eure Eminenz haben zweifellos die Erklärungen nicht aus dem Auge verloren, welche die Alliierten in Beantwortung der Note des Präsidenten Wilson gegeben haben. Weder von Österreich noch von Deutschland ist jemals eine gleichwertige Erklärung erfolgt. Ein Versuch, die Kriegführenden in Übereinstimmung zu bringen, würde so lange nutzlos erscheinen, als wir die Punkte nicht deutlich kennen, in denen ihre Ansichten auseinandergehen." (Nach dem französischen Text bei Michaelis, a. a. O., S. 343 f.) Diese Depesche wurde am 30. August von Pacelli mit zuversichtlichen Erläuterungen an den Reichskanzler weitergeleitet.

damals in keinem demokratischen Lande geduldet wurden. Sehr bald wurde eine Kontrollinstanz geschaffen, der sogenannte Siebener- oder „Wohlfahrts"ausschuß, der Regierungsdokumente einsehen wollte, ehe sie veröffentlicht wurden. Zunächst nur diplomatische Noten; aber der Wunsch nach einer Vorzensur von Kanzlerreden tauchte bald auf. Wir haben hier die unbefugte Einmischung der Legislative in die Exekutive in der denkbar schlimmsten Form. Die notwendige Folge ist die Lähmung der Regierung zu raschem Handeln, und zwar auch in internationalen Krisen, da Geistesgegenwart und prompte Ausführung so nötig sind wie auf dem Schlachtfeld.

Die Gewohnheit der mißtrauischen Kontrolle wurde dem Parlament so lieb, daß sie auch aufrechterhalten wurde, als im Oktober 1918 und später Männer, die das Vertrauen der Mehrheit besaßen, an die Spitze der Regierung traten. Der Reichstag folgte damit gleichzeitig dem bösen Dämon der deutschen Seele, dem tief innewohnenden Haß gegen freiwillige Unterordnung, der in einem so schreienden Gegensatz zu der Bereitwilligkeit steht, sich in eine erzwungene Unterordnung zu schicken.

So ging allmählich dem deutschen parlamentarischen Leben der Führergedanke verloren.

Ich glaube nicht, daß er wieder aufgerichtet werden kann, wenn der Brauch sich festsetzt, nur den Beauftragten einer Partei zum Kanzler zu ernennen, den jederzeit seine Auftraggeber wieder abberufen können.

Max Weber verdanken wir die politische Großtat nach der Revolution: er hat im Bunde mit Simons gegen die Bewunderer des französischen Systems durchgesetzt, daß der Reichspräsident nicht vom Reichstag, sondern vom Volk erwählt wird. Das Staatsoberhaupt der deutschen Republik kann ebenso wie früher der Kaiser einen Kanzler berufen aus der Beamtenschaft, aus den freien Berufen oder aus dem Reichstag, und ihn mit der Regierungsbildung betrauen; bei seiner Entscheidung kann die persönliche Eignung ebenso schwer in die Wagschale fallen wie die programmatische Übereinstimmung mit der Mehrheit. Wenn dem Kanzler dann bei einem unbedeutenden Anlaß, zumal während wichtiger schwebender Verhandlungen mit dem Ausland, das Vertrauen der Mehrheit

---

[113] Vom 10. Januar 1917.

entzogen wird, und er behält noch das Vertrauen des Staatsoberhaupts, so kann er mit dessen Unterstützung an das Volk appellieren, gegen die Parteien, denen er genau so wie der volksgewählte Präsident, der ihn berufen hat, nicht unfrei gegenüberstehen würde. Nur auf diesem Wege, der in der Verfassung klar vorgezeichnet ist, kann es auch einmal einer Führernatur gelingen, eine neue Partei zu schaffen, die überlebte und entseelte Fraktionen zersprengt, zumal, wenn die Parteien aus taktischen Rücksichten Grundsätze preisgeben, an denen die öffentliche Meinung der Nation festhalten will.

Ich rede wahrlich nicht der Gewaltherrschaft der Minderheit das Wort – ich lehne sie grundsätzlich ab. Die Diktatur des Proletariats wie des Faschismus ist dem deutschen Volke wesensfremd. Es ist mein Glaubenssatz: der Rechtsstaat muß dem einzelnen Bürger grundsätzlich die Freiheit geben, für seine Überzeugung einzutreten, ohne sein Leben und seine Existenz zu gefährden, Und wenn es ihm gelingt, ihm und seinen Gesinnungsgenossen, für ihr Programm die Mehrheit zu gewinnen, dann sollte es in Handlungen der Regierung seinen Ausdruck finden.

Ich glaube ferner, daß der mit einer Minderheitsregierung untrennbar und logisch verbundene Terrorismus das kostbarste Gut der Nationen verdirbt – die menschliche Natur der Volksgenossen. Nicht der wenigen, die für ihre Überzeugung ihr Leben lassen, sondern der vielen, die sich ducken, und um des Vorteils willen Schmach und Anrecht auf sich nehmen.

So will ich durchaus daran festhalten, daß das Parlament die Macht behält, den Kanzler zu stürzen, der das Vertrauen der Mehrheit nicht mehr besitzt, ebenso wie seine Ernennung durch das Vertrauen der Mehrheit bestätigt werden muß; aber die Initiative zur Führerauslese sollte bei der überParteilichen Instanz liegen und nicht bei den Parteien, denen es in Deutschland so schwer wird, den aus ihrer Mitte hervorgehenden Führern loyale Gefolgschaft zu leisten, und hinter denen häufig Interessentengruppen stehen, die eine sachliche Urteilsbildung verhindern.

Für mich sind Aristokratie und Demokratie keine Gegensätze. Ich sehe in dem Mehrheitsprinzip den heilsamen Zwang für den Aristokraten, der sich durch Herkunft oder Bildung oder eigenes Verdienst zur Führerschaft befähigt glaubt, den Weg zu den Volksgenossen zu finden, von deren profaner Menge sich abzusondern immer die große Versuchung für die „Erlesenen" gewesen ist. Die Aristokratie ist das Salz, auf das die Demokratie nicht verzichten kann.[114] Den Adel von Geist und Geburt aber gilt es auch in seinem eigenen Interesse von dem entnervenden Gefühl der Privilegiertheit zu befreien.

Ich bin hier vom Plan meines Buches abgewichen. Ich habe diese Abschweifung in Verfassungsfragen gemacht, weil mir deutlich eine nahende Gefahr vor Augen steht: der Widerwille gegen jenen Parlamentarismus, wie er sich bei uns in Nachahmung mißverstandener westlicher Einrichtungen herausbildet, kann dazu führen, daß politische Unbesonnenheit nach faschistischen Experimenten greift. Die Sehnsucht nach Führerschaft sitzt nach den Großtaten des Krieges tief im Leben der Völker. Wenn die deutsche Demokratie nicht die Herrschaft der vielen und die Zerteilung der Verantwortung überwindet, so ist sie verloren.

Im Juli 1917 hatte der Kaiser, kraft Verfassung und Brauch, die Macht, den Mann an die Spitze der Regierung zu bringen, den er für geeignet hielt. Wäre seine Wahl auf eine Persönlichkeit gefallen, die aus Überzeugung die Reform des Wahlrechts und die Ablehnung von Annexionen vertrat, so hätte die Reichstagsmajorität sich von diesem Kanzler führen lassen, ohne ihn durch mißtrauische Kontrollmaßnahmen zu belästigen.

Eine solche Lösung wäre keine vorübergehende Kriegsmaßnahme gewesen, auch nicht ein Übergang zur Parlamentsherrschaft, sondern eine organische Entwicklung des Bismarckschen Verfassungswerks.

Ich hatte mich nach Salem zurückgezogen, um einige Wochen des Nachdenkens und der Sammlung zu verleben; die Berichterstattung über die innere und äußere Situation war aber denkbar lebhaft.[115]

---

[114] Gustav Steffens: Das Problem der Demokratie, 1912, S. 101: „Ein in der Tiefe wurzelnder Aristokratismus ist das Salz des lebenskräftigen Demokratismus." (Zitiert nach R. Thoma, „Der Begriff der modernen Demokratie in seinem Verhältnis zum Staatsbegriff", Erinnerungsgabe für Max Weber: Die Hauptprobleme der Soziologie, München 1923, Bd. I, S. 41. Diese Schrift ist eine erleuchtende Analyse der demokratischen Grundidee.)

[115] Herr v. Haeften hatte bei der Durchführung seiner Aufgabe, die moralische Widerstandskraft der Heimat zu stärken, die Mitwirkung von Männern aller Parteien und auch von politisch nicht gebundenen Persönlichkeiten in Rechnung

So bin ich in der Lage, diese tragische Periode der versäumten Gelegenheiten aus Dokumenten der Zeit erstehen zu lassen, und beschränke mich darauf, nur wenige persönliche Erinnerungen einzufügen.
I. Die Wirkung der Friedensresolution auf das Ausland
Oberstleutnant v. Haeften setzte einen Berichterstatter auf ein paar Wochen nach den Haag, um aus erster Hand Nachrichten über die Wirkung der deutschen Vorgänge im Ausland zu erhalten und Fühlung mit neutralen Informationsquellen aufzunehmen.

In den ersten Berichten vom 29. Juli 1917 und den folgenden Tagen hieß es:

„Es ist schwer, sich einen Begriff davon zu machen, mit welcher atemlosen Spannung Neutrale und Ententeleute hier die Krisis in Deutschland verfolgt haben. Bis zur Ernennung von Michaelis, ja bei manchen bis zu seiner Rede gingen die Hoffnungen der Gutgesinnten hoch. X. [ein Amerikaner, der gerade im Haag war] blieb bis 2 Uhr morgens auf, um ja nur die Wolffsche Depesche zu lesen. Er faßte kurz vor der (vorläufigen) Beendigung der Krisis seine Auffassung folgendermaßen zusammen:
‚Wenn jetzt ein Kanzler kommt, der den Majoritätsstandpunkt im Kampfe gegen die Alldeutschen vertritt, dann ist der schwerste Schlag gegen unsere Chauvinisten geführt, der sie bisher getroffen hat.'

„Am Freitagmorgen, am Tage nach der Kanzlerrede, fand das folgende Gespräch statt:
„Der Amerikaner: ‚Nun, was halten Sie von dem neuen Mann?'
„Antwort: ‚Ein glänzender Mann, aber er kann sich nur nicht ausdrücken.'
„Der Amerikaner: ‚Das ist schlimm, dann ist er kein glänzender Mann. Worte sind heute entscheidend.'
„Dann fuhr er fort: ‚Wäre die Krisis doch anders ausgelaufen! Wenn die Deutschen nur den letzten Akt ein wenig besser gespielt hätten, dann wären wir dem Frieden so unendlich viel näher gekommen.'
„Er führte etwa aus: ‚Was hilft es mir, wenn ich durch Herumschnüffeln in deutschen Zeitungen mir klar mache, daß das Ministerium Michaelis vom Standpunkt der deutschen Freiheit und der Herbeiführung eines gerechten

---

gestellt. Auch ich hatte die meine zugesagt, allerdings nur unter der
Voraussetzung, daß ich über die außen- und innenpolitische Lage genau orientiert
würde. Das geschah auf meinen Wunsch regelmäßig.

Friedens eine Verbesserung ist – ich kann niemanden davon überzeugen. Meine Regierung läßt sich von der öffentlichen Meinung führen. Nun stellen Sie sich einmal vor, wie sieht das neue Ministerium vor der öffentlichen Meinung der Vereinigten Staaten aus:

,1. Bethmann verspricht das allgemeine Gleiche;

,2. Bethmann will sich auf den Standpunkt der Majoritätsresolution stellen;

,3. Hindenburg und Ludendorff kommen angereist, der Kronprinz trifft in Berlin ein;

,4. die Nationalliberalen fordern Bethmanns Sturz, mit ihnen die ganze alldeutsche Presse; die Freisinnigen setzen sich für Bethmann ein;

,5. Bethmann fällt, es kommt ohne vorherige Fühlung mit den Majoritätsparteien der neue Mann Michaelis, der stürmisch von den Alldeutschen als ihr Mann begrüßt wird.'"

Hoffnungsvoller lautete der Bericht über England:

Trotz der unglücklichen Form unserer Friedensresolution griff die englische Opposition sie auf – fast könnte man sagen, als wäre sie froh, einen Vorwand zu haben -- so stark war damals die Stimmung im englischen Volk, die auf einen Verständigungsfrieden drängte. Die Ursachen waren bekannt:

Man sah der bevorstehenden Offensive Haigs mit Sorge und Mißtrauen entgegen.

Man wußte jetzt, daß die amerikanische Waffenhilfe frühestens im Frühjahr 1918 anfangen würde ins Gewicht zu fallen, und man verabscheute die Zumutung, Trost in irgendwelchen Umständen zu finden, die erst jenseits eines vierten Kriegswinters eintreten würden.

Lloyd George versuchte den Widerwillen der Arbeiter gegen den Krieg durch immer neue Konzessionen auf Kosten des Besitzes zu überwinden. Da ist mit einem Male eine konservative Strömung für einen rechtzeitigen Frieden deutlich erkennbar. Immer wieder wird vor dem „roten Frieden" gewarnt, in den ein sinnlos verlängerter Krieg münden könnte. Die Angst vor der „unordentlichen Demokratie" findet unverhohlenen Ausdruck. Ja der Plan taucht in der Presse auf: ein konservativ gerichtetes Ministerium Balfour-Lansdowne zu bilden, das sich auf Asquith stützen und Lloyd George kaltstellen oder ausschiffen würde.

Am 27. Juli macht Asquith im Unterhaus seinen kühnen Vorstoß für den Frieden. Englische Nachrichten wollen wissen, daß Balfours Einverständnis dahintersteht.

Nach dem „Manchester Guardian" (vom 27. Juli 1917) hat sich dieses politische Ereignis folgendermaßen zugetragen:

„Nach dem Überblick über die Geschichte der jüngsten Ereignisse in Berlin kam Asquith zu der Schlußfolgerung, daß der Gang der Handlung zu einem Sieg für die Militärpartei geführt habe, daß der neue Kanzler diesem Siege seine Ernennung verdanke und daß die Erwägungen der Mäßigung den Erwägungen der Extremisten gewichen wären. Als Asquith dann die Frage über Belgien stellte, unterbrach ihn Snowden bei diesem interessanten Punkt mit folgenden Worten:
,Warum wird die Frage nicht an Deutschland gestellt?' Mit erhobener Stimme und emphatisch gesteigerter Betonung antwortete Mr. Asquith, das sei gerade, was er jetzt täte.
,Ich stelle diese Frage jetzt,' wiederholte er, unter Beifall, ,ich möchte die Antwort des deutschen Kanzlers auf diese Frage kennen. Ich richte sie jetzt an ihn, soweit ich dazu in der Lage bin.'"

II. Versuche, eine Beantwortung der Asquithschen Frage herbeizuführen

Am 8. August sucht mich Hahn am Bodensee auf, um mir mündlich die Haager Informationen vorzutragen.

Der Gesandte Rosen, so berichtete er, sieht in der Asquithschen Frage eine einzigartige Gelegenheit, um uns dem Frieden einen gewaltigen Schritt näherzubringen. Er hat sofort zwei Depeschen an den Reichskanzler abgesandt und ihn eindringlich gebeten, Asquith die öffentliche Antwort zu erteilen, nach der er verlangte. Er hat darüber hinaus durch den ehemaligen Premierminister Heemskerk Verbindung mit dem amtlichen England gesucht, um durch ihn womöglich die Garantie zu erhalten, daß eine deutsche Erklärung über Belgien Resonanz bei der englischen Regierung finden würde. Rosen war so weit gegangen, zu sagen: Kommt eine befriedigende Antwort und schweigt Michaelis noch weiter über Belgien, so sei er – Rosen – entschlossen, seinen Abschied zu nehmen.

Ich war mit meinem Berichterstatter der Meinung, daß Rosen die erbetene Garantie der Resonanz nie erhalten würde. Das amtliche England wurde von Lloyd George und nicht von Asquith vertreten.

Aber das, was nun von deutscher Seite zu geschehen habe, herrschte im Haag eine zwiefache Auffassung: Die einen meinten mit Rosen: Michaelis soll umgehend antworten. So hatten die holländischen Pazifisten die Führer der Reichstagsmajorität telegraphisch mit drängenden Worten aufgerufen, jetzt die Erklärung über Belgien zu erzwingen:[116]

> „ … Deutsche Majorität kann Friedenssache großen Schritt vorwärtsbringen, falls sie auf Asquiths Fragen bezüglich Belgiens unzweideutige Antwort durchsetzt. Hier wird allgemein Gegensatz zwischen Reden Asquiths und Bonar Laws lebhaft besprochen. Bonar Law und Lloyd George haben Kanzlerrede vor ihren Völkern als Bekenntnis zum Annexionismus hingestellt. Asquith bezweifelt diese Deutung und fragt Kanzler in klaren Worten, welche Stellung er Belgien gegenüber einnimmt. Asquith setzt sich hier zum erstenmal in einer Frage der auswärtigen Politik in Gegensatz zur gegenwärtigen Regierung. Bleibt die Frage Asquiths unbeantwortet, so verwischt sich der Gegensatz aufs neue; seine Verschärfung aber ist unvermeidlich, falls unzweideutige Antwort kommt. Jetzt besteht schönste Gelegenheit, Asquith und was hinter ihm steht vom jetzigen Ministerium loszumachen … Bitte um Mitteilung dieses Telegramms an David und Fehrenbach." [117]

D. Johannes Lepsius, der seit einem Jahre sorgfältig die Friedensfrage im Haag verfolgte, erteilte den anderen Rat: er berief sich auf einen Ausspruch der „Westminster Gazette", daß der Versöhnungsfriede einen Systemwechsel in Deutschland zur Voraussetzung habe und daß das Problem gewaltig vereinfacht wäre, wenn die neue Ordnung wirklich humanen Geist widerspiegelte. – Ich gebe seine mir damals mündlich übermittelte Auffassung nach einem Brief wieder, der etwa acht Tage später eintraf:

> „Voraussetzung dafür, daß die freiheitliche Neuordnung Deutschlands durchschlagend suggestiven Eindruck auf die Welt gewinnt, ist, daß mit der schwunglosen und schwächlichen Vertretung, die sie bisher gefunden hat, mit weithin sichtbarer Geste ein Ende gemacht wird. Sollte zum Beispiel jetzt ein

---

[116] Dieses von Anfang August datierte Telegramm war an Conrad Haußmann gerichtet.
[117] Am 15. August 1917 übermittelte Herr de Jong van Beek en Donk vom „Anti-Oorlog-Raad" den telegraphischen Bescheid, den er von einem bekannten Engländer erhalten hatte: „Uneingeschränkte Erklärung des Kanzlers, vollständige belgische Freiheit garantierend, erster wesentlicher Schritt zum Frieden. Wenn getan, würde er zweifellos internationale Situation verändern."

neuer Kanzler oder ein neuer Staatssekretär nur schrittweise und erzwungen zugestehen, was doch kommen muß, so würde das Gegenteil der unbedingt erforderlichen Wirkung erreicht werden, nämlich ein verstärkter Eindruck von Schwäche und Unaufrichtigkeit. Aus demselben Grunde müßte vermieden werden, daß die Neuordnung erst im Oktober unter dem Druck des Parlaments erfolgt.

„Die Welt wird erst aufblicken und Deutschland Glauben schenken, wenn sie in neuen Männern einen neuen Geist verspürt. In sichtbar ehrlicher und herzlicher Zusammenarbeit mit der Reichstagsmehrheit, die Sozialdemokraten eingeschloffen, müßte eine eindrucksvolle staatsmännische Persönlichkeit die Führung übernehmen, getragen durch die freie, von der großen ethischen Idee des Volkskaisertums beseelte Initiative der Krone. Wird die Neuordnung der Dinge nicht in einer solchen Zusammenarbeit der führenden nationalen Kräfte geschaffen, sondern unter dem Druck von unten her erzwungen, so weckt dies bei den Gegnern des Deutschen Reiches die Hoffnung auf eine dritte und vierte Krisis und schließlich auf russische Anarchie. Dagegen muß es sichtbar werden, daß der Wechsel des Systems geschaffen wurde in einmütigem Zusammengehen zwischen der Krone und dem Volk, einschließlich der Arbeitermassen, damit jede Hoffnung der Gegner Deutschlands auf innere Spaltung endgültig beseitigt wird.

„Die glückliche Lösung wäre die, wenn ein hochgestellter, freigesinnter Mann an die Spitze träte, dessen menschliche Gesinnung der Welt bekannt ist, der auch bei den Friedensverhandlungen, an Welterfahrenheit und Würde überragend, das Deutsche Reich in seiner größten Stunde vornehm und bedeutend zu vertreten hätte.

„Michaelis ist nicht derMann, aus dessen Munde die Antwort auf Asquiths Frage die entscheidende Tat wäre: Er kann heute einen größeren Dienst seinem Lande erweisen, als durch die Erklärung über Belgien: nämlich zu verschwinden."

Während mir diese Mitteilungen vorgelegt wurden, traf ein Telegramm aus dem Hauptquartier ein: Hahn solle sofort mit den Haager Dokumenten nach Kreuznach kommen, am nächsten Morgen um acht Uhr müsse er dort sein, damit Haeften seinen Bericht noch hörte, ehe Ludendorff am Vormittag Kühlmann und Michaelis sähe.

Dem Scheidenden gab ich noch den Auftrag mit:

„Sagen Sie Haeften, das Bessere ist der Feind des Guten; um Gottes willen, man warte nicht auf einen Kanzler, dessen Nase der Entente besser gefällt, sondern heraus mit der Erklärung über Belgien."

Haeften erhielt die Haager Nachrichten noch rechtzeitig, aber es gelang ihm erst am Nachmittag, Ludendorff ausführlichen Vortrag zu halten, nachdem die Besprechung mit dem Kanzler und Kühlmann schon vorüber war.

Als er am Abend Kreuznach verließ, hatte er das Gefühl, das Menschenmögliche erreicht zu haben. Auf der Fahrt nach Berlin faßte er das Ergebnis seiner Unterredung folgendermaßen zusammen: Es sei kein Zweifel, Ludendorff wolle keinen vierten Kriegswinter. Dem General werde es schwer, sich von Lüttich zu trennen; aber schließlich habe er sich überzeugen lassen, daß nur die uneingeschränkte Erklärung über die Freigabe Belgiens die gewünschte Wirkung erzielen würde. Ludendorff hätte vor, womöglich noch heute in diesem Sinne mit dem Kanzler zu sprechen.[118] Der General stehe zu Michaelis, den er für eine Führernatur halte. Michaelis imponiere ihm, weil er ihm bei einer Gelegenheit energisch widersprochen habe.

III. Die Streitfrage: Soll Michaelis gestützt oder gestürzt werden?

Mitte August wurde die Friedensnote des Papstes veröffentlicht. Die belgische Frage war darin als Zentralproblem behandelt:

„Infolgedessen müßte von seiten Deutschlands Belgien vollständig geräumt werden und seine politische, militärische und wirtschaftliche Unabhängigkeit gegenüber jeder in Betracht kommenden Macht gesichert werden."

Ich höre, daß der neugebildete Siebener-Ausschuß darauf besteht, sich die Antwort vorlegen zu lassen, welche die Regierung erteilt. Werden die Herren der Anregung aus dem Haag entsprechen und die Klärung der belgischen Frage fordern und durchsetzen? Ich erfahre, daß in Kreisen der Zentrumsabgeordneten das Schwergewicht auf ein erneutes Bekenntnis zur Friedensresolution, womöglich in detaillierter Form, gelegt wird.

Aber die Lage des Ministeriums Michaelis erhielt ich Mitte August den folgenden pessimistischen Bericht:

„Die gegenwärtige Ruhe in der inneren Situation ist eine trügerische. Sie erklärt sich aus der neurasthenischen Erschöpfung der Reichstagsmajorität, die sich in die Ferien geflüchtet hat. Selbst ein so ruhiger und sanfter Beobachter

---

[118] Aussage Haeftens vor dem Zweiten Untersuchungsausschuß am 2. März 1922.

der Lage wie Payer sagte mir vorgestern in Stuttgart: Nun, dann wird es wohl Krach im Herbst geben.

„Haußmann war viel bestimmter. Er hielt die Krisis für ganz unvermeidlich und hoffte nur als Patriot, daß es der Staatskunst der Krone gelingen möchte, dieser Krisis zuvorzukommen.

„Die Frage, ob das Ministerium Michaelis eine endgültige Lösung sein soll, beantwortet sich leicht, wenn wir uns über die Aufgabe, die es zu erfüllen hat, klar werden. Die Aufgabe der deutschen Politik ist nach meiner Auffassung im gegenwärtigen Augenblick vor allem die: für den Finish die feindliche Moral zu zerstören und die deutsche zu kräftigen. Ich zögere keinen Augenblick, zu sagen, daß mir bisher das Ministerium Michaelis die feindliche Moral gekräftigt und die deutsche geschwächt zu haben scheint. Daß Lloyd George heute den Arbeitermassen in England die Paßverweigerung zumuten darf, ist eine Tatsache von ungeheurer symptomatischer Bedeutung. Es ist ihm gelungen, die Suggestion in England Wurzel schlagen zu lassen: das neue Ministerium in Deutschland ist weniger maßvoll in seinen Kriegszielen als das alte, nimmt es weniger ernst mit der Neuorientierung usw. Diese Suggestion frißt auch in den deutschen Massen immer weiter."

Ich gab meiner abweichenden Auffassung in dem folgenden Brief Ausdruck:

Den 18. August 1917.

„ ... Ich bin der Meinung, daß das Ministerium Michaelis möglichst lange gehalten werden sollte, und meine, die Mittelparteien sollten dasselbe nach Kräften unterstützen; das Fiasko der demokratischen Idee bei den Westmächten bietet dazu eine glückliche Handhabe. Denn wenn Sie auch mit Recht darauf hinweisen, daß es Lloyd George möglich gewesen ist, der Arbeiterpartei die Pässe zu verweigern, so ist das nach meiner Ansicht ein sehr großer Fehler und ein Pyrrhussieg, der sich fortdauernd rächen wird ... Man fühlt die Unwahrhaftigkeit der demokratischen Parole, und hierin liegt die Möglichkeit eines Heilungsprozesses zugunsten Deutschlands. Michaelis und die Presse sollten dies zu nutzen verstehen. Man muß die deutschen Sozialisten nach Stockholm gehen lassen als etwas ganz Selbstverständliches ... Löst Michaelis jetzt die belgische Frage, so gewinnt er eine große Position im In- und Ausland. Sie jetzt einleiten, wo wir mit den Waffen gut stehen und Lloyd George den Pazifismus in England und der Entente zurückgedrängt hat, bedeutet nicht Schwäche, sondern Klugheit und guten Willen. Ich bin davon überzeugt, daß in dieser Richtung gehandelt werden muß. Ich wäre bereit, in dieser Sache schriftlich und mündlich zu wirken, wenn es erforderlich erscheinen sollte und die Gelegenheit sich günstig bietet.

„Ich weiß genau, was Sie bei all diesen Erwägungen denken. Sie mögen recht haben, aber bei dem Problematischen einer Lösung durch die ‚Quadratur des Kreises' ist es unser aller Pflicht, auch die der wissenden Parteileute, dahin zu wirken, daß eine Politik Michaelis, soweit sie vernünftig ist, so unterstützt werde, daß sie dem Vaterlande dienen kann und wenn möglich die Lösung im Sinne des Friedens bringen. Hier gilt es auch zu verhüten, daß das Gute nicht durch ein Hoffen auf ein mögliches Besseres ungenützt bleibe."

Die Antwort lautete:

Den 22. August 1917.

„... Daß es mir schwer wird, die Marschroute einzuhalten, die Eure Großherzogliche Hoheit mir vorzeichnen, werden meine einliegenden Ausführungen dartun. Ich gab sie heute Herrn v. Haeften. Es gibt nur einen Weg zum Sieg, und wer ihn einmal klar gesehen hat, dessen Ruhe ist hin. Immerhin hat das lähmende Sprichwort: Das Bessere ist der Feind des Guten, mich dazu veranlaßt, das einliegende Telegramm ... erst der Reichskanzlei und dann Haußmann zugänglich zu machen ... Ich glaube, daß die Krisis sich rascher entwickeln wird, als ich annahm.

„Folgendermaßen war die Stimmung des Majoritätsausschusses, als er gestern zusammentrat:

„1. Die Nationalliberalen wollen den neuen Mann lieber heute als morgen loswerden. Ihnen war Payer zu schwächlich in seiner Proteststimmung. Ich hörte, wie Carolath zu Haußmann sagte: ‚Es ist alles unsere Schuld, wir hätten nicht auseinander gehen sollen.' Ihre Hauptwut richtete sich gegen die Parodie der Parlamentarisierung. Sie gehen in ihrer Forderung nach Parlamentarisierung weiter als die Freisinnigen.

„2. Das Zentrum ist durch den Vatikan unwiderruflich in die pazifistische Richtung gedrängt. Es besteht auf einem neuen loyalen Bekenntnis zur Majoritätsresolution. Diesmal aber in detaillierter Form.

„3. Die Freisinnigen werden durch Payer und Haußmann geführt. Haußmann ist die treibende Kraft, er weiß genau, wohin er steuert.

„4. Die Sozialdemokraten arbeiten an einer Ablehnung des Helfferichschen Etats, mit Chance.

„Zusammenfassend sagte Haußmann: ‚Ich finde eine unerwartete Konfliktstimmung vor. Gleich in unserer ersten Sitzung haben wir beschlossen, uns die Antwort des Kanzlers vorlegen zu lassen, die er dem Papst zu geben gedenkt.'

„Frage: ‚Würden Sie derartige demütigende Zumutungen auch an den von Ihnen gewünschten Kanzler stellen?

„Antwort: ‚Nein, zu dem haben wir Vertrauen.'

„Hier liegt der Kern der Situation: die Majorität empfindet diesen Kanzler als einen Minoritätskanzler, fühlt sich hierdurch gedemütigt und sucht dieses Ohnmachtsgefühl nun selber durch demütigende Zumutungen loszuwerden.

„Solche Zumutungen führen in the long run zu einer Stärkung des Parlaments auf Kosten der Reichsleitung und der Krone.

„Daß dieses Ministerium ein Provisorium ist, wird mit jeder Stunde stärker empfunden. Viel hängt von der heutigen Unterredung der Majoritätsführer mit dem Kanzler ab."

Unmittelbar darauf folgte ein ergänzender Bericht:

Den 22. August 1917.

„Eurer Großherzoglichen Hoheit beehre ich mich, in aller Eile die folgende Mitteilung zu machen, daß heute mit unerhörter dramatischer Kraft die Kanzlerkrisis ausgebrochen ist.

„Er erklärte plötzlich im Hauptausschuß, er hätte den Mehrheitsvertretern ja immer gesagt, daß er nicht auf dem Boden der Mehrheitsresolution stände – worauf der Sturm losbrach, zur höhnischen Freude der sozialistischen Minderheit. Schließlich wurde etwas zu Protokoll gegeben, das darauf hinauslief, daß der Kanzler unrichtige Angaben gemacht habe – der Kanzler sagte dann etwas, das einer Revozierung seiner vormittäglichen Bemerkungen gleichkam."

Der Brief schloß mit einer Mitteilung, die mich erschreckte und empörte: Politische Persönlichkeiten trügen sich mit der Absicht, Michaelis den Rücktritt nahezulegen und ihn zu bitten, mich als seinen Nachfolger vorzuschlagen. Ich schickte ein sehr grobes Telegramm nach Berlin, das die gewünschte Wirkung tat. Mir war der Gedanke unerträglich, daß die Hoffnung auf meine Kanzlerschaft verschärfend auf die Lage wirken sollte.

Die Krisis wurde von Michaelis noch einmal beschworen. Am Nachmittag des 22. August, an dem er erneut entgleist war, hatte Haußmann mit Fehrenbach verabredet, am nächsten Tag das Tempo zu forcieren und womöglich den Sturz des Kanzlers herbeizuführen. Da fand ein parlamentarischer Bierabend im Reichskanzlerpalais statt, der sehr gemütlich verlief, und am folgenden Morgen versagte sich Fehrenbach für die von Haußmann betriebene Aktion mit der Begründung: „Er war doch gestern so lieb mit uns." Haußmann selbst wurde von seinem Parteivorsitzenden verwehrt, eine Rede mit der Aufforderung an den Kanzler zu schließen: Entweder nach parlamentarischem Grundsatz die Vertrauensfrage zu stellen, oder nach unparlamentarischem System dem Kaiser zu melden, was vorgefallen sei, und daß das in ihn gesetzte Vertrauen eine Erschütterung erfahren habe.

Immerhin war das, was Haußmann schließlich sagen durfte, eigentlich deutlich genug:

„Stellt sich ein Minoritätskanzler widerstrebend unter dem Vorbehalt des Widerrufs auf den Boden dieser [Friedens-]Resolution, so erscheint er dem Ausland gegenüber schwach und unaufrichtig, und die Majorität, die sich dieses bieten läßt, bekommt den Stempel der Hilflosigkeit, und ihre Resolution ist entwertet.

„Unser Problem ist, dem Ausland gegenüber gleichzeitig maßvoll und stark zu erscheinen. Dazu wäre eigentlich ein Kanzler nötig, der die Majoritätsgesinnung schon vertreten hat, als wir vor Paris standen; der könnte führen, denn er wäre manchem von uns voraus gewesen. Ein solcher Kanzler hätte die feste Basis des gefühlsmäßigen Vertrauens der Majorität. Alle nervösen Vergewisserungsversuche, ob er nachmittags auf demselben Standpunkt steht wie vormittags, wären ausgeschieden.

„Gerade unsere militärisch gute Situation ermöglicht es uns, dem Ausland gegenüber maßvoll in unseren Kriegszielen aufzutreten, ohne den Eindruck der Schwäche zu machen. Die Deutung: Zeichen der Schwäche, ist im Ausland nur dann möglich, wenn jemand, den es für einen Annexionisten hält, plötzlich maßvoll in seinen Kriegszielen wird. Ich sage nicht, daß der Kanzler ein Annexionist ist, aber auffällig ist, daß die rechtsstehenden Parteien ihn immer wieder als ihren Mann begrüßen ... Die Entente ist moralisch schwächer als wir, und das ist unsere große Siegeschance. Aber wir können diese Chance nur ausnutzen und den Zusammenbruch der feindlichen Moral nur durch politische Mittel herbeiführen, wenn weithin sichtbar eine Einigkeit zwischen Regierung und Mehrheit besteht. Wir brauchen einen Kanzler, der nicht nur humane Gesinnung hat, sondern auch die suggestive Kraft, diese Gesinnung zum Ausdruck zu bringen. Denn da wir, wie Herr v. Kühlmann gestern richtig sagte, heute schon mit der öffentlichen Meinung in Verhandlung stehen, so wird die große Politik zu einer Kunst des Ausdrucks."

Das akute Stadium der Krisis ging noch einmal vorüber. Am 24 August wurde mir berichtet:

„Die eigentlich chronische Krisis, die nicht beigelegt werden kann, entspringt aus dem allseitigen Gefühl: Dieser Mann hat sich und das Ansehen des Deutschen Reichs blamiert, und nichts, was er künftig tut, kann das Vertrauen in seine Geeignetheit bringen. Der Abgeordnete Junck rief: ‚Theobald, komme zurück!' Und David sagte unter großer Heiterkeit: ‚Wenn man einen von uns vor sechs Wochen gefragt hätte, ob er Reichskanzler werden wolle, so hätte jeder in erfreulicher Bescheidenheit sich sehr besonnen. Wenn man aber hinzugesetzt hätte: sonst würde es Unterstaatssekretär Michaelis, dann hätte jeder gesagt: ‚Nun, dann will ich es auch einmal probieren!'"

IV. Die Minderung der Kanzlerrechte
Michaelis selbst fühlte sich dem Reichstag gegenüber völlig unsicher. Er hatte große Konzessionen gemacht, verschärfte Kontrolle zugelassen. Die Sozialdemokraten waren in dem Gefühl ihrer erstarkenden Position einverstanden, den Kanzler noch eine Weile im Amt zu lassen.

24. August 1917.

„Was wir gegenwärtig erleben – mein Chef stimmt mit mir darin überein – ist nicht Parlamentarisierung, sondern Arbeiter- und Soldatenrat. Eine Zumutung, wie die an Michaelis gestellte und von ihm angenommene, die Parteiführer bei der [Beantwortung der] Papstnote mitarbeiten zu lassen, hätte Asquith durch seinen Hausknecht beantworten lassen. Solche Konzessionen sind unvermeidlich, wenn der Kanzler in einem Mißtrauensverhältnis zur Majorität steht ... Mein Chef, der in Kreuznach dringend riet, trotz aller Skepsis to give him a chance, ist restlos meiner Meinung ... Die Lösung ist darum so unbedingt notwendig, weil die Majoritätsparteien zugeben, daß sie sich von einem Manne führen lassen würden, der ihr Vertrauen hat. Vorbedingung natürlich ist, daß die Arbeiter- und Soldatenratsitten sich nicht erst eingebürgert haben.

„Das ganze Problem der Führerschaft ist in seiner furchtbaren Tragweite aufgerollt, und man könnte das Heulen kriegen, daß es so ausgeht – bei dem Gedanken, daß unser Volk führerlos in den vierten Kriegswinter oder in einen faulen Frieden treiben soll."

Der Siebener-Ausschuß stellte die Forderung, daß auf die klare Frage des Papstes eine eindeutige und öffentliche Antwort erfolgte.

Die aus dem Mißtrauen des Reichstags entstehende Minderung der Kanzler- und Kronrechte fängt an, Bestürzung in Regierungskreisen zu erregen, ebenso wie die Vernachlässigung von Chancen in der auswärtigen Politik. Um diese Zeit (31. August) entschließt sich der Staatssekretär Solf, das folgende Telegramm an Ludendorff zu schicken:

„Fruktifizierung unserer Siege unmöglich bei weiterem Verzicht auf Anwendung psychologischer Kampfesmethoden. Ohne diese entweder materielles Übergewicht Entente im Jahre 1918 oder diplomatisches Übergewicht geeinigter Feinde 1917 am Tisch. Andererseits opferentsprechender Ausgang noch erreichbar, falls vorhandene psychologische Machtmittel zur Desorganisierung englischen Kriegsbetriebs, Chloroformierung amerikanischen Kriegswillens, Sprengung der Bundesgenossen rücksichtslos zur Anwendung kommen und gleichzeitig deutsche Heimatmoral durch Sicherung des Volksvertrauens gegen alle feindlichen Demoralisierungsversuche geschützt wird. Voraussetzung hierfür ist: Gesamte innere und äußere Politik Deutschlands muß nach einem einheitlich ausgearbeiteten Plan in den Dienst der deutschen Kriegserleichterung und der englischen Kriegserschwerung gestellt werden.

„Hierzu scheint mir erforderlich: Feinde müssen Hoffnung auf deutsche innere Erschütterung verlieren; gegenwärtig treiben wir unaufhaltsam in zweite Krisis hinein. Wir brauchen unbedingt Lösung mit Stempel der Endgültigkeit. Eine solche Lösung ist: Majorität als Stützpunkt, nicht aber als führender Faktor; das kann autoritative Staatskunst zustandebringen, sie muß Majoritätsvertrauen haben und braucht dann keinen Wohlfahrtsausschuß. Eine solche Kontrollbehörde einzelner Regierungshandlungen ist ein Unding und gefährlicher Präzedenzfall. Geheimhaltung, die für Politik ebenso wichtig wie für Strategie, in ihr unmöglich. Schlimmste Konsequenz aber Aufhebung des Führergedankens, der Deutschland groß gemacht hat. Die freie Kommission ist aus Mißtrauen und nicht aus Vertrauen entstanden. Dieses Nachgeben an falscher Stelle ist um so beschämender, als gerade jetzt Balfour demokratische Kontrolle auswärtiger Politik grundsätzlich abgelehnt hat … "

V. Bemühungen, die Erklärung über Belgien herbeizuführen

Ende August und in der ersten Septemberhälfte wird der Siebener-Ausschuß mehrfach zur Beratung der Antwort an den Papst herangezogen. Die Vertreter der Majoritätsparteien stellen beharrlich die Forderung, daß auf die klare Anfrage des Papstes eine klare Antwort erfolgen müsse. Herr v. Kühlmann war anderer Meinung. Er hatte unter Benutzung alter Beziehungen den diplomatischen Weg nach London beschritten, von dem er sich einen größeren Erfolg als von der Aktion des Vatikans versprach. Mit dem Plan der von ihm eingeleiteten Unternehmung war es unvereinbar, daß sich Deutschland öffentlich band. Er blieb fest bei der Weigerung, die Zukunft Belgiens in unserer Note überhaupt zu berühren. Von Haußmann erfuhr ich, daß der Staatssekretär sogar soweit gegangen war, mit seinem Rücktritt zu drohen, falls die Herren auf ihrem Standpunkt beharrten. Kühlmann setzte sich durch dank dem Vertrauen, das er auf der Linken genoß – galt er doch als der aussichtsreichste Kanzlerkandidat. Der Siebener-Ausschuß fand sich damit ab,[119] daß in unserer Note über

---

[119] Nach Bredt (a. a. O., S. 146) stimmten fünf (Konservative, Nationalliberale, Zentrum, Fortschritt) Mitglieder des Siebener.Ausschusses zu, daß in der Antwort nichts über Belgien gesagt werde. Scheidemann forderte eine klare Antwort wegen Belgien und auch Ebert erhob Einspruch, hatte aber keinen Erfolg. Daß die Sozialdemokraten sich dem Entschluß des Ausschusses durchaus fügten, beweist die Rede Landsbergs vom 6. Oktober, worin er von der Antwort auf die Papstnote

die deutschen Kriegsziele nichts weiter stehen sollte, als ein allgemein gehaltener Hinweis auf die Friedensresolution des Reichstags:

„In Würdigung der Bedeutung, die der Kundgebung Seiner Heiligkeit zukommt, hat die Kaiserliche Regierung nicht verfehlt, die darin enthaltenen Anregungen ernster und gewissenhafter Prüfung zu unterziehen; die besonderen Maßnahmen, die sie in engster Fühlung mit der Vertretung des deutschen Volkes für die Beratung und Verantwortung der aufgeworfenen Frage getroffen hat, legen davon Zeugnis ab, wie sehr es ihr am Herzen liegt, im Einklang mit den Wünschen Seiner Heiligkeit und der Friedenskundgebung des Reichstags vom 19. Juli d. 3. brauchbare Grundlagen für einen gerechten und dauerhaften Frieden zu finden."

Am 11.September fand der Kronrat statt. Kühlmann forderte freie Hand für Belgien, d. h. die Vollmacht, bei seinen Sondierungen in London die Zusage der Wiederherstellung Belgiens zu verwerten.[120] Der Kaiser ent-

---

als von einer „guten Arbeit" sprach (Helfferich, Vom Eingreifen Amerikas bis zum Zusammenbruch, S. 186).

[120] Während der Drucklegung kommt mir die Denkschrift zu Gesicht (gedruckt: v. Korostowetz, Erinnerungen, Bd. 2), die Kühlmann als Unterlage für die Verhandlungen im Kronrat vom 11. September 1917 hergestellt hat. Sie beruft sich auf die gleichen Symptome, die auch mir damals zur Kenntnis gekommen waren:

die Depesche des Engländers, die über den Oorlog-Raad nach Berlin gelangte; die Frage Asquiths; aber im Augenblick, wo man die Schlußfolgerung erwarten sollte: also heraus mit der öffentlichen Erklärung, um die in der Öffentlichkeit aufgeworfene Frage nach der Zukunft Belgiens zu beantworten, biegt die Argumentation ab: nur eine Erklärung an das amtliche England sei in Erwägung zu ziehen. Die Denkschrift lautet in ihren wesentlichen Teilen:

„… Die belgische Frage ist immer mehr in den Mittelpunkt des diplomatischen Interesses gerückt, so daß sie augenblicklich als die brennende Frage bezeichnet werden kann.

… Die Angelegenheit ist deshalb mit so wichtig, weil diese ganze eben geschilderte Gruppe nicht gewillt erscheint, sich für weitgehende französische Ziele in der elsaß-lothringischen Frage einzusetzen. Es ist vielmehr mit Bestimmtheit zu erwarten, daß, wenn erst die leitenden englischen Staatsmänner volle Sicherheit dafür haben, daß die spezifisch englischen Ziele (Freihaltung der belgischen Küste und Befreiung Belgiens im allgemeinen) sich ohne Winterfeldzug erreichen lassen, sie auf Frankreich im Sinne eines Verzichtes auf elsaß-lothringische Aspirationen drücken werden. Es wäre eine Umkehrung des Verfahrens, das die Entente augenblicklich mit Hilfe Österreichs gegen uns anwendet.

Ein derartiger modus procedendi entspricht auch durchaus der Sachlage. Wir können nicht zu Ende kommen, wenn wir nicht in die Koalition unserer Gegner auf irgendeine Weise einen Keil treiben, genau wie die Entente versucht, zwischen uns und Österreich Keile zu treiben. Von Frankreich trennt uns ein Ozean von Haß. In der elsaß-lothringischen Frage nennenswerte Zugeständnisse zu machen, ist für ein nicht vollkommen geschlagenes Deutschland absolut undiskutierbar. Wir haben also Frankreich nichts zu bieten. Darin liegt auch die Schwäche des ganzen österreichischen bzw. Czerninschen Planes, daß sie hoffen oder glauben, Frankreich von England abziehen zu können, da sie bei ruhiger Überlegung sich doch sagen müßten, daß sie selbst Frankreich nichts zu bieten haben, daß sie von Deutschland unter keinen Umständen so viel herauspressen können, um diesen Mangel einigermaßen auszugleichen, und daß Frankreich trotz der Intelligenz seiner Staatsmänner durch die Zeitverhältnisse vollkommen in den Händen Englands ist, so daß – selbst wenn der Plan möglich wäre – das für den Friedensgedanken gewonnene Frankreich absolut nicht in der Lage wäre, England seinen Willen aufzuzwingen, während umgekehrt ein englischer ‚Wunsch', Frankreich möge seinen elsaß-lothringischen Traum in die Tasche stecken, in Paris, wenn auch zähneknirschend, als Befehl befolgt werden muß.

Wollen wir nicht in der oben geschilderten, für unsere Interessen absolut verderblichen Weise in das Schlepptau der österreichisch-ungarischen Politik geraten, so müssen wir selbst eine gewisse diplomatische Aktivität entfalten, und zwar in der Richtung, daß durch geeignete Sondierungen festgestellt wird, ob nach Ansicht der maßgebenden englischen Staatsmänner eine vollkommen eindeutige amtliche deutsche Erklärung über das zukünftige Schicksal Belgiens zu Friedensverhandlungen mit den Westmächten führen würde oder nicht.

Diese Vorverhandlungen, die absolut geheim zu betreiben wären und betrieben werden könnten, haben nicht zur unbedingten Voraussetzung eine Festlegung der deutschen maßgebenden Stellen auf ein endgültiges Aktionsprogramm in Belgien. Diese endgültige Festlegung müßte allerdings erfolgen unmittelbar, nachdem das Ergebnis dieser Sondierung vorliegt. Denn wenn die Sondierung ergibt, daß England unter solchen Umständen bereit ist, in Friedensverhandlungen einzutreten, so würde für die Beschlußfassung über das Zukunftsschicksal Belgiens damit ein neues und sehr gewichtiges Moment mit zu erwägen sein. In den Herbst und Winter hineinzugehen, ohne durch eine derartige Sondierung eine diplomatisch einwandfreie klare Lage geschaffen zu haben, ist für Deutschland nicht möglich. Ich halte es für tunlich, dem Ansturm der auf eine unzweideutige öffentliche Erklärung über Belgien drängenden Reichstagsmehrheit und friedensfreundliche Elemente in Deutschland die Stirne zu bieten, wenn die Regierung selbst in dieser Frage diplomatisch im Sinne einer raschen und vollkommen klaren Lösung tätig ist. Ebenso können wir dem Drängen Österreichs und dem Winken mit Separatfrieden sowie der Gefahr, im Schlepptau Österreichs von Konzession zu Konzession gezogen zu werden, nur entgehen, wenn wir selbst durch zielbewußte und energische diplomatische

schied sich für ihn gegen die Oberste Heeresleitung, die erneut Sicherungswünsche (Lüttich) anmeldete.

Haußmann wollte sich nicht darüber beruhigen, daß die Friedensaktion des Vatikans auf das tote Gleis geschoben wurde. Könnte nicht noch ein Weg gefunden werden, daß nachträglich der Reichskanzler und der Staatssekretär des Äußeren in einer Rede dem Papst und Asquith die befriedigende Antwort erteilten? Er ging zu Kühlmann, vermochte ihn aber nicht zu überzeugen. Nun wandte er sich an Haeften – er wußte, daß dieser vertraute Mitarbeiter Ludendorffs seit Wochen auf die öffentliche Erklärung über Belgien hinarbeitete und glaubte, damit im Sinne seines Chefs zu handeln. General Ludendorff hatte zwar am 9. August Michaelis nicht mehr sprechen können, um ihm die Zustimmung der Obersten Heeresleitung zu einer etwaigen Erklärung über Belgien mitzuteilen, aber der Chef der Reichskanzlei, Unterstaatssekretär v. Grävenitz war ins Bild gesetzt worden. Ende August hatte Haeften in einer erneuten Unterredung mit Ludendorff festgestellt, daß die Verabredung vom 9. August noch galt. Natürlich mußte jeder Eingeweihte mit anderen Einflüssen rechnen, die geeignet waren, liebgewordene strategische Wünsche neu zu beleben. Wer den General Ludendorff kannte, durfte nicht erwarten, daß er eine zäh behauptete Position kampflos preisgab im Augenblick, wo es sich darum handeln würde, die letzte und unwiderrufliche Entscheidung über die Zukunft Belgiens zu fällen. Stolze Menschen vollziehen ihre Bekehrung ungern in der Öffentlichkeit oder im Kreise ihrer amtlichen Gegenspieler. Für die Zwecke unserer auswärtigen Politik aber reichte es aus,

---

Tätigkeit die leider vielfach uns entglittene Führung in dem Bündnis wieder an uns nehmen.
Der Antrag, der sich aus dem oben Gesagten mit zwingender Notwendigkeit ergibt, lautet: Selbst wenn eine Entscheidung über das künftige Schicksal Belgiens nicht sofort getroffen werden soll, wolle der Herr Reichskanzler nach Einvernehmen mit der Obersten Heeresleitung die Zustimmung Seiner Majestät des Kaisers einholen, daß der Staatssekretär des Auswärtigen Amtes auf diskreten aber sicheren Wegen sich darüber vergewissere, welches die Minimalforderungen der Westmächte in bezug auf Belgien sind, und ob eine vorläufig nur von Regierung zu Regierung vertraulich zu gebende, aber bindende Erklärung über die künftige Gestaltung der Dinge in Belgien die Eröffnung von Friedensverhandlungen unmittelbar zur Folge haben würde."

daß der General Ludendorff sich fügte – zornig, widerstrebend oder schweigend.

Vor dem Kronrat vom 11. September, in welchem er erneut für Lüttich plädierte, hatte der General Haeften empfangen und ihn darauf vorbereitet, daß er militärische Sicherungen anstreben würde – Haeften widersprach und drang nicht durch, aber er gewann den Eindruck: dem General liegt auch heute die Vermeidung des vierten Kriegswinters vor allem am Herzen, und er wird im Kronrat nachgeben. Nachher nahm er nicht anders an, als daß die Entscheidung Seiner Majestät für alle Teile bindend sein würde. Für ihn stand seit dem 9. August fest: die Zustimmung zu der Erklärung über Belgien ist von dem General Ludendorff zu erlangen, sowie eine entschlossene Regierung sie fordert als das einzige Mittel, um entweder im Jahre 1917 zu einem Verständigungsfrieden zu gelangen, oder für die Kampagne von 1918 die Feinde zu schwächen und zu spalten. So entschließt sich Haeften am 20. September dazu, Kühlmann aufzusuchen. Das denkwürdige Gespräch nahm etwa folgenden Verlauf: Zunächst erklärte Haeften, die Lage sei reif für eine Initiative des Staatssekretärs des Auswärtigen. Die Reichsleitung könne jetzt die öffentliche Erklärung über Belgien bei der Obersten Heeresleitung durchsetzen. Da gab Kühlmann die Antwort: Das geht euch Soldaten gar nichts an. Nunmehr forderte Haeften die Erklärung über Belgien als kriegspolitisches Machtmittel, auf dessen Anwendung in unserer heutigen Lage die Armee Wert legen müsse. Da meinte der Staatssekretär ungeduldig: Das werden Sie mir überlassen, den Zeitpunkt zu bestimmen, wann ich diese Erklärung abgebe. Wer sagt Ihnen überhaupt, daß ich dieses Pferd verkaufen will. Das ist mein bestes Pferd im Stall.[121]

Zum Verständnis für Kühlmanns Politik sei erneut betont, daß er nie und nimmer daran dachte, Belgien zu behalten. Er war für die vollständige Wiederherstellung der belgischen Souveränität und Integrität. Ihn lahmte aber die diplomatische Doktrin: nur kein Pfandobjekt entwerten, ehe die Verhandlungen im Gange sind; und sie hoffte er durch die bewährten Mittel der Geheimdiplomatie herbeizuführen. So tauchte immer

---

[121] Aussage des Generals v. Haeften vor dem Zweiten Untersuchungsausschuß am 2. März 1922.

wieder der Denkfehler auf, eine amtliche Friedensbereitschaft in England vorauszusetzen. Gewiß lagen damals einige maßvolle Äußerungen englischer Minister vor, aber das waren meist nur Manöver, um die kriegsstörenden Pazifisten ruhig zu halten. Jeder geheime deutsche Fühler, mochte er über Spanien, über Pacelli-de-Salis, über Rosen-Heemskerk führen, mündete bei Lloyd George, und Lloyd George wollte Krieg.

Am 21. September hatte General Ludendorff die folgende Unterredung mit dem Chefredakteur des „Hamburger Fremdenblattes":

„Als Militär müsse er sich klar darüber sein, wie künftig Deutschland zu schützen ist. Er könne Deutschlands wichtigstes Industriegebiet nicht der Gefahr aussetzen, daß seine wertvollen Anlagen wenige Stunden nach Kriegsausbruch durch feindliche Luftgeschwader zerstört werden; diese Gefahr bestehe, wenn die feindliche Basis so nahe wie in Belgien sein könne. Daraus ergebe sich das Kriegsziel. Aber, so fuhr Ludendorff mit sehr starker Betonung jedes einzelnen Wortes fort, entscheiden müsse die Kriegslage darüber, ob das Ziel zu erreichen sei. Wenn, was bisher nicht der Fall, von der feindlichen Seite irgend etwas komme, was Geneigtheit, über den Frieden loyal zu verhandeln, vermuten lasse, dann, aber erst dann, sei es an der Zeit, sich darüber zu entscheiden, ob man um jener Ziele willen weiterkämpfen solle und müsse."

„Aus der ganzen Art Ludendorffs war nicht der Schluß zu ziehen, daß er der Meinung sei, es dürften die Waffen unter keinen Umständen vor der Erlangung von Annexionen niedergelegt werden." [122]

Durch dieses Interview finde ich meine Auffassung bestätigt. Ich möchte sie dahin zusammenfassen: Die Oberste Heeresleitung war sturmreif für einen Vorstoß des Staatsmannes, unternommen mit dem Ziel, die öffentliche Erklärung über Belgien herbeizufuhren. Dieser Vorstoß ist nicht gemacht worden.

VI. Ausgang der Kanzlerkrisis

Im Laufe des Oktober erhielt ich die Nachricht: Auch General Ludendorff sieht voraus, daß Michaelis nicht zu halten ist. Hahn wird von Haeften nach Kreuznach bestellt, um den General aufzuklären über die Mobilisierung der amerikanischen Hilfsquellen,[123] über die seelische

---

[122] Ludendorff, Urkunden, S. 445f.
[123] Soeben hatte Wilson sein Land auf Frankreichs Kriegsziel: Elsaß-Lothringen verpflichtet.

Grundlage der amerikanischen Kraftanstrengung, über die Aussichten von Lloyd Georges Plan, den Krieg über den Winter hinaus zu retten.

Hahns Ausführungen gipfelten darin: Die amerikanische Kriegsmaschine kommt unaufhaltsam in Gang, wenn nicht durch Systemwechsel in Deutschland die Parole: „Demokratie gegen Autokratie" zerbricht.

In diesem Augenblick unterbricht Haeften: Die demokratische Idee der Entente mag Unsinn sein, Exzellenz – der ganze amerikanische Idealismus mag Unsinn sein, aber er mobilisiert Millionen und schafft den Feinden die Menschen, die sie so nötig brauchen.

Als Hahn dann fortfährt: Systemwechsel ist nutzlos ohne Personenwechsel; Hauptaufgabe der Reichsregierung wäre: psychologisch richtig berechnete Angriffe auf die feindlichen Heimatfronten, vor allem lähmende Suggestion nach England, der ehrenvolle Friede scheitere durch die Schuld Lloyd Georges, – da stimmt Ludendorff zu und wirft die Frage auf, wer der geeignete Mann sei, diese psychologische Kriegführung zu leiten?

Nun bezeichnet Haeften, von Bartenwerffer sekundiert, den Prinzen Max als den Mann, dessen Name und Programm die stärkste Sprengwirkung im Auslande ausüben würden.

Am 9. Oktober bricht die dritte und letzte Michaelis-Krisis aus.[124] Auf der Tagesordnung stehen die Erörterungen der Interpellation Dittmann: „Agitation durch Vorgesetzte im Heer zugunsten alldeutscher Politik." In seiner begründenden Rede behauptet Dittmann, Todesurteile und Zuchthausstrafen seien gegen Matrosen „wegen Bekundung ihrer politischen Gesinnung" gefällt worden. Da geht Michaelis zum Gegenangriff über: Er kündet Mitteilungen des Staatssekretärs Capelle an über die aufgedeckte und gesühnte Matrosenverschwörung. Dann fährt er fort: Seine Erklärung, daß er allen Parteien mit voller Objektivität gegenübersehe, gelte nicht für Parteien, die staatsgefährliche Ziele verfolgten. Die Unabhängigen stünden für ihn „jenseits dieser Linie". Anschließend berichtet Capelle über die Meuterei, deren Zweck war, die Flotte lahmzulegen. Er bezichtigt die Abgeordneten Dittmann, Haase und Vogtherr, diese Pläne gebilligt und gekannt zu haben. Zunächst richtet sich die Empörung gegen die

---

[124] Vgl. Helfferich, a. a. O., S.184ff.

Unabhängigen; als sich aber im Laufe der Debatte herausstellt, daß der Beweis für diese furchtbare Anklage noch nicht erbracht ist, ja, daß der Reichsanwalt es abgelehnt hat, auf Grund des vorhandenen Beweismaterials eine Anklage zu erheben, schlägt die Stimmung rasch um. Die Erregung der patriotischen Linken wendet sich gegen Michaelis und Capelle, deren Vorgehen als illoyal empfunden wird. Nicht nur die Mehrheitssozialdemokraten, sondern auch die Fortschrittler, vertreten durch Naumann, springen den angegriffenen Abgeordneten der Unabhängigen Sozialdemokratischen Partei Deutschlands bei; Naumann, der wahrlich dem Gefühl der Armee nahe verbunden war, erhebt Einspruch, „daß man aus einem nicht vollzogenen Verfahren hier entehrende Folgerungen gegen jemanden zieht, der zur deutschen Reichs- und Volksvertretung gehört. Durch das, was der Herr Reichskanzler vorhin gesagt hat, sind wir alle genötigt worden, nun für diese Partei und ihr Existenzrecht einzutreten".

Der Interfraktionelle Ausschuß – Sowjet hieß er in Regierungskreisen – trat zusammen. Die Nationalliberalen hatten gebeten, aufgenommen zu werden, und so wurde er der Wortführer einer noch größeren Mehrheit. Es herrschte Abereinstimmung darüber, daß vor der nächsten Session Michaelis entfernt sein müsse. Der Vorsitzende des Ausschusses, Payer, erhielt den Auftrag, Michaelis schonend aufzuklären. Aber der Kanzler hielt es für seine Pflicht, auf seinem Posten zu bleiben, und ließ in der Presse verkünden: Capelle sei in seinen Behauptungen weiter gegangen, als er von Michaelis autorisiert gewesen sei, und werde deshalb sein Entlassungsgesuch einreichen. Die gesamte Presse der Majorität protestierte gegen diesen Versuch, Capelle zum Sündenbock zu machen.

Haußmann leitete nunmehr eine Aktion ein, die bezweckte, der Krone die Initiative zur Lösung der Krisis in die Kand zu geben. Er führte im Interfraktionellen Ausschuß den Beschluß herbei, daß vier Vertreter der Mehrheitsparteien zum Chef des Zivilkabinetts gehen und ihn ins Bild setzen sollten, aber ohne Kandidaten zu nennen, auch wenn Valentini nach Namen fragen sollte. Darüber hinaus verfaßte er ein Schriftstück, das auch den letzten Zweifel an der Loyalität der Majoritätsvertreter beheben mußte und charakteristisch für Stil und Takt des Mannes ist:

„Sollte Seine Majestät der Kaiser zum Entschluß kommen, daß ein Kanzlerwechsel nötig ist, so sind die Vertreter verschiedener Parteien zu der Überzeugung gekommen, daß es im höchsten Staatsinteresse ist, eine ruhige innere politische Entwicklung zu gewährleisten. Hierdurch würde jene Geschlossenheit hergestellt werden, deren das Volk in Waffen und in der Heimat dringend bedarf. Der Weg zu diesem Ziele führt über eine vertrauensvolle Verständigung über die innere und äußere Politik bis zum Kriegsende. Der Mangel einer solchen Verständigung hat bisher dazu geführt, daß jene innere Geschlossenheit in den letzten Monaten nicht bestand.

„Wir bitten daher Seine Majestät, vor der von ihr zu treffenden Entscheidung, die zur Leitung der Reichsgeschäfte in Aussicht genommenen Persönlichkeit zu beauftragen, sich mit dem Reichstag zu besprechen."

Dieses Dokument wurde am 23. Oktober 1917 persönlich durch die Abgeordneten Stresemann, Trimborn, Südekum und Fischbeck Herrn v. V
lentini überbracht. Damit war der Sturz von Michaelis besiegelt.

Ich habe später von Haußmann gehört, daß Herr v. Valentini mich an erster Stelle als Nachfolger des Kanzlers vorgeschlagen habe. Seine Majestät habe abgelehnt, aus dem Gefühl heraus: er könne sich von einem älteren Staatsmann beraten lassen, nicht aber von einem jüngeren Standesgenossen.

Graf Hertling wurde nach Berlin gerufen. Ich glaube, daß Hausminister Graf Eulenburg vor allem diese Kandidatur betrieb. Seine Hoffnung war, daß der in parlamentarischer Taktik vielerfahrene bayerische Ministerpräsident die Sprengung der unnatürlichen Bundesgenossenschaft zwischen Sozialisten und Zentrum herbeiführen würde. Man rechnete darauf, daß der Reichstag ihn nicht ablehnen könnte. Was vermochte man mehr für die Parlamentarisierung zu tun, als den Kanzler einer der großen Parteien der Mehrheit zu entnehmen?

Hertling traf am 28. Oktober ein. Er ließ sofort keinen Zweifel darüber, daß er das Kanzleramt nur nach einer Verständigung mit den Parteien annehmen würde. Am ersten Abend hatte Hertling ein Gespräch mit Erzberger,[125] das ihn nicht ermutigte. Am nächsten oder übernächsten Morgen sollte er Ebert sehen – für seine Entschlüsse mußte es entscheidend

---

[125] Vgl. auch für das Folgende M. Erzberger, a. a. O., S. 292ff.

werden, ob die Sozialdemokraten ihn unterstützen, zum mindesten nicht in die Opposition gehen würden. Haußmann versuchte noch vor dieser Unterredung Ebert in seinem natürlichen Widerstreben gegen die Berufung Hertlings zu bestärken. Er sagte ihm, daß keine Konzessionen, die Hertling der Mehrheit machen würde, dem konservativ gerichteten Mann das Vertrauen der Linken sichern dürften. Auch im Ausland würde sein Name keine Werbekraft haben. Es lag in Eberts Natur, rein sachlich vorzugehen: „Wenn Hertling in den entscheidenden Fragen auf unseren Standpunkt tritt, so können wir nichts gegen ihn einwenden," meinte er.

In der nun folgenden Aussprache bekannte sich Hertling zum allgemeinen geheimen gleichen Wahlrecht und zum Verständigungsfrieden. Er sagte dem Abgeordneten Ebert zu, daß Payer, der das besondere Vertrauen der Sozialdemokraten genoß, in die Regierung berufen werden würde. Ebert verweigerte zwar die Beteiligung der Sozialdemokraten an der neuen Regierung, aber machte deutlich: die sachlichen Zugeständnisse hätten ihn immerhin so beruhigt, daß seine Partei nicht in Opposition gehen würde. Haußmann versuchte ein Letztes, um die von ihm als unheilvoll angesehene Kandidatur zu Fall zu bringen; er veröffentlichte in der Presse den folgenden Situationsbericht:

„ ... Graf Hertling hat sich Bedenkzeit ausgebeten. Er hat besonders lebhafte Bedenken gegen die Übernahme der preußischen Ministerpräsidentschaft; auch sonst bestehen noch einige Bedenken bei Graf Hertling. Er beabsichtigt, mit politischen Persönlichkeiten Rücksprache zu nehmen und hat Graf Westarp empfangen. Man muß Graf Hertling dankbar sein, daß er in so hohem Alter das große Opfer bringen will, sich um die Reichssorgen an erster Stelle zu bemühen. Die Aufgabe ist für ihn eine ungeheuer schwere. Er hat eine klerikal-konservative Vergangenheit, die ihn der Neuorientierung gegenüber auf Schritt und Tritt belastet, und bei jedem Entgegenkommen muß er noch besondere Anstrengungen machen, um den Schein zu vermeiden, daß er nur aus taktischen Rücksichten handelt. Dieser Anschein der Taktik hat schon über seiner bayerischen Ministertätigkeit sich ausgebreitet; auch seine Stellungnahme gegen die Autonomie von Elsaß-Lothringen erschwert seine Aufgabe und erlaubt ihm höchstens den Rückzug auf die Formel: einer Vertagung der Frage bis zum Friedensschluß. Auch gegen die Aufhebung des Artikels 9, Schlußsatz, hat er sich engagiert. Wir hoffen, daß der Reichstag das Gewicht dieser großen Zweifel nicht verkennt, und daß der Interfraktionelle Ausschuß auf morgen einberufen wird. Man hat an dem Reichskanzler Michaelis gesehen, eine wie grausame Aufgabe es ist, wenn der Kanzler neben den unvermeidlichen äußeren Kämpfen auch noch die inneren Kämpfe zu bestehen hat, mit denen er sich von seiner Vergangenheit losringen muß, und eine wie kostbare Zeit blutig verschwendet worden ist. Wie viel leichter und fruchtbarer würde ein Mann wirken, der der überzeugte und überzeugende Vertreter des Kurses ist, der von der Zeit klar vorgezeichnet ist, den schließlich jeder Kanzler gehen muß, der aber rascher und erfolgreicher zurückgelegt wird, wenn er in der Vorstellung des Inlandes und des Auslandes freiwillig beschritten wird."

Die öffentliche Stimmung gegen die Kandidatur Hertlings wuchs. Man wollte bereits wissen, daß er entschlossen sei, wieder abzureisen. Da griff der Staatssekretär v. Kühlmann ein und vergewaltigte die Tatsachen.

Er zitierte die Führer der Mehrheitsparteien und eröffnete ihnen: jetzt macht der Kaiser einen Versuch mit einer neuen Art der Regierungsbildung. Die Vertreter der Majorität werden vor der Ernennung des Kanzlers gehört. Wenn nun der Reichstag einen Führer des Zentrums ablehne, so würde Seine Majestät die neue Methode als für unsere Verhältnisse untauglich wieder verlassen. Ja, man müßte einen Rückschlag befürchten; diejenigen Kreise, die schon längst eine Militärdiktatur befürworten, könnten Oberwasser bekommen.

Diese Argumente waren von großer Wirkung. Man einigte sich auf den liberalen Unterbau. Die Sozialdemokraten stimmten der Kanzlerschaft Hertlings zu unter der Bedingung, daß zwei Fortschrittler in die Regierung aufgenommen würden. Ich erhielt eine Darlegung dieser Vorgänge, die mit den Worten endete:

„Man kann die ganze Aktion Kühlmanns folgendermaßen charakterisieren:
„Der Reichstag wird dazu ermuntert, reale Garantien zu fordern, um die Durchführung eines liberalen Programms unter einem konservativen Premierminister sicherzustellen. Diese realen Garantien führen zu einer Machterweiterung des Reichstags, wie sie der Reichstag selbst gar nicht anstrebte. Es ist immer dasselbe Bild: jeder konservative Reichskanzler wird zu einem Mehrer des Reichstags, weil er das Mißtrauen durch Konzessionen beseitigen muß, die seine Handlungsfreiheit, ja auch die Handlungsfreiheit der Krone einengen ...
„Kühlmann legte größtes Gewicht auf die Wirkung auf das Ausland: ‚goldene Brücke nach Amerika'; man sollte das Ganze als einen ‚Victory of Parliamentarism' frisieren können. In diesem Sinne wurde auch sofort die Lösung Payer-Friedberg in die Welt telegraphiert."

Dieser Ausgang bedeutete einen schweren Schlag für meine Gesinnungsgenossen. Sie hatten bestimmt mit einer Lösung gerechnet, die uns auf dem Wege zum Frieden vorwärts bringen würde. Man machte mir Vorwürfe, daß ich jede Agitation für meine Person unterbunden hätte. Ich erhielt Kenntnis von dem Ausspruch eines feindlichen Diplomaten: durch Partikularismus und dynastische Bedenken sei nunmehr die letzte Chance des Verständigungsfriedens zerschlagen.

Darum schrieb ich nach Berlin:

Brüssel, den 8. November 1917.

„ ... Ich weiß, wie sehr Sie die andere Lösung ersehnten und kann Ihre schwere Enttäuschung mit Ihnen mitempfinden.

„Andererseits wird es mir sehr schwer, mich in die Psyche des feindlichen Diplomaten hineinzudenken, der solchen Wert auf Ihre Lösung legte, denn ich kann mir den umgekehrten Fall nicht vorstellen, in dem wir sagen würden, nur wenn Mr. X ans Ruder kommt, werden wir verhandeln können. Das kommt mir willkürlich vor, denn dieser Mr. X kann krank werden oder sterben, und damit sollten die letzten Möglichkeiten der Verständigung endgültig erledigt sein?

„Ich habe keine Ahnung, wie die Dinge in Berlin gingen. Wer hat z. B. ins Ausland wissen lassen, daß dynastische Gründe die Kandidatur unmöglich machten? In Baden wurde meines Wissens nicht angefragt. – Bin ich dem Kaiser genannt worden? Wer hat Hertling gemacht?

„Nach wie vor ist mir klar, daß ich nicht habe anders handeln können. Jedes Hervortreten hätte den Wert der Kandidatur entwertet und meine Position auf das schwerste geschädigt und geschwächt. Baden könnte nur dann eine Schuld treffen, wenn eine Anfrage ablehnend beschieden worden wäre. Drum konnte ich das Urteil des Diplomaten ganz objektiv zur Kenntnis nehmen.

„Ich glaube, Hertling wird sich halten, es sei denn, daß er erkrankt. Es würde doch eine Ironie sondergleichen auf den Parlamentarismus sein, wenn die Sozialdemokraten mit einem Manne nicht arbeiten wollten, der der stärksten Partei ihres Blocks entstammt. Was kann man mehr verlangen? Auch scheint mir, sachlich gesprochen, bei seiner Wahl und Einsetzung eine so starke und eingehende Fühlungnahme mit den Parteien erfolgt zu sein, wie es sich der Reichstag nur wünschen kann.

„Freilich, auch ich habe Bedenken gegen ihn, und ich würde es als ein Zeichen der Schwäche seiner Position ansehen müssen, wenn die Sozialdemokraten nicht mittun wollten. Jedenfalls halte ich ihn für den weit stärkeren Mann als Michaelis und parlamentarisch sehr erfahren. Wie weit das ‚Tun als ob' und das ‚Auch anders können' bei ihm eine Rolle spielt, kann ich nicht beurteilen. Sie kennen mich genug, um zu begreifen, daß ich mich unmöglich auf den

Standpunkt stellen kann, daß ich der bessere Mann gewesen wäre. Meinte ich es, so wäre ich es sicherlich nicht. Ob meine Zeit noch kommt, noch kommen muß, darüber habe ich kein Urteil. Sollte dieser Fall eintreten, so wird er vermutlich mit noch weit zwingenderen Gründen an die Tür klopfen."

Die Antwort war: „Ich glaube, daß die Notwendigkeit wieder anklopfen wird, aber dann wird es zu spät sein."

Zweiter Teil

Erstes Kapitel

Meine Antwort auf den Brief Lansdownes

Die für politische Aktionen fruchtbarste Periode setzte in jedem Jahre ein nach Abschluß der militärischen Kampagne.

Die Russen hatten am 28. November 1917 um Waffenstillstandsverhandlungen nachgesucht. Am 2. Dezember endete unser Gegenstoß bei Cambrai, der den einzigen Erfolg der Engländer auf der Westfront wieder aufhob. Er überraschte nicht nur die englischen Offiziere (in ihren Pyjamas), sondern auch die Politiker: man rechnete in dieser Jahreszeit nicht mehr mit einer so großen Unternehmung an der Westfront.

So kam es, daß sich am 29. November in England die größte politische Sensation seit Kriegsbeginn ereignen konnte.

Der „Daily Telegraph" brachte einen Brief Lord Lansdownes über den Frieden. Daß Lord Lansdowne heimlich mit den Anhängern des Verständigungsfriedens sympathisierte, war uns bereits durch Presseindiskretionen bekannt geworden. Als vor genau einem Jahre Lloyd George das Kabinett Asquith stürzte, wurde unter den zu beseitigenden Gegnern der Knock-out-Politik Lansdowne genannt. Anfang August 1917 hatte uns dann die Nachricht aus dem Haag erreicht: Man spreche in England ganz offen von einem Ministerium Asquith-Lansdowne als Alternative der Lloyd-George-Regierung. Gleichwohl wirkte die Offenheit und Entschiedenheit seines Auftretens verblüffend.

Lord Lansdowne forderte die Revision der Kriegsziele, die die Alliierten am 10. Januar 1917 verkündet hatten. Er erwähnte Elsaß-Lothringen nicht und stellte die belgische Frage in den Vordergrund. Ähnlich wie es Grey und Asquith in den Jahren 1914/15 getan hatten:

> „Wir werden diesen Krieg nicht verlieren, aber seine Verlängerung bedeutet den Ruin der zivilisierten Welt und eine unendliche Vermehrung der Bürde menschlichen Leidens, die jetzt schon auf ihr lastet. Sicherstellung wird einer Welt unschätzbar sein, welche noch die Lebenskraft hat, davon Vorteil zu ziehen; was für einen Wert werden aber die Segnungen des Friedens für Nationen haben, die so erschöpft sind, daß sie kaum die Hände ausstrecken können, um danach zu greifen? Es ist meine Überzeugung: wenn der Krieg noch rechtzei-

tig, um eine weltumspannende Katastrophe zu verhüten, zum Abschluß gebracht werden sollte, so wird dies darum geschehen können, weil auf beiden Seiten die Völker der betroffenen Länder sich klarmachen, daß er bereits allzulang gedauert hat."

Zum Schluß forderte Lord Lansdowne die englische Regierung auf, die deutsche Friedenspartei dadurch zu ermutigen, daß man ihr folgendes zu verstehen gäbe:

England will nicht:
Die Vernichtung Deutschlands als Großmacht.
Dem deutschen Volk eine andere Regierungsform aufzwängen als diejenige, die es sich selbst wählt.
Deutschland seinen Platz unter den Handelsmächten nehmen.
England ist bereit, über die Frage der Freiheit der Meere zu diskutieren.
England will eine internationale Übereinkunft über die friedliche Regelung internationaler Streitigkeiten.

Die Bedeutung des Briefes lag in der Persönlichkeit des Mannes. Hier sprach kein Ideologe, sondern ein erprobter konservativer Staatsmann, der selbst ein Hauptexponent des englischen Imperialismus gewesen war: 1895 bis 1900 Kriegsminister, 1900 bis 1905 Staatssekretär des Auswärtigen, der die Politik der „splendid isolation" verließ, vorher Generalgouverneur von Kanada, Vizekönig von Indien, bis zum März 1917 Führer der Konservativen im Oberhaus, vor allem aber Mitunterzeichner des Briefs vom 2. August 1914,[126] der das englische Kabinett in seinem damals wankenden Entschluß bekräftigte, sofort in den Krieg an Frankreichs Seite einzugreifen.

Es wäre ein Irrtum gewesen, hätte man aus der Annahme des Prinzips „Freiheit der Meere" folgern wollen, daß Lansdowne zu den liberalen Idealisten abgeschwenkt wäre, die von jeher den Verzicht Englands auf

---

[126] Dieser von den Führern der konservativen Opposition (Bonar Law und Lord Lansdowne) unterzeichnete Brief an das Kabinett befürwortete ein bedingungsloses Eintreten für Frankreich und Rußland unabhängig von der belgischen Frage.

den rücksichtslosen Gebrauch seiner Seemacht gefordert hatten. Seit der Entwicklung der U-Boot-Waffe war die Parole: Einschränkung des Seebeuterechts zugunsten der Nichtkombattanten, nicht mehr allein die große historische Forderung Amerikas und des europäischen Kontinents gegen die Briten, sondern geradeso eine Forderung der Inselmacht gegen den Kontinent. Nach Archibald Hurds Ausruf: „Wir sind durch das U-Boot entinselt worden," hatte ich eigentlich immer darauf gewartet, daß der wachsame Selbsterhaltungstrieb des britischen Imperiums nunmehr die Freiheit der Meere in das englische Programm aufnehmen würde.[127]

---

[127] Der damals in unseren Erwägungen mehrfach aufgetauchte Gedanke findet eine Bestätigung in den Intimate Papers of Colonel House. So in der Aufzeichnung vom 2. Februar 1915, Band I, S. 376: „Ich speiste heute mit Sir William Tyrrell [Privatsekretär Greys], und wir hatten eine höchst interessante Unterhaltung. Er sprach mit vollkommener Offenheit ... Tyrrell glaubt, daß Großbritannien in der von mir gestern vorgeschlagenen Konvention – für den Fall, daß ein Abkommen zwischen allen Mächten, neutralen und kriegführenden, getroffen würde zur Aufstellung von Regeln für die künftige Kriegführung – der absoluten Freiheit der Handelsschiffe aller Nationen, in Kriegszeiten unbehelligt die Meere zu befahren, zustimmen würde. Das kam in unserer gestrigen Konferenz zum Ausdruck, aber Tyrrell entwickelte heute in seiner Unterhaltung: Großbritannien erkenne an, daß das U-Boot die Rechtsgrundlage der Seekriegführung gewandelt habe, und Großbritannien in Zukunft durch eine solche Politik besser geschützt sein würde, als in der Vergangenheit durch die Erhaltung einer überwältigend starken Flotte." Dann geht House nach Berlin und stellt, wie er Grey schreibt, den deutschen Staatsmännern die großen Vorteile vor, die Deutschland von der Anerkennung der „Freiheit der Meere" seitens Englands haben würde. Er findet starken Widerhall beim Kanzler und bei Zimmermann. „Aus meinen Unterhaltungen mit Ihnen wußte ich, daß Sie eine größere und prächtigere Zukunft für England in dieser neuen Richtung als in der alten voraussehen. Ich ließ mir nichts davon merken und überließ sie der Überlegung, was für Zugeständnisse sie machen könnten, um ein so vielversprechendes Ziel zu erreichen." (S. 428.) Ebenso bespricht er die Sache mit Lord Loreburn; dieser sieht den Vorteil für England klar ein: „Er sagte mir, er glaubte, daß wenn wir die Freiheit der Meere zuwege bringen könnten, es der größte Akt der Staatskunst wäre, der in Jahrhunderten vollbracht wäre. Er meinte, sie würde für die anderen Nationen 100 Prozent wert sein und 120 Prozent für England, obgleich es schwer halten würde, dies der englischen Einsicht klarzumachen ... Ich sagte ihm, ich hätte in Berlin gezittert, als ich dem Kanzler und dem Auswärtigen Amt dieses vorschlug, aus Angst, sie würden sehen, daß es mehr in Englands Vorteil als in ihrem eigenen sei, und deshalb nicht bereit sein, dafür Konzessionen zu machen." (S. 432.)

Es unterlag keinem Zweifel, daß Lansdowne die überwältigende Mehrheit der Arbeiter unter Henderson, beinahe die gesamte Asquith-Gruppe und eine Reihe von älteren Staatsmännern, die zwischen der konservativen und der liberalen Partei standen, auf sein Programm vereinen konnte. Der parlamentarische Korrespondent der „Westminster Gazette" (vom 30. November 1917) gab wohl die beste Antwort auf die Frage: Was steht hinter Lansdowne?

> „Mitglieder des Parlaments weigern sich, daran zu glauben, daß Lansdowne nur sein eigenes Gewissen entlastet. In dem Brief steckt ohne Zweifel mehr, als sofort ins Auge fällt. Der Brief kommt in einem Augenblick, wo er, wie ein parlamentarisches Mitglied sagt, einer großen Masse öffentlicher Meinung Ausdruck verleiht, die sich bisher stumm verhalten hat, um der Regierung keine Schwierigkeiten zu machen. Diese Stimmung war da, und sie wird jetzt den Mut finden, Lord Lansdowne zu unterstützen; sie brauchte einen Führer und hat ihn gefunden ... Daß der Brief eine wirklich reale Bedeutung hat, daß er ‚Realpolitik' ist, daran braucht man nicht zu zweifeln."

Lord Loreburn urteilte: Lansdownes Brief habe die einzige Revolution hervorgebracht, die, wie er vertraue, das Land jemals sehen würde, nämlich eine Revolution der öffentlichen Meinung.

Was wollte nun Lansdowne?

Unser holländischer Gewährsmann schrieb: Das Ziel Lansdownes ist, daß ein deutscher Staatsmann ein ganz klares Wort über Belgien sagt.

Dazu waren die Aussichten sehr gering.

Die nachfolgenden Worte aus einer vertraulichen Aufzeichnung jener Tage, die mir zur Verfügung gestellt wurde, sind in ihrer Schärfe übertrieben, aber ich gebe sie wieder, um zu zeigen, wie die Passivität der Reichsleitung die Menschen damals zur Verbitterung und zur Verzweiflung trieb:

Vorbedingung für jede moralische Offensive gegen den feindlichen Kriegswillen ist, daß das Auswärtige Amt wirklich davon überzeugt wird:

„a) Die Beeinflussung der öffentlichen Meinung in Feindesland gehört zu dem Machtbereich der deutschen Politik.

b) Gehört ferner zu ihren Pflichten, damit unser Krieg erleichtert und der feindliche erschwert wird.

c) Der Friede kann nicht zustande kommen, bevor das ... bessere England Lloyd George und seine Gesinnung gestürzt hat.
Diese Forderungen sind unerfüllbar: da das Auswärtige Amt
jede Propaganda in Feindesland auf dem Wege öffentlicher Kundgebungen als zwecklos ablehnt;
die belgische Erklärung in keinem Falle, aus Rücksicht auf unsere öffentliche Meinung, abgeben will, da, wie es wörtlich hieß, über Friedensbedingungen nur von Regierung zu Regierung zu sprechen sei;
den Sturz Lloyd Georges gar nicht als wünschenswert ansieht. Mit diesem versatilen Manne zu verhandeln, scheint gewissen Stellen sogar Vorteile zu bieten.
Da
die Aufgabe der Diplomatie ausschließlich in der Liquidierung des Krieges, nicht aber in seiner Erleichterung gesehen wird.
Eine moralische Offensive nur von Menschen eingeleitet werden kann, die, bei aller realpolitischen Verschlagenheit, auch in der Politik starke sittliche Impulse haben. (Bismarck verfügte über diese Kombination.)"

Aus dieser Stimmung heraus ist es zu erklären, daß der Hilferuf meiner Gesinnungsgenossen in Berlin: Die einzigartige Gelegenheit darf nicht wieder verpaßt werden, damals nur an die militärischen Stellen erging. Man kann die Warnung heute nicht ohne Bewegung lesen:

„Die Lansdownesche Aktion hat deutlich einen Riß in der englischen Heimatfront verursacht. Er folgt nicht der Linie der alten Parteigruppierung. Konservative, Liberale, Arbeiter stehen gegen Konservative, Liberale, Arbeiter. Es tun sich plötzlich zwei Englands vor uns auf. Das eine, das bereit ist, unser Recht in der Welt anzuerkennen, das andere, mit dem es nur einen Kampf auf Leben und Tod gibt. Das Kräfteverhältnis würde ich ungefähr gleich schätzen. Noch aber ist der Riß nicht so tief, daß er sich nicht wieder schließen könnte. Die konservative Partei fühlt sich auf das schwerste beunruhigt durch die Spaltung in ihren Reihen und möchte am liebsten die Lansdownesche Aktion so rasch als möglich in Vergessenheit geraten lassen.

„Wir haben das größte Interesse daran, daß der Riß ... sich nicht wieder schließt. Lord Lansdownes Brief war nur ein Anfang. Noch ist die englische Heimatfront nur eingedrückt, Deutschland aber braucht den Durchbruch ...

„Deutschland vermag den Durchbruch zu erzwingen. ..

„Lord Lansdowne ist so weit gegangen, daß nach einer authentischen deutschen Erklärung über Belgien er das entscheidende Wort sprechen muß, auf das alles ankommt, und ohne das der Durchbruch nicht gelingen kann: ‚Wir müssen jetzt in Verhandlungen eintreten, unsere Differenzen lassen sich auf diplomatischem Wege überbrücken.' …

„Die großen psychologischen Augenblicke, wo Deutschland die englische Heimatfront sprengen kann, fallen immer in jene paar Wochen, die zwischen dem Aufhören einer Kampagne und dem Beginn der anderen liegen.

„Widerlegung des Einwandes: Wir müssen noch eine militärische Entscheidung herbeiführen.

„Jeder Schlag, den wir im Westen führen, falls er nicht absolut den Zusammenbruch der feindlichen Armeen erzielt, schiebt, politisch gesprochen, den Durchbruch durch die englische Heimatfront hinaus. Im Unglück schließt sich der Riß, wie das auch im Burenkrieg der Fall war … Ich erinnere ferner daran, wie Verdun den französisch-englischen Zusammenhalt nur fester hämmerte. Käme aber ein großer Schlag im Westen nach dem Durchbruch der englischen Heimatftont, so wäre die Wirkung eine ganz andere. Dann läßt sich der Riß nicht mehr schließen, nachdem die eine Hälfte des Volkes erklärt hat: ‚Wir wollen Frieden haben' und die Regierung, der Opposition zum Trotz, die Fortsetzung des Krieges erzwungen hat.

„ … Alles kommt auf den Zeitpunkt an, in dem wir in die Verhandlungen eintreten. Ob wir unsere Forderungen durchsetzen, hängt in erster Linie ab von unserer militärischen Kraft in dem Augenblick, wo wir die Verhandlungen beginnen können. Sind wir imstande, nein zu sagen und nochmals zu schlagen, so setzen wir unsere Forderungen durch. Tritt aber ein Deutschland an den Verhandlungstisch, zermürbt und ausgeblutet, wenn auch auf dem Höhepunkt seiner militärischen Triumphe, so können uns die Feinde diplomatisch lahmlegen, nachdem es ihnen militärisch nicht gelungen ist. Die deutsche Offensive im Westen ist eine mächtigere politische Waffe heute in der Erwartung, als nachdem sie vorüber ist.

„Es ist von der größten Bedeutung für unsere gesamte innerpolitische Entwicklung, daß der Friede zustande kommt auf Grund einer Mäßigung unserer Militärs. Soll unser Volk militärfreudig bleiben, so darf niemals gesagt werden, daß eine diplomatisch für den Frieden reife Situation vorüberging, weil die Militärs erst restlos alle ihre Trümpfe ausspielen wollten. Auch der genialste Feldherr, auch Moltke, brauchte das Gegengewicht des politischen Maßhaltens. Heute haben wir keinen Bismarck als Gegengewicht. Das legt unseren Feldherren die große, die ungeheure, die übermenschliche Verantwortung auf, selbst das Gegengewicht gegen die rein militärischen Forderungen zu bilden." (11.Dezember 1917.)

Ich weiß nicht, ob diese Warnung General Ludendorff je erreichte. In jedem Falle war die Stimmung bei der Obersten Heeresleitung nicht mehr aufnahmefähig. Im August 1917 vor die Wahl gestellt: Kampagne von 1918 oder Verständigungsfriede 1917, hätte General Ludendorff auch in die unzweideutige Erklärung über Belgien gewilligt, um den Verständigungsfrieden herbeizuführen. Jetzt aber rang man mit dem großen Entschluß zur Offensive 1918. Und gleichzeitig gewann eine Vorstellung in der Umgebung der Generale an Boden, die im Januar 1918 gar den Weg in die Presse fand:[128] „Wenn wir noch einmal schlagen, so muß sich wenigstens der zu schließende Friede lohnen – kein Verzichtfriede, sondern Sicherungsfriede." Ich nahm damals an, daß die Reichsleitung zwar diesen Trugschluß nicht bekämpft, zum mindesten aber auch nicht ermutigt hätte. Dem war nicht so. Oberst Schwertfeger hat in seinem Gutachten über die Frage der politisch-militärischen Verantwortlichkeit [129] einen Brief des Grafen Hertling an den Generalfeldmarschall vom 7. Januar 1918 veröffentlicht, darin sich die folgenden Sätze finden:

„Wenn also mit Gottes gnädiger Hilfe die in Aussicht genommene neue Offensive unter Euer Exzellenz bewährter Führung, gestützt auf den Heldenmut und Siegeswillen unserer Soldaten, zu dem erhofften durchschlagenden Erfolge führen wird, so sind wir in der Lage, für einen mit den Westmächten zu schließenden Frieden diejenigen Bedingungen zu stellen, welche von der Sicherung unserer Grenzen, unserer wirtschaftlichen Interessen und unserer internationalen Stellung nach dem Kriege gefordert werden. Ich hoffe, daß es gelingen wird, hiervon auch den Reichstag, mit Ausnahme der Sozialdemokraten, zu überzeugen. An Bemühungen nach dieser Richtung wird es nicht fehlen."

Bei dieser Einstellung ist es erklärlich, daß der Reichskanzler die Aufforderung Lansdownes unbeachtet ließ. Da Graf Hertling und Kühlmann schwiegen, entschlossen wir uns, dem englischen Staatsmann auf eigene Faust zu antworten, damit er nicht durch die fehlende Resonanz entmutigt würde. Am 14. Dezember 1917 hielt ich eine Rede über die auswärtige Politik in der Ersten Badischen Kammer. Am 21. Dezember sprach Staatssekretär Solf in der Philharmonie in Berlin über „Die Zukunft Afrikas". Das befreiende Wort: „Wiederherstellung Belgiens" konnten wir allerdings nicht aussprechen.

---

[128] „Tag" vom 25. Januar 1918.
[129] Ursachen des Zusammenbruchs, Entstehung, Durchführung und Zusammenbruch der Offensive von 1918. Heft 1: Gutachten des Obersten a.D. Schwertfeger: Die Frage der politisch-militärischen Verantwortlichkeit. 1. Teil: Bis zum Beginn der Offensive 1918 (21. März 1918), Berlin 1922, S. 41.

Hinter den beiden Reden stand ein einheitlicher Plan: Wir wollten Lansdowne sagen, ohne ihn anzureden, daß die deutsche Verständigungspartei, auf deren Ermutigung es ihm ankam, zwar zu Unterhandlungen mit dem besseren England, das er vertrat, bereit wäre, aber ebenso entschlossen, den Kampf auf Leben und Tod mit der Knock-out-Regierung aufzunehmen, die selbst oder deren Gesinnung abdanken müsse, sollte ein allgemeiner Friede der „Zufriedenstellung" zustande kommen. In unserem eigenen Volke aber wollten wir ein zähes Vorurteil an der Wurzel treffen: als ob Macht und Sittlichkeit unbedingt feindliche Kräfte sein müßten, die Ethik in der Politik zu vertreten nur dem kraftlosen Pazifismus obliege, der Imperialismus aber notwendig über den Menschheits- und Rechtsgedanken hinwegschreiten müsse.

Dem Vorkämpfer für unseren kolonialen Gedanken lag vor allem daran, den Machtwillen des deutschen Volkes aus seiner kontinentalen Begrenztheit zu erlösen und auf stolze und sittliche Ziele über See hinzuweisen, neben denen der Erwerb von Briey und Longwy nichtig erscheinen mußte. Ich wollte auf dem Höhepunkt unserer militärischen Situation die Warnung bringen, daß die Welt sich niemals mit unserer ungeheuren Macht abfinden würde, wenn sie nicht ein Verantwortungsgefühl gegenüber der Menschheit dahinter spürte. Darüber hinaus wollten wir einmal die Wirkung der Propagandamethoden erproben, die wir für richtig hielten und bisher vergeblich empfohlen hatten:

Unser Ehrgefühl hat sich gegen den Bannfluch der Feinde zu wehren, d. h. im wesentlichen gegen die beiden Lügen von der Alleinschuld Deutschlands an dem Ausbruch des Krieges und an seiner „gesetzlosen" Führung. Den Feinden gilt es ihre Greuelpropaganda zu erschweren und zu verleiden nach dem Satz: die beste Abwehr ist der Hieb.

Wer aber die Feinde angreift, sollte dabei so zu Werke gehen, daß er den Völkerhaß nicht schürt;[130] sonst wird gerade die Gesinnung des Vernichtungskriegs genährt, die man bekämpfen will. Es empfiehlt sich besonders, in der gegen England gerichteten Propaganda die feindlichen Greueltäter nicht als typische Vertreter ihres Volkes darzustellen, sondern

---

[130] Der englische Imperialismus kannte solche Hemmungen nicht; im Gegenteil, es gehörte drüben zum eisernen Vestand der Kriegspropaganda, private Rachsucht

den Nachweis zu erbringen, daß sie auch den besten Traditionen des eigenen Landes ins Gesicht schlagen.

Um dieser politischen Offensive die nötige Stoßkraft zu geben, muß das deutsche Schwert rein bleiben, sonst fehlt die unangreifbare Plattform zum Angriff; die Sprecher des deutschen Volkes dürfen nicht kritiklos und pharisäisch gegen die eigenen Sünden verfahren, sondern können nur auf Gehör im Ausland rechnen, wenn sie auch ihrem Volke als strenge Mahner entgegentreten.

Seit dem Herbst 1914 war immer wieder geraten worden, nach diesen Gesichtspunkten zu verfahren. Unsere Behörden standen Verleumdungen gegenüber auf dem Standpunkt: Nur immer stramm dementieren! Unsere Intellektuellen teilten häufig diese primitive Auffassung. Ich erinnere an das Professorenmanifest vom 3. Oktober1914: „An die Kulturwelt", das Kriegsgreuel leugnen wollte und selbst der Entente Stoff zu einer nicht endenden Hetze gegen die deutsche Kultur lieferte. Wohl war es gelungen, den einen oder anderen kräftigen Offensivstoß zu veranlassen, der besonders das englische Ehrgefühl traf; aber über Ansätze kam die Propaganda nicht hinaus.

Staatssekretär v. Kühlmann war, wenn auch aus anderen Gründen, noch spröder als Bethmann. Er hat es offen ausgesprochen, daß die Diskussion über die Schuld am und im Kriege es ihm erschweren würde, die Unterhändleratmosphäre herbeizuführen.

So sahen Dr. Solf und ich uns veranlaßt, unabhängig von dem Auswärtigen Amt eine moralische Offensive zu versuchen. Er sollte in der Greuelfrage, ich in der Schuldfrage zustoßen.

Solf ging von Lord Robert Cecils pathetischer Ankündigung aus:3

„Und wenn wir in irgendeinem Grade erfolgreich sind, würde ich mit Schaudern den Gedanken fassen, Eingeborene zurückzuerstatten, die von einer derartigen Regierung [der deutschen] befreit worden waren",

und entgegnete darauf:

---

anzurufen.

„Man wundert sich wirklich, woher der englische Staatssekretär des Auswärtigen Amts seine Informationen bezieht. Ist es immer dasselbe Greuelbureau, das ihm auch das Märchen von der deutschen Leichenverwertungsanstalt zur Verfügung gestellt hat und neuerdings das Glanzstück von der geplanten Einführung der Doppelehe in Deutschland!

„ … Es wäre undeutsch und pharisäisch, wollten wir leugnen, daß auch unsere koloniale Vergangenheit Flecken aufzuweisen hat. Aber unser Sündenregister ist bei weitem nicht so lang und schwarz wie das englische … ich lehne die historische Greuelschnüffelei als eine oberflächliche und unsachliche Kampfmethode ab. Wollen wir auf den Kern des Problems durchstoßen: wer hat ein Recht, Kolonialpolitik zu treiben? dann müssen wir die Frage aufwerfen: Wie dachten und handelten Haupt und Glieder der Kolonialverwaltungen vor dem Kriege? Darauf ist zu antworten:

„Alle Kolonialsachverständigen wissen, daß der Grundsatz, den ich vor Jahren im Reichstag so formulieren durfte: ‚Kolonisieren heißt Missionieren', sich in der englischen wie in der deutschen Kolonialpolitik durchgesetzt hatte. Wir standen erst am Anfang der Reformentwicklung, aber Deutschland war seit Dernburg auf dem rechten Wege. Die große Probe auf unsere Eingeborenenpolitik ist der Krieg gewesen. In allen unseren Kolonien sind unsere Schutzbefohlenen zu uns gestanden, obgleich den meisten klar war, daß es nur galt, einen verlorenen Posten zu verteidigen.

„Ich habe das Thema der Eingeborenenbehandlung oft mit Gouverneuren der englischen Kolonien besprochen und weiß, wie sie über die deutsche Eingeborenenpolitik denken. Ich will mich im Interesse der Herren Gouverneure enthalten, ihre damaligen Aussagen wiederzugeben, denn es gilt im heutigen England schon fast als Hochverrat, den Feind auch nur vor dem Kriege einmal gerecht beurteilt zu haben. Nur so viel möchte ich sagen: Die Engländer wissen ganz genau, daß ihre Anklagen gegen unsere koloniale Vergangenheit auf trügerischem Boden gebaut sind, und sie wissen auch, wie viele Zeugen zu unseren Gunsten in England selbst vorhanden sind. Zwar ist es gelungen, diese Zeugen durch einen ungeheuren Terrorismus mundtot zu machen, aber hier und da haben sie sich doch mit einem schüchternen Protest ans Tageslicht gewagt, soweit sie nicht wie Morel wegen Wahrheitsagens im Gefängnis sitzen …[131]

„Sicher aber ist dieses Eine: Viele Engländer, die gegen unsere afrikanischen Truppen gekämpft haben, schämen sich, daß man sich nicht scheut, ihren tapferen Gegner mit Schmutz zu bewerfen. Oft ist es ihnen schwer genug geworden, gegen ihre Kameraden von gestern, gegen ihre Mitarbeiter an einer

---

[131] Morel wurde unter dem Vorwand der Übertretung einer Zensurvorschrift am 31. August 1917 verhaftet und zu sechs Monaten schweren Gefängnisses verurteilt (vgl. H. Lutz, E. D. Morel, der Mann und sein Werk, Berlin 1925, S. 48). Die dort verbrachte Leidenszeit hat sicher zu seinem frühen Tode beigetragen.

großen Kulturaufgabe schwarze Armeen führen zu müssen. Ich vertraue, daß die Gestalt des Generals v. Lettow-Vorbeck in den feindlichen Annalen dieses Krieges dereinst eine ebenso sagenhafte Größe haben wird, wie in den unsrigen.

„Wir haben das größte Interesse daran, nach dem Kriege die gesamten Greuelbehauptungen der Engländer einer internationalen Untersuchung und Aufklärung zuzuführen – aber auch heute dürfen wir nicht stillhalten ...

„Sollte die englische Regierung sich auf den Standpunkt stellen, das Selbstbestimmungsrecht der Eingeborenen in den deutschen Kolonien zu fordern, so möchte ich heute schon die Gegenforderung anmelden, eine Volksabstimmung in Ceylon[132] über den Fortbestand der englischen Herrschaft zu veranstalten. Aber das Ergebnis bin ich so sicher wie über den Ausfall eines Referendums in Ostindien und in Singapore, wo während des Krieges auch ein furchtbares Blutregiment an der Arbeit war. Daß wir es hier nicht mit Einzelerscheinungen zu tun haben, sondern daß eine grundsätzliche Wandlung in Englands Auffassung seiner kolonisatorischen Pflichten und Methoden gegenüber Farbigen und Weißen vorliegt, beweisen grundlegende Beschlüsse, die in Westminster gefaßt worden sind. Ich erinnere nur an die skrupellose Verwendung farbiger Truppen auf dem europäischen Kriegsschauplatz. England ist hier immer mehr in das Fahrwasser der Franzosen geraten. Noch hat England nicht die Wehrpflicht für seine farbigen Untertanen eingeführt, aber schon finden Zwangsaushebungen statt, und eine der ausschlaggebenden Figuren des Lloyd Georgeschen Kabinetts, der ‚Stratege' Winston Churchill, erhofft noch immer die Entscheidung auf dem europäischen Kriegsschauplatz von einer rücksichtslosen Versklavung der farbigen Bevölkerung für die militärischen Zwecke

---

[132] Der „Manchester Guardian" vom 2. November 1917 veröffentlichte einen kurzen Auszug über die Maßnahmen der englischen Lokalbehörden zur Unterdrückung der Unruhen in Ceylon im Frühling 1915. In Wahrheit aus religiösen Streitigkelten zwischen Moors und Singhalesen entstanden, wurden diese Unruhen als Aufruhr gegen die britische Herrschaft umgefälscht, und ein erbarmungsloses Strafgericht wurde ins Werk gesetzt. Nachdem längst alles beruhigt war, wurden Singhalesen ohne irgendeine Art von Verhör erschossen. In keinem der untersuchten Fälle von Hinrichtung konnte selbst auf Grundlage des Kriegsrechts eine gesetzliche Berechtigung festgestellt werden. Strafexpeditionen zogen im Lande umher, überfielen kleine Ortschaften und wüteten willkürlich unter der Bevölkerung, derart, daß der amtliche Bericht selbst erklärt, der Regierungskommissar schiene seinen Auftrag so aufgefaßt zu haben, daß er die Lynchjustiz in seinem Gebiete einführen und sich mit seiner Patrouille so betragen dürfe, wie man es in Schauerromanen aus dem Wilden Westen zu lesen pflege. Das Bezeichnende an der ganzen Sache ist, daß die amtlichen Leiter dieser Menschenschlächtereien keinerlei Bestrafung außer der Enthebung aus ihrer Tätigkeit als Friedensrichter erlitten haben, trotz ihres „ekelhaften und abscheuerregenden Betragens", wie es der Bericht nennt.

Englands. Wie ein furchtbarer Hohn auf die Gesinnung des heutigen England klingt das Wort, das vor einigen Monaten General Emuts sprach: ‚Nur fair play Gerechtigkeit und die gewöhnlichen christlichen Tugenden dürfen die Grundlage unserer Beziehungen zu der schwarzen Bevölkerung bilden.'

„Die Engländer legten ehedem, und, wie ich glaube, mit Recht, noch einen zweiten Prüfstein an das moralische Recht einer Nation, Kolonialmacht zu sein: das war die Auffassung von der Stellung des Weißen gegenüber den Eingeborenen und von den Pflichten gegenüber den weißen Schwesternationen. Auch diese Probe fällt für das heutige England moralisch vernichtend aus. Mit einem Zynismus ohnegleichen wurde das Ansehen der weißen Masse in Afrika preisgegeben und damit alle Grundlagen des europäischen Missions- und Erzieherberufes untergraben. Ich erinnere an die Auspeitschung von Deutschen vor Schwarzen und durch Schwarze und an die Austreibung unserer Missionen, die sich oft unter raffinierter Grausamkeit und Demütigung vollzog. Auch hier wiederum keine Einzelvergehen minderwertiger Personen, die ohne Aufsicht handeln, sondern die methodische Ausführung einer Kriegspolitik mit dem Endzweck, auch nach dem Kriege zu wirken.

„Zu demselben Endzweck wurde eine dritte Grundlage der zivilisierten Kolonialpolitik zerstört, eine Grundlage, die früher England als notwendig erachtet hatte, um das Wesen der Kolonialmacht moralisch zu rechtfertigen. Sir Harry Johnston schrieb vor dem Kriege:

‚Nur, weil die britische Handelspolitik bisher so prächtig fair und frei gewesen ist aller Welt gegenüber, in allen britischen Besitzungen, hat die übrige Welt ohne ungebührliches Murren erlaubt, daß eine Bevölkerung von nur einigen, vierzig Millionen in Nordwesteuropa sich die Beherrschung der besten Teile Afrikas, Asiens, Australiens und Amerikas angemaßt hat. Aber eine Umkehrung dieser Politik würde meiner Meinung nach gelegentlich alle die anderen großen Handeltreibenden Mächte der Welt zu einer Liga gegen uns vereinigen.'

„So weit ist es jetzt gekommen! Die britische Handelspolitik hat sich in der Tat umgekehrt. Das England, dessen Söhne so stolze Sätze aussprechen konnten, ist heute ohnmächtig. Bisher galt die englische Oberhoheit in einem überseeischen Gebiete auf der ganzen Welt als Garantie für die Rechtssicherheit der Person und des Eigentums. Besonders der deutsche Kaufmann steckte seinen Fleiß, seine Intelligenz und sein Kapital fast ebenso gern in Kolonialunternehmungen auf englischem Hoheitsgebiet wie auf deutschem, im Vertrauen auf Englands Kaufmannsehre und auf die Billigkeit seiner Rechtsprechung. Noch zu Anfang des Krieges war mancher unserer Kaufleute bereit, zu schwören, daß sein Vermögen während des Krieges in Englands Schutz sicher aufbewahrt wäre. Es ist anders gekommen. Der deutsche Kaufmann, die ganze Welt hat in diesem Punkt gewaltig umlernen müssen. Die Liquidationen des deutschen Besitzes in den Kolonien Englands sind mit unerhörter Rücksichtslosigkeit unter

Vernichtung großer Werte vor sich gegangen: die Ausnutzung des ‚Trading with the Enemy'-Gesetzes, um sich geschäftlichen Verpflichtungen zu entziehen, die Vernichtung von Geschäftsbüchern nach gründlicher Durchstöberung zum Zwecke des Aufspürens von Geschäftsgeheimnissen, alles unter der Maske einer behördlichen Aufsichtsführung, das hat gezeigt, wie die Regierung, die heute in England an der Macht ist, diesen Krieg in der Tat zur Vernichtung des deutschen Handels führt. Lloyd George hat es kürzlich in seiner großen Offenherzigkeit selbst eingestanden.

„Ich bin mir dessen voll bewußt: mit dieser Gesinnung bei unseren Feinden bleibt der Wunsch und die Hoffnung nach dem gemeinsamen Aufbau der kolonialen Zukunft, auf die Neuschaffung der verlorenen ideellen Werte eine Utopie! Es bleibt der Krieg im Frieden, d. h. auf
Afrika angewandt, es bleibt das bisherige System eifersüchtigen Wettbewerbs der Kolonialmächte, unter dem die Entfaltung der produktiven Kräfte des Landes und der Ausstieg der Eingeborenen naturnotwendig gelähmt wird. unter diesen Voraussetzungen wird Afrika nicht den allseits ersehnten Dauerfrieden sichern helfen, sondern im Gegenteil weiterhin gefährliche Reibungsflächen bieten, an denen sich nur zu leicht ein neuer Weltbrand entzünden kann.

„Das ist aber nicht die Zukunft Afrikas, von der ich heute abend sprechen werde. Zu dem Bilde Afrikas, wie es mir vorschwebt, brauche ich hellere und freundlichere Farben. Die unerfreulichen und pessimistischen Gedanken, die uns die Haltung Englands während des Krieges förmlich aufdrängt, mache ich mir nicht zu eigen. Ich lehne diese Gedankengänge ab, weil kein Friedensschluß denkbar ist mit der Gesinnung, die heute in England am Ruder ist. Es ist kindlich, zu glauben, Deutschland könne sich mit den Exponenten der kriegsvergnügten Boxergesinnung – des game dog spirit – an den Verhandlungstisch setzen. Wir brauchen einen Umschwung in allen Ländern zu den besten Aspirationen der Vergangenheit, und ich darf denjenigen für einen unverbesserlichen Pessimisten erklären, der einen solchen Umschwung nicht auch in England für möglich hält. Der Umschwung muß und er wird kommen! Denn die Knock-out-Politiker können sich nur unter einer Voraussetzung halten: nämlich unter der Voraussetzung, daß sie ihr Versprechen erfüllen, uns militärisch niederzuringen und dem deutschen Volke einen englischen Frieden zu diktieren! Es ist möglich, daß wir noch lange kämpfen müssen, bis alle Illusionen, die zum Bestände dieser Knock-out-Politik gehören, zusammengebrochen sind, aber sie werden zusammenbrechen! …

„Wenn ich also in folgendem die afrikanische Zukunft schildere, wie ich sie mir denke und wie Deutschland sie sich wünschen muß, nicht nur um Deutschlands, sondern um der Menschheit willen, so setze ich dabei immer voraus, daß noch vor Kriegsende in allen Ländern die Gesinnung zur Herrschaft kommt, mit der allein das neue Europa, mit der allein das neue Afrika gebaut werden kann.

„Das neue Afrika soll hervorgehen aus der im Friedensvertrage niederzulegenden Verständigung der beteiligten europäischen Staaten. Die Neuverteilung soll aber nicht das einzige sein, was diese Staaten in gemeinschaftlicher Arbeit leisten. Über die Verteilung hinaus ist für die gemeinschaftliche Arbeit nach zweifacher Richtung Raum: Einmal ist es möglich, die territoriale Abgrenzung der Hoheitsgebiete dadurch in ihrer Einseitigkeit zu mildern, daß den Schutzmächten Beschränkungen zum Zwecke der gleichmäßigen Berücksichtigung der eigenen und der Interessen der anderen Staaten auferlegt werden, und sodann kommt in Betracht, für die Lösung gewisser großer Probleme, die das ganze Afrika angehen, die Mitarbeit aller Schutzmächte zu sichern und Richtlinien aufzustellen, nach denen sich diese Mitarbeit vollziehen soll. In beiden Beziehungen gilt es nur, längst Begonnenes fortzuführen. Im Anfang der letzten Aufteilung Afrikas steht die Kongo-Akte, die in Berlin unter den Auspizien Bismarcks zustande gekommen ist. Handelsfreiheit in Zentralafrika, Schiffahrtsfreiheit auf den Stromsystemen des Kongo und des Niger, Bekämpfung des Sklavenhandels und Neutralisierung des Kongobeckens, das sind die großen Gegenstände, für die sie in kühnem Wurfe eine internationale Regelung gesucht hat. Andere Verträge, die die Mächte zum gemeinsamen Kampfe gegen die Sklaverei, gegen die Abgabe von Branntwein und Feuerwaffen vereinigten, sind der Kongo-Akte gefolgt. Deutschland hat an diesem großzügigen System internationaler Verträge auf das loyalste mitgearbeitet und für die peinliche Durchführung Sorge getragen. Der Versuch, an der Neutralität des Kongobeckens auch während des Weltkrieges festzuhalten, ist, wie Sie wissen, an dem Willen der Gegner gescheitert. Vor dem Kriege war die Notwendigkeit immer deutlicher hervorgetreten, noch weitere Probleme, wie sie sich aus dem Zusammenleben der verschiedenen europäischen Nationen auf dem afrikanischen Kontinent ergeben, einer internationalen Regelung zu unterwerfen. Ich denke da vor allem an die Schaffung großer gemeinschaftlicher Verkehrsstraßen durch die Besitzungen verschiedener Mächte sowie an die Bekämpfung gefährlicher Volksseuchen, wie z. B. der Schlafkrankheit. Wir wollen auf der Bahn der internationalen Verträge in den beiden bezeichneten Richtungen fortschreiten und darüber hinaus Einrichtungen schaffen helfen, durch die die Beobachtung der Abmachungen gewährleistet wird. Wenn das in ein solches Vertragssystem einbezogene Gebiet dadurch in weiterer Zukunft allmählich den Charakter einer gemeinschaftlichen Kolonie der europäischen Staaten annehmen müßte, in der die Besitzer der Einzelgebiete zu Treuhändern der Gesamtorganisation werden, so kann die Aussicht auf eine derartige Entwicklung uns in der gekennzeichneten Haltung nicht wankend machen ... .

„Fassen wir die Ergebnisse der Gedanken über die Zukunft des afrikanischen Kontinents zusammen! Afrika wird auch nach dem Weltkriege in den Händen einer Anzahl europäischer Kolonialmächte bleiben. Die von uns geforderte Neuordnung der Besitzverhältnisse wird aber dafür sorgen, daß die Anteile der einzelnen Mächte ihren wirtschaftlichen Interessen und ihren wirtschaftlichen und kulturellen Kräften angepaßt sind ... . Mit allen Mitteln ist dafür zu sorgen, daß die Militarisierung der Eingeborenen von Afrika ferngehalten wird. Gelingt es, diese Forderungen zu verwirklichen, so sind die

Voraussetzungen für eine glückliche Entwicklung Afrikas und seiner Bewohner in den kommenden Jahrzehnten vorhanden. Dann können und werden die besten Kräfte Europas mit der Gewähr des Gelingens an die der Kulturmenschheit gestellte große Aufgabe herangehen. Dann werden die einzelnen Stämme Afrikas, die durch Jahrtausende im Schatten der Geschichte vegetiert haben, in geduldiger Erziehungsarbeit dem Lichte unserer Gesittung und unserer materiellen Kultur entgegengeführt werden. Dann werden die noch schlummernden ökonomischen Schätze der überreichen Länder nach den Methoden europäischer Wissenschaft, Technik und Organisation gehoben werden, zum Segen der einheimischen Bevölkerung, zum Segen auch der übrigen Welt. Dann erst wird Afrika erstehen als ein vollwertiger Teil des Erdkreises! Wir Deutschen aber fühlen uns berufen, ein gutes Stück Arbeit an dieser gewaltigen Aufgabe auf uns zu nehmen!"

Meine Rede wurde am 14. Dezember 1917 bei Eröffnung der Ersten badischen Kammer gehalten. Nach einleitenden Worten sagte ich:

„Der Name Cambrai wird in der Geschichte Badens immer einen stolzen, aber tiefernsten Klang haben ... Es ist draußen ein gegen sich hartes Geschlecht gewachsen. Aber den Daheimgebliebenen ziemt es nicht, sich gegen die Leiden der Kämpfenden abzuhärten. Sie halten die Schrecken der Schlacht von unserem Lande fern, wir aber dürfen sie nicht von unserer Seele fernhalten, wir dürfen keinen Augenblick vergessen, aus welchem namenlosen Ringen und Leiden jene lebendige Mauer gefügt ist, die uns schützt, unsere Leute nehmen täglich auf sich, was niemand vor dem Kriege der Menschenkraft hätte zutrauen mögen. Wenn sie heimkehren, so dürfen sie keine Stumpfheit und Oberflächlichkeit vorfinden, sondern eine Kraft des Miterlebens, wie sie ihnen hier in unserem Lande entgegentritt – so dürfen wir wohl bekennen – und wie sie allein die Brücke zwischen Heimat und Front schlägt. Das Ausharren unserer Truppen im Westen hat einer genialen Führung die Erfolge von Riga und Oesel und im Verein mit unseren tapferen Verbündeten den Sieg in Venetien ermöglicht ...

„Wir erleben es in diesen Tagen, wie aus den russischen Archiven die geheimen Raubpläne unserer Feinde sich vor aller Welt offenbaren.

„Der Landtag tritt in einem denkwürdigen Augenblick zusammen. Zum erstenmal seit drei langen Jahren suchen die Vertreter einer feindlichen Großmacht den direkten Meinungsaustausch und wollen feststellen, ob nicht die Differenzen zwischen ihr und uns schon so weit geschwunden sind, daß Verhandlungen sie überbrücken können. Die russische Revolution macht bitteren Ernst mit den Schlagworten des Westens, und ihr unerbittlicher Pazifismus trifft diejenigen, die den Pazifismus als Phrase mit der Politik der gewaltsamen Eroberung so schlau zu verbinden trachteten.

„Von unseren westlichen Feinden kommt eine neue Kriegserklärung. Sie wollen keinen Frieden durch Unterhandlungen, sondern suchen nach wie vor die Entscheidung auf dem Schlachtfelde. In den letzten Reden von Lloyd George, Clemenceau und Präsident Wilson wird die Knock-out-Politik, die Politik des Niederschmetterns, von neuem beschworen. Vor einem Jahre wurde sie in England Regierungsprogramm. Nun soll die Kampagne von 1918 ihre Durchführung bringen. Da ist es gut und ermutigend, wenn wir zurückblicken und feststellen, wie sich im Jahre 1917 die Hoffnungen unserer Feinde erfüllt haben. Die Engländer und Franzosen wollten in ihrer Frühjahrsoffensive den konzentrischen Durchbruch durch unsere Linien erzwingen. Die Sommer- und Herbstoffensiven hatten ein begrenzteres Ziel: Erreichung der deutschen U-Boot-Basis.

„Dann wurde triumphierend die Parole ausgegeben: Zum erstenmal in der Geschichte dieses Krieges sei Deutschlands Initiative gelähmt.

„Die Schlacht von Cambrai war ein erReuter Versuch, die Hindenburg-Linie zu durchbrechen. Er ist fehlgeschlagen wie alle anderen zuvor.

„Noch eine andere große Hoffnung unserer Feinde ist zuschanden geworden. Sie glaubten einen Riß zwischen Regierung und Volk in Deutschland wahrzunehmen und hofften, einen Keil hineintreiben zu können, der unsere Heimatfront durchbrochen hätte.

„Der Anschlag mißglückte. Er war unternommen ohne Achtung vor der Eigenart und dem Selbstbestimmungsrecht des deutschen Volkes.

„Den Enttäuschungen unserer Feinde steht ein Erfolg gegenüber, den wir offen zugestehen müssen. Sie haben den politischen Feldzug zu unserer moralischen Diskreditierung mit einem ungeheuren Apparat der Verleumdung und suggestiven Täuschung durchgeführt; es ist ihnen gelungen, eine Zwangsidee nach der anderen in ihre Völker einzuhämmern. Im Vordergrund steht immer noch die Behauptung, die demokratischen Völker der Entente hätten aus freiem Willen zu den Waffen gegriffen, um den unprovozierten Angriff des autokratischen Deutschland gegen die Freiheit der Welt abzuwehren. Das ist der Eckpfeiler der moralischen Offensive unserer Feinde. Darum halte ich es für die Pflicht eines jeden Mannes, der heute von irgendeiner verantwortlichen Stelle aus spricht, gerade hier den Kampf aufzunehmen und unsere Ankläger vor die Schranken zu fordern. Dieser Kampf geht um unser gutes Gewissen. Durchlauchtigste Herren! Ich muß Sie daher um Nachsicht bitten, wenn ich hier Ihnen längst Bekanntes wiederhole. Ich will mich begnügen, einige Tatsachen aus der Zeit unmittelbar vor Ausbruch des Krieges herauszustellen. Jene verhängnisvollen Tage sind die untrügliche Probe geworden für die Aufrichtigkeit der demokratischen Parole der westlichen Regierungen. Damals hat es sich erwiesen, ob die Völker frei waren oder ein Spielball ihrer Regierungen.

„Ende Juli 1914 stand in Frankreich der Volkswille hinter Jean Jaurès, der forderte, daß Frankreich sein ganzes Schwergewicht in die Wagschale des Friedens werfe. Jean Jaurès wurde auf Befehl der Kriegshetzer ermordet. Der französischen Regierung gelang es, der nunmehr aufrührerischen Haltung des Volkes dadurch Herr zu werden, daß sie Deutschlands Ankündigung der Kriegsgefahr veröffentlichte, ohne die russische Gesamtmobilmachung bekanntzumachen. Englische Quellen berichten, wie dadurch der deutsche Akt der Notwehr gegen Rußland als Angriffsakt gegen Frankreich erschien. Da wandte sich natürlich das französische Volk vom inneren Feinde ab, um das bedrohte Vaterland zu schützen. So kam der Kriegswille des Volkes zustande. Er war gefälscht.[133]

„Gerade so hilflos war das englische Volk in der entscheidenden Stunde seiner Regierung gegenüber. Es gab sich keine Rechenschaft darüber, daß Grey das unfehlbare Machtmittel zur Erhaltung des Weltfriedens in der Hand hielt. Er hätte nur hinter seine Warnung vom 25. Juli: Rußland solle nicht durch seine Gesamtmobilmachung die diplomatischen Verhandlungen zerschlagen, die Worte zu setzen brauchen, die Herr v. Bethmann Hollweg am 30. Juli in Wien hatte sagen lassen: ‚Wir weigern uns, in einen Weltbrand hineingerissen zu werden dadurch, daß unsere Verbündeten unseren Rat mißachten', und er hätte der Welt den Frieden gerettet. Statt dessen erhielt Petersburg die Sicherheit, daß England in jedem Fall mitmarschieren würde, mochte sein Rat gehört werden oder nicht. Nur so konnte die Kriegspartei in Rußland der Friedenspartei Herr werden.

„Das englische Volk wußte nicht, daß es gebunden war. Rußland und Frankreich aber wußten es.

„Die Pose der überfallenen Unschuld können die französischen und englischen Regierungen heute nach dem Suchomlinow-Prozeß[134] nur noch mit Mühe vor ihren eigenen Völkern aufrechterhalten. Aber nach drei Kriegsjahren nimmt der Präsident der Vereinigten Staaten noch einmal die Legende vom unprovozierten Angriff wieder auf, ja er ruft noch einmal all die abgestorbenen Schlachtrufe der Entente von 1914 zusammen und proklamiert einen Kreuzzug gegen den Friedensstörer Deutschland im Namen der Menschlichkeit, der Freiheit und der Rechte der kleinen Nationen.[135]

„Das sind große Namen, und wir dürfen uns darüber nicht täuschen: Sie wenden sich an den Idealismus von Millionen.

---

[133] Es würde sich einmal verlohnen, alle die Lügen und Verheimlichungen zusammenzustellen, mit deren Hilfe in den letzten Julitagen die russische Regierung bei ihrem Souverän, die französische und die englische Regierung bei ihren widerstrebenden Völkern den Krieg durchgesetzt haben (Unterschlagung der russischen Mobilmachung in Parls und London, Täuschung des Zaren über den Stand der Mobilmachung). Vgl. Montgelas: Nachträge zu den Mobilmachungen des Jahres 1916, Die Deutsche Nation, 9. Heft, September 1919. Um jeden Preis sollte der Eindruck vermittelt werden: Wir sind die Überfallenen, Deutschland allein ist der Angreifer. Wie der Versailler Frieden sich auf dieser Lüge aufbaut, so ist auch die unerhörte Kriegsanstrengung der Alliierten ohne sie nicht zu erklären.
[134] Vgl. W. U. Suchomlinow, Erinnerungen, Berlin 1924.
[135] Ansprache an den Kongreß vom 4. Dezember 1917.

„Auch hier halte ich es für richtig, daß wir nicht einfach unserer Neigung folgen und unter dieser großen Anklage stillehalten, im Vertrauen auf das Urteil der Nachwelt.

„Ich stelle die Frage: Hat der Präsident der Vereinigten Staaten ein Recht, als Weltrichter aufzutreten?

„Präsident Wilson hat kein Recht, im Namen der Menschlichkeit zu kämpfen. Denn er hat geduldet, daß sich ein großer Teil der amerikanischen Friedensindustrie in Werkstätten des Todes verwandelte, zu einer Zeit, wo Amerika mit Deutschland noch im Frieden war. Er hat dieses formale Recht, unseren Feinden Munition zu liefern, peinlich gewahrt, während er Amerikas Menschenrecht, unsere Nichtkombattanten, besonders die Schwachen und Kranken, zu versorgen, kampflos preisgab. Präsident Wilson hat ferner den übernommenen Schutz unserer Kriegsgefangenen in Rußland lässig und herzlos verwalten lassen.[136] Unter dem alten Regime sind in Rußland unsere Kriegsgefangenen zu Tausenden elend umgekommen, ohne daß Amerika sich seiner ungeheuren Druckmittel bedient hätte, um eine Besserung zu erzwingen. Auch in Frankreich duldete Amerika, daß die Grausamkeit des Volkes unseren Landsleuten jede erdenkliche Qual und Schande auferlegte. Präsident Wilson hat lein Recht, im Namen der Demokratie und der Freiheit zu sprechen, denn er war der mächtige Kriegshelfer des zaristischen Rußland und hatte taube Ohren für den Hilferuf der russischen Demokratie, man möge ihr erlauben, Friedensbedingungen zu diskutieren oder wenigstens keine Offensive anbefehlen, damit sie ihre Freiheit befestigen könne.

„Präsident Wilson hat kein Recht, im Namen der kleinen Nationen zu kämpfen, denn die Fremdvölker, die unter der russischen Gewaltherrschaft unterzugehen drohten, die Finnländer, die Polen, die Ukrainer, die Balten, die Litauer haben sich einmal über das andere vergeblich an ihn gewandt, auch Griechenland hat[137] umsonst seinen Schutz angerufen, als ihm seine nationale Selbständigkeit durch Amerikas Bundesgenossen geraubt wurde.

---

[136] Vgl. Brändström, a.a. O., S.5: „Die persönliche Antipathie des damaligen amerikanischen Botschafters in Petersburg gegen die Deutschen beeinflußte die amerikanische Hilfsarbeit. Durch das große Ansehen, das ein Botschafter der Vereinigten Staaten genießt, wäre es ihm möglich gewesen, die russische Regierung von Anfang an zu einer Behandlung der Gefangenen nach allgemeinen Rechtsbegriffen zu bewegen. Leider verhielt der Botschafter sich völlig passiv, und das wirkte natürlich auf seine Untergebenen. Es gab unter ihnen manche, wie z. B. den Generalkonsul in Moskau und den Konsul in Odessa, die sich warm für ihre Arbeit interessierten, aber nicht umhin konnten, in der Hauptsache dieselbe Haltung wie der Botschafter einzunehmen. Die amerikanischen Delegierten hatten im allgemeinen die eigenartige Auffassung, sie seien Rußlands Gäste und dürften daher keine Kritik üben." (Die Sperrungen sind von mir.)
[137] Vgl. Caracciolo, L'Intervento della Grecia nella guerra mondiale (Maglione e Strini, Roma), S. 185 f.: „Bemerken wir, daß der König nicht die Verfassung

„Aber täuschen wir uns darüber nicht: das amerikanische Volk glaubt wirklich, der Krieg müsse weitergehen, um alle diese großen Ideale sicherzustellen. Denn das ist die tragische Tatsache dieses Weltkrieges, daß für die breite ame-

---

verletzt hatte und daß die Mächte statt dessen es zum zweiten Male taten, sowohl durch den Willkürakt der erzwungenen Abdankung des Königs, wie durch die Verhinderung der Thronbesteigung des rechtmäßigen Nachfolgers – aber das ist seitdem ausreichend aufgezeigt." Ebray, Aveux sur la question grecque (Edition „Atar", Genève), S. 89: „Wenn die unparteiische Geschichte das französisch-englische Vorgehen in Griechenland beurteilen wird, würde es überraschen, wenn sie darin nicht ein beispielloses Attentat gegen die Unabhängigkeit und die Würde eines Volkes erblickte – überdies eines jener kleinen Völker, für welche sich angeblich die Entente schlug – zur gleichen Zeit, als sie sehr laut das Recht der Völker auf Selbstbestimmung verkündete ... Den legalen Aspekt der Frage kann man jetzt auf folgende Weise erklären: Es ist bewiesen, daß die Tatsachen, auf die sich die Entente stützte, um das griechische Gebiet zu verletzen, nicht vorhanden waren." S. Cosmin, L'Entente et la Grèce (Societé mutuelle d'edition, Paris 1926), S. 483: „Es ergibt sich aus den veröffentlichten Dokumenten und den hier dargelegten Tatsachen, daß die Art, wie diese Sache der Welt zu jener Zeit dargestellt worden ist, der abscheulichste Betrug des großen Krieges gewesen ist, die fanatischste Lüge der Neuzeit." Sehr vollständig sind die entscheidenden Dokumente wiedergegeben in Edouard Driault und Michel Lhéritier: Histoire Diplomatique de la Grèce de 1821 à nos jours (Les Presses Univseristarires de France, Paris). Vgl. ferner: Paxton Hibben: Constantine I and the Greek People (The Century Co. 1920, New York), S. XV: „Von großer Bedeutung ist, daß während des Krieges und nachdem wir in ihn eingetreten sind als Verbündete Frankreichs und Großbritanniens, ohne unsere Kenntnis und Zustimmung die Verfassung eines kleinen, aber tapferen und kräftigen Volkes zunichte gemacht worden ist durch das vereinte Vorgehen zweier unserer Verbündeten; die Neutralität eines kleinen Landes wurde vergewaltigt, der Wille seines Volkes für nichts geachtet, seine Gesetze gebrochen, seine Bürger verfolgt, seiner Presse der Maulkorb angelegt." Das ganze Buch stellt dem König Konstantin das Zeugnis aus, daß er, „der aufrichtige Demokrat, der Führer und Kamerad seines Volkes, der tapfere und fähige Soldat, der loyale Freund, der hingebende Patriot und der großmütige, aufrichtige Mann", auch der Entente gegenüber korrekt und einwandfrei gehandelt hat und gegen den Willen seines Voltes, das ihn anbetete, der Gewaltandrohung der Alliierten gewichen ist, um seinem Volke die schwersten Zwangsmaßnahmen der Alliierten zu ersparen. In der Wahl der Schreckmittel war die Entente nicht wählerisch: von Mitgliedern der griechischen Königsfamilie ist mir gesagt worden, es unterliege keinem Zweifel, daß der Brand des Waldes, in dessen Mitte das Königsschloß Tatoi lag, auf Anstiften der Franzosen gelegt war. Den König rettete mit knapper Not die Treue eines Soldaten und seine eigene genaue Ortskenntnis aus dem brennenden Ring. Das Schloß brannte nieder.

rikanische Öffentlichkeit Europa historisch, psychologisch und politisch ein unentdeckter Erdteil ist. Jeder Aufklärungsversuch wird unterdrückt – jede Regung von Gedankenfreiheit tyrannisch niedergehalten. Dazu bedient sich, wie Lord Northcliffe soeben bewundernd erzählt, die amerikanische Regierung eines Spitzelsystems, das noch wirksamer arbeiten soll als die russische Ochrana.

„So ist die demokratische Parole im Munde der westlichen Allianz zu einer ungeheuren Lüge geworden. Vox populi vox dei sagen die westlichen Demagogen, und sie lästern dabei ihren Gott und ihr Volk. Sie sind wie die Priester, die ihren Götzen zu betrügen wagen, weil sie in Wirklichkeit nicht an ihn glauben.

„Wenn ich auch jeden Anspruch der Feinde auf eine Richterstellung ablehne, so wollen wir doch nicht unkritisch gegen uns selbst sein. Wir wissen es wohl: es gab auch eine deutsche Unfreiheit, aber sie lag nicht in den Institutionen des Deutschen Reichs, sie lag vielmehr in einer gewissen geistigen Haltung breiter Schichten des deutschen Volkes.

„Die Feinde sprechen von Autoritäten, die einem widerstrebenden Volk ihren Willen aufzwängen, und maßen sich die geradezu groteske Rolle an, das deutsche Volk von diesen Tyrannen befreien zu wollen. Wir können darüber nur lachen. Der Fehler lag vielmehr an der großen Bereitwilligkeit vieler Deutscher, den Autoritäten indolent gegenüberzustehen ohne Sehnsucht nach eigener Verantwortung für die Sache des Vaterlandes.

„Wir begegnen nur zu oft in den Jahren vor dem Kriege jenem selbstzufriedenen Individualismus, der sich auf Kosten des Staates pflegte, der Kritik übte ohne den Willen zur Hilfe. Viele der Besten hielten sich vom politischen Leben fern, weil ihnen die Mittel des Kampfes nicht gefielen. Das deutsche Volk aber braucht das Opfer der Besten für die gemeinsame Sache im Frieden wie im Kriege. Heute gilt mehr denn je Platos Forderung: Wer seinem Volke helfen will, muß die Kraft des Denkens mit dem Willen zur Tat vereinigen.

„Freilich ist auch vom Volke nicht die Atmosphäre geschaffen worden, in der Führer sich leicht entwickeln. Das billige Verschenken der Volksgunst ist wahrlich nicht nachahmenswert, das die Blendenden und Gewandten emporträgt auf Kosten der Tüchtigen und Echten. Aber ich vertraue, daß diese Gefahr in Deutschland nicht vorliegt; es gibt starke Sicherungen im deutschen Charakter gegen die Demagogie.[138] Sicher aber ist das eine: Führerkraft kann auch verkümmern unter dem Druck der Mißgunst und Verkleinerung. In den Jahren vor dem Kriege fehlte oft jene Hingabe und Gefolgschaft, die gerade den Führer stützt und ihn in den Stand setzt, über sich selbst hinauszuwachsen.

„Aber der Krieg ist gekommen als ein großer Erwecker. Überall haben sich die verborgenen Volkskräfte geregt, all die versunkenen Möglichkeiten unserer Geschichte sind von neuem auferstanden. Draußen im Felde hat unser Volk er-

---

[138] Ein Irrtum. Nach der Revolution sind die Sicherungen immer schwächer geworden.

fahren, wie sich viele und bunte Kräfte zur Kraft zusammenfinden. Das Volk in Waffen kehrt dereinst zurück mit gestählter Kraft und gestähltem Recht.

„Von dem großen Gemeinschaftswillen, der draußen erstanden ist, dürfen wir alles für die deutsche Zukunft erwarten. Der Geist unserer politischen Reformatoren, der Geist Steins und Hardenbergs steigt
heute mahnend und verheißend aus der deutschen Vergangenheit herauf. Ob diese Verheißung in Erfüllung geht, darüber wird allein der Charakter unseres Volkes entscheiden. Es muß in dieser Periode verworrenen Phrasentums mit aller Schärfe gesagt werden: Nicht Institutionen allein können die Freiheit eines Volkes verbürgen. Es gibt nur eine reale Garantie, das ist der Charakter des Volles selbst. Aber darüber kann kein Zweifel sein, desto länger der Krieg dauert, je schwerer wird die Erneuerung sein. Nicht nur bei uns, auch in Feindesland. Auch dort fallen gerade die Besten. Wer möchte darüber frohlocken? Es kann dazu kommen, daß Europa nicht mehr die Heilkraft wird aufbringen können, die notwendig ist, um seine furchtbaren Wunden zu schließen.

„Heute hat es den Anschein, als ob der Krieg bis zur äußersten Erschöpfung Europas durchgefochten werden muß. Das ist Amerikas Wille und auch der Wille der französischen und englischen Regierung. Sie stoßen dreist jene allgemeinen Menschheitsziele ab, weil sie in ihnen die Pfeiler sehen, auf denen die große Brücke zwischen den Völkern gebaut werden könnte.

„Lloyd George will nichts von einem Handelsfrieden wissen. Er stellt die Zerstörung des deutschen Handels als englisches Kriegsziel in den Vordergrund und lehnt die Freiheit der Meere ab. Clemenceau sagt sich von der ‚Liga der Nationen' zur Vermeidung künftiger Kriege los, ohne Rücksicht auf das alte amerikanische Programm, und Lord Northcliffe beruft sich auf Präsident Wilson als auf seinen nächsten Gesinnungsgenossen. Präsident Wilson will nicht unser Gebiet, wohl aber unsere Seelen amerikanisieren.

„Das sind Kundgebungen, an denen es nichts zu deuten gibt. Aber wir dürfen uns nicht von Clemenceau und Lloyd George täuschen lassen. Die Einigkeit hinter ihren Fronten, von der sie sprechen, existiert nicht. Sowohl in Frankreich wie in England sind Kräfte am Werk, die keinen Gewaltfrieden wollen, sondern nur einen Frieden, der sich mit der Ehre und Sicherheit ihres Landes vereinigen läßt. Erst die feindlichen Minister haben uns verraten, wie stark diese Kräfte sind. Warum bedroht sonst Clemenceau alle Anhänger eines Verständigungsfriedens mit dem Kriegsgericht? Warum führt sonst Lloyd George den Terrorismus der Zensur selbst in das englische Parlament ein? Darüber kann kein Zweifel sein: es ist im Feindesland eine Gesinnung im Wachsen, vor der die Kriegshetzer sich fürchten. Ihre Vertreter sind mögliche Träger der Macht. Aber wir dürfen uns auch keine Illusionen machen: heute sind sie noch zur politischen Ohnmacht verurteilt, und sie mögen es noch lange bleiben.

„Aus dieser Tatbestandaufnahme ergibt sich eine doppelte Pflicht: daß wir einmal unsere ganzen nationalen Kräfte zusammenraffen für den schweren Kampf, der uns noch bevorsteht, und daß wir zugleich danach streben, Klarheit zu schaffen, mit welcher Gesinnung wir im Gegensatz zu den feindlichen Regierungen an die Ordnung der Dinge heranzutreten entschlossen sind. Wollen wir diese Klarheit schaffen, so dürfen wir allerdings nicht den Kampf der Meinungen in Deutschland scheuen. Das wäre ein falscher und trügerischer Burgfriede, wollte man die auch im Kriege unvermeidlichen Auseinandersetzungen zwischen den entgegengesetzten Weltanschauungen abdämpfen und in die Heimlichkeit verbannen. Der echte Burgfriede aber fordert, daß Menschen nicht miteinander rechten in einem verachtenden und verhetzenden Geiste. Wir wissen, meine Herren, daß das mit gutem Willen durchgeführt werden kann. Als am 1. August 1914 unser Kaiser das befreiende Wort sprechen konnte: ‚Ich kenne keine Parteien, ich kenne nur Deutsche', da war unstreitig ein Höhepunkt deutscher Geschichte erreicht. Hinter uns lag jahrzehntelanges Elend der Verhetzung. Mit tiefem Schmerz haben wir das gleiche Schauspiel jetzt wieder erleben müssen, daß Deutsche sich mit denselben Waffen bekämpft haben wie vor dem Kriege. Aber die Erinnerung an das große, befreiende Gemeinschaftsgefühl der ersten Kriegsmonate fordert uns heute mit aller Eindringlichkeit auf, das Kaiserwort zu erneuern und es so zu fassen, wie es verstanden sein will: Wohl gibt es Parteien, aber es sind alles Deutsche.

„Meine Herren! Ich komme zum Schluß. Eine furchtbare Verantwortung ruht heute auf denen, die die Geschicke der Völker zu lenken haben. An dieser Last haben alle mitzutragen, die daheim mit wachen Sinnen und brennenden Herzen den Krieg miterleben. Überall horchen heute die heilenden Kräfte aufeinander hin, überall wird man des Moratoriums der Bergpredigt müde. Die Menschheit sehnt sich nach seiner Kündigung, noch ehe der Krieg endet. Der eben verstorbene Christ, Sir William Byles, der diese furchtbaren Worte von dem Moratorium der Bergpredigt, d. h. der Außerkraftsetzung sprach[139], dachte dabei nicht an die unvermeidlichen Schrecken, die auf dem Schlachtfelde geschehen, sondern an die heidnische Sinnesart, zu der sich so viele geistig hervorragende Männer aller Länder während des Krieges fast mit Stolz bekannten.

„Es ist nötig, daß noch während des Krieges eine Abkehr von dieser Kriegsverrohung stattfindet. Auch hier kann uns der beste Geist der Armee Führer sein. Für einen christlichen Soldaten gehört der Geist des Roten Kreuzes zum Heere gerade wie der Offensivgeist. Für ihn verletzt derjenige, der nicht alles zur Vernichtung des kämpfenden Feindes einsetzt, ebenso seine Pflicht wie derjenige, der einen wehrlosen Feind nicht schont. Ähnliche Stimmen kommen heute aus England, die berichten, wie englische Geistliche von der kämpfenden Truppe die Achtung vor dem Feinde gelernt haben, welche die Diktatur der Hetzpresse in der Heimat nicht duldet. Aus dieser Gesinnung heraus kam auch das Haager Abkommen über den Austausch der Gefangenen zustande. Noch ist es nicht ausgeführt worden, noch bedarf es des Ausbaues und der Nachahmung.

---

[139] In der Unterhaussitzung vom 26. Mai 1916.

„In dem Aufruf der ‚Auskunfts- und Hilfsstelle für Deutsche im Ausland und Ausländer in Deutschland' befindet sich ein Satz, den ich hier zitieren will: ‚Auch im Kriege ist die Feindesliebe das Zeichen derer, die dem Herrn die Treue halten.' Ich möchte gern dieses Wort dahin ergänzen: Es ist auch das Zeichen derer, die Deutschland die Treue halten.

„Man hat behauptet, Haß sei notwendig zur energischen Fortsetzung des Krieges. Die Antwort hierauf hat die deutsche Kronprinzessin gegeben:‚Die Liebe zum Vaterland reicht aus, um das Beste herzugeben.'

„Macht allein kann uns die Stellung in der Welt nicht sichern, die uns nach unserer Auffassung gebührt. Das Schwert kann die moralischen Widerstände nicht niederreißen, die sich gegen uns erhoben haben. Soll die Welt sich mit der Größe unserer Macht versöhnen, so muß sie fühlen, daß hinter unserer Kraft ein Weltgewissen steht. Diesem Ausspruch stimme ich zu. Um dieser Forderung zu genügen, brauchen wir nur die Pforten unseres innersten Wesens aufzutun, denn durch die ganze deutsche Geistesgeschichte leuchtet das Verantwortungsgefühl gegenüber der Menschheit. Dieses Zeichen soll Deutschland getrost auf seine Fahnen schreiben. In diesem Zeichen werden wir siegen."

Es ging mir eigen während meiner Ansprache. Je näher ich an das Ende herankam, desto fester wurde ich in der Hoffnung, daß ich nicht nur für mich selber sprach, sondern einer Sehnsucht meines Volkes Ausdruck gab, die bisher keine Stimme gefunden hatte: der Sehnsucht nach Recht, Macht und Frieden zugleich.

Die Rede von Dr. Solf und die meine taten eine breite Gesinnungsgrundlage in Deutschland auf. Die Regierung brauchte sich nur auf sie zu stützen, um die Kluft zu schließen, die seit Erzbergers Friedensresolution das Volk in zwei Teile zu zerreißen drohte.

Auf der einen Seite stand die Vaterlandspartei, die den Machtgedanken ohne Rücksicht auf ethische Hemmungen vertrat, auf der anderen Seite die Reichstagsmajorität, die nun einmal nach der Auffassung von Tausenden sich vor dem feindlichen Ausland verbeugt hatte. Die Oberste Heeresleitung stand der Vaterlandspartei näher. Briey und Longwy war nicht das Verbindende und nicht das Trennende: die Generale begrüßten bei den einen und vermißten bei den anderen den Ton der nationalen Leidenschaft, den ein kämpfendes Heer in seinem Rücken braucht.

Unter denen, die Dr. Solf und mir ihre Zustimmung ausdrückten, waren Alldeutsche und führende Mitglieder der Reichstagsmajorität. Bis in die Sozialdemokratie hinein war eben ein Gefühl dafür vorhanden, daß wir uns gegen die Verleumdungen der Feinde zur Wehr setzen mußten, und bei der Vaterlandspartei gab es viele, die sich für den Rechtsgedanken begeistern konnten, wenn er nur nicht im Ton des Verzagens vorgetragen wurde.

Die Oberste Heeresleitung – so hörte ich – billigte meine Rede. Von dem Kaiser, dem ich sie mit einem erklärenden Begleitschreiben zugeschickt hatte, erhielt ich den folgenden Brief vom 28. Dezember 1917:

„Lieber Vetter!

„Ich danke Dir herzlich für Deine interessanten Ausführungen über die leitenden Gedanken Deiner Karlsruher Rede und freue mich, Dir in allem Wesentlichen beistimmen zu können. Auch ich bin davon überzeugt, daß es eine Schicksalsaufgabe der Monarchie ist, daß sie es versteht, die ungeheure Umwälzung, die dieser Krieg auch in der inneren Orientierung der Völker mit sich bringt, so zu lenken und zu nutzen, daß sie nicht geschwächt, sondern gestärkt daraus hervorgeht; und auch darin stimme ich Dir bei, daß dies nur durch Beweise weitgehendsten Vertrauens geschehen kann, das die wahrhaft besten Kräfte des Volkes wecken und freudig um die Krone scharen wird."

Der frühere Reichskanzler, Herr v. Bethmann Hollweg, drückte mir am 17. Dezember 1917 in impulsiven und herzlichen Worten sein Einverständnis aus.

„Darf ich Euer Hoheit sagen, in welcher inneren Ergriffenheit ich Ihre große Rede in der Ersten Kammer lese, deren voller Wortlaut mir soeben zugeht. Ich hoffe, die freundliche Gesinnung, die mir Euer Hoheit lange Jahre gezeigt haben, und die wahre persönliche Verehrung, die ich Ihnen allezeit zolle, gibt mir ein Recht dazu. Und Euer Hoheit werden es verstehen, wie es mich nach einem Ausdruck des Dankes drängte, wenn ich Worte höre, die in geradezu klassischer Form aussprechen, worin ich eigene Überzeugungen wiederfinde, wofür auch ich gekämpft habe, und worin vielleicht der Untergrund für den Haß und die Feindschaft lag, die sich mir entgegenstellten, für den großen Gegensatz, der die Allmächtigen im Reich zu meinem Sturz bestimmte. Ihre Worte der Vernunft gegen den Wahnsinn, des sittlichen Gewissens gegen die Lüge, mögen diese Mächte bei unseren Feinden oder bei uns toben, sind eine Tat, die Ihnen unser Volk und die Geschichte nicht vergessen werden. Denn Sie appellieren an die Kräfte, die deutsch sind und die Deutschland zu dem gemacht haben, was es ist, an Kräfte, die seit bald einem Menschenalter Gefahr liefen und noch laufen, verfälscht zu werden in einem parvenühaften Imperialismus. Ich wenigstens habe mich nie davon überzeugen können, daß die große Linie, die man vielleicht mit den Namen Luther, Goethe, Bismarck – dem vielverkannten Bismarck! – bezeichnen kann, ausmünden sollte in das Ziel, dem die Koryphäen unseres Alldeutschtums den Namen geben. Mir will auch scheinen, daß, obwohl unsere immer mehr depravierte Tagespresse das Gegenteil vermuten läßt, die Gedanken, die Sie ausgesprochen haben, immer mehr Boden gewinnen. Noch vor einem halben Jahr wäre ja eine Rede wie die Ihre kaum möglich gewesen. Wobei man gewiß zugeben muß: Die Hybris, die unser Volk in den allerersten Kriegswochen ergriffen hatte, der durch das freche und lügnerische Gebaren unserer Gegner immer wieder aufgepeitschte Völkerhaß, der gewissen Kreisen bei uns stets neuen Brandstoff zuführte, waren und sind Mächte, die nur allmählich bezwungen werden konnten, wenn das Ganze nicht Schaden leiden sollte. Nun kommen die russischen Verhandlungen dazu. Sie bestätigen mir, was ich längst kommen zu sehen glaubte, daß dieser Krieg, der die Massen der Völker verschlingt, sein wirkliches Ende erst durch den Druck dieser selben Volksmassen finden wird. Manche alte Illusionen werden dadurch zerstört. Aber wir können nach meiner Überzeugung den Aufgaben der neuen Zeit, die wie alle großen Dinge, auch mit großen Gefahren umgeben sind, nur gerecht werden, wenn wir mutig abtun, was Illusion war, und ebenso mutig anerkennen, was sich aus dem Weltenchaos als reale Macht herausstellt. Nur so vermeiden wir Katastrophen und retten aus dem Alten ins Neue hinüber, was rettbar ist.

„Verzeihen Sie, gnädigster Prinz, diese freimütigen Gedanken. Ihre Worte regen sie mir aufs neue an, und wenn ich dabei von den Wegen abweichen sollte, die Sie für die richtigen halten, so bleibt, wie ich hoffe, doch eine gemeinsame Grundlage des Denkens bestehen ... "

Besonders wertvoll war mir eine Äußerung Friedrich Meineckes:

„Es ist nicht nur der Geist der Augusttage von 1914, der aus der hochsinnigen Rede des Prinzen Max von Baden spricht: Es ist eine höhere Stufe des nationalen Denkens und Gewissens in ihm erreicht. Durch immer neue Kämpfe und Gegensätze schreitet es zu immer neuen Versöhnungen und Vereinigungen. – Ungeahnte Probleme unserer politischen Zukunft und harter Druck von außen haben uns seit der wundervollen Vereinigung aller nationalen Kräfte und Empfindungen, die wir in den Augusttagen erlebten, wieder gespalten. Hier wird uns gezeigt, wie wir durch Erfahrung und Selbstprüfung gereift, uns wieder zusammenfinden könnten, wenn wir die Leidenschaften des Parteikampfes in uns zum Schweigen brächten. Es gilt heute, wie der Prinz sagt, die Kraft des Denkens mit dem Willen zur Tat zu vereinigen. An dem Willen zur Tat fehlt es heute, bei dem Aufgebote aller Energie, zu dem wir gezwungen wurden, wohl nirgends unter uns. Aber ein irregeleitetes Denken droht öfter in falsche Richtung zu führen, indem es die Quellen der nationalen Macht, die wir alle begehren und erkämpfen wollen, übermäßig in äußerem, grob sinnlichem und greifbarem Machtgewinne stlcht und darüber die inneren, aus Charakter und Gemeinschaftsgefühl der Nation, aus Freiheit, Sittlichkeit und Menschlichkeit fließenden Kräfte vernachlässigt. Die Forderung des Prinzen, sie zu pflegen, ist heute zugleich die Forderung wahrer Realpolitik und Staatskunst."

Friedrich Naumann deutete in der „Hilfe" vom 27. Dezember 1917 meine Rede ganz so wie ich sie gemeint hatte:

„Niemand, der die innere Entwicklung des deutschen Geistes im Kriege mit der nötigen Teilnahme und Sachkenntnis verfolgt, wird die Rede unterschätzen, die in der vergangenen Woche bei der Eröffnung der Ersten Kammer des badischen Landtages der badische Thronfolger Prinz Max gehalten hat. Nicht deshalb ist sie bedeutsam, weil etwa in ihr ganz neue Gedankenreihen begonnen wurden, sondern deshalb, weil gegenüber dem schweren Druck einer alldeutschen Vergewaltigung der Geister hier ein Vertreter des monarchischen Systems selbst das Wort ergreift und für diejenigen Gesinnungen redet, die schon immer wahrhaft deutsch waren und es auch trotz alles Drohens der Überpatrioten bleiben werden.

… Ob man bei Lessing oder bei Kant anfragt, bei Goethe, Herder oder Schiller, ob man zu Fichte, Schleiermacher oder Hegel geht, ob man den Freiherrn vom Stein aufsucht oder einen der Humboldts, immer findet man ein Deutschtum, das mehr ist als nur ein Eroberungswahn. Es einte sich im guten alten Deutschtum die feste Verteidigungskraft mit der leuchtenden Idee. Mag nun von solchem hochgesinnten Deutschtum eine Schar von Überpatrioten nichts mehr wissen wollen, so steht trotzdem fest, daß wir nur durch diese Art von Geist überhaupt eine Nation geworden sind. Mit einem alle Welt verletzenden nationalistischen Partikularismus, wie ihn die Vaterlandspartei betreibt, kann man weder das eigene Volk zusammenhalten, noch Bundesgenossen pflegen, noch benachbarte Kleinvölker zum freiwilligen Anschluß bewegen, noch mit einer verfeindeten Welt wieder Frieden finden. Selbst wenn man zugeben will, daß Übertreibungen der vaterländischen Abstoßungskraft durch die Wucht der auf uns hereinbrechenden Kriegsgewalten hinreichend erklärt und durch häßliche Verleumdungen der Gegner sehr entschuldigt sind, so kann es das deutsche Volk als Ganzes nicht auf die Dauer vertragen, daß ihm um des Sieges willen sein deutscher Geist ausgetrieben werden soll, zumal da nichts den wirklichen Sieg mehr gefährdet, als gerade diese Geistesaustreibung. Es war nötig, daß von irgendeiner hervorragenden Stelle aus zur Selbstbesinnung und inneren Wiederaufrichtung gerufen wurde.

Das ist es, was Prinz Max von Baden gewollt hat und was ihm weitgehend geglückt ist. Von den verschiedensten Seiten wird in diesen Tagen gesagt: Wir denken etwa so wie der Prinz! Das tritt vielleicht in den großen Zeitungen nicht hinreichend zutage, weil bei ihnen alles nur auf Tagesereignisse eingestellt ist, wer aber vom Wehen des Geistes etwas merkt, der fühlt, daß der Jahresschluß, der uns den Anfang des Weltfriedens ahnen läßt, auch eine gewisse Klärung der deutschen Innerlichkeit mit sich bringt."

Neben dieser verständnisvollen Zustimmung wurde mir auch eine freundliche Billigung entgegengebracht, gegen die ich mich wehren mußte: jedes Wort wurde darin aus dem Zusammenhang meiner Rede herausgeholt und unterstrichen, das „pazifistisch" klang.

Prinz Alexander Hohenlohe übersandte mir einen von ihm verfaßten Artikel aus der „Neuen Züricher Zeitung" [140] und mit besonders empfehlenden Worten auch die „Basler Nationalzeitung" [141,] die einen Gegensatz zwischen dem deutschen Norden und Süden, zwischen Hohenzollern und Zähringern, zwischen dem Kronprinzen und mir konstruierte. Graf Hertling erhielt eine Rüge, weil er über die Kriegsentstehung gesagt hatte: Deutschlands Gewissen wäre rein, bei der Besprechung meiner Rede aber wurde unterschlagen, daß ich gegen die Schuldlüge der Feinde noch viel schärfer vorgestoßen war als der Reichskanzler.

Prinz Alexander Hohenlohe war ein Freund des Friedens, der in der Schweiz lebte und wirkte. Seine Vaterlandsliebe darf nicht angezweifelt werden, aber er gehörte zu jenen deutschen Pazifisten, die, ohne es zu wollen, der Suggestion des neutralen Auslandes erlagen. Der Kreis dieser Männer war bunt zusammengesetzt. Da war ein Präzeptor Germaniae, ein Schulmeister großen Formats, der es für die Seele des materialistischen Deutschland nötig fand, daß der Krieg nicht zu glücklich ausging. Da waren Männer, die von der Milch der frommen Denkart berauscht waren und bei dem Wort „Humanity" oder „Humanité" Tränen der Rührung in die Augen bekamen. Sie wollten Frieden um jeden Preis. Schien die Entente unbesiegbar und unerbittlich, nun, so mußte Deutschland um so mehr gedrängt werden, nachzugeben. Da war ein einst sehr scharfer Vertreter der Rüstungsindustrie, der Pazifist geworden war und sich nun dadurch entsühnen wollte, daß er eine eingebildete oder sinnlos vergrößerte Schuld Deutschlands öffentlich bekannte.

Mit diesem Kreis traten nun frühzeitig die Sendboten Wilsons in nahe Berührung: Agenten und auch ehrliche Jünger, die wie Herren nicht nur

---

[140] „Ein rechtes Wort zur rechten Zeit" vom 29. Dezember 1917.
[141] „Gute Worte aus Karlsruhe" vom 18. Dezember 1917.

für den guten Willen des Propheten mit ihrer Ehre zu haften bereit waren, sondern auch fur seine Macht, sich durchzusetzen. Es waren auch nüchterne Beobachter der internationalen Situation unter diesen deutschen Pazifisten, aber im allgemeinen ließ sich von ihnen sagen, daß sie den Splitter bei uns und nicht den Balken bei den anderen sahen.

Ich habe in meiner Antwort an den Prinzen Alexander Hohenlohe Wert darauf gelegt, ihn zu chokieren durch meine Ungläubigkeit gegenüber den Redensarten der Entente. Auch wollte ich für die Zukunft verhindern, daß ich auf Kosten des offiziellen Deutschland als Gegner der belgischen Politik des Kanzlers in der Schweiz herausgestrichen würde. Das mußte Mißtrauen und Widerstand aufrufen beim Kaiser, der Obersten Heeresleitung und beim Reichskanzler, die der von mir verfolgten Linie bisher freundlich, zum mindesten nicht ablehnend gegenübergestanden hatten.

Ich wußte nicht, daß dieser ärgerlich hingeschriebene Privatbrief in der Öffentlichkeit einmal zu einer Sensation werden sollte.

Der Brief lautete:[142]

„Vielen Dank für Deine letzten Briefe, die ich nur telegraphisch beantworten konnte, und für die freundliche Sendung Deines interessanten und sehr schmeichelhaften Artikels. Mir geht es sehr eigen mit meiner Ansprache. Ich meinte Selbstverständliches zu sagen, und niemand zulieb und niemand zuleid – es sei denn, unseren Feinden – zu reden, und nun finden meine Worte ein Echo im In- und Ausland, das mich verblüfft. Was für ein Bild machen sich die Deutschen, was für eins die Ausländer von Deutschland. Mich erschreckt dies ordentlich.

Die Schweizer Blätter konstruieren einen Gegensatz zwischen Hohenzollern und Zähringen, was ein direkter Unsinn ist, wenn man das Telegramm gelesen hat, das der Kaiser mir sandte (dies unter uns), in dem er meine ‚Rede' eine ‚Tat' nennt und mir zu den hohen und schönen Gedanken, die sie enthalte, Glück wünscht. Die Alldeutschen fallen über mich her, obgleich ich ihnen zum deutschen Schwert den deutschen Geist gebe, mit dem sie Welteroberungen machen können, soviel sie wollen, und die Blätter der Linken, voran die mir höchst unsympathische ‚Frankfurter Zeitung', loben mich durch ein Brett, ob-

---

[142] Ich bin hier in der Zwangslage, den Brief in der Form wiederzugeben, wie er im Oktober 1918 in der „Freien Zeitung" in Bern veröffentlicht worden ist („Vorwärts", 15. August 1918). Ich möchte damit nicht jeden einzelnen Ausdruck als authentisch bezeichnen, muß vielmehr sagen, daß meiner Erinnerung die eine oder andere Wendung fremd ist.

gleich ich deutlich genug die demokratische Parole und die Schlagworte der Parteidialektik, zumal den Parlamentarismus, geißle. ‚The world is out of joint and peoples' minds out of balance.'

Ein Wort sachlicher Vernunft, ernst gemeinten, praktischen Christentums und nicht sentimentalen Menschheitsgewissens können sie in ihrer suggerierten Verrücktheit [?] einfach nicht mehr au pied de lettre nehmen, sondern müssen es erst durch den Dreck und Schlamm ihrer entstellenden Torheit hindurchziehen, um es sich ihrer niederen Gesinnung anzupassen. Da bin ich stolz auf meine Badener. Sie wissen, daß ich kein Parteimann bin, noch sein kann, noch sein will, und deshalb haben sie mich von rechts bis links verstanden und das aus meinen Worten genommen, was ein jeder sich gern beherzigen möchte. Den Feinden einmal ordentlich an den Kragen zu gehen und ihre affektierte Nichterhaltung in Dingen der Schuldfrage und der demokratischen Parole zu verhöhnen, war mir schon lang ein Bedürfnis. Das gleiche Bedürfnis empfand ich, dem heidnischen Gebaren die Bergpredigt entgegenzuhalten und mit dieser Lehre der Liebe auch die Pflicht des Starken, die Rechte der Menschheit zu wahren, in ein deutliches Licht zu stellen, da über beide Dinge eine beklagenswerte Unsicherheit und ein trauriger Wirrwarr der Begriffe entstanden ist. Denn einerseits verfälschen unsere Feinde diese heiligsten Gesichtspunkte durch ihre Lügen, Verleumdungen, und andererseits reagieren wir, unter den Peitschenhieben dieser niederträchtigen Machenschaften, auf eine zum Teil geradezu sinnlose Weise auf diese feindlichen Anzapfungen. Entspringt mein Eintreten für Christentum und Menschheitsgewissen meinen innersten Überzeugungen, so kommt doch auch ein praktisches Moment hinzu, da in der Betonung dieser Anschauungen, die nach meiner Ansicht dem deutschen Geist und seinem Wesen tiefer innen liegen als dem der Engländer und Franzosen, ein Angriff auf die feindliche Suggestion von Pazifismus und Humanität zu finden ist, den man, wenn man will, eine moralische Offensive nennen kann. Ich leugne nicht, daß mir dieser Gedanke unsympathisch ist, da ich von je der Anschauung war, daß Christentum und Menschenliebe für sich allein auftreten sollten, und der Gewinn, der in ihnen liegt, nicht in ein besonderes Licht gestellt werden dürfte. Aber dieser Gewinn wohnt ihnen nun einmal inne, und wenn er dem Frieden dient, so dient er einer guten Sache. Anfang und Ende waren also mit der Offensive gegen die Lüge und Suggestion und mit der sogenannten moralischen Offensive gegeben. Wollte ich aber die demokratische Parole der Westmächte verhöhnen, so mußte ich mich mit unseren inneren Erscheinungen abfinden. Da ich den westlichen Parlamentarismus für Deutschland und Baden ablehne, so mußte ich dem badischen resp. deutschen Volke sagen, daß ich seine Nöte verstehe, daß aber die Institutionen keine Heilmittel seien. So gewinne ich eine Plattform, bei der ich die Wege, die ich gehen will, selbst in der Hand behalte, und die Badener lassen sich gerne führen, wenn sie fühlen, daß man für ihre Sorgen und Nöte Verständnis hat.

In der Friedensfrage stellte ich mich auf denselben Standpunkt. Ich wollte nur den Geist andeuten, in dem wir an diese Frage herantreten sollten im Gegensatz zu den Machthabern des Westens. Das ‚Wie' ist mir hier deshalb von größtem Wert, weil das ‚Was" so schwer zu bestimmen ist. Denn auch ich wünsche natürlich eine möglichste Ausnutzung unserer Erfolge, und im Gegensatz zu der sogenannten Friedensresolution, die ein scheußliches Kind der Angst und der Berliner Hundstage war, wünsche ich möglichst große Vergütungen in irgendwelcher Form, damit wir nach dem Kriege nicht zu arm werden. Meine Ansicht deckt sich hier wohl nicht ganz mit der Deinen, denn ich bin heute noch nicht dafür, daß mehr über Belgien gesagt werde, als schon gesagt ist. Die Feinde wissen genug, und Belgien ist einem so schlauen und weltklugen Gegner gegenüber, wie es England ist, das einzige Objekt der Kompensationen, das wir besitzen. Etwas anderes wäre es, wenn die Vorbedingungen eines dauernden Friedens schon gegeben wären. Aber gerade hier haben Lloyd George und Clemenceau die Brücken abgebrochen.

Damit hast Du also die authentische Interpretation meiner Rede, die in hunderttausend Exemplaren als Flugblatt zur Volksaufklärung vom Ministerium verbreitet worden ist, wovon ich Dir sechs Exemplare einlege. Ich danke Dir nochmals für alles Freundliche, das Dein Artikel und Deine Briefe für mich enthalten. Ich habe all dem gegenüber das Gefühl d'avoir fait de la poésie sans le savoir. Eines nur möchte ich noch dazu sagen. Die Rede ist ein Ganzes, wer den Anfang wegläßt, mißdeutet das Ende und umgekehrt. Ich habe eine sehr schlechte Meinung von der moralischen Verfassung der Machthaber unserer Feinde, von der horrenden Urteilslosigkeit ihrer Völker. Wir haben hier gegen eine Niedertracht der Gesinnung zu kämpfen, wie sie schändlicher wohl nie bestand. Wir da gegen sündigen durch Dummheit, denn Alldeutsche und Friedensresolutionen sind beides gleich dumme Erscheinungen, wenigstens in der Form, in der sie auftreten. Auch sonst gibt es Gemeinheit genug, auch bei uns, aber sie ist weniger bewußt, weniger Sünde gegen den heiligen Geist. Wann wir uns wiedersehen, weiß ich nicht zu sagen. Das Bahnfahren ist kein Vergnügen mehr, und bei der Kälte erst recht nicht. Ich hoffe, das Frühjahr bringt uns wieder einmal zusammen. Bis dahin leb wohl und sei herzlich gegrüßt von Deinem treugebenen Vetter Max."

Die beiden Reden drangen wohl kaum in die französische, italienische oder amerikanische Öffentlichkeit. In England aber wurden sie von den maßvollen Kreisen recht verstanden. Die „Nation" (vom 12. Januar 1918) hörte aus meiner Rede besonders die Absage an Lloyd George heraus:

„Die Liberalen, die Demokraten, die verständigen Konservativen in Deutschland, kurz alle jenen Elemente in den feindlichen Ländern mit denen eine Annäherung zu finden die Hauptchance für eine erträgliche Zukunft der Welt bietet, hatten begonnen, an einem England zu verzweifeln, in dem Mr. Lloyd George Premierminister bleiben würde."

Dann brachte das Blatt ein ausführliches Resümee meiner Anklagen gegen die Richterpose der Entente: Frankreichs Unterschlagung der russischen Mobilmachung, Englands Ermutigung des russischen Kriegswillens, Wilsons lässiger Schutz unserer Kriegsgefangenen – alles war gewissenhaftwiedergegeben, und nur die Bemerkung daran geknüpft: „Wir können seine Auffassung der Tatsachen nicht hinnehmen, aber es ist wichtig, uns klarzumachen, daß ein Mann, dessen hohe Grundsätze und guter Glaube außer Zweifel stehen, aufrichtig der Überzeugung ist, die Entente sei ebenso schuldig wie Deutschland." Zum Schluß hieß es: „Die Rede ist in der Tat eine Antwort auf Lord Lansdowne."

Zweites Kapitel

Brest-Litowsk

Ich glaube, daß Friedrich Naumann und die „Nation" das „Wehen des Geistes" richtig erkannt haben, das gegen Jahreswende 1917 durch Deutschland und die feindlichen Länder ging. Aber in wenigen Wochen würden wieder die großen Kriegshandlungen beginnen. Sollte die neue Bewegung politische Taten zeitigen, so mußte die Regierung sofort die Führung übernehmen. Dazu bot sich ihr eine einzigartige Gelegenheit.

Am 22.Dezember 1917 begannen die Verhandlungen von Brest-Litowsk. Die ganze Welt horchte auf. Am Weihnachten regte sich immer die gewaltsam zurückgedrängte Sehnsucht nach Frieden und Menschenliebe. Nun sollte der erste Friede geschlossen werden. Das Vertrauen der befreiten und neu bedrohten Fremdvölker Rußlands schlug uns entgegen als der ordnenden und schützenden Macht: „Ihr Deutschen seid für uns die aufgehende Sonne," so hieß es damals. Im Rücken der russischen Unterhändler breitete sich ein blutiges und schmutziges Chaos aus.

Unsere Macht war nie größer gewesen. Mit Bangigkeit sahen selbst die feindlichen Kriegshetzer der kommenden Entscheidung entgegen, die sie gesucht hatten. Niemals hatte eine deutsche Regierung über eine solche Plattform verfügt, um stolz und versöhnend zugleich durch Worte und Taten unser Recht auf Macht vor die ganze Welt hinzustellen.

Trotzki, der nicht selbst erschienen war, wollte keine geheimen Verhandlungen. Welche Herausforderung! Dieser Mann hatte Menschenqual ohne Ende aufgehäuft: Er war mit den Flüchen von Millionen beladen. Wenn er auf der Öffentlichkeit der Besprechungen bestand, so muß er darauf gerechnet haben, daß die deutschen Diplomaten die moralische Offensive gegen ihn entweder nicht ergreifen wollten oder zu ungelenk dazu sein würden.

Die Verhandlungen begannen mit ausgesuchter Höflichkeit. Die Mahlzeiten wurden gemeinsam eingenommen. Mein Vetter Fürst Ernst Hohenlohe kam bei Tisch neben Madame Byzenko zu sitzen, die sich durch einen Ministermord [143] qualifiziert hatte.[144]

Die Russen proklamierten ihre Grundsätze, im wesentlichen Kerenskis Programm, das seinerzeit die Demokratien aller Länder aufgeregt hatte: Keine Annexionen und keine Kriegsentschädigungen. Das Selbstbestimmungsrecht wurde allen Nationen zugesprochen, und zwar nicht nur den Völkerschaften, die in diesem Kriege ihre Selbständigkeit verloren hatten, sondern auch den verschiedenen Nationalitäten, die vor dem Kriege innerhalb der großen Staatenverbände keine Selbständigkeit besaßen. Die Russen gingen so weit, die Anwendung dieses Grundsatzes auch für die Kolonien zu verlangen.

In unserer Antwort erklärten wir unsere grundsätzliche [145] Zustimmung zu dem Programm: Keine Annexionen und keine Entschädigungen. Wir bekundeten unsere Absicht, die politische Selbständigkeit der Völker wiederherzustellen, die sie im Kriege eingebüßt hatten.

Aber wir lehnten das Selbstbestimmungsrecht der Nationalitäten innerhalb der großen Staatenverbände ab: „Die staatliche Zugehörigkeit nationaler Gruppen, die keine staatliche Selbständigkeit besitzen, könne nicht zwischenstaatlich geregelt werden, sondern sei von jedem Staat mit seinen Völkern selbständig auf verfassungsmäßigem Wege zu lösen." [146]

Der Forderung nach der Selbstbestimmung unserer Kolonien widersprachen wir mit dem Hinweis: Die in Not und Tod bewährte Treue der eingeborenen Bevölkerung gegen Deutschland sei ein Zeugnis, das an

---

[143] Sie hatte am 5. Dezember 1905 den General und ehemaligen Kriegsminister Viktor Viktorowitsch Sacharow ermordet.

[144] Vgl. General Max Hoffmann, Der Krieg der versäumten Gelegenheiten, München 1923, S. 190.

[145] Trotzdem wurde vereinbart: „Die verbündeten Mächte hätten mehrfach die Möglichkeit eines wechselseitigen Verzichtes auf Ersatz sowohl von Kriegskosten als auch von Kriegsschäden betont. Hiernach würden von jeder kriegführenden Macht nur die Aufwendungen für ihre in Kriegsgefangenschaft geratenen Angehörigen sowie die im eigenen Gebiet durch völlHerrechtswidrige Gewaltakte den Zivilangehörigen des Gegners zugefügten Schäden zu ersetzen sein."
(Helfferlch, a.a. O., S. 265 f.)

[146] Ebenda S. 265.

Ernst und Gewicht jede mögliche Willenskundgebung durch Abstimmung übertrifft.

Die deutsche Delegation knüpfte an die Anerkennung dieser Prinzipien eine Bedingung: Die Alliierten müßten sich innerhalb einer angegebenen Frist rückhaltlos zu genauesten, alle Völker in gleicher Weise bindenden Bedingungen verpflichten.

Die russische Delegation war im wesentlichen von dieser Erklärung befriedigt : Trotz Meinungsverschiedenheiten über Einzelheiten erkenne sie di enorme Bedeutung dieses Schrittes auf dem Wege zum allgemeinen Frieden an. Sie sehe die Grundlage gegeben, um mit allen kriegführenden Mächten sofort zu Verhandlungen zu schreiten.

Am 28. Dezember 1917 kam es zum grundsätzlichen Streit.[147] Die russische Delegation schlug vor: Entsprechend dem von der russischen Regierung anerkannten Recht aller in Rußland lebenden Völker auf Selbstbestimmung bis zur Absonderung sollte der Bevölkerung der von Deutschland besetzten Gebiete binnen kürzester, genau bestimmter Frist Gelegenheit gegeben werden, über die Frage ihrer Vereinigung mit dem einen oder dem anderen Reich oder ihre Unabhängigkeit zu entscheiden. Hierbei sei die Anwesenheit irgendwelcher Truppen unzulässig.

Deutschland erklärte sich zwar bereit, sobald der Friede mit Rußland geschlossen und die Demobilisierung der russischen Streitkräfte durchgeführt sei, die jetzigen Stellungen und das besetzte russische Gebiet zu räumen, verlangte aber die Anerkennung von Rußland, daß die geforderte Willenskundgebung der Bevölkerung bereits in Litauen, in Kurland, dem östlichen Teil Livlands sowie in Polen durch berufene Vertreter erfolgt sei und auf Ausscheidung aus dem russischen Staatenverband laute. Für später wurde eine Bekräftigung der schon vorliegenden Lostrennungserklärung durch ein Volksvotum auf breiter Grundlage eingeräumt, bei dem irgendein militärischer Druck in jeder Weise auszuschalten wäre.

---

[147] Nach General Hoffmann, a. a. O., S. 201 f., und Czernin (Im Weltkrieg, Berlin und Wien 1919, S. 309,311) bereitete sich der Bruch schon am 26. Dezember vor durch die Mitteilung Hoffmanns an Joffe, daß die russische Delegation den Begriff eines Friedens ohne gewaltsame Annexionen anders auffasse als die Vertreter der Mittelmächte. Joffe war durch diese Eröffnung „wie vor den Kopf geschlagen" und „verzweifelt".

Die russische Delegation faßte ihre abweichende Auffassung dahin zusammen: Wir stehen auf dem Standpunkt, daß als tatsächlicher Ausdruck des Volkswillens nur eine solche Willenserklärung betrachtet werden kann, die als Ergebnis einer bei gänzlicher Abwesenheit fremder Truppen in den betreffenden Gebieten vorgenommenen Abstimmung erscheint.

Damit schlossen die sachlichen Auseinandersetzungen vor der Pause von zehn Tagen, in der die Russen versuchen sollten, den Beitritt der Alliierten zu den Verhandlungen herbeizuführen.

Merkwürdigerweise sahen unsere Delegierten noch nicht klar über die Unvereinbarkeit der deutschen und der russischen Auffassung. Der kommende Bruch zeichnete sich eigentlich schon deutlich in der russischen Erklärung ab.

Die Diplomaten der Zentralmächte waren besonders bemüht, in den Schlußansprachen den Eindruck zu vermitteln, als ob der Friede auf dem Marsche wäre. Wir dürfen nicht vergessen, daß hinter dem österreichischen Delegierten, dem Grafen Czernin, der Befehl seines Kaisers stand,[148] nicht ohne den Frieden in der Tasche heimzukommen.

Es fehlte nicht an Komplimenten. Der bulgarische Justizminister Popow bescheinigte der russischen Delegation, daß sie das Rechtsgefühl des großen russischen Volkes verkörpere. Am diesem Gedanken Ausdruck zu verleihen, übergab sodann Popow, so berichtet das W.T.B. (28. Dezember 1917), den Vorsitz an den Führer der russischen Delegation Joffe. Hakki-Pascha entließ die russischen Herren mit den Worten, sie seien gute Diplomaten und gute Staatsmänner, und bezeugte ihnen, daß sie während der Verhandlungen viel Aufrichtigkeit, Gerechtigkeit und viel praktischen Sinn gezeigt hätten.

Die Stimmung muß hinter den Kulissen nicht ganz so harmonisch gewesen sein, wie das W.T.B. sie schilderte. Nach General Hoffmann [149] soll der russische Delegierte Pokrowski Tränen der Wut vergossen und ausgerufen haben, man könne doch nicht behaupten, daß keine Annexio-

---

[148] Vgl. Hoffmann, a. a. O., S. 202; ferner den Brief Czernins an Kühlmann vom 27. Dezember 1917, Bredt, Der Deutsche Reichstag im Weltkrieg, Das Werk des Untersuchungsausschusses, Bd. 8, 1926, S. 223, Anm. 14.
[149] Hoffmann, a. a. O., S. 202.

nen stattgefunden hätten, wenn man Rußland achtzehn Gouvernements abnehmen wolle.

Damit endete der erste Akt der Groteske von Brest-Litowsk.

Wenn ich nunmehr Kritik an unserem Verhalten übe, so gebe ich nicht historische Betrachtungen wieder, sondern die Gedankengänge, die damals den Kreis meiner Gesinnungsgenossen beunruhigten:

Die mise en scene war bereits eine verlorene Schlacht. Wir durften den Russen nicht anders gegenübertreten als in kühler, geschäftsmäßiger Haltung, jederzeit bereit, zum Angriff gegen den Weltbeglücker Trotzki überzugehen, dessen erklärtes Ziel die Revolutionierung der deutschen Massen war. Wir aber begegneten den Russen mit einer beflissenen Höflichkeit, die es uns im gegebenen Augenblick erschwerte, die Rolle des moralischen Anklägers zu übernehmen.

Die deutsche Diplomatie hat tatsächlich Trotzkis Prestige vor seinem Volke, vor den alliierten Völkern und vor den deutschen Massen befestigt. Ich möchte heute denen recht geben, die so weit gehen, zu behaupten: Wir hätten damals die Herrschaft der Volksbeauftragten vor dem drohenden Zusammenbruch gerettet.[150]

Die Russen kamen nicht nur als Sachwalter ihres Landes, sie wollten wie Wilson die Sache der Menschheit vertreten. Da durften wir uns nicht rein passiv verhalten, zu dieser Forderung „Ja", zu einer anderen „Nein" sagen, zu einer dritten Vorbehalte machen. Es ging nicht an, Wilson und Trotzki den Ideenkampf allein zu überlassen, wir mußten westlichen und östlichen Phrasen ein eigenes durchdachtes Programm europäischer Neuordnung gegenüberstellen, das die Realitäten berücksichtigte.

Wir hatten das Recht und die Pflicht dazu, denn das Eigendasein der Randvölker wurde durch uns nicht bedroht. Im Gegenteil. Wenn jetzt für Finnen und Balten und die anderen der Tag der Freiheit sich näherte, so hatten wir ihn heraufgeführt dadurch, daß wir das russische Reich in Trümmer schlugen. Und wenn diese befreiten Völker sich gegen die bolschewistische Gefahr behaupten wollten, so waren wir wiederum ihre einzige Hoffnung und ihr einziger Schutz. Gewiß, unsere Presse von damals ließ nicht erkennen, daß die deutsche Nation ihre Sendung als

---

[150] So Hoffmann, a. a. O., S. 189.

Befreier und Ordner Osteuropas begriff, Unsere Redakteure lebten ebenso wie unsere Diplomaten in der Angst, sie könnten es an realpolitischer Schlauheit fehlen lassen und als Idealisten verschrien werden.

Aber das kämpfende Heer an der Ostfront war erfüllt von der Größe der Aufgabe, gestaltend und rettend in das Geschick fremder Völker einzugreifen:

Der Heerführer, der sagte: „Man konnte meines Erachtens als anständiger Mensch nicht tatenlos dabeistehen und ein ganzes Volk hinmorden lassen."[151] Und nicht minder die Husarenpatrouillen, die eigenmächtig vorstießen, Gefängnisse aufbrachen und noch in letzter Stunde Tausende von Stammesgenossen vor der Füsilierung durch die roten Garden retteten.

Überhaupt kreisten damals im Blute unseres Volkes imperialistische Säfte. Das bloße Ziel der Selbstbehauptung genügte nicht mehr der neuerwachten Vitalität, unser Machtgefühl sehnte sich nach befreiendem Ausdruck. Heer und Heimat verlangten damals von berufenen Führern zu hören: Der deutsche Krieg geht um mehr als nur um materielle Dinge.

Trotzki unternahm es nicht nur, die Grundlagen eines deutschrussischen, sondern eines allgemeinen Friedens festzustellen. Überdies hatte er öffentliche Verhandlungen durchgesetzt. Wir verhandelten also mit der Öffentlichkeit auch der westlichen Völker, ob wir wollten oder nicht. Wenn wir uns hätten entschließen können, den von uns erstrebten Frieden präzise zu umreißen, so wäre es nur natürlich gewesen, in diesem Rahmen auch die belgische Frage zu klären und Lansdowne die Antwort zu geben, auf die er und Millionen warteten.

Wenn wir uns aber darauf beschränkten, zu den prinzipiellen Forderungen der anderen Ja zu sagen, dann durften wir unsere Worte nicht so wählen, daß wir nur Konzessionen zu machen schienen: Indem wir unsere Zustimmungserklärung befristeten und davon abhängig machten, daß auch die Alliierten dem Selbstbestimmungsrecht der Völker zustimmten, gaben wir den Russen die schöne Rolle, als Sieger im Ideenkampf Bedingungen stellen zu können, die wir unter diesen oder jenen Einschränkungen anzunehmen bereit wären. Grundsätze auf Frist und Widerruf gibt es

---

[151] Hoffmann, a. a. O., S. 223.

nicht, solange man sich noch die Kraft zutraut, das durchzusetzen, was man für recht hält.

Soweit war unser diplomatisches Verhalten ideenarm und unfruchtbar gewesen, aber wir hatten wenigstens unsere internationale Lage noch nicht entscheidend verschlechtert.– Am 28. Dezember 1917 begingen wir den nicht wieder gutzumachenden Fehler: wir erweckten vor der ganzen Welt und vor den deutschen Massen den Eindruck, als ob im Gegensatz zu dem russischen Verhalten unsere Zustimmung zu dem Selbstbestimmungsrecht der Völker unaufrichtig war und Annexionsabsichten dahinter lauerten. Wir lehnten die russische Forderung nach freier und ungehemmter Volksabstimmung in den besetzten Gebieten mit der Begründung ab: die Kurländer, Litauer, Polen hätten bereits über sich selbst bestimmt. Niemals durften wir die willkürlich eingesetzten oder erweiterten Landesräte als berufene Volksvertretungen ansprechen.

Das russische Verlangen nach einem Referendum war entweder vorbehaltlos anzunehmen oder durch die Forderung nach einer verfassunggebenden Nationalversammlung, hervorgegangen aus allgemeinen Wahlen, zu ersetzen. Die sofortige Räumung war natürlich abzulehnen. Wir konnten sie für die Zeit nach dem Kriege unbedenklich zugestehen, jetzt aber hatten wir den Russen und der Welt klarzumachen: Die Gefahr einer unzulässigen Wahlbeeinflussung durch eine die Ordnung aufrechterhaltende militärische Besatzung ist verschwindend gering gegenüber dem Terror des Bürgerkrieges, den zu entfesseln im Plan der Bolschewiki lag. Wir durften getrost unser Recht und unsere Pflicht proklamieren, die blutige Diktatur des Proletariats von den befreiten Nationen fernzuhalten, ebenso wie von unserer eigenen Landesgrenze, an die gerade die Russen durch ihr Räumungsverlangen herankommen wollten.

Ferner: Wem das Wort „Civis Germanus sum" keine Phrase, sondern eine Sendung bedeutete, der durfte in Brest-Litowsk nicht sprechen und handeln, als ob wir an dem nichtbesetzten Livland und Estland desinteressiert wären. Dort saßen vielhundertjährige Hüter unserer Kultur. Sie hatten unsere Sprache und Art bewahrt durch schwedische und russische Fremdherrschaft hindurch, ohne Geheiß und ohne Unterstützung vom Reich, nur kraft ihres deutschen Gewissens, das von ihnen forderte, auf Vorposten stehen zu bleiben.

Nun drangen die Hilferufe dieser Stammesgenossen täglich durch die russischen Linien: wir möchten dem Morden und der Verschleppung Einhalt tun. Ein paar Bataillone könnten Hilfe bringen, „die russischen und estnischen Mörderbanden aber bauen auf eure Passivität".

Die mir nahestehende Gruppe glaubte damals in dem Räumungsverlangen der Russen eine Handhabe zu sehen, um die unblutige Befreiung von Livland und Estland durchzusetzen. In einer Denkschrift von Ende Dezember heißt es unter anderem:

„Ihren Worten nach erscheinen die Bolschewiki als aufrichtigere Bekenner zum Selbstbestimmungsrecht der Völker als Deutschland, ein schweres Handicap für uns im Wettbewerb um die Gesinnung der Fremdvölker.
Die Frage ist: Was kann geschehen, um diese Belastung loszuwerden? Wir müssen mit einem neuen Vorschlag vor die Russen hintreten, der sie gewissermaßen an Fremdvölkerfreundlichkeit noch übertrumpft. Wir müssen die Forderung stellen, daß nicht nur vor der vorzunehmenden Prüfung des Volkswillens – am besten geht eine solche durch eine frei gewählte parlamentarische Vertretung vor sich – das kurländische und litauische Gebiet, die besetzten Teile Livlands von deutschen Truppen geräumt werden sollen, sondern das ganze livländische und estländische Gebiet bis zur Peipusgrenze von den Russen.
Wir müssen geltend machen:
Der Besitzstatus der Russen ist durch die in Livland und Estland herrschende Anarchie genau so beseitigt wie durch die deutsche Okkupation in Kurland. Das Schicksal von Livland und Estland ist somit durch die Kriegsereignisse vor das Forum der Geschichte aufs neue gebracht, gerade wie das Schicksal Polens, Litauens und Kurlands.
In Livland und Estland geschehen Mordtaten, die die Säuberung des Gebiets zu einer Pflicht der allgemeinen Menschlichkeit machen. Die Russen selbst haben das größte Interesse daran, da die mordenden Soldatenbanden im Namen der Bolschewiki zu handeln vorgeben. So ist es russisches, Fremdvölker- und deutsches Interesse, daß Livland und Estland aufhören, Schauplatz des Mordens zu sein.
Mit dieser Forderung würden wir in der Tat als die Befreier der kleinen Nationen dastehen.
Würden die Russen sich weigern, sich zurückzuziehen, so ziehen wir uns auch nicht aus Kurland zurück, und das Odium fällt auf die Russen.
Weigern sie sich nicht, so habe ich keinen Zweifel, daß die Entscheidung zu unseren Gunsten fallen würde. Die Bewohner Livlands und Estlands wären ohne deutsche Eroberung durch die Kraft unseres politischen Willens von den

Russen befreit. Gerade das Risiko, das wir laufen, würde den Eindruck der bona fides verstärken.

Zu den Esten führen mannigfache Beziehungen, die man über Finnland und Schweden ... zu unseren Gunsten ausnutzen könnte. Eventuell käme sogar eine schwedische Besetzung des fraglichen Gebietes vorübergehend in Betracht. Irgendeine neutrale ordnende Polizei wäre sicher empfehlenswert.

Gewiß, man kann nicht mit mathematischer Sicherheit für das Gelingen dieses politischen Unternehmens garantieren. Man kann aber [auch] nicht für den Erfolg eines strategischen Unternehmens mathematisch garantieren. Die Staatskunst wie die Strategie müssen zu gegebener Stunde mit einem Vertrauen arbeiten, von dem nur der Erfolg entscheiden kann, ob es gerechtfertigt ist.

England riskierte mehr, als wir heute riskieren würden, als Campbell Bannermann den Burenrepubliken die Selbständigkeit gab.

... Es ist um unserer Weltstellung willen nötig, daß Deutschland am Verhandlungstisch in Brest-Litowsk nicht die Rolle des engherzigen Nationalismus spielt: Es reicht nicht aus, daß wir auf die Bolschewiki-Ideen eingehen, ihre wettbeglückenden Vorschläge modifizieren und den deutschen Interessen anpassen, sondern wir müssen mit einem deutschen Programm hervortreten, das das Recht und die Freiheit unserer Nachbarvölker in unseren nationalen Willen aufnimmt. Die Bolschewiki dürfen nicht dastehen als die moralisch Führenden. Wir können heute noch die Führung an uns bringen, wenn wir Forderungen an die Russen stellen, bei denen das Rechtsgefühl der Welt mit uns ist."

Wir taten das Gegenteil. – Unser war das Recht in diesem deutsch-russischen Streit, unser das Vertrauen der Fremdvölker wie nie zuvor und nachher; aber die undurchsichtigen Methoden, mit denen unsere Verhandlungen geführt wurden, brachten es fertig, Deutschland als Feind und Rußland als Beschützer der kleinen Nationen vor die Welt hinzustellen.

Trotzki, Lloyd George und Wilson eilten, die Blöße auszunützen, die wir uns gegeben hatten.

Von seinem Hauptquartier aus änderte Trotzki sofort die Richtung seiner politischen Offensive.

Sein letztes Ziel war immer die Weltrevolution. Anfänglich war er wohl der Meinung gewesen, daß die deutschen Massen durch unsere Siege und unsere Friedensbereitschaft gegen seine Propaganda zunächst immun wären, während die alliierten Völker zugänglicher sein würden dank ihrer militärischen Enttäuschungen und der Entschlossenheit ihrer Regierungen, den Krieg um jeden Preis fortzusetzen. So hatte er unermüdlich versucht, die Proletarier in den alliierten Ländern aufzuhetzen durch Funksprüche und Handschreiben an sozialdemokratische Organisationen. Den Franzosen hatte er gesagt: Die Siegesversprechungen der französischen Regierung hätten sich nicht erfüllt. Eine militärische Lösung sei überhaupt nicht zu finden. Das französische Proletariat solle seine Stimme erheben und Teilnahme an den Verhandlungen verlangen.

Den englischen Arbeiterführern hatte er höhnisch zugerufen, sie sollten nun erst einmal von ihrer Regierung die Pässe zur internationalen Konferenz in Stockholm erzwingen.

Jetzt, nach unserem katastrophalen Fehler erkannte Trotzki blitzschnell die Verwundbarkeit der deutschen Heimatfront. Und nun fiel das ganze Schwergewicht seines Angriffs auf uns. Es hagelte Funksprüche und Flugblätter auf unsere Soldaten: die Heeresleitung und der deutsche Imperialismus seien schuld an der Verlängerung des Kriegs. Die bolschewistischen Agenten in Deutschland erhielten verschärfte Instruktionen im Sinne des Aktivismus. Zweifellos wurde Trotzki zur Verlegung seines Großangriffs auch durch die optimistischen Situationsberichte der deutschen Unabhängigen ermutigt. Der „Sozialistischen Korrespondenz" zufolge ist um Weihnachten die dringende Mahnung nach Petersburg lanciert worden, die Friedensverhandlungen zu verschleppen, weil die Entwicklung in Deutschland sich in revolutionärem Sinne vollziehe; der Abschluß eines Separatfriedens zwischen Deutschland und Rußland wäre verwerflich, weil er die erwähnte Entwicklung beeinträchtige und die herrschenden Schichten stärke.

Auch Lloyd George war durch uns aus einer großen Verlegenheit befreit worden. Er war bisher der Lansdowne-Bewegung nicht Herr geworden trotz mehrfacher Vorstöße. Zunächst hatte er Bonar Law und seine konservative Meute auf den alten Führer gehetzt, dann war er selbst am 14. Dezember 1917 in voller Kriegsbemalung erschienen und hatte eine neue Knock-out-Rede gehalten. Aber der kriegsvergnügte Ton war verstummt, Lloyd George hatte mit einer grimmen und verbissenen Wahrhaftigkeit den Ernst der militärischen Situation geschildert: Amerika ist noch nicht drinnen und Rußland ist draußen. Zum Schluß das Bekenntnis: Ich fürchte mich weniger vor den extremen Pazifisten als vor dem Mann, der glaubt, daß es eine Zwischenstation zwischen Sieg und Niederlage gibt. Und dann war die Rede in den Schlachtruf ausgeklungen: Deutschland müsse bestraft werden, denn der Verbrecher dürfe nicht mächtiger sein als das Gesetz.

Aber der Premierminister war nicht durchgedrungen.

Die liberale Opposition hatte sich der Forderung Lansdownes bemächtigt nach Revision der im Januar 1917 proklamierten Kriegsziele.[152] Lansdownes Bekenntnis zum Verständigungsfrieden hatte eine stürmische Zustimmung bei den Gewerkschaften gefunden. Vor allem aber war der Widerhall in Amerika bedenklich gewesen: Heraus mit einem neuen Friedensprogramm, bevor die furchtbare Kraftprobe im Westen kommt.

In diese Stimmung fiel die Aufforderung der russischen Regierung, sich an den Verhandlungen zu beteiligen. Schon wurde von verschiedenen Seiten die Verantwortung für die Fortsetzung des Krieges Lloyd George angeheftet. Die Knock-out-Politik hatte verspielt, wenn jetzt Deutschland den ersten „demokratischen Frieden" in die Scheuer brachte.

Da kam unsere Zweideutigkeit vom 28. Dezember wie ein Gottesgeschenk. Lloyd George sah und ergriff die einzigartige Gelegenheit. Er selbst umriß in seiner Rede vom 5. Januar 1918 ein neues englisches Kriegszielprogramm, das wie eine Zustimmung zu der russischen Forderung: Keine Annexionen, keine Entschädigungen klang, vor allem aber vor dem eigenen wie den feindlichen Völkern den Beweis erbringen sollte: An Deutschland, nicht an England scheitert der Verständigungsfriede.

Der Instinkt des Mannes war zu bewundern. Vorbereitung und Aufmachung der Rede zeigten ein untrügliches Gefühl für die seelischen Wirkungen, die es zu erzielen galt.

Er sprach vor den Gewerkschaften und führte sich gleich zu Anfang der Rede ein nicht nur als Wortführer der Regierung, sondern der ganzen Nation: er habe sich vorher mit den Arbeiterführern, den Vertretern der Dominions, der liberalen Opposition besprochen und sich ihrer aller Zustimmung versichert; denn die bevorstehende Kraftprobe könne nur durchgehalten werden, wenn die Ziele des Kampfes deutlich umrissen und von dem Gewissen der Nation gebilligt würden.

---

[152] Note vom 10. Januar 1917, die gemeinsame Antwort der Entente auf die amerikanische Friedensnote vom 21. Dezember 1916.

Nunmehr erfolgte eine Proklamierung der Kriegsziele, die tatsächlich auf die von Lansdowne geforderte Revision der Januar-Note hinauslief. Zuerst kam in wiederholten Wendungen die Versicherung: Der Kampf werde nicht als Angriffskrieg gegen das deutsche Volk geführt, weder seine Vernichtung noch seine Zerstückelung lägen im Plane Englands, auch Deutschlands große Weltstellung wünsche England nicht zu zerstören; nur der Plan einer militärischen Vorherrschaft sollte aufgegeben werden. Auch die Auflösung Österreich-Ungarns werde nicht beabsichtigt; die zu seinem Verband gehörenden Nationen sollten nur weitgehende Selbstregierung erhalten, dann würde Österreich-Ungarn ein Hort des Friedens werden. Die deutsche Reichsverfassung sei zwar ein gefährlicher Anachronismus, die Annahme einer wirklich demokratischen Staatsform würde überzeugend dartun, daß Deutschland seine Weltherrschaftspläne aufgegeben habe, und den Abschluß eines demokratischen Friedens erleichtern – „aber das ist Deutschlands eigene Sache".

Scheinheilig wurde bedauert, daß die Mittelmächte die Friedensbotschaft des Präsidenten vom 22. Januar 1917, trotz dringender Bitten von seiten der Gegner und auch der Neutralen, nicht beantwortet hätten, sondern nach wie vor ein hartnäckiges Schweigen über ihre Kriegsziele bewahrten.

Was der Führer der Opposition am 27. Juli 1917, Lord Lansdowne am 29. November 1917 getan, wiederholt jetzt der leitende Staatsmann. Er fragt uns öffentlich: Was habt ihr mit Belgien vor? „Was bedeuten all die Äußerungen von deutscher und österreichischer Seite über Belgiens Wiederherstellung? Soll es heißen, daß Belgien so frei werde wie die deutsche oder irgendeine andere Nation, oder seien Einschränkungen beabsichtigt, die Belgiens Stellung zu einer Art von Abhängigkeit herabdrücken würden?"

Über Elsaß-Lothringen sagt er: „Wir beabsichtigen, an der Seite der französischen Diplomatie bis zum Tode zu stehen bei der Forderung, welche sie erhebt, daß das große Unrecht von 1871, als ohne jede Rücksicht auf die Wünsche der Bevölkerung zwei französische Provinzen von Frankreichs Seite gerissen und dem Deutschen Reiche einverleibt wurden, erneut in Erwägung (reconsideration) gezogen werde."

Auch in allen anderen Streitfragen forderte er entsprechend dem russischen Programm, daß das Selbstbestimmungsrecht der Völker entscheidend zur Geltung komme.

Rußland redete er im Tone des zugleich schmollenden und großmütigen Verbündeten zu: Deutschland habe sicher nicht im Sinn, eine der jetzt besetzten Provinzen oder Städte Rußlands zurückzugeben. „Die heute in Rußland Regierenden führen Verhandlungen mit dem gemeinsamen Feind über einen Sonderfrieden. Ich mache keine scharfen Vorwürfe, ich konstatiere nur die Tatsache, um anzudeuten, daß England nicht verantwortlich gemacht werden kann für Dinge, die ohne sein Wissen geschehen sind."

Selbst für die deutschen Kolonien forderte Lloyd George nach russischem Vorbild, daß die Wünsche der Bevölkerung berücksichtigt würden. Die Treue unserer Kolonialtruppen hätte keine besondere Beweiskraft; sie wäre überdies nur für Ostafrika bewiesen, und auch dort nur für die Askaris, eine planmäßig bevorzugte Kriegerkaste.

Zum Schluß das Bekenntnis zum pazifistischen Ideal, ganz getaucht in den Wortschatz der liberalen Idealisten: Heiligkeit der Verträge, zunehmendes Übel der militärischen Dienstpflicht – große Kriegsvorbereitungen ein Unglück für unsere Kultur, Einsetzung einer internationalen Körperschaft, um die Lasten der Bewaffnung zu vermindern und die Aussichten auf Krieg zu verkleinern.

So stellte sich Lloyd George scheinbar an die Spitze der Lansdowne-Bewegung, in Wahrheit, um sie totzumachen. Unmittelbar nach der großen Rede schloß sich der Riß in der englischen Heimatfront.

Die „Times" (vom 7. Januar 1918) sprach von dem wichtigsten Staatsdokument seit der Kriegserklärung.

> „Erfolgt die Annahme dieser Bedingungen [von seiten Deutschlands] nicht prompt, so verfällt das Angebot, und die Rede bleibt das, was sie nach amerikanischer Meinung sein soll, eine bemerkenswerte Verstärkung der Kräfte, die für einen Siegfrieden arbeiten."[153]

---

[153] Ähnlich lautet das Arteil des „Observer": Wenn der Feind seine Chance verwerfe, so werde die Nation und werden die Alliierten für den Krieg gestärkt sein.

Die Verständigungspresse war „tief dankbar" dafür, daß ihr Rat befolgt worden sei. Der Arbeiterführer Henderson erklärte: In gewissem Sinne verkörpere die Rede das Programm der Arbeiterpartei.

Die gesamte englisch-amerikanische Presse war auf das Stichwort eingestellt: Nun hat Deutschland das Wort.

Am 8. Januar 1918 erfolgte fast wie eine verabredete Parallelaktion Wilsons Kundgebung an den Kongreß, darin die berühmten 14 Punkte enthalten waren. Die Übereinstimmungen mit den Lloyd Georgeschen Postulaten sind auffallend.

Auf Belgien wird das Schwergewicht gelegt. Die Rückgabe Elsaß-Lothringens wird nicht ausdrücklich gefordert, sondern nur von der Wiedergutmachung eines Unrechts, allerdings begangen gegen Frankreich, gesprochen.

Die gegen Österreich gerichteten Aufteilungspläne werden durch das Wort „Autonomie" scheinbar zurückgenommen.

Am unangenehmsten für Deutschland klang der Punkt 13 über Polen, darin ein polnischer Zugang zum Meere gefordert wurde. Immerhin ließ die Fassung auch die Deutung zu, daß aus Danzig ein Freihafen werden sollte. Was er über die Friedensliga und die Freiheit der Meere sagte, waren im wesentlichen Wiederholungen aus seinem alten Programm.

Besondere Bedeutung kam seinen Worten über Rußland zu.

Lloyd George hatte sich den russischen Machthabern gegenüber noch einer gewissen Zurückhaltung befleißigt, aber Wilson stellte mit seinen Huldigungen vor dem blutbesteckten Bolschewismus selbst Hakki-Pascha weit in den Schatten. Den Volksbeauftragten wurde nicht nur ihre Gerechtigkeit, ihre Weisheit bezeugt, sondern auch ihr edler demokratischer Geist. In geradezu überschwenglichen Worten sprach Wilson von ihrer Menschenliebe,[154] die jedes Menschenfreundes Bewunderung hervorrufen

---

[154] Wie diese „Menschenliebe" aussieht, zeigt S. P. Melgunow (Der rote Terror in Rußland, 1918 bis 1923, Berlin), der eine furchtbare Schilderung der Greueltaten der Bolschewiki gibt. Ferner Paul Miliukow (Rußlands Zusammenbruch, 1926), der im 1.Band, S. 84, eine mittelalterlich anmutende Schilderung der Folterungen gibt. Er bringt eine der „Times" vom März 1922 entnommene Statistik, nach der 1 766 115 Menschen als Opfer des Bolschewismus getötet wurden. Miliukow

mühte: „Die Russen haben sich geweigert, um der eigenen Sicherheit willen andere im Stich zu lassen." – Wenn er dann weiter die Abtrennung russischer Gebiete ablehnte, ohne mit einem Worte der in ihrer neuen Freiheit bedrohten Balten, Litauer und Finnen zu gedenken, so stand das im Einklang mit seiner Taubheit „gegenüber den Hilferufen der russischen Fremdvölker", die ich ihm schon in meiner Rede vom 14. Dezember 1917 vorgeworfen hatte.

Die an Rußlands Adresse gerichteten Schmeicheleien sind nicht mit ethnographischer und geographischer Ahnungslosigkeit zu entschuldigen. Wilson versuchte noch einmal ein Letztes, um Rußlands Widerstand gegen die deutschen Forderungen zu versteifen, und war sich offenbar – das wollen wir hoffen – der furchtbaren Verantwortung nicht bewußt, die darin lag, in diesem Augenblick nur um der Kriegsnotwendigkeit willen den russischen Diktatoren die moralische Anerkennung der Vereinigten Staaten zu schenken.

Der Schluß der Wilsonschen Rede galt dem deutschen Volk. Es konnte unmöglich Zufall sein, daß er nach Aufstellung seiner 14 Punkte, darin zwei Lansdownesche Forderungen, Freiheit der Meere und internationale Friedensorganisation, bereits enthalten waren, nun noch die drei übrigen von Lansdowne gewünschten Erklärungen an unsere Adresse richtete:

1. „Es ist nicht unser Wunsch, Deutschland, sei es mit den Waffen, sei es mit feindlichen Handelsmaßnahmen zu bekämpfen, wenn es bereit ist, sich uns und den anderen friedliebenden Nationen anzuschließen in einem Bund der Gerechtigkeit, des Rechts und der Billigkeit. Wir wünschen nur, daß Deutschland eine Stellung der Gleichheit unter den Völkern der Welt einnimmt – der neuen Welt, in der wir jetzt leben – anstatt einer beherrschenden Stellung."[155]

---

erklärt (S.83) die angeführte Tabelle zwar für eine nicht beweiskräftige Urkunde, ist aber überzeugt, daß das Gesamtergebnis „kaum als übertrieben" zu betrachten sei.

[155] „We do not wish to fight Germany either with arms or with hostile arrangements of trade if she is willing to associate herself with us and the other peace-loving nations of the world in covenants of justice and law and fair dealing. We wish her only to accept a place of equality among the peoples of the world – the new world in which we now live – instead of a place of mastery."

Die Drohung mit dem Handelskrieg nach dem Krieg wird abgelehnt. Wilson erklärt, sich in unsere inneren Angelegenheiten nicht mischen zu wollen, aber apostrophiert dann die Reichstagsmajorität folgendermaßen:

„Aber, das müssen wir freimütig sagen, es ist notwendig, auch als vorbereitender Schritt für jedes sinnvolle Verhandeln unsererseits mit Deutschland, daß wir wissen, für wen seine Sprecher reden, wenn sie zu uns reden, ob es für die Reichstagsmehrheit ist oder für die Militärpartei und die Männer, deren Glaubensartikel die imperialistische Herrschaft ist."[156]

Die Reichstagsmajorität mußte Wilson die Antwort schuldig bleiben. Nur nichtssagende, allgemeine Redensarten, wie sie in der Friedensresolution enthalten waren, konnten die drei Parteien zu gemeinsamer Aktion vereinen, die Aufstellung eines präzisen Kriegszielprogramms mußte an der belgischen Frage scheitern: das war schon so gewesen im Juli 1917, als die Reichstagsmajorität in ihrer „Sünden Maienblüte" stand.

In Erwartung aber der kommenden Offensive war eine ganze Anzahl Mitglieder der Zentrumspartei und der Fortschrittlichen Volkspartei bereit, auszubrechen, wenn aus der Mitte der Reichstagsmehrheit heraus die Vereinigung der belgischen Frage gefordert würde. Wenn allerdings die Regierung mit einer Erklärung über Belgien die Führung übernommen hätte, dann wäre die Reichstagsmajorität nicht nur beieinander geblieben, sondern hätte freudige Gefolgschaft geleistet.

Die politische Leitung aber war, wie immer in Erwartung militärischer Ereignisse, wie von einer Lähmung befallen.

Es bleibt das Verdienst der Obersten Heeresleitung, als einzige entscheidende Instanz erkannt zu haben, daß der Versuch Lloyd Georges und Wilsons, uns die Verantwortung für die Fortsetzung des Krieges aufzubürden, mit einer politischen Gegenoffensive beantwortet werden mußte, und zwar vor Beginn der militärischen Operationen:

---

[156] „But it is necessary, we must frankly say, and necessary as a preliminary to any intelligent dealings with her on our part, that we should know whom her spokesmen speak for when they speak to us, whether for the Reichstag Majority or for the Military Party and the men whose creed is imperial domination."

„Der militärische Entscheidungskampf zwischen Deutschland und England steht bevor: für dessen Ausgang ist der Grad der Widerstandsfähigkeit der englischen Heimatfront von ausschlaggebender Bedeutung. Wird diese unter den militärischen Schlägen zusammenbrechen oder nicht? Das ist die entscheidende Frage.

„Lloyd George ist sich vollständig darüber klar, daß von der Festigkeit der englischen Heimatfront alles abhängt. Er nimmt noch einmal seine ganze suggestive Kraft zusammen, um für den kommenden Waffengang Englands Hilfsquellen und Englands Kriegswillen aufs neue zu mobilisieren.

„Es ist heute die große Aufgabe der deutschen Politik, diese Mobilisierung zu stören. Die englische Heimatfront muß bei Beginn unserer militärischen Operationen in einem so zermürbten Zustand sein, daß unsere militärischen Erfolge ihre größtmögliche Wirkung ausüben können. Die Wochen vor Beginn der Offensive sind die entscheidende Zeitspanne für diese politische Vorarbeit ...

„Wir müssen uns darüber klar sein: Die drohende deutsche Offensive einigt und sammelt die Kräfte in England. In schweren Tagen und in der Erwartung schwerer Tage steht das englische Volk zu seiner Regierung. Ganz England steht heute in der Erwartung schwarzer Monate.

„Es wäre völlig verkehrt, wollte man aus dieser Tatbestandaufnahme die Konsequenz ziehen: Man muß auf militärische Erfolge verzichten, um die englische Heimatfront durchbrechen zu können.

„Vielmehr drängt sich die Frage auf: Wie ist es möglich, England im Felde zu schlagen und gleichzeitig diesen Schlag zu einem Zusammenbruch des englischen Kriegsbetriebes, auch in der Heimat, auswirken zu lassen?

„Die Antwort lautet: Dadurch, daß durch eine geschickte, unablässige, deutsche, politische Propaganda dem englischen Volke die Suggestion vermittelt wird: Die Lloyd Georgesche Knock-out-Politik ist allein schuld an der Fortsetzung des Krieges, sie verfolgt imperialistische Eroberungsziele, während ein mit der Ehre und Sicherheit Englands vereinbarter Friede früher ohne weiteres Blutvergießen durch Unterhandlungen zu haben gewesen wäre."

„Gelingt es der deutschen Politik nicht, dem englischen Volke diese Suggestion zu vermitteln, so bekommt Lloyd George für den Entscheidungskampf seine geschlossene Heimatfront zustande und sie wird auch unter den schwersten Niederlagen halten, bis die amerikanische Hilfe eintrifft.

„Worte sind heute Schlachten: Richtige Worte gewonnene Schlachten, falsche Worte verlorene Schlachten ...

„ ... Die Wochen bis zum Beginn der militärischen Offensive dürfen nicht politisch ungenutzt verstreichen; es gilt alle Kräfte anzuspannen. Kein Mittel, den Sieg zu erringen und dessen Wirkung zu verstärken, darf ungenutzt bleiben ... "

Diese vom 14. Januar 1918 datierte „ernste Forderung" richtete die Oberste Heeresleitung an die Reichsleitung: Sie stammt aus einer Denkschrift, die Oberstleutnant v. Haeften General Ludendorff vorgelegt und die dieser „dringend befürwortet" an den Reichskanzler weitergegeben hatte.

Das von General Ludendorff in seinem Urkundenband abgedruckte Memorandum[157] wird immer ein Dokument zur Entlastung der Obersten Heeresleitung bleiben. Daran ändert auch nichts die Tatsache, daß aus diesem von Haeften in Verbindung mit Hahn entworfenen Plan der politischen Offensive das strategische Kernstück ausgelassen wurde: die Erklärung über Belgien.[158]

---

[157] Ludendorff, Urkunden, S.473 ff.

[158] Die wesentlichen der nicht in die Denkschrift aufgenommenen Sätze lauten:"Lord Lansdowne hat uns selbst den Weg gewiesen, wie ihm zu helfen ist. In seinem Briefe bedauert er die Unklarheit der deutschen Regierung über die belgische Frage.
Lord Lansdowne hat sicher keinen Zweifel darüber, daß eine englisch-deutsche Verständigung nicht an der belgischen Frage scheitern würde. Das sollte genug sein, wenn er ein Mann von suggestiver Führerkraft wäre. Das ist er nicht, sondern nur ein couragierter und hochmütiger Aristokrat, der Volksströmungen leiten, aber nicht schaffen kann. Pazifisten haben nach Deutschland sagen lassen: Gebt ihm das Kampfmittel in die Hand, mit dem er Lloyd George schlagen kann! Diese Botschaft ... ist einmal über das andere zu uns gekommen.
Andererseits stellt Lloyd George alle deutschen Äußerungen zusammen, aus denen hervorgehen soll, daß Deutschland seine Hand auf Belgien behalten will. Die englische Kriegs- und Friedenspartei wissen beide ganz genau, welche Waffen sie für ihre Zwecke brauchen. Wir aber haben der englischen Friedenspartei bisher stets Waffen angeboten, mit denen sie nichts, die englische Kriegspartei aber allerlei anzufangen wußte. (Reale Garantien usw.)
Wir kommen zu der wichtigsten Frage: In welcher Form soll die Erklärung über Belgien erfolgen?
Bisher hat man von politischer Seite an die belgische Erklärung immer nur in Form eines Friedensfühlers gedacht. Hierüber ist grundsätzlich zu sagen: Jedes Friedensangebot in direkter oder indirekter Form an die gegenwärtige Regierung in England bedeutet eine Schwächung der englischen Friedenspartei und eine Ermutigung der englischen Kriegsfreunde. Das englische Volk ... sagt sich naturgemäß: Nur Entmutigung kann diesen Annäherungsversuch erklären, denn Lloyd George sprach davon, Banditen und Mörder niederboxen zu wollen, und die so Angeredeten antworteten mit Erzberger: Wenn wir nur erst am Verhandlungstisch säßen, würden wir uns schon in zwei Stunden verständigen können.
Gewiß, die Erzbergersche Anbiederung findet sich nicht in unseren offiziellen

Unter den von der Geschichte aufgeworfenen Schuldfragen wird vielleicht die ernsteste sein: Wer hat verhindert, daß wir rechtzeitig aus dem Kriege herauskamen? Wer trägt vor allem die Verantwortung dafür, daß die Reichsregierung vor der Offensive nichts für den Frieden und nichts für die Erleichterung der kommenden Waffenentscheidung getan hat? Heute schon kann die Antwort gegeben werden: General Ludendorff hat durch die Denkschrift selbst in der Form, in der er sie eingereicht hat, der Reichsleitung die zwei schwerwiegenden Eröffnungen gemacht: Die Oberste Heeresleitung erwartet im Gegensatz zu der von übertriebenen Siegeshoffnungen erfüllten öffentlichen Meinung von unseren bevorstehenden Siegen nicht die tödliche Zwangslage für die Feinde, Frieden zu schließen, und die Oberste Heeresleitung fordert demnach vor Beginn der Operationen einen politischen Angriff auf die englische Heimatfront.

Darauf mußte die Reichsregierung antworten: Sehr wohl, aber jede politische Offensive muß in kümmerlichen Anfängen stecken bleiben, wenn sie auf das große Sprengmittel, die Erklärung über Belgien verzichtet. Ihr könntet genau so gut Eure Offensive ohne Artillerie unternehmen; also laßt uns die Erklärung über Belgien abgeben, sonst unternehmen wir nichts.

Erst, wenn die Oberste Heeresleitung diese Gegenforderung der politischen Leitung zurückgewiesen hätte, wäre man berechtigt, von einer militärischen Verantwortung für unsere politische Untätigkeit zu sprechen; diese Gegenforderung ist nie gestellt worden.

Dokumenten, aber der Glaube an die Verhandlungsfähigkeit der Lloyd Georgeschen Regierung war der verhängnisvolle Irrtum des Septemberfühlers. (Diesem zuliebe blieb seinerzeit die Asquithsche Frage vom 27. Juli 1917 unbeantwortet. Anmerkung aus dem Entwurf.) und spukt auch noch in den Kundgebungen aus letzter Zeit.
Unzweifelhaft werden nach jedem Friedensfühler die extremen Pazifisten in England mobiler, aber an deren Lebhaftigkeit haben wir ja gar kein Interesse, sie diskreditieren nur die Friedensbewegung: Um Lord Lansdowne zu helfen, müssen wir die große Masse der Zweifler beeinflussen. Diese bilden die Mittelpartei zwischen Kriegspartei und Friedenspartei und schwenken, je nach ihrer Auffassung der militärischen Lage, zum Kriege oder zum Frieden. Jeder deutsche Friedensfühler verbessert ihre Auffassung der Kriegslage.
Die belgische Erklärung muß in Form einer Kampfansage gegen die Lloyd Georgesche Regierung erfolgen.

Die Sitzungen in Brest-Litowsk wurden am 9. Januar 1918 wieder aufgenommen unter einer beispiellosen Spannung in allen Ländern. Die westlichen Kriegsparteien lauerten auf neue deutsche Zweideutigkeiten. Wer aber noch glaubte, die Kraftprobe im Westen ließe sich vermeiden, der hoffte auf die deutsche Diplomatie: sie würde in Brest-Litowsk ein Beispiel geben, das die alliierten Völker auf den Weg der Verhandlungen mitriß.

Trotzki hatte die Verlegung der Konferenz nach Stockholm verlangt in der durchsichtigen Absicht, von dort besser gegen die Heimatfronten der beiden kriegführenden Parteien operieren zu können. Nun erschien er selbst in Brest-Litowsk. Sofort hörte der Verbrüderungsunsinn auf, leider nicht auf unsere, sondern auf russische Initiative.

Kühlmann klagt in seiner Reichstagsrede vom 25. Januar 1918 darüber, daß der „freundschaftliche Verkehr" außerhalb der Sitzungen aufgehört hätte: „Es war wie Tag und Nacht, die gemeinsamen Mahlzeiten wurden nicht wieder aufgenommen, die russischen Herren hielten sich hermetisch in ihren Häusern abgeschlossen, keine private Aussprache wurde zugelassen."

Vom ersten Augenblick an machte Trotzki es deutlich, daß nun das Schwergewicht der russischen Offensive uns treffen sollte. Deutschland, England, Frankreich, wir waren alle seine Feinde, und kluger Feldherr, der er war, wollte er dort angreifen, wo er die schwächste Stelle vermutete: seine deutschen Freunde hatten ihn über die bevorstehenden Januarstreiks informiert und offenbar übertriebene Hoffnungen erweckt. Darum galt es, um jeden Preis die deutsche Regierung zu diskreditieren und den Verständigungsfrieden zu sabotieren, der ihre Position gestärkt hätte. Er höhnte und stichelte unsere Vertreter, ja er mißhandelte sie förmlich. Seine Herausforderungen erreichten schon am 12. Januar den Höhepunkt: Es sei falsch, so sagte er, Rußlands Weltstellung nach seiner gegenwärtigen Ohnmacht zu bemessen, ebensowenig wie man Deutschlands wirtschaftliche Kraft nach seiner jetzigen Ernährungslage beurteilen dürfe.

General Hoffmann beschwerte sich über die aufreizenden Funksprüche und Flugblätter, die Revolution und Bürgerkrieg in unserem eigenen

Lande entfesseln sollten.[159] Kühlmann verwies demgegenüber auf Deutschlands feststehenden Grundsatz, sich nicht in die innerrussischen Verhältnisse einzumischen. Trotzki verspottete ihn aber nur ob dieses Verzichts auf die moralische Offensive. Er würde es als einen Schritt vorwärts anerkennen, wenn sich die deutsche Regierung frei und offenherzig bezüglich der inneren Verhältnisse Rußlands ausspräche.

Leider nahmen wir diese Herausforderung nicht an.

Diplomatisch war dagegen alles klug und richtig, was Kühlmann tat: wie er Trotzki dazu brachte, die Abgesandten der ukrainischen Zentralrada anzuerkennen, und zwar nicht nur als Unterabteilung der russischen Delegation, sondern als Vertretung eines selbständigen Staates; wie er dadurch Trotzki sein Spiel verdarb, als dieser plötzlich eine neue ukrainische Delegation von lokalen Bolschewisten aufmarschieren ließ; wie er am 9. Februar überraschend mitten in das Trotzkische Theater mit der Realität des ukrainisch-deutschen Friedens hineinsprang; wie er dann Trotzkis Racheakt „den großen Coup" vom 10.Februar: „Die Entscheidungsstunde ist da, ich gebe den Krieg auf, demobilisiere, verweigere aber die Unterschrift unter den Frieden," mit der Erklärung beantwortete: der Vierbund steht also mit Rußland im Kriege, denn der Daseinsgrund des Waffenstillstands ist der Friede; wird also kein Friede geschlossen,[160] so beginnen nach Ablauf der vorgesehenen Frist die Kriegshandlungen; wie er dadurch die diplomatische Grundlage für unseren Vormarsch schuf, der Livland und Estland erlöste und uns die Freiheit des Handelns im Westen gab – das alles zeigte einen Diplomaten von seltener Intelligenz und Tatkraft.

Auch dialektisch war Kühlmann Trotzki durchaus gewachsen. Er hat ihn mehrmals in Verlegenheit gebracht, z. B. als er die russische Forderung, Vertreter der besetzten Gebiete hinzuzuziehen, annahm, aber die Bedingung daran knüpfte, die russische Delegation müsse dann die vertretenen Völker wenigstens präsumtiv als „Volkspersönlichkeiten" anerken-

---

[159] Über den Umfang der russischen revolutionären Propaganda in Deutschland vgl. Miliukow, a. a. O., S. 153 ff.
[160] Nach Hoffmann (a.a.O., S.214f.) wäre diese der ursprünglichen Absicht Kühlmanns entgegengesetzte Stellungnahme auf Hoffmanns Protest und die Intervention der Obersten Heeresleitung zurückzuführen.

nen. Aber das waren schließlich nur taktische Erfolge – strategisch blieb Trotzki Sieger. Er verließ als Märtyrer des Selbstbestimmungsrechts Brest-Litowsk, wir als Vergewaltiger der kleinen Nationen. So weit durfte es nicht kommen. Brest-Litowsk verlangte von uns große Politik, erst in zweiter Linie Diplomatie: Es handelte sich darum, das Mißtrauen der Welt gegen das deutsche Wort zu besiegen, die Legende von unseren Weltherrschaftsplänen zu zerstören und die Bolschewiki als Heuchler und als Knechter von Menschen und Völkern zu entlarven. Das war leicht, wir mußten nur von Anfang an feierlich und ohne Klauseln verkünden: Wir fühlen uns berechtigt und verpflichtet, die aus dem russischen Chaos befreiten Völker zu schützen, bis sie ihr Eigendasein befestigt haben; räumen aber, sowie ruhige Verhältnisse eingetreten sind, das besetzte Gebiet, damit sobald als möglich, am besten unter neutraler Kontrolle, konstituierende Versammlungen gewählt werden, die die endgültigen Staatsformen dieser Völker festlegen sollen.

Und dann war Rußlands Desinteressement an den Randstaaten zu fordern, nicht weil wir die Sieger und sie die Besiegten waren und „unsere Machtstellung" es uns erlaubte, wie Graf Hertling am 3. Januar 1918 sagte, sondern weil uns die Kulturaufgabe oblag, die westliche Zivilisation gegen die bolschewistischen Zerstörer zu schützen, die bereitstanden, durch Mord und Plünderung und blutigen Bürgerkrieg die neu befreiten Nationen zu verderben. Wenn sie dabei westliche Redensarten von Freiheit und Selbstbestimmung der Völker im Munde führten, so war das nur die List des Wolfes, der sich mit Kreide seine Stimme fein machte. Unsere Aufgabe war es, dem Heuchler zuzurufen: Ich kenne dich, du bist der Wolf!

Nicht, daß sich die kleinen Nationen betören ließen, aber die alliierten Völker und unsere sozialdemokratischen Massen bedurften dringend der Aufklärung.

Wir brauchten nur dem Beispiel des ukrainischen Delegierten Ljubinski zu folgen, der Trotzki am I. Februar 1918 in Brest-Litowsk die Worte entgegenschleuderte: [161]

---

[161] Über die sehr starke Wirkung der Anklagen auf Trotzki vgl. Czernin, a. a. O., S. 332.

„Die lauten Erklärungen der Bolschewiki über die vollkommene Freiheit der Völker Rußlands sind nur grobe demagogische Mittel. Die Regierung der Bolschewiki, welche die konstituierende Versammlung auseinandergejagt hat und sich nur auf die Bajonette der Söldner der Roten Garde stützt, wird sich nie dazu entschließen, in Rußland selbst die hochgerechten Prinzipien des Selbstbestimmungsrechtes [der Völker] durchzuführen, denn sie weiß sehr wohl, daß nicht nur die zahlreichen Republiken, die Ukraine, das Dongebiet, der Kaukasus und andere, sie nicht als ihre Regierung anerkennen werden, sondern daß auch das russische Volk selbst ihr dieses Recht versagen wird."

Es galt, diese grundsätzliche Anklage durch Einzelheiten aus allen Teilen Rußlands zu erhärten. Täglich brachten die Hilferufe der Ukrainer, Balten, Finnen Greueltaten der Roten Garden zur Kenntnis unserer Heerführer. Vor allem aber steigerte sich die zynische Brutalität der offiziellen russischen Regierungshandlungen unter dem Schutze jenes Schweigens, das die westlichen Regierungen zu bewahren sich offenbar verschworen hatten.

Unser Tatsachenmaterial war stark genug, um auch diese Verschwörung des Schweigens zu brechen, aber es bedürfte einer zusammenfassenden Rede des leitenden Staatsmannes; was General Hoffmann[162] an Einzelheiten brachte, verpuffte in der allgemeinen Entrüstung über die Einmischung des Militärs.

Da ich die Legende vom guten Willen der russischen Regierung nicht nur für eine große Lüge halte, sondern für mitschuldig an dem Fortbestand ihrer Schreckensherrschaft, so liegt mir auch heute noch daran, aus dieser ersten Zeit des Sowjetregiments den Nachweis zu bringen, daß die Russen das „Prinzip des Selbstbestimmungsrechts der Völker nur proklamierten, um seine praktische Durchführung um so entschiedener zu verhindern".[163]

Ich berufe mich dabei nur auf den Tatbestand, wie er damals von der Presse gemeldet wurde und also auch der Regierung zur Verfügung stand.

Von den baltischen Provinzen will ich nicht viel sagen. Man könnte mir Befangenheit vorwerfen, weil dort so viele Deutsche ermordet und verschleppt worden sind. Und ich müßte zugeben, daß in Estland der

---

[162] Vgl. Hoffmann, a. a. O., S. 209.
[163] Ljubinski am 1. Februar 1918 in Brest-Litowsk.

eingeborene Haß landloser Esten gegen den deutschen Großgrundbesitz eine besondere „nationale" Hoheit in den lokalen Bolschewismus hineingebracht hat. Die estnischen Mordbrenner haben an Grausamkeit ihre russischen Lehrmeister vielfach noch übertroffen. Nur soviel will ich feststellen: Es waren nicht nur deutsche Adlige, sondern auch lettische und estnische Bauern, die während der ersten Leidenszeit Tag für Tag die deutschen Truppen zu Hilfe riefen, und dann, als sie endlich kamen, mit einem Jubel begrüßten, der von allen, die ihn gehört haben, niemals vergessen wird.

Am 12. Januar 1918 bekräftigte Trotzki erneut das Selbstbestimmungsrecht des ukrainischen Volkes. Er wolle der selbständigen Beteiligung der ukrainischen Friedensdelegation kein Hindernis in den Weg legen. Gleichzeitig aber tat die russische Regierung alles, um die Macht der Zentralrada durch Bürgerkrieg zu zerstören.

Ende November hatten die in ganz Rußland stattfindenden Wahlen auf dem Gebiet der Ukraine zu einem glänzenden Sieg des ukrainischen Nationalgedankens geführt; ihre Kandidaten stellten mehr als 75 Prozent der ukrainischen Abgeordneten der Sobranje, während es die Bolschewisten nur auf 10 Prozent brachten. Darauf ließ die Petersburger Regierung ihre ursprüngliche Forderung nach Neuwahlen zur Rada fallen, und griff zu dem bereits bewährten Mittel, einen Kongreß der Arbeiter und Bauern einzuberufen. Über 2000 Delegierte versammelten sich in Kiew, aber entgegen den Erwartungen der Einberufer ergab sich eine überwältigende Mehrheit für die Zentralrada. Nur eine kleine Gruppe von 80 Bolschewisten sonderte sich ab; sie begaben sich nach Charkow und wollten von dort aus mit Gewalt die Diktatur des Proletariats aufrichten. In der Tat gelang es ihnen, unterstützt von russischen Soldatenbanden, das damals noch jeden Selbstschutzes entbehrende Land so zu terrorisieren, daß der von der Majorität des Volkes verabscheute Bolschewismus schließlich nur mit deutscher Hilfe abgewendet werden konnte.

Am 7. Januar 1918 erhielt die finnische Regierung die russische Anerkennung. Sie hatte sich auf die alte Verfassung von 1772 berufen, die trotz der Personalunion mit dem russischen Zaren die Selbständigkeit Finnlands feststellte. Aber schon am 28.Januar 1918 ist der finnische Gesandte in Petersburg genötigt, gegen die Beteiligung der russischen

Truppen bei der Aufruhrbewegung in Finnland zu protestieren. Er erhält die zynische Antwort:

„Nach den in Petersburg eingetroffenen Nachrichten hat die soziale Revolution in Finnland begonnen. Ihren Grundsätzen gemäß ist die russische Regierung verpflichtet, das Proletariat in Finnland bei dessen Kampf gegen das finnische Bürgertum zu unterstützen. Das Volkskommissariat sandte den finnischen Roten Garden Hilfe und wird dies auch weiter tun."

Getreu dieser Ankündigung wurden immer neue Truppen und Munitionssendungen den Roten Garden zu Hilfe geschickt. Es hätte nicht viel gefehlt, so wäre das endlich befreite Finnland in blutige Anarchie versunken. Die rechtmäßige Regierung war bereits gestürzt, Helsingfors in den Händen der Roten. Da riefen die Finnen zum letzten Aufgebot. Sie erhoben sich – so sagen deutsche Augenzeugen – wie einst unser Volk im Jahre 1813. Die schwedische Regierung wagte nicht, sich offiziell mit der russischen Regierung zu verfeinden, aber schwedische Freiwillige durften den Finnen Zuzug leisten.[164] Die Entscheidung brachte Deutschlands Hilfe wie in der Ukraine. Wer in Finnland wehrhaft war, der stand schon unter Waffen; nun leisteten die Kinder, Jungen und Mädchen unseren Truppen wertvolle Kundschafterdienste.

Während des Zusammenbruchs im Oktober/November 1918 sollten sich auch solche Randstaaten, denen unsere Waffen die Freiheit gebracht hatten, zu den „Protégés und Schakalen" der Entente gesellen. Aus den schmutzigen Erfahrungen, die Deutschland im Unglück mit schadenfrohen und raffgierigen Nachbarn machte, leuchtet Finnland heraus. Wir werden ihm seine Dankbarkeit nie vergessen.[165]

---

[164] Die Dichterin Selma Lagerlöf unterzeichnete einen ergreifenden Aufruf für den finnischen Freiheitskampf.
[165] Die militärische Leitung unserer Unternehmung in Finnland war in General Graf Rüdiger v. d. Goltz einem besonders hierfür geeigneten Offizier übertragen worden. Johannes Öhquist (Das Löwenbanner. Des finnischen Volkes Aufstieg zur Freiheit, Berlin 1923, S. 174) schreibt: Goltz bestätigte in allem die rücksichtsvolle Klugheit und vornehme Zurückhaltung, die auch von der deutschen Regierung in der Frage des Finnland-Unternehmens von Anbeginn bis zur letzten Abwicklung beobachtet wurde. „Die deutsche Hilfe" – sagt Edv. Hjelt (Staatsrat, Kanzler der Universität Helsingfors, gestorben 1921) in seinen Erinnerungen – „war eine Kulturtat ohnegleichen in dem Weltkriege. Sie hatte

Am schamlosesten aber verletzte die russische Regierung die Grundrechte des Volkes im eigenen Lande. Man braucht nur die Nachrichten der offiziellen Russischen Telegraphenagentur zu lesen. Nach ihrem eigenen Geständnis handelten die Bolschewiki als Todfeinde des demokratischen Gedankens: die Wahlen zur konstituierenden Versammlung standen unter Terror, die lokalen Arbeiter- und Soldatenräte wurden durch Erlaß angewiesen, rechtsstehende Sozialdemokraten, die gewählt waren, zurückzurufen oder, wenn diese nicht gehorchten, Neuwahlen auszuschreiben. Mitte Dezember äußerte Trotzki in einem Interview: „Wenn die Kadetten als Aufrührer für die Dauer des Bürgerkrieges aus der Sobranje ausgeschlossen wurden, so entspricht das wohl nicht den konstitutionellen Prinzipien, aber die Revolution hat ihre eigenen Gesetze." („Vorwärts", 19. Dezember 1917.)

Am 18. Januar sollte die Sobranje zusammentreten. Kurz vor der ersten Sitzung gab Lenin bekannt, die Nationalversammlung werde sofort aufgelöst werden, wenn sie nicht: erstens die Regierung der Arbeiter- und Soldatenräte bestätigte, zweitens die Sozialisierungsmaßnahmen billigte. Ein Bund zum Schutze der Konstituante hatte sich gebildet, der am Tag der Eröffnung einen Umzug mit Fahnen unternahm. Lenin ließ ihn durch Matrosen mit Maschinengewehren auseinandertreiben. Später am Tage wurden Demonstranten von den Dächern mit Bomben beworfen.

Die Nationalversammlung begann mit dem Absingen der Internationale. Es waren ja zum großen Teil Sozialdemokraten, die gewählt worden waren, aber die Mehrheit war nicht bolschewistisch. Die Kadetten und Sozialrevolutionäre hatten zusammen eine Majorität von zwei zu eins gegenüber den Bolschewiki.

Die Versammlung wollte zunächst über die Verhandlungen von Brest-Litowsk sprechen und über die Grundlagen eines demokratischen Friedens beraten. Die Bolschewiki drängten vergeblich darauf, die Arbeiterrechte als ersten Punkt auf die Tagesordnung zu setzen.

---

natürlich ein mit deutschen Interessen übereinstimmendes militärisches und politisches Ziel – anderes wäre ja nicht denkbar – aber sie wurde zugleich von einer starken Idealität getragen, dieser sachlichen Idealität, die für die deutsche Nation kennzeichnend ist, dem klaren Bewußtsein einer menschlichen Pflicht gegenüber einem bedrängten, freundschaftlich gesinnten Volk."

Da verfügte die Sowjetregierung in einer außerordentlichen Sitzung der Arbeiter- und Soldatenräte die Auflösung der Sobranje mit der Begründung: eine Mehrheit der Kerenski-Partei habe sich zusammengefunden, die sich weigere, die Sowjetmacht anzuerkennen. Als die Versammlung weitertagen wollte, wurde sie durch Matrosen und Rotgardisten auseinandergetrieben.

Trotzki war zur Eröffnung und Auflösung der Sobranje nach Petersburg geeilt, mitten heraus aus seinen Deklamationen über Demokratie und Selbstbestimmung der Völker.

Am 3. März war der deutsche Vormarsch beendet, der Livland und Estland befreite und die russische Unterschrift unter den Friedensvertrag von Brest-Litowsk erzwang. Präsident Wilson ließ dem Kongreß der Sowjets sein Beileid zu dem Vormarsch der Deutschen aussprechen:

„Ich möchte ... die aufrichtige Sympathie aussprechen ... in dem Augenblicke, in dem die deutsche Macht in das Land eingedrungen ist, um den Kampf für die Freiheit zu stören ... Das ganze Herz des Volkes der Vereinigten Staaten schlägt dem Volke Rußlands entgegen in dem Bemühen, sich für immer der autokratischen Regierung zu entledigen und Herr seines eigenen Lebens zu sein."

Dieser Byzantinismus vor den Sowjets gemahnt in der Tat an die Huldigungen, die seinerzeit die „Times" „um des lieben Krieges willen" dem Zarismus darbrachte.

Die ganze feindliche Presse folgte gehorsam der Parole, die bereits am 4. Februar durch den Obersten Kriegsrat der Entente in Versailles folgendermaßen ausgegeben worden war:

„Der Oberste Kriegsrat prüfte sorgfältig die jüngsten Erklärungen des deutjchen Reichskanzlers und des österreichisch-ungarischen Ministers des Äußeren. Er vermochte in diesen Erklärungen keinerlei Annäherung an die von sämtlichen Regierungen der Alliierten formulierten maßvollen Bedingungen zu erkennen. Der Eindruck, den der Kontrast zwischen den angeblich idealen Zielen, zu deren Verwirklichung die Mittelmächte die Verhandlungen von Brest-Litowsk eröffnet haben, und ihrem nun offen zutage liegenden Streben nach Raub und Eroberung hervorruft, ist nur geeignet, diese Überzeugung zu befestigen. Unter diesen Umständen erachtet es der Oberste Kriegsrat als seine unmittelbare Pflicht, die Fortdauer des Krieges mit äußerster Energie und durch die straffste und wirksamste Vereinheitlichung der militärischen Einheit der Alliierten sicherzustellen."

In England schwenkte auch die liberale Presse vorschriftsmäßig ein. Aber es war doch nicht nötig, daß der „Manchester Guardian" so weit ging, von unserem rettenden Vormarsch als von einem Überfall auf wehrloses Land zu sprechen.[166]

Auch die Arbeiterpartei unternahm nichts gegen die Lüge: Trotzki schützt und die Deutschen unterdrücken die Freiheit der Randstaaten. Es gab, besonders in der Independent Labour Party, mutige Wahrheitskämpfer genug, die von der besten liberalen Tradition herkamen. Ich erinnere nur an E. D. Morel und an Ponsonby, den ehemastgen Privatsekretär von Campbell-Bannerman; aber sie standen alle als Sozialisten wie verzaubert vor den großen Worten: „Revolution" und „Diktatur des Proletariats".

So gelang es für den Augenblick der Entente, an Brest-Litowsk – das den Anstoß zu allgemeinen Friedensverhandlungen hätte geben sollen – ihren Völkern zu demonstrieren: der Krieg muß unter allen Umständen fortgesetzt werden.

---

[166] Man kann nicht sagen, daß die liberale Presse nicht Bescheid über Sowjetrußland gewußt habe. So berichtet Artur Ransome in der „Daily News" vom 28. Januar 1918: „Und M.Trotzkis Meinung entscheidet sich nicht nach Erwägungen der militärischen Möglichkeiten noch der persönlichen Sicherheit, sondern einzig danach, ob Friede oder verzweifelter Krieg besser zur allgemeinen Revolution dient ... Es ist immer nötig, sich vor Augen zu halten, daß er Rußland opfern würde, um Europa zu retten, und Europa, um die Welt zu retten, und daß für ihn Rettung und soziale Revolution identisch sind." Und Professor Pares im gleichen Blatt vom 11. Februar 1918: „Die äußersten Revolutionäre treten jetzt mit ihrem ausgereiften Plan hervor zur völligen Entrechtung jedes Eigentums und jeder Bildung. Das ist die Bedeutung der Sowjetregierung und die Formel der Bolschewisten. Es ist nicht Pazifismus; es ist der Ersatz des augenblicklichen europäischen Krieges durch einen allgemeinen Klassenkrieg, dem eine durchgängige Annexion auf Kosten einzelner Klassen folgen wird. Es muß hinzugesetzt werden, daß es das Programm einer kleinen und entschlossenen Gruppe von Denkern ist, und daß bei der Anwendung keinerlei Rücksicht auf die gewöhnlichen Prinzipien des Verfassungslebens und einer nationalen Volksvertretung genommen wird, so daß die entschlossensten Feinde der Bolschewiki jene großen Arbeiterparteien sind, die ihnen am nächsten stehen und die in einem bolschewistischen Erfolge den Zusammenbruch aller geordneten Freiheit und des neuen Regimes selbst sehen."

Inzwischen aber waren in Deutschland Ereignisse eingetreten, die uns hätten veranlassen sollen, aus inneren Gründen das abgebrochene öffentliche Friedensgespräch mit den Westmächten wieder aufzunehmen.

Drittes Kapitel

Fortsetzung des Dialogs mit Lansdowne

Von Beginn des Jahres an drangen schlechte Nachrichten über die Stimmung der Arbeiter in die Öffentlichkeit. Die Sprache der Unabhängigen wurde frecher, und man hatte das unheimliche Gefühl: der Sieg des Bolschewismus in Rußland stärkt allen denen in Deutschland das Rückgrat, die den Krieg stören wollen.

Ich erhielt in der zweiten Januarhälfte den folgenden Bericht aus Berlin: [167]

„17. Januar 1918.

… Die innere wie die äußere Situation ist denkbar verworren. Wir haben militärisch noch nie so glänzend dagestanden. Wir haben einen wunderbaren Hintergrund für eine große politische Aktion. Der gute Moment wird aber wieder fruchtlos vorüberziehen. Die inneren Gegensätze hier sind nicht etwa nur rein fachlicher Natur, sondern es spielen sehr viele persönliche Momente mit hinein. Auf der einen Seite ein starker leidenschaftlicher Wille, oft von einer dämonischen Ungeduld besessen, aber aufnahmefähig für alle ehrlichen Ratschläge und mit einer großen Kraft, sich selbst zu zügeln. Auf der anderen Seite eine … Kabinettspolitik, … mit kleinen Mittelchen arbeitend, voller Furcht vor ihren natürlichen Bundesgenossen, unfähig, zu einer offenen Auseinandersetzung vor den anderen hinzutreten – der einzige Weg, der zu einer Versöhnung führen würde.

Die gegenwärtige Regierung kämpft die Wahlreform lahm durch. Ich erwarte furchtbare Zeiten. Zum erstenmal sehe ich in unserem Volke ein ugly temper. Unsere große Offensive wird militärisch enorm viel, politisch weniger erreichen, als heute erreichbar wäre. Unter dem Druck zerstörter Illusionen werden wir eine aufrührerische Stimmung erleben, im Vergleich zu der die Juli-Krise ein Kinderspiel war …

Ich nehme nicht an, daß unsere Dynastien mit dem Sturz bedroht sind, aber die Monarchien müssen schließlich dahinsinken, wenn sie nicht durch Führerkraft ihren Beruf erweisen, zu herrschen. Die ideale Situation für die Monarchie wäre es, wenn sie im Gegensatz zu den erregten Volksleidenschaften einen Frieden brächte, gegen den die Demagogie protestiert und für den dann Generationen nachher noch dankbar sind. Dies wäre eine Führertat …

---

[167] Ich habe einige temperamentvolle Äußerungen des Briefes gemildert.

Ein Jammer, daß der Landrat v. Kardorff [168] nicht in die Reichskanzlei gekommen ist. Dann wäre wenigstens das Spiel im Innern gewonnen. Kardorff ist durchaus konservativ. Er sieht bei Verschleppung der Wahlrechtsreform den Generalstreik voraus und den Zusammenbruch aller historischen Werte Deutschlands. Er sagte mir wörtlich:

a) Die Regierung kann in der Wahlrechtsreform die Partie gewinnen, wenn sie mutig spielt.

b) Die Regierung wird die Partie verlieren, wenn sie fortfährt, ihren Gegnern zu zeigen, daß sie vor den letzten Konsequenzen doch zurückschrecken wird.

c) In hervorragendem Maße spielen persönliche Ambitionen eine Rolle beim Widerstand gegen die Wahlrechtsreform. Abgeordnete wollen ihre Mandate behalten. Andererseits glaubt man nicht, daß diese Regierung Ernst machen wird mit jenem grundlegenden Systemwechsel, von dem einmal die Rede war. Dieser Systemwechsel würde bedeuten, daß sehr viele Landräte, Oberpräsidenten usw. springen.

d) Kardorff rät nun, man solle einen Ministerrat einberufen und in ihm bereits beschließen: für den Fall der Ablehnung der Wahlrechtsreform sofortige Auflösung und grundlegende Aufräumung im Landrats- und Präsidentenpersonal. Dieser Beschluß sollte nicht drohend und provokatorisch in die Öffentlichkeit dringen, wohl aber vertraulich bis zu den interessierten Abgeordneten, Landräten usw. durchsickern.

Dann garantiert Kardorff auf Grund intimster Kenntnis der konservativen Stimmung für einen Umfall. So aber sehen die Konservativen bei Heydebrand feste Entschlossenheit, klares Programm, offene Kampfesstellung, bei der Regierung aber Kompromißsucht, behutsames Zurückweichen usw. Wie konnte z.B. Hertling in seiner Landtagsrede betonen, daß er ‚zuerst sich den Grafen Westarp habe kommen lassen'. Anstatt, daß die Konservativen in die Defensive gedrängt werden und Angst bekommen, fühlen sie sich in der stolzen Rolle der vorsichtig Umworbenen ... Die jetzige [konservative Partei] nannte Kardorff die bloße Vertreterin des Großgrundbesitzes."

Die hier geäußerten Besorgnisse waren nur allzu begründet. Immer mehr befestigte sich bei den Wahlrechtsgegnern die Überzeugung, sie brauchten Graf Hertling nicht zu fürchten trotz seiner Ankündigung vom 5. Dezember 1917, er wolle das wiederholt und feierlich gegebene Königswort einlösen. Seit dem 19. Januar waren die Verschleppungsabsichten nicht mehr zu verschleiern: der Wahlrechtsausschuß faßte an diesem Tage den Beschluß, erst die Reform des Herrenhauses zu beraten.

---

[168] Er war freikonservatives Mitglied des preußischen Abgeordnetenhauses und sprach und stimmte für das gleiche Wahlrecht.

Gleichzeitig gingen die maßgebenden Stellen in ihrer Ablehnung der belgischen Erklärung über die passive Resistenz hinaus. Mir wurde ein unerfreuliches Symptom der Sinnesänderung gemeldet. Hahn wurde zu Oberstleutnant v. Haeften gerufen und erhielt den Befehl, nicht mehr für eine Erklärung über Belgien zu werben. Er stellte seinem Chef anheim, ihn fortzuschicken, aber erklärte, sich das Recht der Meinungsäußerung in dieser lebenswichtigen Frage wahren zu müssen. Das Vertrauensverhältnis blieb durch diese Unterredung unberührt.[169]

Der sich verschärfende Gegensatz in der Auffassung der leitenden Instanzen und meiner Gesinnungsgenossen in Berlin veranlaßte damals den Versuch, einen gelinden öffentlichen Druck hervorzurufen.

Die nachfolgenden Glossen waren für die Zeitschrift „Deutsche Politik" geschrieben. Sie geben ein lebhaftes Stimmungsbild.

---

[169] Ihr Niederschlag findet sich in einem Brief vom 20. Januar 1918, aus dem ich die folgenden Sätze zitieren möchte: „Ich denke in diesen Tagen an eines der ersten Gespräche, das ich mit Ihnen haben durfte. Wir sprachen vom Aufschub des U-Bootkrieges, der drohenden russischen Desorganisation usw. Herr Oberstleutnant waren damals sichtlich beeindruckt durch die Noeggerathschen Argumente, faßten jedoch dann den Entschluß, die so gut wie unvermeidlich gewordene militärische Operation nicht für die Heeresleitung dadurch zu erschweren, daß Herr Oberstleutnant in letzter Stunde warnten." ...
Dann fährt der Brief fort: „Die damalige Entscheidung hat die Entente vor dem Zusammenbruch gerettet. Ohne Aussicht auf amerikanische Hilfe, nach der russischen Revolution war die Entente besiegt. Diese kaum erträgliche Erkenntnis gibt mir den Mut, heute noch einmal meine Überzeugung Herrn Oberstleutnant darzulegen. Ich sehe das Vaterland ins Verderben gehen und Herrn Oberstleutnant in der Lage, es zu retten. Der heutige Wendepunkt wird sich später in der Geschichte genau herausheben... Ist Deutschland jemals in der Lage, ein Abhängigkeitsverhältnis Belgiens durchzusetzen? Die Antwort lautet: Nur unter der Bedingung, daß wir eine solche Zwangslage für die Feinde schaffen, daß wir den Frieden diktieren können. Mit der Wiederherstellung Belgiens steht und fällt die englische Selbstachtung. Zu glauben, daß die Engländer sich mit uns über Belgien verständigen werden, heißt den Gegner verachten. Das geschieht aus derselben Stimmung heraus, aus der man sagt: Die Engländer werden bis zum letzten Franzosen kämpfen. Der größte englische Pazifist, der augenblicklichen Waffenstillstand und Verhandlungen forderte, erklärte: freilich, sollten die Deutschen Belgien behalten wollen, so zöge er selbst Khaki an." ...

„Man braucht nicht ein überzeugter Anhänger der Neuorientierung zu sein, um heute die schleunige Durchführung der Wahlreform zu fordern. Diejenige Nation hat den Krieg verloren, deren Krieg zuerst aufhört, ein Volkskrieg zu sein. Die konservativen Herren müssen gewarnt sein: Wer die loyale Erfüllung des königlichen Versprechens verhindern will, rührt an die Wurzeln unserer nationalen Kraft; aber seltsamerweise taumeln auch die Patrioten unter den Konservativen in diese Gefahr hinein. Man möchte es fast tragisch nennen, wie in den führenden Kreisen Deutschlands der staatsmännische Instinkt erloschen ist. Was gäbe England heute darum, könnte es für den Entscheidungskampf Arbeitermassen zur Verfügung haben, die so treu, die so leidensfähig und opferfreudig sind wie Deutschlands Arbeiter – unter der Voraussetzung, daß die Regierung ihr Vertrauen erwirbt. Die englischen Konservativen machten seinerzeit verzweifelte und zum Glück vergebliche Anstrengungen, die Arbeiterführer ins Ministerium zurückzuberufen. In Deutschland aber ging ein Aufatmen durch die Reihen der Konservativen, als im Ministerium Hertling–Payer–Friedberg der Sozialdemokrat fehlte.

Letzthin ist der Grund für den leidenschaftlichen Widerstand der Konservativen gegen die Abschaffung des Dreiklassensystems der Mangel an Selbstvertrauen. Sie sind eben keine Aristokraten mehr, sie trauen sich nicht die Kraft zu, Führer zu sein, wenn nicht mehr Privilegien, sondern das Volksvertrauen sie tragen soll. Darum haben sie nicht die Courage, sich von ihren entnervenden Standesvorteilen zu befreien. Dieser Mangel an Selbstvertrauen ist vielfach unbegründet: Noch ist das Rohmaterial in Deutschland vorhanden, aus dem eine konservative Volkspartei werden kann.

Allerdings auch unter den Liberalen fehlen die Rufer im Streit. Man liest nicht ohne Wehmut die Worte, die der englische Historiker Headlam in der Zeitschrift „New Europe" geschrieben hat:

‚Wir kennen von alters her diese deutschen Liberalen – gelehrt, doktrinär, behaglich, gern argumentierend, die ein Jahrhundert lang bereits geredet und Pläne gemacht und geschriftstellert und diskutiert haben. Aber das eine, woran sie es beständig haben fehlen lassen, das ist das Handeln ... Die Energie der Propaganda, die Initiative beim Handeln findet sich nicht bei ihnen, sondern bei ihren Gegnern.'

In dieser Not sucht man unwillkürlich Hilfe bei der Krone. Der monarchische Gedanke macht gegenwärtig überall die schwerste Krisis durch. Sollte der Krone die Führertat gelingen, nach der das Volk sich sehnt, die aber die Staatsmänner nicht wagen, verschüchtert durch die erregten Parteileidenschaften, dann würde über Nacht zur lebendigen Wirklichkeit jenes Volkskönigtum, von dem Friedrich Naumann in seinem Buche[170] so schön zu erzählen weiß."

Am 27. Januar erhielt ich einen neuen Hilferuf aus Berlin.

---

[170] Demokratie und Kaisertum, Berlin 1900.

„ ... Deutschland ist in der größten Gefahr seit Kriegsbeginn, trotz unserer glänzenden militärischen Lage. Ich nehme nicht an, daß eine Niederlage über uns kommen wird, die es der Entente ermöglicht, einen Frieden zu diktieren. Aber es liegen häßliche Instinkte in den Volksmassen auf der Lauer, gerade wie in England, gerade wie in Österreich, gerade wie in Rußland. Es herrscht ein geheimnisvolles Zusammenarbeiten zwischen ihnen. Noch sind nationale Schranken vorhanden, aber sie sind dünn, und eines schönen Tages, unter dem Druck einer allgemeinen Weltdepression und einer Weltknappheit, brechen diese Instinkte los und schließen einen Frieden, der das Deutschland in Trümmer schlagen wird, das allein imstande und würdig ist, seine Sendung in der Welt zu erfüllen.

Unser Land ist fester, ist mehr geschützt gegen die Ansteckung durch die ‚Unordentliche Demokratie', als irgendein anderes Land. Gelingt es aber während der kommenden furchtbaren Monate den Feinden, die Verantwortung für die Fortsetzung des Krieges unserer Regierung anzuheften, so brechen sicher revolutionäre Zuckungen los. Darum ist es notwendig, heute dem Kriege den Charakter des Verteidigungskrieges zu bestätigen. Das geschieht nicht durch ständige Wiederholung, sondern für das Volksgefühl muß dieser Krieg ein Volkskrieg werden. Das kann er nur durch eine Kriegszielpolitik, die gegen die Alldeutschen gegen die Annexionisten in Kampfesstellung von der Regierung verfochten wird Lloyd George ist der Typus des englischen Alldeutschen; er will gewaltsam Annexionen, er will unsere Demütigung; Elsaß-Lothringen ist sein Kriegsziel. Aber er und ebenso seine Kollegen halten heute Reden über Reden, auf Grund deren sie den englischen Massen als Anhänger des Verständigungsfriedens erscheinen können; das geschieht, weil sie erkennen, daß der englische Krieg verloren ist, wenn er ein Regierungskrieg wird ...

Wie verfährt dagegen unsere Regierung? Der deutsche Krieg ist im August 1914 ein Volkskrieg gewesen. Er kann es heute wieder werden ... Wir können nicht im Osten als Schützer auftreten, wir können nicht wünschen, daß unser starker Arm gefürchtet wird überall dort, wo Unrecht geschieht, wenn wir selbst ein schreiendes Unrecht durch eine verschleierte Annexion im Westen verewigen wollen. Dafür hat auch unser Volk ein Empfinden. Es spürt, daß in dieser belgischen Frage das deutsche Rechtsgefühl gegen uns steht. Es spürt, daß wir nur, wenn wir uns noch einmal auf den alten Bethmannschen Standpunkt stellen, mit einer versöhnten Welt an den Verhandlungstisch treten können. Das deutsche Volk hat Angst vor dem Ausgestoßensein nicht durch Gesetze und nicht durch internationale Abmachungen, wohl aber durch den Haß der Welt, den kein deutscher Sieg jemals niederschlagen kann.

... Das wichtigste Resultat aber wäre, daß wir in den Massen eine neue nationale Erhebung erleben würden. Aus zwei Gründen haben wir sie nötig. Wir brauchen sie, um die Feinde zu entmutigen und überhaupt der unerhörten Kräfteanspannung der nächsten Monate gewachsen zu sein. Wie die Dinge jetzt laufen, würde uns während der Offensive ein Feind im Rücken stehen. Überall machen sich Ermüdungssymptome geltend. Die österreichischen Vorgänge[171] waren der hysterische Aufschrei eines führerlosen Volkes. Heute war eine große Versammlung auf der Hasenheide an Kaisers Geburtstag, darin eine neue Regierung gefordert worden ist. Es wurde vielfach nach der Republik gerufen. Man erwartet daß in den nächsten Tagen 80 000 Munitionsarbeiter in Berlin streiken werden. Es sind Vorkehrungen gegen Sabotage getroffen.

Naumann hat in seiner Rede das Flugblatt erwähnt, das in Hunderttausenden von Exemplaren verbreitet worden ist und zum Generalstreik auffordert. Dieses Flugblatt haben selbst die Unabhängigen Sozialdemokraten nicht zu kennen erklärt. Aber etwa eine Woche vorher ist ein anderes Flugblatt verbreitet worden, das mit den Namen der bekanntesten Führer der Unabhängigen gezeichnet war. In diesem ist in unklaren Ausdrücken gefordert worden, daß nicht nur geredet werde, sondern daß auch etwas geschehen müsse. Es liegt die Gefahr nahe, daß jenes zweite Flugblatt als die Erläuterung des ersten empfunden wird – in welchem Falle die Bewegung als beabsichtigte Aktion einer Reichstagspartei erscheint und also durch diese Führerschaft zu einer Bedeutung erhoben wird, die man ihr um jeden Preis gern versagen möchte.

Wer trägt nun am Ganzen die Schuld? Das schlecht ernährte, frierende Volk, das eine Duldezeit hinter sich hat (und wäre es nur hinter sich!), die unerhört in der Geschichte ist, oder jene zögernde Regierung, welche nicht die Brücke abbrechen will zu den alldeutschen Annexionisten? ...

Die moralische Kraftquelle unseres Krieges ist im Versiegen. Noch ist alles zu retten ... Hier teile ich Eurer Großherzoglichen Hoheit folgende Tatsachen mit:

Der Unpsychologische[172] hat heute das Gefühl, daß das geschehen müßte, was ich hier fordere. Seine Freunde sagen, er nähme die Dinge jetzt sehr ernst und sei sich dessen bewußt, daß er sie vorher nicht ernst genug genommen hat; aber er weist auf unüberwindliche prätorianische Widerstände hin.

Ich versichere Eurer Großherzoglichen Hoheit: Die Widerstände sind überwindlich.

a) Das Programm, das hier vertreten wird, ist bisher von politischer Seite an die betreffenden Stellen nur herangebracht worden in der Atmosphäre internationaler Anbiederung. Da steht der ganze soldatische Instinkt dagegen.

b) Die ganzen Methoden sind ‚diplomatisch' ... es kommt nie zu einer offenen Aussprache in Kampfhaltung, die notwendig wäre. Ich kenne ein Wort: ‚Ich lasse mich bekämpfen und lasse mich auch besiegen, wenn ich Unrecht habe.' Alles hat Angst vor der offenen Auseinandersetzung von Mann zu Mann. Man fühlt sich diplomatisch behandelt, und da bricht man eben plötzlich los und möchte am liebsten alles kurz und klein schlagen. Ich wundere

---

[171] Über die Unruhen in Wien in der zweiten Hälfte des Januar 1918 vgl. Czernin, a. a. O., S. 322ff.
[172] Herr v. Kühlmann. Unter „Dinge" ist die englische Friedensbewegung gemeint.

mich nicht. Die Absetzung Valentinis[173] ist ein Zeichen solcher leidenschaftlichen Spannung. Es wird wohl jetzt wieder einmal alles gestickt sein.

Ich glaube, daß ... die historische Stunde gekommen ist, wo der Kaiser sein Volk retten muß: Wahlreform in Kampfesstellung ... , unzweideutige Erklärung über Belgien ...

Ich sehe keine andere Möglichkeit ein, als daß der Kaiser eingreift. Ich weiß, daß der Kaiser, wenn er will, alles durchsetzen kann gegenüber der Obersten Heeresleitung, aber der Kaiser muß sich auf die Seite des Volkes stellen, sonst ist das Ansehen der Monarchie verloren."

Am 28. Januar 1918 und den darauffolgenden Tagen streikten etwa 180 000 Menschen in Berlin. Die Leitung der Gewerkschaften war unbeteiligt an dem Ausbruch des Streiks. Im Gegenteil – von der alten Sozialdemokratischen Partei war alles getan worden, um die Arbeiter zurückzuhalten. Seit Monaten hatte sie die Wahrheit eingehämmert: Bolschewismus bedeutet den Zusammenbruch jeder geordneten Freiheit; aber in den Massen arbeitete die russische Ansteckung. Die Januar-Ausschreitungen waren Trotzkis Werk. An erster Stelle stand die Forderung: „Schleunige Herbeiführung eines Friedens ohne Annexionen und ohne Kriegsentschädigungen und auf Grund des Selbstbestimmungsrechtes der Völker nach den Vorschlägen der russischen Volksbeauftragten." Nachdem der Streik einmal im Gange war, treten die Gewerkschaften in ihn ein, um zu verhüten, daß die Bewegung in offene Kriegsfeindschaft ausartet.

Am 5. Februar bricht der Streik zusammen dank dem energischen Vorgehen der militärischen Stellen, die durch den Staatssekretär des Innern Wallraf wirksam unterstützt wurden. Die rasche Wiederherstellung der Ordnung durfte kein trügerisches Sicherheitsgefühl schaffen. Wir mußten der Tatsache ins Auge sehen, daß plötzlich eine häßliche und gefährliche Gesinnung zum Durchbruch gekommen war. Das Mißtrauen würde weiter fressen: Wird der Kaiser sein Wort halten? Möchte nicht am Ende die Regierung unter dem Eindruck der sich verbessernden Kriegslage von dem Wahlrechtsversprechen ebenso gern abrücken wie von der Friedensresolution?

---

[173] Chef des Zivilkabinetts, der Ende Januar 1918 auf Verlangen Ludendorffs abgesetzt wurde. An seine Stelle trat derden Konservativen nahestehende Herr v. Berg.

Mir schien, daß diese Fragen so eindeutig geklärt werden mußten, daß auch die Böswilligen keine Handhabe mehr hatten, die Regierung zu verdächtigen; sonst würden wir schlecht vorbereitet in die Kämpfe dieses Jahres hineingehen.

Ich ergriff eine sich bietende Gelegenheit, um mit den leitenden Männern Fühlung zu nehmen.

Lord Lansdowne hatte am 31. Januar wieder ein Lebenszeichen gegeben,[174] wenn auch ein sehr schüchternes, und das Auswärtige Amt regte an, daß ich ihm antwortete. Ich versprach mir allerdings eine sehr geringe Wirkung meiner Worte in England: nur die Erklärung über Belgien, und zwar aus dem Munde eines leitenden Staatsmannes, konnte der Lansdowne-Bewegung den Auftrieb geben, auf den sie wartete. Aber ich glaubte mich dem Wunsch des Auswärtigen Amts nicht versagen zu dürfen. Allerdings wollte ich nicht den fertig ausgearbeiteten Entwurf, der mir zugesandt wurde, übernehmen. Der Zweck dieses farblosen Machwerks war nicht recht einzusehen.

Ich erklärte, mich erst genau über die militärische und politische Lage orientieren zu müssen, ehe ich mich äußerte. Als ich am 13. Februar in Berlin eintraf, wurde ich mit der überraschenden Nachricht empfangen, daß bereits am Tage vorher „mein Interview" in Karlsruhe erschienen wäre. Die Verschickung des amtlichen Entwurfs an die Zweigstellen des Wolffschen Telegraphenbureaus war gleichzeitig mit der Übersendung an mich angeordnet worden. Der Karlsruher Vertreter hatte nun im Übereifer zu früh losgeschossen, ohne die Autorisation von Berlin abzuwarten.

Ich war zuerst sehr empört, tröstete mich aber damit, daß die nichtssagenden Worte nicht beachtet werden würden und deshalb auch kein Dementi erforderten.

Dr. Mantler, der Direktor des Wolffschen Telegraphenbureaus, erhielt dann von mir am 15. Februar 1918 das folgende Interview:

---

[174] Eine Rede, welche er vor Journalisten und Schriftstellern hielt, die ihm eine Adresse aus Anlaß des dem Lande mit seinem Brief im „Daily Telegraph" erwiesenen Dienstes überreichten.

... „Aus der russischen Revolution führten zwei Wege: der eine zu Ordnung, Duldung und Freiheit, der andere zurück zu Mord und Massaker von Amts wegen. Die russischen Fremdvölker waren entschlossen, jenen ersten Weg zu beschreiten, und kämpfen nun heute um ihr Dasein gegen die Vertreter der anderen Richtung. Hier mußte Deutschland sich entscheiden: Frieden mit den Bolschewiki unter Preisgabe der sich ordnenden Nationalitäten, oder Friede mit diesen Randvölkern, die nur das eine verlangen: sich in sauberen Verhältnissen konsolidieren zu können. Ich freue mich über die Entscheidung, wie sie gefallen ist.

„Die Bolschewiki, soweit sie aus Idealisten bestehen, kämpfen für eine Idee. Sie kann in drei Worte zusammengefaßt werden: Zerstörung der Nationen. Überall da, wo um einer nationalen Aufgabe willen Bürger verschiedener Klassen und Stände ihre Kräfte zusammenschließen, überall da wollen sie sprengen und auflösen. Das gilt für Finnland so gut wie für Deutschland oder Frankreich oder England. Ihr Ziel heißt nicht mehr und nicht weniger, als ganz Europa das Schicksal Finnlands bereiten.

„Es ist von jeher Deutschlands historische Aufgabe gewesen, ein Bollwerk gegen die zerstörenden Kräfte zu sein, die von Osten her drohten. Das taten wir 955 auf dem Lechfelde, 1241 bei Liegnitz und 1914 bei Tannenberg. Hindenburgs Siege waren nicht nur Deutschlands Siege, sie waren Europas Siege. Wer das nicht begriffen hat, der hat auch nicht die echte Grundlage unseres Zornes gegen England begriffen: Ich kann nicht vergessen, mit welchem Behagen England sich 1914 und 1915 ausmalte, wie die russische Dampfwalze Deutschland zermalmen würde.

„Nun heißt es wieder wachsam sein gegen die große Gefahr, die vom Osten her droht. Eine moralische Infektion will sich in Bewegung setzen.

„Wenn Cholera und Pest drohen – und diese Gefahren gehören nicht bloß der Vergangenheit an –, dann müßten alle zivilisierten Staaten gemeinsame Absperrungsmaßnahmen ergreifen. Das heutige kranke Rußland hat den einen Ehrgeiz, in alle gesunden und gesundenden Staaten seine Krankheit hineinzutragen. Es ist an der Zeit, daß man sich klar wird über die Abwehrmaßnahmen, die notwendig sind.

„Erstens: Trotzki proklamiert ein Weltenschicksal, das er herbeiführen will. Gegen Ideen muß man auch mit Ideen kämpfen. Gewiß, wir kämpfen für unser Dasein und unsere wirtschaftlichen Entwicklungsmöglichkeiten. Aber der Gedanke der Selbsterhaltung, wenn er allein steht, läßt große menschliche Kraftquellen unerschloffen. Wir müssen der Weltunordnung Trotzkis, die die Freiheit zerstört, eine Weltordnung entgegensetzen, die die Freiheit schützt. Deutschland soll es getrost bekennen, daß es das Glück und das Recht anderer Völker in seinen nationalen Willen aufnimmt. Unser Name darf nicht nur innerhalb unserer Grenzen einen guten Klang haben. Alle großen Nationen müssen einen Weltenzustand anstreben, wo ihr Name mit Furcht und Hoffnung überall dort genannt wird, wo Unrecht geschieht. Hier darf Deutschland nicht auf die moralische Weltgeltung verzichten. Das hieße einen Verzichtfrieden anstreben.

„Als zweite Sicherungsmaßnahme ist es notwendig, daß wir unseren deutschen Organismus so gesund und widerstandsfähig wie möglich machen. An und für sich sind alle Vorbedingungen dafür gegeben.

„Hinter uns liegt eine nationale Erhebung ohnegleichen, eine gemeinsame Kraftanstrengung, gemeinsames Leiden und unerhörte Erlebnisse von Gefahr und Rettung, wie sie ein Volk zusammenschweißen müßten, selbst wenn es keine so einheitliche Struktur aufwiese wie das deutsche. Aber es sind heute Kräfte am Werk, die den deutschen Organismus lockern wollen. Kräfte, die sich in den Dienst der diplomatischen Offensive stellen, welche unsere Feinde sich rühmen zur Zertrümmerung unserer Heimatfront unternommen zu haben. Ich denke zunächst an jene Gruppen, an denen die Gesinnung des 4. August spurlos vorübergegangen ist, die seit Jahr und Tag an der Arbeit sind, den Glauben an die Gerechtigkeit der deutschen Sache zu zerstören und im In- und Auslande Deutschland ins Unrecht zu setzen. Verzagende und verbitterte Elemente haben sich ihnen angeschlossen, wie das bei einer so langen Dauer des Krieges unvermeidlich war. Aber die große Masse des arbeitenden deutschen Volkes wehrt sich mit einem starken und gesunden Instinkt gegen den Versuch, Deutschlands Verteidigungskraft zu schwächen. Darum bedaure ich die Agitation, die darauf hinzielt, breite Schichten unserer Bevölkerung als unpatriotisch zu brandmarken und zu isolieren. Über die Kriegsziele muß in jedem Lande hart gestritten werden, aber ich möchte jede Gelegenheit ergreifen, um zu wiederholen, was ich in Karlsruhe ausgesprochen habe: Wir müssen aufhören, bei unseren inneren Auseinandersetzungen beim politischen Gegner immer nach unpatriotischen Motiven zu suchen; solche Anklagen dürfen nicht laut werden, sei es auch nur als Waffe im Redekampf. Das ist eine Versündigung an der Front und der Gesinnung, die dort herrscht. Dort setzen alle Tage Menschen gemeinsam und im vollen Vertrauen zueinander ihr Leben ein, deren Kriegszielauffassung oft weit auseinandergeht. Kein Tauglicher darf abseits stehen bei der Aufgabe, dieses gemeinsame Volksgefühl auch in der Heimat lebendig zu erhalten, sonst gefährden wir unsere Immunität gegen die östliche Ansteckung.

„Vor mir liegt ein englisches Zeitungsblatt, das berichtet, daß die englischen Gewerkschaften den alten Toryführer Lord Lansdowne um einen Vortrag gebeten haben. Die Entwicklungsfreudigkeit der alten Parteien ist aber auch bei uns eine nationale Forderung.

„Die dritte und wirksamste Abwehrmaßnahme wäre natürlich der Friede."

Der Besucher fragte mich, wie ich über die Aussichten eines allgemeinen Friedens denke. Ich antwortete:

„Der Schlüssel der Lage liegt bei den angelsächsischen Völkern. Es ist hier sehr schwer, klar zu sehen. Die Nachrichten aus Amerika lauten widersprechend. Ich will der Antwort nicht vorgreifen, die der Reichskanzler dem Präsidenten Wilson geben wird, nur darauf will ich hinweisen: Der Präsident spricht in seiner letzten Rede[175] nicht als Weltenrichter.

‚Die Vereinigten Staaten haben keinen Wunsch, sich in europäische Angelegenheiten zu mischen oder als Schiedsrichter in europäischen Gebietsstreitigkeiten aufzutreten … Sie werden es gern hinnehmen, wenn man ihnen verständlich macht, daß die Lösungen, die sie vorgeschlagen haben, nicht die besten und dauerhaftesten sind. Sie sind lediglich ihre eigenen provisorischen Skizzen der Grundsätze und der Art, in welcher sie angewendet werden sollen.'

„Diese Worte sind bedeutungsvoll; alles wäre gewonnen, wenn einmal die Völker so weit wären, zueinander zu sprechen ohne Anspruch auf Unfehlbarkeit, vielmehr in einer christlichen Gesinnung. Die amerikanischen Zeitungen geben ein anderes Bild als Präsident Wilsons Rede. Es ist, als ob Reuter sein ganzes abgenutztes Hetzmaterial den Amerikanern zur Verfügung gestellt hätte. Die Kriegsfröhlichkeit, die aus der amerikanischen Presse spricht, erinnert an die Stimmung in den Entente-Ländern in den Jahren 1914 und 1915.

„Über die heutige englische Auffassung ist es ebenfalls schwer, sich eine klare Tatbestandaufnahme zu machen. Lord Northcliffe und Reuter halten es für ihre vornehmste Aufgabe, Deutschland nur das England zu zeigen, mit dem es nur einen Kampf auf Leben und Tod geben kann. Gewiß, auch andere Stimmen schallen herüber. Aber die eigentlich entscheidende Frage bleibt: Welches ist das Kräfteverhältnis der widerstreitenden Richtungen? Diese Frage vermag ich nicht zu beantworten.

„Eines steht fest: Der Versailler Kriegsrat proklamiert noch einmal die Entscheidung nur durch Waffengewalt. Es liegen manche bedenklichen Parallelen vor zwischen der Situation Ende 1916 und heute. Auch damals gab es in England starke Strömungen – die ‚Morning Post' enthüllte, sie reichten bis in das Kabinett hinein, ja sie nennt die Namen ihrer Exponenten, – die einen Frieden durch Unterhandlungen begünstigten, natürlich nur einen Frieden, der sich mit der Ehre und Sicherheit Englands vereinen ließ. Lloyd George sah seine große Offensive bedroht, auf die er sich als Kriegsminister so freute, und hielt die Knock-out-Rede,[176] die die Kriegsleidenschaften aller Länder zu seiner
Hilfe aufrief. So kam die Kampagne von 1917 zustande. Heute gibt es wieder Männer aller Parteien in England, die nach einem Ausweg sich umsehen – eine öffentliche Aussprache zwischen Staatsmännern war soeben im Gange, wie 1916 in den Auseinandersetzungen zwischen Grey und Bethmann über die Friedensliga – da tritt der Versailler Rat zusammen und stößt den Verhandlungsgedanken zurück, und England setzt sich für die Wiedereroberung Elsaß-Lothringens ein."

---

[175] Vom 11. Februar 1918.
[176] Vom 28. September 1916 (Boxer-Interview).

Dr. Mantler wandte mir hier ein, es sei von neutraler Seite mehrfach darauf hingewiesen, daß Lloyd George sich gewandelt hätte; er hätte in bezug auf Elsaß-Lothringen das Wort „reconsideration" gebraucht, im Gegensatz zu der früheren Kampfansage à outrance, die in der Forderung der Rückgabe enthalten war. Ich antwortete:

„Auch mir sind derartige Heilungssymptome von neutralen Freunden angezeigt worden. Ich wurde auf die Rede vor den Gewerkschaften[177] und auf die frühere Glasgower Rede verwiesen, in der er die Kolonien zur Verfügung einer Konferenz stellen wollte. Mir fehlte gleich der Glaube. Lloyd George ist nun einmal in der Weltgeschichte als der Exponent des Knock-out-Militarismus, des unerbittlichen Vernichtungswillens gezeichnet. Wenn ein solcher Mann plötzlich eine Brücke zum Gegner zu suchen scheint, stellen sich unvermeidlich zwei Deutungen ein. Die erste: England ist so schwach, daß Lloyd George eine weitere Fortsetzung des Krieges nicht auf sich nehmen will, oder aber: Lloyd George will zur Erleichterung des Krieges, dessen Fortsetzung er wünscht, die deutschen und englischen Anhänger des Verständigungsfriedens betören. Ich habe die erste Deutung gleich abgelehnt. Diese Witterung von Zeichen der Schwäche beim Gegner gehört zu den Illusionen, die immer wieder von neuem den Krieg verlängern. Wie oft haben die Feinde nicht schon in Deutschland Anzeichen des unmittelbar bevorstehenden Zusammenbruches gesehen. Wir wollen nicht in denselben Fehler verfallen. Die moralischen Kraftquellen einer Nation, deren Krieg ein Volkskrieg ist, sind nahezu unerschöpflich. Aber die zweite Deutung, die Unaufrichtigkeit, hielt ich für zutreffend, und die Ereignisse haben mir recht gegeben. Lloyd George hat sich für ein paar kurze Wochen den Schafspelz des Pazifisten umgeworfen, um sich bei erster Gelegenheit mit unziemlicher Hast des lästigen Kleidungsstückes zu entledigen.

„Wie läßt sich sonst die große Eile erklären, mit der in London und Versailles operiert wurde? Lord Robert Cecil hat nicht einmal abgewartet, bis er die Hertlingsche Rede gelesen hatte, ehe er sie als unannehmbare Basis erklärte, und dabei war ihr Hauptprogramm:

Die Integrität des Staatsgebietes Deutschlands und seiner Verbündeten, sowie grundsätzlicher Verzicht auf Wirtschaftskrieg.

Die gewaltsame Einverleibung der eroberten Gebiete liegt nicht in Deutschlands Absicht.

Über alles andere sind wir bereit zu verhandeln.

„Aber gerade verhandeln wollen die Gegner nicht. Diese Angst vor dem Verhandlungstisch liefert den untrüglichen Prüfstein für die Kriegsziele, die die feindlichen Regierungen anstreben. Wer Vertrauen hat, daß seine eigenen Ansprüche vor dem Volke bestehen können, der kann das Risiko der Verhand-

---

[177] Vom 5. Januar 1918, siehe oben S. 195f.

lungen auf sich nehmen, denn er kann nach dem Scheitern von neuem vor sein Volk hintreten und es aufrufen, nun mit Waffengewalt für die Ziele zu kämpfen, die sich durch die Schuld des Gegners auf dem Wege der Verhandlungen nicht durchsetzen ließen. Nur wer fürchten muß, daß die Verhandlungen die Unsauberkeit der eigenen und die Sauberkeit der feindlichen Forderungen bloßlegen, der muß eine Konferenz scheuen, wie der Schuldige die Gerichtsverhandlung.

„So haben sich denn Lloyd George und Clemenceau für die Kampagne von 1918 entschieden. Das Verantwortungsgefühl gegenüber der Menschheit hätte gefordert, daß man die Hölle dieses Jahr nicht noch einmal losläßt, bevor der ehrliche Versuch gemacht wurde, ob nicht die Differenzen zwischen den Kriegführenden schon so weit geschwunden sind, daß Verhandlungen sie überbrücken können. Ich halte es für möglich, ja für sehr möglich, daß dieser Versuch gescheitert wäre, aber von jedem gewissenhaften Menschen wäre eine ungeheure Last genommen; man hätte Klarheit bekommen. In gewissem Sinne hat man auch jetzt Klarheit. Die Menschheit soll in die Kampagne dieses Jahres eintreten, welche die blutigste von allen werden muß, weil es in Versailles so beschlossen worden ist."

Dr. Mantler fragte mich, ob mir die Lansdownesche Rede nicht einen Ausweg zu weisen schiene.

Ich antwortete:

„Das Wort vom ‚lauteren Frieden' hat einen guten Klang. Der Gedanke ist richtig, daß als Vorarbeit zum Frieden eine Einigung über gewisse allgemeine Ziele erreicht werden muß, Ziele, die sich aus der Fülle der Sonderbestrebungen herausheben; die nicht irgendeiner Nation gehören, sondern gewissermaßen allen Völkern. Jede öffentliche Diskussion ist hier förderlich.

„1. Ich will anfangen mit einer Forderung, die tief in der Geschichte des deutschen Volkes wurzelt, der Freiheit der Meere. Das Prinzip, das der Freiheit der Meere zugrunde liegt, besagt, daß den Nichtkombattanten zu Wasser und zu Lande die Leiden des Krieges erspart werden sollen: es darf kein neuer Hungerkrieg mehr geführt werden. Die Sicherstellung der Freiheit der Meere würde mehr bedeuten als eine humanere Gestaltung kommender Kriege – sie wäre eine Friedensgarantie, denn die Aussicht, straflos die Seemacht mißbrauchen zu können, ist eine der größten Versuchungen zum Kriege.

„2. Die Welt darf nicht in zwei Mächtegruppen zerrissen werden, die sich mit Rüstungen überbieten. Uns muß das Ziel leiten, das der Reichskanzler im November 1916 aufgenommen hat, das Ziel der Zusammenarbeit der Völker zur Verhinderung künftiger Kriege. Aber die moralischen Voraussetzungen sind hierfür erst gegeben, wenn ein Gesinnungsumschwung im Leben der Nationen eingetreten ist, wenn die Völker aus dem Gegeneinander zu dem Miteinander streben.

„3. Das erste Zeichen dieses Gesinnungsumschwunges wäre das allseitige Bekenntnis zum Handelsfrieden. Der Friede darf nicht zu einer Fortsetzung des Krieges mit anderen Mitteln werden.

„4. Auch die farbigen Völkerschaften dürfen nicht nur als Mittel zum Zweck angesehen werden. Ihr ‚Selbstzweckrecht' muß anerkannt werden, wie es gefordert worden ist.[178] Die Erschließung Afrikas muß nach den Grundsätzen des Verantwortungsgefühls gegenüber der schwarzen Rasse und des Solidaritätsbewußtseins der weißen Rasse vor sich gehen.

„5. Diese Ziele sind Menschheitsziele, sie werden sich unaufhaltsam in allen Ländern durchsetzen; wer zu ihnen steht, wird Sieger sein, wer sie verleugnet, wird unterliegen."

---

[178] Von Solf in seiner Rede vom 21. Dezember 1917: ‚Ich möchte das Wort ‚Selbstbestimmungsrecht' etwas umwandeln, ich möchte sagen, die Eingeborenen haben ein Selbstzweckrecht, sie haben den Anspruch, von den höher entwickelten Rassen jederzeit als Zweck und nicht bloß als Mittel betrachtet zu werden."

Viertes Kapitel

Mein Kampf für die Einleitung der politischen Offensive

(Februar/März 1918)

Bald nach meiner Ankunft in Berlin war ich in die Militärische Stelle des Auswärtigen Amtes gegangen. Oberstleutnant v. Haeften teilte mir den feststehenden Entschluß zur Offensive mit. Im Gegensatz zu manchen Zivilisten, die ich in den folgenden Tagen sprach, war er von großem Ernst. Er erwartete viel von der Offensive, aber nicht alles. Er sprach nicht wie von der großen Sache, die uns unter allen Umständen den Sieg und Frieden bringen würde, sondern wie von einer harten Notwendigkeit. „Wir können uns erst mit den Engländern verständigen, wenn wir sie noch einmal geschlagen haben." Er fügte hinzu: „Übrigens würde uns die Defensive mehr Menschen kosten als die Offensive."[179]

Ich betonte aufs neue, daß unser Interesse eigentlich den staatsmännischen Frieden vor der Offensive forderte; wenn aber die Feinde hartnäckig blieben, daß es dann erst recht darauf ankäme, ein klares Wort über Belgien zu sprechen, um für die bevorstehende militärische Auseinandersetzung ihre innere „Moral" zu brechen. Auch stimmte mir Haeften darin zu, daß unabhängig davon, ob man die Demokratie liebte oder nicht, die Wahlrechtsreform noch vor Beginn der Operationen energisch in Angriff genommen werden müsse, einfach aus militärischen Gründen. Wir dürf-

---

[179] Die Äußerung Haeftens war wohl nicht ganz schlüssig. Er, und durch ihn der General Ludendorff, hatten bereits Ende Januar Kunde erhalten (siehe S. 241, Anm. 2), daß die Engländer beim Zustand ihrer öffentlichen Meinung eine Offensive an der Westfront in diesem Jahre kaum unternehmen konnten und sich deshalb wohl ein Kriegsplan durchsetzen würde, der die Defensive vorsah. Die Alternative war daher nicht unbedingt: Offensive oder Defensive gegen eine feindliche Offensive, sondern vielmehr: Offensive oder verhältnismäßige Ruhe an der Westfront.

ten um keinen Preis mit diesem Riß im Volke in die Kraftprobe hineingehen.

Während ich bei Oberstleutnant v. Haeften war, wurde der Abgeordnete Haußmann gemeldet. Er kam gerade aus der Schweiz und berichtete über zwei diplomatische Aktionen, in die er hineingezogen worden war:[180]

In Genf war er dem amerikanischen Professor Herron zugeführt worden. In seiner anschaulichen Art schilderte er uns, wie Herron von Präsident Wilson nur mit einem ehrfurchtsvollen Schauder sprach wie von einem Propheten, daß Herron sich selbst als von dem großen Manne eingeweiht bezeichnet und dann mit heiligen Eiden versichert hätte, Wilson werde sofort den Frieden in die Hand nehmen, sobald seine Punktationen vom Reichskanzler Grafen Hertling in einer öffentlichen Rede, ohne Vorbehalte, angenommen wären. Haußmann hatte den englischen Wortlaut der Beteuerung noch behalten; sie mußte in der Tat eindringlich gewesen sein, um Haußmann im Gedächtnis zu bleiben, denn er konnte kein Wort Englisch. Im reinsten Schwäbisch zitierte er uns die Worte: „As sure as Christ was nailed on the cross, Wilson will make peace".[181]

Haußmann selbst schien diese Aktion nicht sehr ernst zu nehmen, war nur unbedingt von der Gutgläubigkeit des Mannes überzeugt. Darin hat er recht behalten. Herron hat es nach dem Kriege als eine Gewissenssache betrachtet, seiner Entrüstung über Wilsons Verrat an den eigenen Idealen öffentlich Ausdruck zu geben.[182]

---

[180] Vgl. Conrad Haußmann, Schlaglichter, Reichstagsbriefe und Aufzeichnungen, Frankfurt a.M. 1924, S. 176ff.

[181] „So sicher, wie Christus ans Kreuz geschlagen wurde, wird Wilson Frieden machen."

[182] Vgl. George D. Herron: Der Pariser Frieden und die Jugend Europas, Berlin 1920, S.15f.: „Ich glaubte fest und treu daran, daß Amerikas Teilnahme an dem Kriege dessen ganze innere Beweggründe verändern und ihn schließlich so abschließen würde, daß er der letzte der großen Menschheitszwiste sein würde."– "Einige Zeit nach der amerikanischen Kriegserklärung kamen verschiedene hervorragende Deutsche zu mir nach Genf, um von mir Näheres über Amerikas Absichten zu erfahren." – „Später – und hier beginnt meine wirkliche Schuld – überzeugte ich noch die Deutschen von etwas anderem, und zwar von etwas, an das ich selber ebenfalls glaubte, nämlich von der absolut sicheren Einhaltung der 14Punkte." „Noch niemals, seitdem die traurige Geschichte unseres

Ernster schien Haußmann eine Angelegenheit, die ein in der Schweiz lebender holländischer Pazifist an ihn herangebracht hatte:[183] Je drei führende Parlamentarier aus England und aus Deutschland, die für den Verständigungsfrieden arbeiteten, sollten zu einer Zusammenkunft in der Schweiz bewegt werden. Der Holländer wollte wissen, daß der britische Vertreter in Vern, Sir Horace Rumbold, Interesse für den Plan gezeigt habe. Um ihn zu verhindern, warf Haeften ein. Tatsächlich erhielt Haußmann einige Zeit später die Nachricht, daß die englischen Herren keine Pässe bekommen hätten.

Immerhin mochte wohl die englische Diplomatie zu diesem Zeitpunkt nachdenklich gestimmt sein. Es steht jedenfalls fest, daß die alliierten Militärattaches in Bern mit außergewöhnlicher Besorgnis der kommenden Waffenentscheidung entgegensahen.

Die wichtigste Information, die Haußmann brachte, war das schriftlich niedergelegte Gutachten Hermann Stegemanns über die militärische Lage.[184] Stegemann warnte vor der Offensive, deren militärische Möglichkeiten er hoch einschätzte, aber nicht hoch genug, um die Eroberung von Calais in Rechnung stellen zu dürfen.

Der Kern seiner Auffassung war in den Sätzen enthalten:

„Wiederholt habe ich zum Ausdruck gebracht, daß in diesem Kriege die strategische Bedrohung stärker wirkt und politisch leichter zu fruktifizieren ist als die durchgeführte Operation. Das gilt ganz besonders von der drohenden Offensive im Westen. Es ist unzweifelhaft eine Lockerung des Kriegswillens und der Interessengemeinschaft auf seiten der Entente eingetreten, die sich mit ei-

---

Geschlechtes begann, ist soviel Macht zum Guten und zum Hohen, zum Schönen und zum Edlen in die Hand eines einzigen Mannes (Wilson) gelegt gewesen. Aber ach ... niemals noch berichtete unsere menschliche Chronik von einer mitleiderregenderen Tragödie, als der vom Versagen dieses Mannes und von seiner Unfähigkeit, den Hoffnungen und dem Vertrauen der Völker gerecht zu werden." (S. 12.)

[183] Vgl. Haußmann, a. a. O., S. 172 ff.
[184] Vgl. Haußmann, a. a. O., S. 171. Dieses Gutachten Stegemanns (daß die Offensive militärisch Amiens und Reims nehmen und politisch versagen würde) teilte Haußmann Ludendorff mit, erhielt aber nur eine „delphische" Antwort. (Aus Conrad Haußmanns politischer Arbeit, Frankfurt a. M. 1923, S. 105.) Diese „Gedanken zur Lage, von Hermann Stegemann am 16. Februar 1918 für Conrad Haußmann niedergeschrieben" sind gedruckt: Werk des Untersuchungsausschusses, 2. Bd. 1925, S. 96 ff.

ner großen Nervosität paart. Ich habe dafür bestimmte Anhaltspunkte, über die ich nicht sprechen darf, die aber in besonderer Kenntnis verankert sind."

Stegemann schloß mit den Worten:

„Deutschland muß indes mit der Möglichkeit rechnen, Österreich und Bulgarien – von der Türkei zu schweigen– unterwegs zu verlieren. Erst wenn eine Verständigung, die durch Klärung in der belgischen Frage (mein ceterum censeo) erleichtert wird, binnen wenigen Wochen nicht erfolgt, muß die zweischneidige Offensivwaffe in Anwendung gebracht werden, deren Eignung zum chirurgischen Instrument zweifelhaft bleibt, deren Anwendung aber dann als notwendig erkannt werden könnte. Das ist heute noch nicht der Fall."

Haeften forderte nun seinen englischen Referenten Hahn auf, uns ein Resümee der während der letzten Monate der Obersten Heeresleitung erstatteten Berichte zu geben:

Lansdowne sei der einzige Mann, der die Knock-out-Regierung und ihre Politik stürzen könne: er sei heute lahmgelegt durch unser Verhalten in Brest-Litowsk und Lloyd Georges scheinbare Schwenkung zu den Gemäßigten, aber er würde in dem Augenblick wieder eine Macht, da die deutsche Politik es fertig brächte, Lloyd George zu entlarven.

Die englische Heimat werde gegenwärtig durch eine große Unruhe zermürbt. Zwei Schwächequellen wirkten fortgesetzt: einmal die Depression über die militärische Lage, sodann die Bewegung in der Kriegsindustrie.

Man glaubt nicht gut geführt zu sein. Der Streit zwischen der „östlichen" und „westlichen Schule" wird noch immer in der Öffentlichkeit ausgefochten, als ob der Feind nicht zuhörte. Hahn stellte die folgenden Tatsachen heraus:

Lloyd George ist heute ein erklärter Anhänger der östlichen Schule. Er hat in General Wilson einen militärischen Mitarbeiter, dessen Gegensatz zu Haig-Robertson bekannt ist.

Die Spannung zwischen dem Premierminister und dem Generalstab ist so notorisch, daß am 24. Januar 1918 der Abgeordnete Pringle es wagen kann, die Frage zu stellen: ob die gegen Robertson und Haig gerichteten Presseangriffe von 10. Downingstreet inspiriert werden? Andererseits ist es ein offenes Geheimnis, daß der als Gegner Lloyd Georges am 21. Januar aus der „Times" ausgeschiedene Oberst Repington seine Angriffe gegen die „Amateurstrategie" in enger Fühlung mit dem Generalstab fortsetzt.

Das Publikum steht in diesem Streit überwiegend auf seiten der Zivilisten. In der Öffentlichkeit wird angenommen, daß die Verluste der Engländer im Jahre 1917 größer waren als die Verluste der Franzosen. Haig wird „Menschenschlächterei" vorgeworfen; er habe eigensinnig auf der Fortsetzung der Durchbruchsoffensive bestanden, obgleich deren Sinnlosigkeit durch Nivelles Mißerfolg demonstriert und von Pétain richtig erkannt worden sei.[185]

4. Anzeichen liegen vor, daß der Plan der Durchbruchsoffensive im Westen für das Jahr 1918 aufgegeben ist.

Der Sieg der „östlichen Schule" zeichnet sich folgendermaßen ab. Einmal: Der Student of War[186] spricht nicht mehr als der Exponent einer Richtung, die in Opposition steht, sondern in der deutlichen Erwartung, daß sich der von ihm unterstützte Plan im Kriegsrat durchsetzt:

Strategische Defensive im Westen. Vertagung der Offensive, bis die Amerikaner ihr Schwergewicht in die Wagschale werfen können, d.h. nicht vor 1919.

Bevorzugung der Schiffswerften bei der Menschenmaterialverteilung.

---

[185] Diese Angriffe kamen auch im Parlament zum Ausdruck. In zwei Unterhaussitzungen Ende Dezember und Ende Januar erfolgten von einer Reihe von Rednern scharfe Angriffe gegen die Heeresleitung. Ein Militär, Commander Wedgwood, sagte: „Vor sechs Monaten noch hatten wir eine prachtvolle Armee in Flandern, aber die jüngsten Mißerfolge bei Paschendaele und Cambrai haben die ‚Moral' unserer Soldaten in weitem Maße geschädigt ... Meines Erachtens müßte ein Wechsel im Kommando eintreten ... Sir Douglas Haig ist ein Kavalleriegeneral, der mit dem Einsatz von Soldaten zu verschwenderisch gewesen ist. Es ist Zeit, daß man es mit einem anderen versucht." Man spricht vom Skandal von Cambrai und verlangt nach den Ergebnissen der Untersuchung. Die Stimmung im Lande ist gegen den Generalstabschef und den Höchstkommandierenden so mißtrauisch, daß nach dem „Manchester Guardian" die Wahlen, die unter der Parole: „Keine Einmischung der Zivilisten in die militärischen Angelegenheiten" ausgefochten werden würden, verlieren gehen müßten.

[186] „Manchester Guardian " vom 12. Januar 1918.

Entsendung von Verstärkungen nach der asiatischen Türkei zur Erzwingung einer Entscheidung.

Hand in Hand mit den militärischen Unternehmungen soll eine große diplomatische Offensive gehen. Ihr Ziel soll sein:

Absprengung der Türkei.

Absprengung Bulgariens.

Absprengung Österreichs.

Aufwiegelung der deutschen Massen gegen den Krieg.

Ferner: Lloyd George bestimmt als Vertreter beim Obersten Kriegsrat in Versailles seinen Freund Sir Henry Wilson und nicht den „General Non-Non", wie die Franzosen Robertson nennen. Die Kränkung wird verschärft durch Fochs Stellung. Er ist französischer Generalstabschef und Vertreter beim Obersten Kriegsrat, außerdem zum Führer der neuen Reservearmee ausersehen; er erhält damit auch das Verfügungsrecht über Haigsche Reserven.

Die „westliche" Presse tobt. Der Generalstab in London sei so gut wie ganz ausgeschaltet. Fochs Kompetenzen werden angegriffen: Man könne allenfalls unter einem verbündeten General siegen, nicht aber besiegt werden, das vertrüge die Allianz nicht.

Diese Richtung kann sich zwar nicht durchsetzen, aber hinter ihr steht eine Realität: Das Prestigegefühl der englischen Armee. Es ist immerhin stark genug, um zu verhindern, daß Foch Generalissimus wird,[187] obgleich die Amerikaner, Franzosen, Italiener und Lloyd Georges eigene Überzeugung diese Lösung verlangen.

Diese Uneinigkeit unter den maßgebenden Instanzen trägt Verwirrung in die Bevölkerung. Sie ist sowieso schon erregt durch die Wirkung des U-Bootkrieges. Seit Monaten müssen die Menschen in England das ertragen, was wir Unbequemlichkeiten und sie Entbehrungen nennen. Die Queus vor den Lebensmittelläden verbreiten einen häßlichen Geist. Die Arbeiter sind natürlich am meisten getroffen; sie fordern die Zwangsra-

---

[187] „Ein Oberbefehlshaber für die Alliierten wurde nicht ernannt", antwortet Bonar Law auf eine Frage Asquiths, die offenbar vom Generalstab inspiriert war. Havas knüpft daran die Bemerkung: „Es besteht nichtsdestoweniger Anlaß, zu glauben, daß die angenommene Lösung sich wenig von der Ernennung eines Generalissimus unterscheidet."

tionierung. Lloyd George nimmt die soziale Unzufriedenheit ernst; das geht daraus hervor, daß er dem Bergarbeiterführer Smillie den Posten des Lebensmitteldiktators anbietet. Smillie lehnt ab und gibt auf dem Nottinghamer Arbeiterkongreß die Begründung: Lloyd George würde ihm nicht die Vollmacht zur Verfügung gestellt haben, die er hätte verlangen müssen, ohne Richter und ohne Prozesse jeden Wucherer aufzuknüpfen.

Hier meldet sich die bolschewistische Geste.

Mitte Januar kommt es zum Krach: Das neue Wehrpflichtgesetz sagt den Rüstungsarbeitern ihre Unabkömmlichkeit auf. Als Sir Auckland Geddes am 15. Januar die Vorlage einbringt, bedroht er die Drückeberger mit dem Haß und der Verachtung des ganzen Landes: Ihr wollt frei von Gefahr leben, während eure Väter in die Schützengräben geschickt werden und die Verwundeten wieder hinaus müssen! Das Haus jubelt dieser Herausforderung zu. Die Rüstungsindustrie aber nimmt sie auf. Von Woolwich, vom Mersey, aus Manchester, vom Clyde laufen Resolutionen ein, die die Forderungen von Geddes ablehnen und dazu aufrufen, sich mit allen Mitteln einem weiteren Anspruch an die Menschenkraft der Nation zu widersetzen, wenn nicht die Regierung die Kriegsziele der Arbeiter akzeptiere und eine internationale Arbeiterkonferenz zulasse. Die verwöhnten und nun in ihrer Unabkömmlichkeit bedrohten Munitionsarbeiter bemächtigen sich allenthalben der russischen Phrasen vom Frieden ohne Entschädigungen und Annexionen und dem sofortigen Waffenstillstand. Dazwischen erklingt der Schlachtruf des Klassenkampfes: „Conscription of wealth" (Vermögenseinziehung).

Das bedeutsamste Symptom ist die Beunruhigung der Kriegsparteien. Von konservativer Seite wird der Regierung geraten, der A.S.E. (Maschinenarbeitergewerkschaft) weit entgegenzukommen: Erst sollten die „Verdünner", d. h. die ungelernten und halbgelernten Arbeiter, eingezogen werden, ehe die Aristokraten unter den Arbeitern, die hochqualifizierten Techniker, ihrer für den Krieg so lebenswichtigen Beschäftigung entzogen würden.

Die Liberalen beschwören die Gewerkschaften, ihre Macht nicht undemokratisch zu mißbrauchen. Henderson spricht von einer so unheilschwangeren industriellen Lage, wie noch zu keiner Zeit des Krieges, und versucht zu vermitteln. Die Krisis ist noch nicht gelöst. Ihr Ausgang hängt davon ab, ob es Lloyd George gelingt, die Friedensfrage zurückzudrängen.

Für mich stand es nach diesen Informationen fest: es mußte sofort gehandelt werden; die Depression in England durfte nicht ungenutzt vorübergehen.

Ich suchte den Grafen Hertling auf, um ihn für eine Friedensoffensive zu gewinnen, die jedenfalls die militärische Offensive in ihrer Wirkung steigern, wenn nicht gar sie unnötig machen würde. Meine Gedankengänge leuchteten ihm nicht ein. Er würde, so meinte er, jeden Schritt unterstützen, der uns dem Frieden näherbrächte, aber eine Erklärung über Belgien helfe uns auf diesem Wege sicher nicht vorwärts: die Feinde würden mit Spott und Hohn antworten. Er konnte sich auf offizielle Äußerungen der Ententeregierungen berufen und wollte nicht recht an eine friedensfreundliche Richtung im öffentlichen Leben Englands glauben, geschweige denn an unsere Macht, sie zu beeinflussen. Im Grunde war es dem Reichskanzler ein unerträglicher Gedanke, daß er es sein sollte, der der Obersten Heeresleitung in den Arm fiele. Er hatte ein grenzenloses Vertrauen zu den beiden Heerführern. Sie würden, so glaubte er, eine militärische Situation schaffen, aus der sich automatisch der Friede ergeben müsse, und zwar ein besserer Friede, als heute erreichbar wäre.

Herr v. Payer stand meiner Anregung grundsätzlich nicht ablehnend gegenüber; aber er hatte nun einmal die herrschende Meinung akzeptiert: die kommenden großen Erfolge werden den Kriegswillen der Feinde brechen. Auch konnte er die Sorge der Militärs verstehen, Belgien werde in einem künftigen Kriege Aufmarschgebiet der Feinde werden.

Ich stellte die Frage, ob irgendwelche „Sicherungen" den Verlust von Hunderttausenden von deutschen Menschenleben rechtfertigen würden. Er

antwortete: „Wir haben uns eben zur Offensive entschlossen."

Herr v. Kühlmann hatte nicht den Optimismus der anderen. Er glaubte weder an das große Wunder der Offensive noch an die Erklärung über Belgien, noch daran, daß man die Generale so weit bringen könne, darein zu willigen.

Ein anderer Minister war bei dieser Unterredung zugegen. Er hatte seinerzeit in der Frage der Kriegsziele entschieden auf meiner Seite gestanden, heute sagte er: „Ich bin jetzt auch annexionistischer geworden als früher."

Von den Staatssekretären war nur Solf davon überzeugt, daß unser Schweigen über Belgien eine nicht wieder gutzumachende Sünde sei. Er sah deutlich die einzigartige Gelegenheit. Aber er hatte seit Jahren vergeblich zum Guten geraten und hatte keine Hoffnung, jetzt noch durchzudringen.

Solf brachte mich mit dem Gesandten im Haag, Rosen, zusammen. Dieser erfahrene Diplomat kannte die Engländer und Franzosen aus vielen Verhandlungen. Er war davon überzeugt, daß die elsaß-lothringische Frage zwischen Frankreich und uns nur durch die Macht entschieden werden könnte. Die Franzosen würden für die verlorenen Provinzen mit einer zähen Leidenschaft kämpfen, bis sie an ihrem Sieg verzweifeln müßten. Er hielt noch immer daran fest, daß vor dem Kriege die Deutschen und Engländer der Verständigung sehr nahe gewesen waren. Die Kriegsleidenschaften seien gewiß groß, aber noch heute ständen keine lebenswichtigen Interessen Englands und Deutschlands gegeneinander. Sollte Frankreich auf sein Kriegsziel verzichten, so gäbe es dazu nur einen Weg: man müsse den englischen Kriegswillen erweichen. Dann würden die Franzosen ausrufen: Nous sommes trahis! und den ehrenvollen Rückzug aus dem Kriege sehen.

In meinem Hotel sah ich Herrn v. Bethmann. Er vertrat ohne jeden Vorbehalt den Standpunkt, daß wir nur mit dem klaren Wort über Belgien in die Offensive hineingehen dürften, gleichviel, was wir von ihr erwarteten. Er persönlich glaubte nicht daran, daß sich die militärische Zwangslage für die Feinde ergeben würde, und stellte immer wieder die Frage: „Was dann?"

Er sprach mit großer intellektueller Festigkeit, ganz ohne die maladie de doute. Es drängte sich mir das Gefühl auf: wäre Herr v. Bethmann jetzt im Amte, dann würde er sich diesmal nicht schlechterer Einsicht fügen wie im Januar 1917. Das tut man nur einmal in seiner Laufbahn. Unser Volk ist nur allzu geneigt, die Männer des öffentlichen Lebens abzustempeln; es fehlt die Großmut, ihnen zuzubilligen, daß sie aus ihren Fehlern lernen können.

Herr v. Bethmann ging selbst zum Reichskanzler und beschwor ihn, zu handeln. Er kam ganz resigniert zurück: „Ich furchte, die Herren haben die Situation nicht durchdacht."

Die Sache in Berlin schien also verloren.

Meine Gesinnungsgenossen erhofften noch etwas von einem Schritt, der am 11. Februar beim General Ludendorff unternommen worden war: Es war gelungen, die Unterschriften von Alfred Weber, Robert Bosch, Friedrich Naumann und den Führern der Gewerkschaften, Legien und Stegerwald – wahrlich eine gewichtige Kombination – unter einen Mahnruf[188] von dringendem Ernst zu vereinen:

> „Das Blutvergießen, das bevorsteht, ist ungeheuer. Das deutsche Volk wird es ertragen, wenn es fühlt, daß die Feinde uns keine andere Wahl lassen, aber nur dann. Unsere Offensive muß – politisch gesprochen – nicht die Offensive des deutschen Generalstabes, sondern die Offensive Lloyd Georges sein, die er uns aufzwingt. Diese Stimmung hat auch vom militärischen Standpunkt aus eine gesunde Grundlage. Die Feinde kämpfen schlechter, ihre Heimatmoral zerbricht, wenn ihr Krieg einen offensiven Charakter trägt, d. h. um Elsaß-Lothringen geführt wird. Die englische Arbeiterschaft hat es deutlich gemacht, daß sie die Forderungen nach Mannschaftsersatz nicht bewilligen wird für eine Fortsetzung des Krieges um imperialistischer Kriegsziele willen.[189] Der offensive Charakter des feindlichen Krieges ist das, was Deutschland zur Sammlung seiner Kräfte braucht. Nur als einen wirklich unentrinnbaren Verteidigungsakt gegen den Eroberungswillen der Feinde will die Bevölkerung die Offensive, so wie sie schon den Kriegsbeginn nur so gewollt hat. Es ist heute die Aufgabe der Politik und der Kriegskunst, die Unentrinnbarkeit dieser Offensive – wenn sie kommen muß – für das Volksgefühl lebendig zu machen. Die freiwillige Hingabe, auch in der Heimat, ist die Vorbedingung für das Gelingen jeder gro-

---

[188] Alfred Weber und Hahn waren die Verfasser der Denkschrift. Sie ist gedruckt: Ursachen des Zusammenbruchs. Entstehung, Durchführung und Zusammenbruch der Offensive von 1918. Heft 1, Gutachten des Obersten a. D. Schwertfeger: Die Frage der politisch-militärischen Verantwortlichkeit. 1. Teil: Bis zum Beginn der Offensive 1918 (21. März 1918), Berlin 1922, S. 129 ff.

[189] Die englischen Massen haben so wenig Lust, für Elsaß-Lothringen zu kämpfen, daß Pichons Rede, welche Wilsons Worte über Elsaß-Lothringen in französischem Sinne deutete, von der englischen Zensur unterdrückt wurde. (Anmerkung aus der Denkschrift.)

ßen militärischen Operation, und diese Hingabe ist heute schwer bedroht. Andererseits schließen wir alle moralischen Kraftquellen der Nation von neuem auf, wenn es gelingt, den feindlichen Krieg als Eroberungskrieg bloßzustellen und damit die Verantwortung für die Offensive vor der öffentlichen Meinung Deutschlands dem Feinde anzuheften.

Wie soll nun für das deutsche Volk klargestellt werden, daß die Verantwortung für die Offensive dem Feinde zufällt? Und wie soll für die feindlichen Völker klargestellt werden, daß sie entrinnbar ist und nur durch die Schuld ihrer Regierungen herbeigeführt wird?

Die Antwort lautet:

Durch eine politische Offensive Deutschlands, die Lloyd George dazu zwingt, öffentlich zu erklären, den Krieg um Elsaß-Lothringens willen fortsetzen zu wollen.

Dieses Ziel kann erreicht werden durch eine unzweideutige Erklärung über die zukünftige Wiederherstellung der Souveränität und Integrität Belgiens. Das ist das Postulat der englischen und amerikanischen Friedenspartei. Lloyd Georges ganzes Ziel ist die Kriegsverlängerung, weil er ihre Folgen für uns kennt. Für ihn wäre unsere Erklärung über Belgien der Zwang, öffentlich zu erklären, daß er um Elsaß-Lothringens willen den Krieg fortsetzen will. Solange noch Zweideutigkeit in der belgischen Frage besteht, gelingt es ihm immer noch, den Massen glaubhaft zu machen, dieser Krieg würde eigentlich noch um Belgien geführt. So täuscht er den Verteidigungscharakter des englischen Krieges vor.

Diese Erklärung über Belgien würde die Geschlossenheit der Heimatfront in Feindesland zerstören und bei uns neu schaffen.

… Auch deshalb ist dieser Schritt nötig, weil eine politische Offensive der Feinde im Werk ist, die Verantwortung für die Fortsetzung des Krieges vor den deutschen Massen der deutschen Regierung anzuheften. Lloyd George hat das Wort ‚reconsideration' bezüglich Elsaß-Lothringens natürlich durchaus unehrlich gebraucht. Er will die Abtrennung, nicht etwa die Autonomie innerhalb des Deutschen Reiches. Seine Worte waren aber so gewählt, daß in Deutschland geglaubt werden sollte, er hätte innerlich schon auf Elsaß-Lothringen verzichtet. Falls also unsere Gegenaktion ausbleibt, so kann es leicht dahin kommen, daß die Feinde unsere Kräfte sprengen und ihre Kräfte sammeln und damit die Vorbedingung für den deutschen Sieg in dem kommenden Entscheidungskampfe zerstören.

Wir fassen die möglichen Resultate der vorgeschlagenen politischen Aktion folgendermaßen zusammen:

Entweder es gelingt den Friedensparteien in England, auf Grund unserer unzweideutigen Erklärung über Belgien die Kriegsregierung zu stürzen und ein Friedensministerium an ihre Stelle zu setzen;

oder es gelingt der Kriegsregierung Lloyd Georges noch einmal, ein neues chauvinistisches Ministerium im Gegensatz zum Volkswillen zu bilden.

Beide Alternativen sind uns günstig.

Zu 1: ... Ein Friedensschluß heute würde ein staatsfrohes deutsches Volk in den Frieden hineinführen, das der Armee gegenüber jene Gesinnung bewahren würde, wie sie notwendig ist, um in der Zukunft stark zu bleiben. Diese Gesinnung muß unrettbar verloren gehen, wenn die Suggestion weiterfrißt, daß die Oberste Heeresleitung, und unter ihrem Druck die deutsche Regierung, die Verantwortung für die Fortsetzung des Krieges trägt. Die Widerstandskraft unseres Volkes gegen die revolutionäre Unruhe müßte schließlich zusammenbrechen.

Zu 2: Eine Lloyd Georgesche Militärdiktatur wäre die denkbar schwerste Behinderung des englischen Krieges. Der englische Volkskrieg wäre mit einem Male ein Regierungskrieg geworden und müßte mit einer entscheidenden Niederlage Englands endigen. Die Stimmung der Arbeitermassen würde schließlich auch auf die Front übergreifen, und unsere Soldaten hätten leichtere Arbeit.

Deutschland aber wäre gegen jede innere Unruhe geschützt, denn unser Krieg wäre wieder zum Volkskrieg geworden."

Die Warnung schloß mit den Worten, die „wahrhaft prophetisch"[190] genannt worden sind:

„Eine furchtbare Verantwortung ruht heute auf der Staatsleitung. Der gute Wille der Massen ist noch zu retten. Alle gesunden Kräfte in der Arbeiterschaft möchten die auf die Desorganisation hindrängenden Elemente abstoßen. Aber die Regierung muß ihnen helfen. Sie hat es in der Hand, die zersetzenden Kräfte zu einer großen zerstörenden Macht in Deutschland werden zu lassen oder sie zu dauernder Ohnmacht zu verurteilen."

Ich machte mir keine Illusionen. Wie sollte der Feldherr durch eine Denkschrift wankend gemacht werden,[191] wenn seine Entschlüsse selbst in Berlin wie unabänderliche Naturgesetze betrachtet wurden, teils von überschwenglichen Soffnungen, teils von geheimem Grauen begleitet.

Seitdem die Entscheidung für die Offensive gefallen war, waren unsere Staatsmänner keine handelnden Personen mehr, sie waren Zuschauer geworden.

---

[190] Vgl. Schwertfeger, a. a. O., S. 80.
[191] Haußmann, Schlaglichter, berichtet (S. 185), Ludendorff habe auf diese Denkschrift erwidert: „Man kann nicht zwischen Krieg und Frieden, sondern nur zwischen Abwarten und Handeln wählen."

Ich beschloß, nach Kreuznach zu fahren, um mich mit Ludendorff auszusprechen. Herr v. Bethmann wünschte mir Glück: Wenn der General einen guten Tag hätte, so könne man ihm alles sagen.

Ich verbrachte den 19. Februar in Kreuznach. Der Feldmarschall erwies mir die Ehre, mich am Bahnhof zu empfangen. Ich kannte ihn von früheren Tagen her und hatte einige Monate unter seinem Kommando gedient, als er die Division in Karlsruhe befehligte. Wie immer spürte ich wohltuend die Kraft und Ruhe, die von ihm ausgingen, unmittelbar übertrug sich das Gefühl der Sicherheit: kein Unternehmen kann schlecht ausgehen, dem dieser gütige, standhafte und wohl abwägende Mann seinen Segen gegeben hat.

General Ludendorff sah ich an diesem Tage zum erstenmal. Er empfing mich zunächst vor Tisch in seinem Arbeitszimmer. Dort erklärte er mir an der Hand der Karte die militärische Lage. Man atmete mit dem Feldherrn erleichtert auf über die Durchbrechung der militärischen Einkreisung, daß ihm nun nicht mehr jedes Unternehmen im Westen geknickt werden konnte durch plötzliche Notlagen an der Ostfront. Der Wagemut des Führers war zu spüren, der schließlich auch bereit ist, alles auf eine Karte zu setzen. Wohl leuchtete aus seinen Worten der Glaube an seinen guten Stern, wohl erschrak man über den Ausruf: Dann muß Deutschland eben zugrunde gehen,[192] mit dem der General die Frage beantwortete: Was geschieht, wenn die Offensive mißlingt? Aber als Gesamteindruck blieb bei mir haften: Das Verantwortungsgefühl des Mannes ist ebenso groß wie seine Kühnheit. Mir war es recht, daß ich kurz vorher einem prominenten Österreicher scharf entgegengetreten war, der für die kommende Offensive Ludendorffs Ehrgeiz verantwortlich machen wollte. Auch heute ist es mir noch eine Gewißheit, daß der große Entschluß aus heroischen inneren Kämpfen heraus geboren war ohne die geringste Trübung der Urteilskraft durch persönliche Motive. An jenem Tage in Kreuznach war das innere Erbeben des Feldherrn noch zu spüren, gleichsam wie Menschen nach einer körperlichen Anstrengung zittern, die über ihre Kraft gegangen ist. „Ich muß", das war weit mehr seine Stimmung

---

[192] Ich habe später des öfteren die Beobachtung gemacht, daß diese Worte falsch gedeutet wurden. Die Auffassung Ludendorffs war einfach: Unsere Lage ist

als „ich will". Ja, ich gehe weiter, in Kreuznach fand ich eine größere Bereitschaft, die Grundlagen der Entscheidung noch einmal nachzuprüfen, als in Berlin. Die Feldherren standen nicht vor ihren Entschlüssen wie vor einem Fatum.

An diesem Morgen war ich Zuhörer, nur als der General Ludendorff die Leistungen der Kriegsindustrie als ein Element des Sieges bezeichnete, warf ich ein: Es wäre dennoch zu begrüßen, wenn in der Öffentlichkeit seine Person in keinerlei Verbindung mit der Schwerindustrie gebracht würde. Er leugnete diesen Zusammenhang. Ich hielt aber daran fest, daß auch der Schein eines politischen Einverständnisses vermieden werden sollte, gerade weil eine enge Fühlungnahme mit den Industriemagnaten eine Notwendigkeit war.

Nach dem Essen trug ich dem General meine Auffassung der politischen Lage vor. Ich sagte ihm alles, was ich auf dem Herzen hatte: Daß auch nach überwältigenden Siegen Deutschlands die Alliierten nicht gezwungen sein würden, klein beizugeben; sie könnten den Feldzug fristen, bis Amerika seine volle Kraft einsetze; daß unter diesen Umständen die Erklärung über Belgien erfolgen müßte, und zwar jetzt; sie würde uns den Frieden bringen oder zum Siege helfen, denn in jedem Falle würde das englische Volk in zwei Hälften gerissen; wenn wir weiterkämpfen müßten, dann würden unsere Schläge härter treffen. Nach meiner Überzeugung war die Verantwortung nicht tragbar, in unserer vereinsamten Lage auf dieses große Sprengmittel zu verzichten.

General Ludendorff hörte mir interessiert zu und fragte mich schließlich, ob ich dafür einstehen könnte, mit meinem Programm das durchzusetzen, was Deutschland brauche. Ich erwiderte, das könne ich nicht, ich möchte aber die Gegenfrage an ihn richten: Könne er dafür einstehen, durch die Offensive das durchzusetzen, was Deutschland brauche. Er entgegnete, daß er das freilich auch nicht könne, „man müsse aber an den Sieg glauben". Darauf sagte ich: „Dann scheint mir meine Position doch die stärkere zu sein, denn wenn mein Versuch scheitert, so können wir die ganze Kraft der Armee einsetzen, wenn aber die jetzt geplante Offensive das Ziel nicht erreicht, so können wir nicht noch einmal mit gleicher

---

derart, daß wir entweder siegen oder untergehen müssen.

Wucht schlagen." Der General sprach dann von seinen Wünschen in Belgien. In erster Linie erstrebte er eine enge wirtschaftliche Bindung Belgiens an Deutschland, auch die zeitweilige Besetzung Lüttichs sei wünschenswert. Aber hier war es ganz deutlich: das brauchte nicht sein letztes Wort zu sein. Das Gespräch endete ohne Resultat. Für mich aber steht fest: wenn an diesem Tage statt meiner Graf Hertling vor ihn hingetreten wäre und die Erklärung über Belgien gefordert hätte, deutlich bereit, seine Entlassung einzureichen, wenn die Heeresleitung ihren Widerstand nicht aufgab, dann hätte General Ludendorff sich gefügt, und an der Zustimmung des Generalfeldmarschalls war nicht zu zweifeln.

Ich konnte nur nach Berlin telephonieren, daß ich ein gewisses Verständnis gefunden hätte – das hieß mit anderen Worten:

„Meine Aktion ist gescheitert, Ludendorff wird die Initiative nicht ergreifen, es hängt jetzt wieder alles an der Regierung."

Der Reichskanzler hielt am 25. Februar eine große Rede im Reichstag – sie war versöhnlich gedacht: er zitierte zustimmend Worte des liberalen Oppositionsmitglieds Runciman, der Verhandlungen im engeren Kreis empfohlen hatte, und sprach dann von Belgien:

„Ich denke hierbei ganz besonders an unsere Stellung gegenüber Belgien. Zu wiederholten Malen ist von dieser Stelle aus gesagt worden, daß wir nicht daran denken, Belgien zu behalten, den belgischen Staat zu einem Bestandteil des Deutschen Reiches zu machen, daß wir aber, wie das ja auch in der Papstnote vom 1. August vorigen Jahres ausgeführt wird, vor der Gefahr behütet bleiben müssen, daß das Land, mit dem wir nach dem Kriege wieder in Frieden und Freundschaft leben wollen, zum Gegenstande oder zum Aufmarschgebiet feindlicher Machenschaften würde. Aber die Mittel, dieses Ziel zu erreichen und damit dem allgemeinen Weltfrieden zu dienen, sollte in einem derartigen Kreise verhandelt werden. Wenn also ein Vorschlag in dieser Richtung von der Gegenseite käme, etwa von der Regierung in Le Havre, so würden wir uns nicht ablehnend verhalten, wenn auch die Besprechung zunächst selbstverständlich nur eine unverbindliche sein könnte."

Ein solches Entgegenkommen führte nicht weiter: es war schon das zehnte Mal, daß hier ein deutscher Staatsmann an der Erklärung über Belgien würgte. Wollte man eine Botschaft herübersenden, mit der Lansdowne etwas anfangen konnte, so mußte ihr Klang rein sein und weithin tragen.

Die Worte durften nicht in gewollter Vieldeutigkeit so gewählt sein, daß sich die Alldeutschen zuzwinkern konnten über eine Fassung, die noch allerhand Sicherungen anzubringen gestattete. Von Le Havre, das unter keinen Umständen hätte apostrophiert werden dürfen, war kein Vorschlag zu gewärtigen; überhaupt hieß es die Todfeindschaft der alliierten Regierungen unterschätzen, wenn man mit einer amtlichen Initiative der Feinde rechnete.

Bestand noch irgendeine Hoffnung, den Reichskanzler umzustimmen? Man dachte unwillkürlich an die Mitwirkung unserer Diplomatie: mehrere unserer Vertreter im Ausland hatten immer wieder in Berlin auf die Erklärung über Belgien gedrängt. Sie streckten sicher jetzt mehr denn je ihre Fühler aus. Vielleicht brachte die Nervosität auf der anderen Seite den Kontakt, der bisher nicht herzustellen war.

Ich telegraphierte deshalb nach Berlin, meine Freunde sollten die Schweizer Aktion mit erhöhter Wachsamkeit verfolgen.

Konnte von mir aus noch etwas geschehen?

Ich gab Auftrag, noch einmal die Gründe schriftlich niederzulegen gegen die Illusionen, die der von uns empfohlenen Politik entgegenstanden. Wir wollten nach dem folgenden Plan vorgehen: im ersten Teil der Denkschrift sollten den Annexionisten alle ihre falschen politischen Voraussetzungen zugegeben und dann der Nachweis geführt werden: auch von eurem Standpunkt aus müßt ihr durch eine maßvolle Kriegszielpolitik die Offensive vorbereiten.

Sodann wollte ich noch einmal warnen vor der sich notwendig verschlechternden militärischen und politischen Lage, auch wenn wir siegten; vor dem drohenden Abfall der Bundesgenossen, vor der Festigung der heute auseinanderstrebenden Allianz. Ich wollte die nicht wiederkehrende Gunst der Stunde schildern: wie wir auf dem Höhepunkt unserer militärischen Macht sind, von der es nur einen Abstieg geben kann; wie unsere Siege die Welt in Schrecken setzen, wie die Feinde einer genialen Heeresleitung mit geheimem Grauen gegenüberstehen und sich unter der eigenen Führung nicht sicher fühlen; wie uns das Vertrauen aus den befreiten Randvölkern entgegenschlägt, wie mit einem Worte die Versuchung zum Übermut beinahe unwiderstehlich ist und uns nur die zügelnde Staatskunst bewahren kann. Zum Schluß – ohne Rücksicht auf taktische

Erwägungen – das Bekenntnis zum ethischen Imperialismus: Nicht weil wir nicht können, sondern weil wir nicht wollen, Hände weg von der belgischen Unabhängigkeit. Jetzt oder nie ist die Gelegenheit da, die Welt mit der deutschen Macht durch Mäßigung zu versöhnen. Die ganze Denkschrift sollte den Titel „Ethischer Imperialismus" führen.

Meine Freunde in Berlin gingen an die Arbeit mit Feuer und Glauben – sie durchschauten noch nicht, daß die Sache verloren war, für die wir uns einsetzten. Dabei mußten sie immer, wenn sie aufsahen, wahrnehmen, wie ein Bundesgenosse nach dem anderen von der optimistischen Welle fortgerissen wurde. Der Sinn der Menschen verhärtete sich gegen jeden Rat, der auf politische Taten drängte. Auf den Gesichtern lag ein erwartungsvolles Leuchten: Wann geht es los? Auch bei den sozialdemokratischen Massen spürte man das Aufatmen der Erleichterung, daß Deutschland nun nicht mehr der umstellte Hirsch war: bei der Ersatzwahl in Nieder-Barnim fiel der Unabhängige gegen den Mehrheitskandidaten mit Pauken und Trompeten durch, und der „Vorwärts" (28. Februar 1918) leuchtete dem Nottinghamer Arbeiterkongreß gehörig heim, der eine Salve von unannehmbaren Friedensbedingungen losgelassen hatte. Ein sozialdemokratischer Führer gab den Sinn des Artikels im vertrauten Kreise mit den Worten wieder: Na, da müssen sie eben noch einmal Haue kriegen.

Wer wollte gegen diese Stimmung etwas unternehmen? Der Feldherr brauchte sie im Rücken eines Heeres, das zur Entscheidungsschlacht antrat. Die öffentliche Meinung hat nicht die Verpflichtung, sorgend vorauszuschauen. Die Leiter der auswärtigen Politik aber durften nicht in ihrer Wachsamkeit nachlassen; ihre Aufgabe war es, jeden Tag aufs neue die internationale Lage zu prüfen, ob sie nicht reif für den Frieden wäre.

Die Aufnahme der Hertlingschen Rede in England hätte eine doppelte Klarheit bringen sollen: viel ist schon versäumt, aber noch kann alles gut gemacht werden.

Der Abgeordnete Holt interpellierte am 28. Februar über den Frieden; es war die zweite Friedensdebatte im Unterhaus innerhalb von vierzehn Tagen. Balfour hielt eine große Rede, darin er die unaufrichtige und gewalttätige deutsche Politik angriff, mit der man nicht verhandeln könne. Im Mittelpunkt seiner Anklage stand die Rede Hertlings; der große Dialektiker nahm sie in allen Einzelheiten vor. Die Erklärung des Reichskanzlers über Belgien nannte er „den Prüfstein für die Ehrlichkeit der Absichten der deutschen Diplomatie".

„Holt weiß ganz gut, daß der deutsche Angriff auf Belgien ohne Herausforderung durch Belgien unternommen worden ist. Er weiß ebensogut wie jeder andere, daß es nicht nur ein nicht provozierter Angriff auf ein kleines unschuldiges Volk war, sondern daß der Angriff von einer der Nationen unternommen wurde, die die Sicherheit des kleinen unschuldigen Volkes garantiert hatten. Das sind die Gemeinplätze des heutigen Zustandes, das sind die historischen Axiome, die jeder von uns kennt.

Nun gibt es für das Volk, welches das Unrecht begangen hat, nur einen Weg, den es unter diesen Umständen gehen kann, und das ist der, daß es sagt: ‚Ich habe unrecht getan.' Das hat es durch den Mund eines früheren Reichskänzlers getan. Was nun weiter geschehen muß, das ist, zu sagen: ‚Da ich unrecht getan habe, gebe ich wieder zurück, was ich niemals hätte nehmen dürfen, und ich gebe es notwendigerweise bedingungslos zurück.' Was sagt nun aber der Staatsmann, dessen Erklärung offenbar Holts vollständige Zustimmung hat, über die Sache? Er sagt: Stellt Belgien mit allen möglichen Mitteln wieder her. Wir wollen dort nicht bleiben, aber wir müssen dafür sorgen, daß es kein Gebiet für feindliche Machinationen wird.

… Wir wissen, was Hertling ungefähr im Sinne hat. Wir wissen, was ein Deutscher immer meint, wenn er von ökonomischer Freiheit und Sicherheit der Grenzen spricht. Er meint immer das Anlegen von starken wirtschaftlichen Fesseln an einen schwächeren Nachbar oder Aneignung eines Stückes von seinem Gebiet, um die eigene Grenze zu verstärken.

Ich bin dessen vollständig sicher, wenn Holt sich die Mühe nehmen will, einen Rückblick auf die verschiedenen Betrachtungen über die belgische Frage zu werfen, von denen die deutschen Zeitungen seit Kriegsbeginn voll waren, muß er immer wieder finden, daß hinter der Phrase, die Hertling brauchte, die Absicht steckt, zu verhindern, daß Belgien einen unabhängigen Platz unter den Völkern Europas einnimmt."

Man stelle sich Balfours Verlegenheit vor, wenn an diesem 28. Februar die unzweideutige Erklärung über Belgien vorgelegen hätte. So aber gelang es ihm, für den Augenblick die sittliche Entrüstung neu zu beleben, die seit Kriegsanfang eine der großen Kraftquellen des englischen Krieges war Der Abgeordnete Runciman hatte in der Debatte erneut für Unterhandlungen gesprochen; an der Abstimmung nahm er nicht teil.

Der taktische Erfolg Balfours bleibt aber ohne tiefe Wirkung auf das Land. Jeder, der die englische Presse sorgfältig liest, muß feststellen: die

Pazifisten sprechen nicht nur für sich selber, sie geben der Unzufriedenheit und Beunruhigung weiter Kreise Ausdruck, die bisher zum Kriege standen.

Ende Februar war die zwangsweise Rationierung in England eingeführt worden.

Amerika enttäuschte. Viel Kriegsgepränge, Prozessionen und schöne Reden konnten über die Tatsache nicht wegtrösten, daß England durch Amerika noch nicht deblockiert war und daß die bevorstehende Schlacht im Westen, die viele als Entscheidungsschlacht ansahen, ohne amerikanische Waffenhilfe würde geschlagen werden müssen.

Die stärkste Depressionsquelle der englischen öffentlichen Meinung bleibt das Mißtrauen in die eigene Heerführung. Am 11l. Februar 1918[193] ergriff Oberst Repington[194] – wie wohl heute feststeht,[195] im Namen des englischen Generalstabs die Flucht in die Öffentlichkeit. Er enthüllte, daß in Versailles, gegen den Willen des englischen Generalstabs und auf Betreiben Lloyd Georges, das „Seitenschauspiel" gegen die Türkei beschlossen worden sei, und forderte das Parlament auf, sich Rechenschaft geben zu lassen. Er teilte mit, daß für den kommenden Defensivfeldzug, auf den man sich gegenwärtig beschränkt sähe, der Versailler Kriegsrat, d. h. Foch, Exekutivgewalt bekommen habe: durch das Recht, über Haigsche und Petainsche Reserven zu verfügen. Damit sei der englische Generalstab der Westfront ausgeschaltet, Haig seiner Autorität über den wichtigsten Teil seiner Truppen entkleidet.

---

[193] Der Artikel Repingtons wurde der Obersten Heeresleitung vorgelegt am 20. Februar 1918.

[194] Captain Wright greift in seinem Buch „At the Supreme War Council", London 1921, S.69ff.,Repington heftig an. Er habe durch seinen Artikel vom 11. Februar 1918 die wichtigsten militärischen Geheimnisse preisgegeben, die von dem Obersten Kriegsrat mit größerer Vorsicht behütet worden waren als irgendein anderer Beschluß vorher oder nachher: nämlich den Verzicht auf die Offensive und die Entsendung von Verstärkungen nach der Türkei zur Erzwingung einer Entscheidung. – Wright tut Repington jedoch unrecht. Das große Geheimnis des „Seitenschauspiels" konnte bereits Ende Januar von Haeften dem General Ludendorff gemeldet werden auf Grund eines Artikels des Student of War im „Manchester Guardian".

[195] Vgl. Wright, a. a. O., S. 68.

Am 17. Februar wurde Robertson entlassen und durch Sir Henry Wilson, den bisherigen Vertreter Englands im alliierten Kriegsrat, ersetzt. Die Generalstabspresse sprach über den „Trauertag der britischen Armee". Die Führer im Felde hätten die Sicherheit verloren, daß an den gesunden strategischen Grundsätzen festgehalten und abenteuerlichen Unternehmungen ein unerschütterliches Nein entgegengesetzt werde. In der Abwehr verlor auch die „östlich" orientierte Presse jede Hemmung: Robertson müsse gehen als Gegner der „östlichen" Pläne, weil er den französischen Oberbefehl nicht wolle und die neuen Vollmachten des Versailler Rats, die „notwendig sind, um einheitliche Abwehrmaßnahmen gegen den bevorstehenden Ansturm der Deutschen sicherzustellen". Über die Person des Nachfolgers entbrannte der gleiche Streit. Die einen erwarteten Großes von ihm, die anderen nannten ihn einen Scharlatan und eine Kreatur Lloyd Georges. Kleinmut und Verwirrung waren nie größer in der Öffentlichkeit.

Das Volk spürte die unversöhnlichen Gegensätze im Kriegsrat Englands und war gespannt auf jede Äußerung, die aus Deutschland kam.

Der englische Staatssekretär des Auswärtigen hatte Hertlings Erklärung so verdreht, wie er es für seine Zwecke brauchte, aber noch war die Diskussion nicht geschlossen.

Nun hatte der Reichskanzler das Wort. Er ergriff es nicht.

Ich erhielt die Nachricht aus Berlin, Oberstleutnant v. Haeften wolle jetzt auch nichts mehr von der Erklärung über Belgien wissen, er habe in militärischem Gehorsam das „sacrificio dell' intelletto" gebracht.

Meine Freunde setzten noch Hoffnung auf eine Erkundung im Haag. Dort sollte Oberstleutnant v. Haeften mit Noeggerath zusammentreffen. Sie hatten sich nicht wiedergesehen seit der letzten Stunde vor dem U-Bootkrieg, da Haeften von ihm bedrängt wurde, er möchte noch einen Aufschub bei der Obersten Heeresleitung durchsetzen. Jetzt war es wieder die letzte Stunde vor unwiderruflichen Entscheidungen. Aus dem Haag waren zwei Mitteilungen nach Berlin gelangt:

Die eine vom 1.März. In zwei voneinander unabhängigen Unterredungen habe Garret, der amerikanische Gesandte im Haag, starke Andeutungen fallen lassen, daß Aussprachen nicht unmöglich wären. Wahrscheinlich werde auf offiziellem Wege hierüber nach Berlin berichtet und gebeten werden, eine geeignete Persönlichkeit sofort hierherzusenden. Bei der Unberechenbarkeit des Stimmungswechsels bleibe das Risiko offen, daß der Betreffende vergebens reise, aber nach der Lage der Dinge sei nahezu gewiß, daß ein Gedankenaustausch zustande komme. Max Warburg schiene die geeignete Persönlichkeit: er könne unauffällig reisen und habe genaue Kenntnis der amerikanischen Verhältnisse.

Die andere Meldung vom 4. März besagte: Es wäre wünschenswert, daß Oberstleutnant v.Haeften nach dem Haag käme, um sich darüber zu orientieren, wie verhängnisvoll die Begleitumstände des nun in Brest erpreßten Vertrages gewirkt hätten. „Sie werden wohl mit den Friedensströmungen bei den Aliierten gründlich aufräumen."

So kam es, daß zwischen dem 5. und 9.März Oberstleutnant v. Haeften, Hahn und Max Warburg gleichzeitig im Haag waren. Max Warburg war vor seiner Reise vom Grafen Hertling empfangen und über die deutschen Kriegsziele in Kenntnis gesetzt worden.

Der amerikanische Gesandte unternahm keine Schritte, um das Zusammentreffen mit Warburg herbeizuführen. Der erste Sekretär wäre zu einer privaten Aussprache bereit gewesen, aber Warburg lehnte ab aus dem Gefühl heraus: bei der offenbar auf der Gesandtschaft eingetretenen Sinnesänderung sei von deutscher Seite größte Zurückhaltung am Platze. Mir ist später erzählt worden, daß der holländische Minister des Auswärtigen, Loudon, Dr. Rosen gegenüber als eine amerikanische Friedensbedingung die Revision des Brest-Litowsker Friedens genannt und die Antwort erhalten habe: Pax non olet! Man hat in dieser Äußerung einen Grund für den Abbruch der Aktion gesehen.

Daran glaube ich nicht. In Washington, London und Paris war kein ernster Wille zu Verhandlungen vorhanden. Gewiß, die Sorge vor der kommenden Waffenentscheidung war groß und erzeugte wohl nervöse Ängste und entsprechende Ermächtigungen an die auswärtigen Vertreter; aber das war immer nur die Panik eines Tages, von der man sich durch einen Blick auf die unerschöpften Reserven an Menschen und Material erholen konnte. Die Regierungen der Allianz hätten nur unter dem Druck der öffentlichen Meinung verhandelt, und an uns war es erst, diesen Druck hervorzurufen.

Aber die Unterredung zwischen Noeggerath und Haeften berichtet Oberstleutnant W. Foerster in seinem Buch „Graf Schlieffen und der Weltkrieg"[196:] der Eintritt in amtliche Friedensverhandlungen sei von folgenden Bedingungen abhängig gemacht worden:

> „Bedingungslose Räumung Nordfrankreichs und Belgiens, Zahlung der Wiederherstellungskosten, Selbftändigmachung Elsaß-Lothringens, Nichtigkeitserklärung der soeben im Osten zustande gekommenen Friedensschlüsse, Verweisung aller Ostfragen an eine von der Entente zu berufende Friedenskonferenz und völliger Wechsel des Regierungssystems in Deutschland in dem später von Wilson geforderten und erzwungenen Sinne."

Diese Darstellung irrt. Sie sagt gleichzeitig zu viel und zu wenig: Wenn auch Deutschland in diesem Augenblick zu all diesen Bedingungen unter der Hand ja gesagt hätte, so würden die Ententeregierungen doch nicht die Verhandlungen eröffnet haben. Die amtliche Friedensbereitschaft – falls überhaupt je vorhanden – war meines Erachtens schon wieder verflogen, sonst hätte die Anwesenheit des Herrn Warburg im Haag von der amerikanischen Gesandtschaft benutzt werden müssen. Anderseits hat Noeggerath diese Ziele überhaupt nicht als Vorbedingungen formulieren wollen, deren Annahme dem Beginn der Friedensverhandlungen vorauszugehen hätte, sondern als Desiderata, wie sie von der Gegenseite gestellt werden würden, wenn jetzt Verhandlungen stattfänden – wobei allerdings

---

[196] Berlin 1921. Dritter Teil. S. 79. W. Foerster fußt offenbar auf Haeftenschen Informationen. Ich schließe das aus Haeftens Aussage vor dem Untersuchungsausschuß: auch sie weicht in wesentlichen Punkten von der Noeggerathschen Version ab, wie sie mir im März 1918 mitgeteilt wurde. Vor allem hält Haeften daran fest, daß Noeggerath als Vorbedingung für jegliche Eröffnung von Friedensbesprechungen den Sturz der Regierung Hertling verlangt habe. Damit war die ganze Aktion für Haeften außerhalb der praktischen Politik gerückt. Ich folge im Text der Noeggerathschen Version, nach der auch sonst in diesem Buch befolgten Gewohnheit: In einem Falle, da Aussage gegen Aussage steht und die bona fides des Aufnehmenden sowohl wie des Mitteilenden außer allem Zweifel ist, das größere Gewicht der Erinnerung desjenigen zu geben, der sich genau entsinnt, bestimmte Dinge gesagt zu haben. Zum mindesten steht dann fest, daß er sie hat sagen wollen.

die Einführung einer Majoritätsregierung als der geeignete Schritt bezeichnet wurde, um die Eröffnung von Friedensbesprechungen wesentlich zu erleichtern. Der Wert der Unterredung aber lag in den Mitteilungen, die Noeggerath über den Zustand der öffentlichen Meinung in den angelsächsischen Ländern machte:

Wenn die deutsche Regierung eine unzweideutige Erklärung über Belgien abgibt, und zwar im Rahmen eines großen Kriegszielprogramms, das auch den Brest-Litowsker Frieden bereinigt, dann marschiert der Friede. Die angelsächsischen Völker werden dann ihre Regierungen zu Verhandlungen zwingen, ehe die Hölle dieses Jahres beginnt.

Haeften stellte die Frage an Noeggerath, ob ihm nicht bekannt sei, daß Deutschland im Westen noch nie so stark war wie heute. Zum erstenmal hätten wir die Überlegenheit in Frankreich. Noeggerath erwiderte: Das ist uns in Amerika sehr wohl bekannt. Man rechnet jetzt mit einer großen Offensive Deutschlands und mit der Einnahme von Paris. Glauben Sie aber, daß damit der Krieg für die Amerikaner zu Ende sein wird? Dann fängt er erst recht an. Darauf Haeften: Aber die Franzosen werden nicht durchhalten, wenn Paris fällt. Noeggerath: Sie können auch dann den Frieden nicht erzwingen, wenn Ihre Bedingungen für das Ehrgefühl der Ententevölker unerträglich sind. Das deutsche Volk aber wird die Offensive gar nicht durchhalten, wenn Sie nicht maßvolle Kriegsziele proklamieren, ehe sie losgeht.

Vielleicht hätte diese Aussprache den Wendepunkt bringen können; aber Oberstleutnant v. Haeften erhielt am nächsten Tage neue und anders lautende Informationen, die ihn in seiner natürlichen Abneigung bestärkten, noch in letzter Minute störend einzugreifen.

Der Militärattaché im Haag, Major v. Schweinitz, und Legationsrat von der Heydt, zwei Beobachter der internationalen Lage von ungewöhnlichem Feingefühl, hatten lange Unterredungen mit Herrn v. Haeften.[197]

---

[197] Sie haben ihre Gedanken unmittelbar darauf schriftlich fixiert, Herr v. Schweinitz in einem militärischen Bericht vom 8. März 1918 (Abriß meiner Haager Berichterstattung, „Die Grenzboten", 80. Jahrgang, Nr. 50, Leipzig und Berlin 1921, S. 343ff.), der dann an General Ludendorff ging; Herr von der Heydt

Beide Herren gingen von der Voraussetzung aus: die Offensive ist beschlossene Sache. Herr v. Schweinitz glaubte nicht, daß noch vorher eine Verständigung mit England möglich wäre. Heute stände zwischen England und uns die belgische und die elsaß-lothringische Frage. Das Hindernis Belgien lasse sich durch eine politische Aktion beseitigen. Schweinitz forderte die Erklärung über die belgische Souveränität und Integrität, und zwar noch vor der Offensive oder unmittelbar nach ihrem Losbrechen. Wir können den Krieg doch nicht fortführen, bis England durch den U-Bootkrieg zur Kapitulation gezwungen ist. An Elsaß-Lothringen sei England durch die Versailler Abmachung gebunden, bis Frankreich selbst verzichtet; das würde nur ein geschlagenes Frankreich tun. Wir sind zu einer Offensive von solchem Umfang befähigt, daß wir hoffen können, Frankreich zu diesem Verzicht zu bringen. Die Offensive ist also notwendig.

Herr von der Heydt begann mit den Worten: „Die deutsche Offensive läßt sich anscheinend nicht vermeiden." Aber er bezeichnete die sofort einsetzende politische Ausnutzung der Offensive als die Forderung der Stunde. Ihr Ziel muß ein doppeltes sein: in Feindesland die Regierungen zu schwächen und die Friedensfreunde zu stärken; in Deutschland die Geschlossenheit der Heimatfront zu sichern. Zn diesem Zwecke schlug er vor, den feindlichen Regierungen ein diplomatisches Schriftstück zu überreichen; „vollständige Wiederherstellung des alten Belgiens" müßte in einem kurzen Satze ausgesprochen sein. „England und Amerika verlangen, daß Belgien als souveräner Staat wiederhergestellt wird; sie werden es verlangen und dafür kämpfen, bis man sie auf ihre berüchtigten Knie zwingt;" gleichzeitig müsse die Autonomieerklärung Elsaß-Lothringens ausgesprochen werden, um der Forderung eines Referendums vorzubeugen. „Vom Osten wäre möglichst wenig, am besten nichts zu sagen."

Hier waren Gedanken vertreten, die sich mit unseren Anregungen nahe berührten, aber in wichtigen Punkten kamen die beiden Herren zu einem anderen Ergebnis. So wollte Heydt den Osten als eine düstere Angelegenheit unerwähnt lassen; für uns war die osteuropäische Neuordnung ein

---

in einem Exposé: „Eine Unterhaltung im Haag am 7. März 1918", das ich später dem Reichskanzler eingereicht habe.

wesentlicher Bestandteil des deutschen Programms. Schweinitz hoffte, daß die Alliierten nach einer Niederlage zu einem Verzicht auf Elsaß-Lothringen bereit sein würden. Wir sahen die Möglichkeit eines englischen Druckes auf Frankreich viel eher jetzt gegeben, in Erwartung der gefürchteten Offensive, als später, da die Waffenbrüder das Schlimmste gemeinsam ausgestanden hätten. Entscheidend war: beide Herren behandelten die Offensive als ein noli me tangere.

Oberstleutnant v. Haeften fühlte sein Gewissen entlastet: General Ludendorff stellte in diesem Augenblick die ganze Kraft seines Willens und seiner Nerven auf die kommende Waffenentscheidung ein. Haeften glaubte nun nicht mehr vor seinen Herrn hintreten zu müssen mit der heroischen Zumutung, noch einmal die Berechtigung der Offensive nachzuprüfen und unter Umständen auf sie zu verzichten. „Ich werde dem General Ludendorff berichten, daß jetzt ein ehrenvoller Friede nicht zu haben ist." Herr von der Heydt und vor allem Schweinitz hatten ihn davon überzeugt, daß die Verständigung mit England erst nach der Offensive möglich sei. Fast widerstrebend nahm er das letzte Kapitel des Ethischen Imperialismus mit, als er am 8. März früh nach Spa reiste.

Am gleichen Tage wurde ein neuer Brief Lord Lansdownes im Haag bekannt und bildete das Tagesgespräch. Er war im „Daily Telegraph" vom 5. März 1918 erschienen. Was bedeuteten alle die geheimen Informationen und Auslegungen gegenüber dem Gewicht dieser öffentlichen Kundgebung. Lord Lansdowne fragt den Grafen Hertling, wie er seine Erklärung über Belgien gemeint habe, und bittet ihn geradezu, ihm eine Antwort zur Verfügung zu stellen, wie er sie in England brauchen könne. Ja, er geht so weit, dem Reichskanzler eine zweckentsprechende Interpretation seiner Forderung vorzuschlagen: „Deutschland muß dagegen sichergestellt werden, daß Belgien zum Sprungbrett feindlicher Machination gemacht werde." Lansdowne schreibt:

> „Diese Ausdrucksweise ist ungünstig ausgelegt worden, und sicherlich läßt sie, besonders wenn man sie im Licht anderer deutscher Äußerungen über den gleichen Gegenstand betrachtet, den Schluß zu, daß Graf Hertling im Sinne hat, Bedingungen aufzuerlegen, die Belgien drückenden territorialen, kommerziellen oder militärischen Verpflichtungen unterwerfen und dadurch verhindern, eine unabhängige Stellung unter den Nationen Europas einzunehmen.

Es ist deshalb wohl der Mühe wert, den Wortlaut der Papstnote vom 1. August 1917 zu prüfen, auf welchen offenbar Graf Hertling sich beruft als eine Beschreibung der Schritte, die zu geschehen hätten, um die Verwendung Belgiens als ‚Sprungbrett' zu verhüten. Die wesentliche Stelle lautet folgendermaßen:

‚Offenbar muß seitens Deutschlands eine vollkommene Räumung Belgiens stattfinden mit der Garantie seiner vollen politischen, militärischen und wirtschaftlichen Unabhängigkeit gegenüber sämtlichen Mächten.'

Wenn eine solche Garantie wirklich alles ist, was Graf Hertling für nötig hält, um zu verhüten, daß Belgien das Ziel oder das Sprungbrett feindlicher Machinationen werde, dann sollte es sicher nicht schwierig sein, ihn zufriedenzustellen. Hoffen wir, daß im Verlauf des ‚Dialogs', der ohne Zweifel fortgesetzt werden wird, er uns mitteilen wird, ob es das ist, was er meint, oder ob gänzlich andersartige Absichten, auf welche in der Papstnote nicht angespielt wird, in seinem Sinne gewesen sind, als er diese einigermaßen unglückliche Redewendung zu Papier brachte."

Lansdownes Frage war so deutlich und dringend wie Asquiths Frage an Michaelis vom 27. Juli 1917.

Eine Besprechung zwischen Exzellenz Rosen, Max Warburg und Hahn, die auf der Gesandtschaft im Haag stattfand, kam zu folgendem Ergebnis:

Man könne nicht beweisen, daß die Lansdowne-Bewegung stark genug wäre, um eine Verständigung mit England jetzt zu ermöglichen. Aber der Versuch sollte gemacht werden: Lansdowne müsse sofort eine unzweideutige Antwort auf seine Frage erhalten.

Ich zweifle nicht daran, daß Exzellenz Rosen in diesem Sinne an seine vorgesetzte Behörde berichtet hat. Er hatte ja von jeher auf die Erklärung über Belgien gedrängt.

Herr Warburg reiste sofort zum Reichskanzler, um ihn zu informieren.[198]

---

[198] Die Auffassung unserer Gruppe findet sich in einem Exposé niedergelegt, das die Überschrift trägt: „Die Gelegenheit, welche der zweite Lansdownesche Brief noch einmal der deutschen Politik gibt." Siehe Anhang III.

Hahn kam nach Karlsruhe, um mir zu berichten und Veränderungen an dem „Ethischen Imperialismus" vorzuschlagen, die durch die Haager Diskussionen notwendig geworden waren.

Am 18. März sprach der Kanzler. Belgien wurde mit keiner Silbe erwähnt. Die Rede endete mit den Worten:

> „Noch zeigt sich in den Staaten der Entente nicht die geringste Neigung zur Beendigung des furchtbaren Kriegshandwerks. Immer noch scheint ihr Ziel zu sein, bis zu unserer Vernichtung zu kämpfen. Wir werden darüber den Mut nicht verlieren. Wir sind auf alles gefaßt. Wir sind bereit, weiter schwere Opfer zu bringen. Gott, der mit uns gewesen ist, Gott wird uns auch weiter helfen. Wir vertrauen auf unsere gerechte Sache, auf unser unvergleichliches Heer, seine heldenmütigen Führer und Truppen, wir vertrauen auf unser standhaftes Volk. Die Verantwortung aber für dieses Blutvergießen wird auf die Häupter aller derer fallen, die die Fortsetzung dieses Blutvergießens wollen."

Der stenographische Bericht verzeichnet „stürmischen Beifall im ganzen Hause mit Ausnahme der äußersten Linken".

Die Stimmung in eingeweihten Kreisen war anders. Mir wurde am 19. März aus Berlin geschrieben:

> „Die Hertlingsche Rede wird als allgemeines débâkel angesehen – die Tür nicht nur zugeschlagen, sondern verrammelt. Herr T. ist tief deprimiert, da in letzter Unterredung Gegenteiliges in Aussicht schien. Reventlow ist zufrieden – er will heute in Holland einmarschieren. Die Alldeutschen können nur durch ein ethisches Machtprogramm lahmgelegt werden. Mir klingen Bethmanns Worte in den Ohren: ‚Ich habe nicht das Gefühl, daß die Herren die Situation durchdacht haben.'
>
> Ich lege den schönen Brief Lansdownes ein, den wir so elend im Stich gelassen haben. Ich kann nur sagen: Wir sind undankbar gegen die großen Gelegenheiten – die schlimmste Form der Undankbarkeit. ‚Fleht die Götter an, die Not zu wenden, die über solchen Undank kommen muß!'"

Man konnte schwanken, ob es noch einen Sinn hatte, den „Ethischen Imperialismus" den obersten Stellen zuzuleiten. Ich gab der folgenden Erwägung meiner Freunde nach:

> „Mag sein, daß die Warnung ungehört an der heutigen Stimmung und den heutigen Entschlüssen abprallen wird – die ungehörte Warnung [erweist sie sich als begründet] bringt dann automatisch die Gesinnung zur Macht, die gewarnt hat. Und zwar … im ersten Intervall, da es sich um Revision der Entschlüsse handeln wird."

Am 20. oder 21. März wurde der „Ethische Imperialismus" in der Reichskanzlei abgegeben. Ich sandte gleichzeitig die Arbeit an das Kaiserliche Hauptquartier. Herr v. Grünau glaubte sie in diesem eben sehr erregt werdenden Augenblick nicht mehr Seiner Majestät aushändigen zu sollen. Ich verstand seine Bedenken.

Fünftes Kapitel

Der „Ethische Imperialismus"

Wie wäre unsere Lage, wenn heute Verhandlungen stattfänden?
Unsere militärische Lage ist so glänzend wie noch nie. Rußland ist ausgeschaltet. Es wird in den nächsten Monaten noch kein großes amerikanisches Heer in Frankreich stehen. Wie Stegemann es ausdrückt: die Einkreisung ist vorüber. Bisher war es immer unser Geschick in diesem Kriege, im entscheidenden Augenblick durch Ereignisse an einer anderen Front daran verhindert zu sein, an der gerade von uns bevorzugten Front unseren militärischen Erfolgen ihre größtmögliche Auswirkung zu geben. In den Worten: „Viele Hunde sind des Hasen Tod" lag das ausgesprochen, was unsere Feinde immer wieder ermutigte und uns schwere Sorge machte.

Heute sind unsere Feinde nervös. Diese Nervosität gründet sich nicht allein auf die Abschätzung unserer materiellen Machtmittel, sondern das unheimliche Gefühl steht im Hintergrund, der unberechenbaren Erfindungskraft einer genialen Heerführung gegenüberzustehen. Als Hindenburg Generalstabchef wurde, entfuhr Repington das Wort: „Wir dürfen uns keine Freiheiten mit dem alten Marschall herausnehmen." Die Namen Hindenburg und Ludendorff sind eine große moralische Kraftquelle für Deutschland und eine große moralische Schwächequelle für unsere Feinde.

Dieses Gefühl von der Überlegenheit der deutschen Strategie ist besonders niederdrückend, weil das Mißtrauen in die eigene Strategie bei den Feinden so groß ist. Fünf Minuten vor Zwölf wechselt England seinen Generalstabschef. Hier liegen Elemente der Unsicherheit, die im Rücken der Entente-Unterhändler zu wissen, für uns gut, für die Entente schlecht wäre.

Stegemann sagt: „Die strategische Drohung ist politisch besser zu fruktifizieren als der geglückte Angriff." Wir können es auch anders ausdrücken: Ob wir uns am Verhandlungstisch durchsetzen werden oder nicht, darüber entscheidet nicht die Kriegskarte, sondern die militärische Kraft, die hinter unseren Forderungen steht. Will die Welt unsere Kraft abschätzen, so fragt sie nicht: Was habt ihr geleistet, sondern: Was könnt ihr noch leisten.

5. Sollten wir uns am Verhandlungstisch genötigt sehen, Nein zu sagen und dann noch einmal zu schlagen, so hätten unsere Unterhändler einen Rückhalt im Lande, den sie früher nicht hatten und später auch nicht haben werden. Die Friedenssehnsucht in unserem Volke ist allerdings sehr groß, aber sie nimmt keine hysterischen, ungeduldigen Formen an. Hinter uns liegen Monate mit geringen Verlustlisten; die Aussichten auf Brotzufuhr wirken beruhigend; man ist sich nicht nur an der Front, sondern auch in der Heimat der gewaltigen militärischen Trümpfe bewußt, die wir noch in der Hand haben. So würde es nicht verstanden werden, sollte uns ein Friede zugemutet werden, der unsere militärischen Erfolge außer acht ließe. Den grotesken Forderungen der Feinde würden auch die sozialdemokratischen Massen die Stimmung des kampfbereiten Zornes entgegensetzen. Ferner: die Vaterlandspartei würde heute unseren Unterhändlern gute Dienste leisten. Sie ist überzeugt davon, daß Deutschland eine Lage schaffen kann, in der es den Frieden zu diktieren vermag; sie würde die Unterhändler fortwährend drängen, mehr zu fordern, und ihnen so die wirksame Waffe liefern, das Argument: Seht, wie schwer wir es vor unserem Volke haben, an unseren maßvollen Bedingungen festzuhalten.

Unsere Unterhändler müßten die Vaterlandspartei erfinden, wenn sie nicht existierte. Nichts wäre verderblicher, als wollten ihre Vertreter anfangen, maßvoll in ihren Kriegszielen zu werden. Heute liegen Anzeichen vor, daß die Vaterlandspartei ihren Höhepunkt überschritten hat. Die Nationalliberalen sind druckempfindlich gegen enttäuschte Stimmungen im Volk. Schon einmal hat nicht viel daran gefehlt, daß die Nationalliberalen für die Reichstagsresolution stimmten.

6. Wie steht es mit der Heimatfront im Rücken der feindlichen Unterhändler, wenn heute Verhandlungen zustande kämen? Die Antwort lautet: Unter der Voraussetzung, daß wir bestimmte entehrende Bedingungen stellen, sind unsere Feinde noch einmal in der Lage, abzubrechen und den Krieg weiterzuführen. Aber nehmen wir einmal an, unsere Unterhändler forderten einen Machtzuwachs Deutschlands, der sich mit der Ehre und Sicherheit der feindlichen Völker vereinen ließe, so ist es undenkbar, daß

die Feinde die Verhandlungen scheitern lassen und ihren Völkern die deutsche Offensive noch zumuten könnten. Nur so allein läßt sich ihre Angst vor dem Verhandlungstisch erklären, die aus Balfours letzter Rede so besonders stark hervortrat.

7. Der Vierbund hält noch (wie lange noch?).

8. Unsere Feinde sind heute miteinander uneinig (wie lange noch?). Das Ziel unserer Politik muß sein, in einem Augenblick an den Verhandlungstisch zu treten, wo England und Amerika Geneigtheit zeigen, Frankreich mit seinem Anspruch auf Elsaß-Lothringen im Stich zu lassen. Das ist heute der Fall.[199]

Unsere voraussichtliche Position nach der Offensive[200]

Hier muß klar definiert werden, welcher Art unsere militärischen Erfolge sind, die wir voraussetzen:

Erste Möglichkeit: Wir schaffen eine Zwangslage für die Feinde, auf Grund deren wir ihnen den Frieden diktieren können.

Diese Möglichkeit schalte ich aus. Sie könnte nur unter einer Bedingung wirklich werden, wenn unsere militärischen Erfolge begleitet würden von einem Zusammenbruch der englischen Heimatfront in revolutionärer Form, Deutschland aber von der revolutionären Bewegung verschont bliebe.

Zweite Möglichkeit: Unsere Erfolge sind so gering, daß in Feindesland Siegerstimmung einzieht. Sagen wir einmal, wir erreichen nicht mehr, als die Engländer an der Somme oder wir bei Verdun – auch diese Möglichkeit schalte ich aus.

Wir fassen allein die dritte Möglichkeit ins Auge. Wir erreichen ungefähr ebensoviel, wie wir in Italien erreicht haben, prachtvolle Schläge, Erbeutung einer großen Gefangenenzahl, enormen Kampfmaterials. Aber am Ende einen Stillstand, der es unseren Feinden ermöglichen würde, sich

---

[199] Hier bringt die Denkschrift eine Analyse des Kriegswillens und der Kriegsziele unserer Feinde, die fortgelassen wird, weil sie sich bereits aus dem Verlauf unserer Darstellung ergibt.

[200] Die militärische Situation, wie sie hier geschildert ist, und die politischen Ergebnisse, die daraus gefolgert werden, enthielten eine Fehlerquelle: es wurde nämlich niemals eine deutsche Niederlage im Felde in Rechnung gestellt, sondern nur der Umfang unseres Sieges diskutiert.

zu sammeln und, unter Haltung der Brückenköpfe Calais und St.Nazaire, den Feldzug zu fristen (Stegemann), bis Amerikas Hilfe da ist. Kämen beim Eintreten dieses Stillstandes Verhandlungen zuwege, wie würde dann unsere Situation am Verhandlungstisch sein?

Unsere Kriegskarte ist besser, aber unsere militärische Kraft ist geringer.

Unser größter Trumpf, die kommende Offensive, ist ausgespielt. Man kennt [beim Feinde] das Schlimmste und hat es ausgehalten.

Es ist sehr wahrscheinlich, daß wir den einen oder anderen unserer Verbündeten verloren haben werden. Heute sind unsere Meinungsverschiedenheiten noch gerade heilbar, aber sie verschärfen sich mit jedem Kriegsmonat. Der österreichische Organismus ist nächst dem russischen der am wenigsten widerstandsfähige.

In der Türkei drohen große Schwierigkeiten im Augenblicke, wo es klar geworden sein wird, daß wir nicht imstande sind, Palästina und Ägypten wieder zu erobern. Schon heute hat die englische Parole: „Haltet euch für den Verlust der verloren gegangenen Provinzen dadurch schadlos, daß ihr die Deutschen aus dem Gebiet, das ihr noch besitzt, los werdet," eine gewisse Anziehungskraft. Die militärischen Möglichkeiten Englands in der Türkei sind schwer berechenbar.

4. Unsere Feinde sind nicht mehr uneinig. Frankreich wird in seiner Todesnot nicht preisgegeben werden. Sein Abspringen ist daher unwahrscheinlich. Seine Notlage wird wahrscheinlich auf Verhandlungen hindrängen; aber auf diesen Verhandlungen wird die Entente solidarisch vorgehen.

a) Für Amerika wird es unmöglich geworden sein, die Entente im Stich zu lassen. Es wird viel amerikanisches Blut für Elsaß-Lothringen geflossen sein. X. erwartet von den Verlustlisten die endgültige Bindung Amerikas an die Entente. Falls die Verhandlungen scheitern, würde Amerika den Krieg mit aller Energie fortsetzen. Gewiß, Wilson würde als Kriegsorganisator kaltgestellt werden. Aber diese Blamage unseres unangenehmsten Gegners wäre nur ein sentimentaler Trost für uns. Die amerikanische Kriegsmaschine würde laufen unter anderer und besserer Führung.

b) Es werden sich neue Bindungen zwischen England und Frankreich geknüpft haben.

Diese neue Entente wird einen diplomatischen Generalangriff auf unsere Demokratie machen. Wie wird unser Volk dann reagieren?

Wie immer auch unsere Offensive ausfallen mag, im Volke sind Illusionen genährt worden, die zu einer schweren Reaktion führen müssen. Man erwartet in breiten Kreisen die tödliche Zwangslage für die Feinde, Frieden schließen zu müssen, „unsere Unterhändler müssen Frieden nach Hause bringen", das wäre die Stimmung.

Im Winter erholt sich das Volk immer von den Verlustlisten. Der Blutzoll, den Deutschland diesmal zu entrichten haben wird, wird vielleicht dem von Verdun gleichkommen. Der fünfte Kriegswinter steht vor der Tür mit allem, was er bedeutet. Die Gefahr der Volksseuchen muß hier auch erwähnt werden.

In dieser Verfassung wird der diplomatische Generalangriff Deutschland treffen. Unser Volk wird sturmreif sein für das Ministerium Henderson–Thomas. Solange Imperialisten wie Carson und Lloyd George heuchlerische Phrasen von Selbstbestimmung und Weltbeglückung im Munde führen, sind unsere Sozialdemokraten durch ihr Mißtrauen gewappnet. Aber das schlimme ist: Thomas und Henderson sind aufrichtig. Sie würden auch nicht zurückschrecken vor der Anwendung ihrer Prinzipien auf ihre eigenen Länder.

5. Hier berühren wir die verwundbarste Stelle der Zentralmächte. In allen Ländern wird das gemeinsame Volksgefühl durch die lange Dauer des Krieges ausgehöhlt. Es kommt der Tag, an dem die nationalen Schranken zusammenbrechen und die Fluten der führerlosen Völker zusammenstoßen. Dann gibt es kein Halten mehr. Die unblutige europäische Revolution, die Henderson, Thomas und Scheidemann bringen, erreicht dasselbe, was die blutige Trotzkis erreichen würde: den demokratischen Frieden, der den deutschen Imperialismus zu Grabe trägt, noch ehe er geboren ist.

Wir ziehen die Schlußfolgerung:

Ein Ministerium Lansdowne in England wartet darauf, daß wir ihm zur Macht verhelfen. Nehmen wir diese Chance nicht wahr, so wird sie nach menschlichem Ermessen nie wiederkommen. Mag diese Chance groß oder gering sein, sie ist vorhanden, und man darf sie nicht unversucht lassen.

So führt die Erklärung über Belgien entweder zu dem staatsmännischen Frieden, der nach menschlichem Ermessen allein heute geschlossen werden kann, oder zu dem staatsmännischen Kriege, der die politische Waffe ebenso wie die militärische zu handhaben versteht, und damit unseren Soldaten einen Teil ihrer schweren Arbeit abnimmt.

Die Form, in der die belgische Erklärung abgegeben werden muß

Viel kommt natürlich auf die Form an, in der die Regierung die Erklärung über Belgien abgibt. Wir schlagen die Formulierung vor:

Wir wollen ein Belgien, das von Deutschland wie von allen seinen anderen Nachbarn unabhängig ist.

Hier ist aber wesentlich: Die belgische Erklärung darf nicht isoliert abgegeben werden. Auch nicht als Hauptpunkt einer Kundgebung; beides hieße dem Ententestandpunkt Konzessionen machen, der uns gewissermaßen in die Rolle des reuigen Sünders hineindrängen will. Die Erklärung über Belgien muß innerhalb einer großen Programmrede abgegeben werden, die zum erstenmal das ethische Fundament des deutschen Imperialismus legt. Bisher wurde unser Anspruch auf Macht immer nur begründet mit der Sicherung des Daseins und der Lebensinteressen Deutschlands. Hierbei wurde vorausgesetzt, daß die Welt an diesen Lebensinteressen und an diesem Dasein besonderes Wohlgefallen hätte. Das war ein Fehlschluß. Eine so ungeheure Kraft, wie wir sie in diesem Kriege entfaltet haben, muß sich vor der Welt ethisch begründen, will sie ertragen werden. Darum müssen wir allgemeine Menschheitsziele in unseren nationalen Willen aufnehmen.

Eine Reihe von Programmpunkten sind hier unentbehrlich. Sie müssen so formuliert werden, daß der Vorwurf der Hinterhältigkeit und Unaufrichtigkeit nicht mehr erhoben werden kann:

a) Unsere Befreiersendung im Osten muß unter vernichtenden Anklagen für die Entente umrissen werden, jede einzelne Begehungs- und Unterlassungssünde, die die Entente in ihrer Liebedienerei vor dem Zarismus an den unterdrückten Völkern begangen hat, muß an den Pranger gestellt werden. Wir müssen es deutlich machen, daß wir ehrlich als Rechtsschützer an allen Randvölkern handeln wollen.

b) Die Entente muß als Zerstörer der kleinen Nationen gebrandmarkt werden. (Hineinpressung Italiens, Rumäniens und Griechenlands in den

Krieg. Zitierung des Wortes: „Unsere Protégés und Schakale.") Indem wir unsere Befreiersendung im Osten deutlich machen, können wir es, als selbstverständliche Konsequenz der Gesinnung, die unser Handeln im Osten bestimmt, ablehnen, im Westen Gewaltpolitik zu treiben. In diesem Zusammenhang müßte die Erklärung über Belgien erfolgen.

c) Andere Menschheitsziele, die unser Interesse und das Recht in gleicher Weise fordern, müssen formuliert werden. „Kolonisieren heißt Missionieren." (Anspruch auf Kolonien) Freiheit der Meere. (Völkerrechtlich gesicherter Schutz der Nichtkombattanten zu Wasser und zu Lande. Gleichzeitig Legalisierung des U-Bootes als Abwehrwaffe gegen Englands Mißbrauch der Seemacht.) Akzeptierung des Friedensligagedankens bei gleichzeitiger Ablehnung desselben, ehe die Ententegesinnung überwunden ist.

Stellen wir uns einmal ganz auf den Standpunkt: Nur ein Belgien in deutscher Gewalt kann uns die nötigen Sicherungen bieten.

Da müssen wir zunächst die Vorfrage lösen: wie muß unsere Lage sein, damit wir den Angelsachsen derartige Friedensbedingungen abtrotzen können?

Die Antwort lautet: Wir müssen England und Amerika in die Lage bringen, in der sich heute Rußland befindet. Nichts anderes als eine Situation, in der wir den Frieden diktieren können, wie wir ihn Trotzki diktiert haben, schafft die tödliche Zwangslage für die Angelsachsen. Wir dürfen keinen Augenblick bei unserem Kampf gegen England vergessen: das englische Imperium wird durch sein Prestige gehalten, so gut wie durch seine Seeverbindungen. Nachdem Ramsay Macdonald am 24. Mai 1915 erklärt hatte: Kein Engländer, der nur einen Fetzen von Ehre hat, würde darein willigen, auch nur ein Titelchen von Belgien aufzugeben, muß sich jeder Englandkenner darüber klar sein, daß England mit der Preisgabe Belgiens politischen Selbstmord verüben würde, genau so gut, wie wenn es in eine Unterbrechung seiner Verbindungen willigte. Es sei gewarnt vor denjenigen Propheten, die heute erklären, England würde die Sache schon leid werden, wenn es noch einmal „ordentlich eins drauf" kriegte, und es würde dann schon mit uns einen Kompromiß über Belgien eingehen. Das sind dieselben Propheten, die zu Anfang des Krieges von dem englischen Expeditionskorps erklärt haben: „Möge sie nur kommen, die Schützengilde! Je mehr, desto besser!" Es sind dieselben Leute, die über den Gedanken lachten, England würde jemals ein freiwilliges Millionenheer aufbringen oder gar die Wehrpflicht einführen, und nach Einfuhrung der Wehrpflicht versicherten, ein kriegstüchtiges Heer könne damit nicht geschaffen werden; dieselben Leute, die so verächtlich über Amerika sprachen: „es werde niemals ernst machen und könne uns im Krieg nicht viel mehr schaden als in seiner Neutralität." Auf diese Propheten darf nicht weiter gehört werden. Wer heute von Deutschland fordert, die flandrische Küste oder andere Teile Belgiens in deutscher Hand zu behalten, der darf diese Forderung nur erheben mit der klaren Erkenntnis, daß Deutschland damit den Entschluß faßt, den Krieg bis zum Knock-out-Blow gegen England fortzusetzen.

Die Frage, ob ein Belgien in deutscher Hand mit unseren nächstliegenden europäischen Interessen vereinbar ist

Ein Belgien in deutscher Hand würde uns für unsere Befreiungsaufgabe im Osten disqualifizieren. Die nächsten Wochen werden entscheidend sein für unsere ganze Stellung im Osten. Es reicht heute nicht aus, daß wir diesem oder jenem Volk einzeln erklären oder auch allen gemeinsam: „Wir wollen euren Rechten nicht zu nahe treten", sondern wir müssen deutliche Zeichen geben, daß wir das Recht achten, nicht aus irgendwelchem Opportunismus heraus, weil dieses Land Brot hat und jenes eine gute Flottenbasis, sondern weil wir eine gewisse ethische Gesinnung haben, die uns gebietet, so und nicht anders zu handeln. Man muß uns glauben, daß wir als Hüter des Rechts auftreten dürfen. Schon behindert uns das Mißtrauen der Randvoller auf Schritt und Tritt. Das Solidaritätsgefühl aller kleinen Völker ist stark. Die Bereitwilligkeit, mit der wir polnische Interessen in der Ukraine opferten, hat nicht nur die Polen gegen uns mobil gemacht, sondern auch das Mißtrauen der Ukrainer selbst gegen uns erregt. Ihre Vertreter haben ganz offen in Berlin erklärt: „Wenn ihr uns nur nicht annektieren wollt!"

Wir wiederholen es: beruhigende einzelne Versicherungen können dieses Mißtrauen nicht zerstören, das von der Entente mit einem ungeheuren

Aufwand an Geist und Geld genährt wird. Klarheit in der belgischen Frage ist auch hier ein entscheidender Schritt.

Der deutsche Imperialismus

Die demokratische Welle droht die Grundlagen jedes Imperialismus wegzuspülen. Diese Drohung ist besonders gefährlich für den deutschen Imperialismus ; er existiert noch nicht, er soll erst geschaffen werden. Die Grundlagen des englischen Imperialismus reichen in dunkle Vergangenheit zurück und werden von der Weltmeinung heute nicht mehr nachgeprüft. Für Deutschland aber heißt es, heute im Lichte der schärfsten Weltkritik die
Grundlagen seines Imperialismus erst zu legen.

Als Resultat dieser Gedankengänge sei gleich vorweg genommen:

Will der deutsche Imperialismus dem Ansturm der Demokratie mit ihrem Anspruch auf Weltverbesserung standhalten, so muß er sich ethisch fundamentieren. Mit dem reinen Machtanspruch kann die Demokratie mühelos fertig werden. Der Krieg hat uns die Gelegenheit gegeben, unser Recht auf Macht zu etablieren.

Denn vor dem Kriege war die Welt vergeben: wo wir uns politische Machterweiterung sichern wollten, saßen fremde Gewalten und Prioritätsansprüche. Besonders in Europa schnürte uns der Panzer ein, den der Wiener Kongreß uns bewußt angelegt hatte.

England hatte einen besseren Namen in der Welt als wir. Er stand uns überall im Wege. Darüber dürfen nicht hinwegtäuschen die hervorragenden Leistungen einzelner deutscher Unternehmer. Sie handelten nicht, wie die Engländer, als Vertreter eines nationalen Ethos. Fontane konnte mit Recht ausrufen (in seinem Gedicht: Civis Germanus sum): „Wann wird auch für uns kommen der stolze Tag: Fire, but don't hurt the flag."

Der Tag ist gekommen.

1. Der Panzer des Wiener Kongresses ist gesprengt. Die Geschicke ganzer Völker sind erneut zur Entscheidung gebracht. Mächtige Länderstrecken an unserer Grenze sind frei geworden. Neu entstehende Staatengebilde bedürfen der Anlehnung und des Schutzes. Dort hat keiner ein so gutes Recht wie wir. Wir sind ihre Nachbarn und ihre Befreier.

2. Englands guter Name ist im Erlöschen. Die moralische Führerrolle der Welt ist frei. Amerika oder wir können Englands Erbe antreten.

Ein Wort über das Geheimnis des englischen Imperialismus:
England hat seine Ansprüche in der Welt nie allein auf das Glück der Waffen gegründet, sondern es hat sich die Weltmeinung geschaffen: Englands Macht stehe im Dienste des Rechts und der Freiheit. Nur so konnte die Welt dulden, ja begünstigen, daß ein Inselvolk von 45 Millionen die besten Teile der Welt unter seine Herrschaft brachte. Zwei Faktoren haben entscheidend zu dieser Weltmeinung beigetragen:

a) Während England auf Raub ausging, hat es sein Weltgewissen „in der Opposition konserviert". Männer und Gruppen, die mögliche Träger der Macht waren, haben immer, während England Unrecht tat, als Vertreter eines besseren England laut protestiert und für ihre Überzeugung gekämpft und gelitten. Diese Vertreter des besseren England kamen oft später zur Macht und heilten die Wunden, die das englische Schwert geschlagen hatte. So hat Campbell-Bannermann Transvaal moralisch für England erobert, gegen dessen gewaltsame Eroberung er jahrelang in vorderster Reihe Einspruch erhoben hatte. So kam es, daß England die moralische Widerstandskraft gegen seine Gewalttaten dadurch schwächte, daß die Welt sagen konnte: Englands Opfer werden sich schließlich mit der englischen Herrschaft aussöhnen, ja glücklich werden.

b) Das große politische Programm allein hätte diese Weltmeinung nicht geschaffen. England brauchte und besaß eine große Anzahl von Administratoren, deren Charakter und tägliche Geschäftsführung den Grundsatz verkörperten: England nimmt das Glück und das Recht anderer Völker in seinen nationalen Willen auf. Lord Cromer trat für Ägypten ein, wie nur jemand konnte, der das Land um seiner selbst willen liebt. Der einzelne Engländer fühlte oft sogar die Verpflichtung, auch dort das Recht unterdrückter Völker zu schützen, wo sein Land keine Oberhoheit besaß und er keinerlei Vollmacht hatte. Major Doughty-Wylie rettete bei dem letzten Armeniermassaker vor dem Kriege Tausenden von Armeniern mit eigener Gefahr das Leben durch die Autorität seiner englischen Uniform. „Fire, but don't hurt the flag."

Englands ethischer Imperialismus ist nun während des Krieges zerbrochen. Wenn wir richtig operieren, kann es so weit kommen, daß ein Hohnlachen durch die Welt läuft, wenn England sich noch einmal als Beschützer der kleinen Nationen aufspielt. Durch sein Bündnis mit dem

Zarismus hat es die Vernichtungspolitik gegen die russischen Fremdvölker unterstützt. Die Hilferufe des russischen Liberalismus, es möge sich zugunsten der Fremdvölker einsetzen, hat es unter Berufung auf die Kriegsnotwendigkeit abgewiesen. Derselben Kriegsnotwendigkeit zuliebe hat England seiner historischen Rolle, das Ansehen der weißen Rasse zu schützen, entsagt. Gewiß, auch wir haben zu Schandtaten unserer Bundesgenossen geschwiegen; aber wir haben auch bisher immer nur für unser Dasein und nicht für eine bessere Welt kämpfen wollen.

Unser Dasein ist heute gesichert; wir können nunmehr getrost Menschheitsziele in unser Programm aufnehmen.

Hier muß gleich davor gewarnt werden, als könnten wir Englands Methode nachahmen, erst Wunden zu schlagen und sie nachher zu heilen.

Denn die Fähigkeit, Wunden zu heilen, haben wir in der Geschichte bisher nicht bewiesen – im Gegenteil, wir haben es fertiggebracht, den natürlichen Heilungsprozeß der von uns geschlagenen Wunden zu stören.

Aber wir sind in der glücklichen Lage, daß wir den Rechtsgedanken aufrichtig auf unsere Fahne schreiben können: wir brauchen kein Unrecht zu tun ,um unsere Macht zu erweitern. Wir können sagen: Trachtet am ersten nach dem Reich Gottes, so wird euch solches alles zufallen.

Das Recht war mit uns, als wir das russische Reich in Stücke schlugen; das Recht war mit uns, als wir den befreiten Völkern ihre nationale Freiheit verbürgten; der Rechtsgedanke war mit uns, als wir ein Kolonialreich in Afrika forderten, das unseren kolonisatorischen Fähigkeiten entspricht. Das Recht ist mit uns, wenn wir im Interesse der weißen wie der schwarzen Rasse die Abschaffung des Militarismus in Afrika fordern.

Das Recht ist mit uns, wenn wir eine kontinentale Zusammenfassung zum Schutze der Freiheit der Meere erstreben und in den Dienst dieses Menschheitszieles unseren U-Bootkrieg, ja das U-Boot überhaupt stellen wollen.

Zwischen uns und dem Recht steht nur die belgische Frage. Unser wohlverstandenes Interesse geht sonst überall in der Welt Hand in Hand mit dem Menschheitsinteresse. Aber wir sind nicht in der Lage, diese Solidarität des deutschen und des Menschheitsinteresses glaubhaft zu machen, ohne daß wir die belgische Frage bereinigen. Solange wir hier mit versteckten Vorbehalten arbeiten, geben wir England immer noch einmal Gelegenheit, als Beschützer des Rechts in die Schranken zu treten und sich in dieser Rolle auf unsere Kosten moralisch zu rehabilitieren.

Wie England, so brauchen auch wir für unseren Imperialismus mehr als das große nationale Programm – wir brauchen die Menschen, die durch ihren Charakter unser nationales Ethos glaubhaft machen. Es ist in diesem Kriege ein neuer deutscher Mensch geworden. Die Welten des Denkens und des Handelns waren vor dem Kriege nur zu oft zwei getrennte feindliche Lager– wer denken konnte, der konnte nicht handeln, wer handeln konnte, konnte nicht denken. Das ist während des Krieges anders geworden. Draußen im Felde sind Führer im kleinen erstanden, die vorher nur an den Heroismus des Gedankenlebens gedacht hatten. Überall regt sich die Lust, an der gemeinsamen Sache mitzuschaffen. Wegweiser sind heute gewillt, den Weg auch zu führen, den sie sonst nur wiesen. Das Kriegsglück hat uns den Dienst erzeigt, diese neue deutsche Art weltbekannt zu machen. Was die Fahrten unserer deutschen Kreuzer für unseren ethischen Imperialismus bedeuten, wird erst die Geschichte erweisen. Über Herrn v. Müller sagte seinerzeit das offiziöse Organ der englischen Regierung: Er hat uns großen moralischen Schaden getan. Das können wir gern glauben, wenn wir hören, daß er die Besatzung eines von ihm freigelassenen Schiffes vor den zu seinem Schaden gelöschten Lichtern Kalkuttas warnte und eine indische Zeitung darüber sagte: Herr v. Müller ist ein Sahib, denn er schonte die Frauen und Kinder.

Die gleichen Vorpostendienste für unseren guten Namen haben viele andere geleistet.

Zuletzt die Husarenpatrouillen in Livland und Estland, die mit übermenschlichen Anstrengungen, unbekümmert um ihre eigene Sicherheit, vorwärts drängten, überall dorthin, wo es zu retten und zu schützen galt.

Das Schicksal zeichnet uns klar unsere nationale Sendung vor: wir haben die Menschen, die sie glaubhaft machen können. Hierzu bedarf es nur der schöpferischen staatsmännischen Tat.

Der Weg, der in dieser Denkschrift gewiesen wurde, ist von der deutschen Staatskunst nicht beschritten worden; so ist die Politik des Ethischen Imperialismus unerprobt geblieben.

Die Ereignisse, wie sie der Gang der Geschichte tatsächlich herausgeführt hat, haben ihr eigenes Schwergewicht bei der rückblickenden Urteilsbildung. Schon heute vollzieht sich mit fast dogmatischer Kraft die Schlußfolgerung: der Verständigungsfriede war unter keinen Umständen zuwege zu bringen. Der Historiker, wenn ihn nicht ein politisches Temperament bewegt, ist im Grunde Fatalist und glaubt, weil es so kam, daß es auch so kommen mußte. Ferner haben viele Menschen, die an der Bildung der öffentlichen Meinung Anteil haben, ein Interesse daran, zu leugnen, daß der Krieg durch einen Verständigungsfrieden beendet werden konnte: einmal alle diejenigen, die Deutschlands tragischen Sturz glauben besser ertragen zu können, wenn sie ihn mit einer schicksalhaften Unvermeidlichkeit umkleiden; sodann die Mitschuldigen, die in Deutschland oder den alliierten Ländern an der Arbeit waren, um den Verständigungsfrieden zu verhindern. Ihr eigener Seelenfriede fordert von ihnen, daß sie sich von der Schuld an der Verlängerung des Krieges freisprechen. Und schließlich kann man verstehen, wenn die Opportunisten in den alliierten Ländern, die nur vorübergehend sich dem Verständigungsfrieden zuneigten, keinen Wert darauf legen, zu bekennen, daß sie damals aus Kleinmut den Soldaten in den Arm fallen wollten.

Ich will es im Folgenden versuchen, den Glaubenssatz zu erschüttern: es gab keinen mittleren Weg zwischen Sieg und Niederlage. Ich habe mir die Frage sehr häufig wieder vorgelegt: haben wir, d. h. meine Gesinnungsgenossen und ich, bei der von uns angestrebten Politik auf trügerischen Voraussetzungen gebaut? Letzten Endes handelt es sich immer um die Streitfrage: war das allein maßgebende England von Anfang an zu Deutschlands Vernichtung entschlossen? hätte England überhaupt in irgendeinen Frieden gewilligt, der nicht den deutlichen Stempel der deutschen Niederlage trug?

Von Anfang des Krieges an gab es Gruppen in England, welche von den Diplomaten forderten, an die Arbeit zu gehen. Sie gewannen jedoch erst Bedeutung, als die Gewerkschaften durch die russische Revolution in Bewegung gekommen waren, und gleichzeitig konservativ gerichtete Staatsmänner das Ende des Krieges herbeiführen wollten, um dem „roten Frieden" zu entgehen und den Folgen, die er für die bestehende Gesellschaftsordnung haben würde. Lord Lansdowne, das muß man heute rückblickend sagen, wurde wohl vorwiegend von außenpolitischen Erwägungen bestimmt. Er sah bei der Fortsetzung des Krieges die Entwicklung voraus, die wirklich eingetreten ist: das finanzielle Übergewicht Amerikas, das militärische Übergewicht Frankreichs. Ihm bangte, daß eine entscheidende Niederlage Deutschlands die „Balance of Power" zerstören würde. Mit dieser Sorge folgte er den Spuren der von ihm empfohlenen und betriebenen Staatskunst; hatte er doch als Staatssekretär des Äußeren um der „Balance of Power" willen, die „Splendid isolation" aufgegeben und das französische Bündnis gesucht, und ebenfalls um der „Balance of Power" willen als Führer der konservativen Opposition im August 1914 den sofortigen Eintritt Englands in den Krieg gefordert.

Die Philanthropen und Pazifisten haben während der vier Kriegsjahre mit guten Worten und guter Gesinnung die englische Friedensbewegung reichlich gespeist; deren Rückgrat aber war seit Anfang 1917 die allernüchternste Realpolitik. Ich muß jedoch zugeben, daß stets aufs neue während des Krieges die Stimmen der gemäßigten Gruppen von der Kriegsleidenschaft verschlungen wurden. Immer dann, wenn der Sieg oder seine eingebildete Nähe England aus dem Gleichgewicht brachte, die Niederlage den Stolz des Landes verletzte, oder die Rachsucht nach Befriedigung verlangte – in allen solchen Situationen sah England rot. Diese nationale Verblendung, nicht Realpolitik, hat Lloyd George zur Macht getragen und an der Macht gehalten. In den Pausen der Wut und der Schlachten aber, wenn eine Kraftprobe gerade bestanden war oder der blutige Sommerfeldzug zu Ende ging und wiederum die erhoffte Entscheidung nicht gebracht hatte, oder wenn am Ende eines Winters eine neue Schlachtenreihe anheben sollte und Zweifel sich hervorwagten: Ist überhaupt eine militärische Entscheidung möglich; haben unsere Heerführer die genügende strategische Einsicht? – in solchen „psychologischen Augenblicken" hätte die deutsche Regierung es in der Hand gehabt, die öffentliche Auseinandersetzung zwischen den Anhängern des Verständigungsfriedens und der Knock-ont-Politik herbeizuführen.

Ich glaube allerdings heute, daß diese Auseinandersetzung wohl anders ausgegangen wäre, als wir uns damals vorgestellt. Wir hatten immer nur mit den Alternativen gerechnet: Sturz der Knock-out-Regierung oder Erschwerung des englischen Krieges dadurch, daß Lloyd George dessen

Fortsetzung gegen eine starke Opposition erzwingt. Rückblickend glaube ich, daß ein dritter Ausgang wahrscheinlicher gewesen wäre, und möchte mir den Verlauf der Friedenskrisis etwa folgendermaßen vorstellen: nach der deutschen Erklärung über Belgien hätten die Anhänger des Verständigungsfriedens den Beginn der Verhandlungen öffentlich verlangt. Die Gegenmaßnahme der Lloyd Georgeschen Regierung wäre der Appell an das britische Ehrgefühl gewesen, Frankreich nicht in seiner nationalen Hoffnung zu enttäuschen. Aber der Ruf nach Frieden hätte damit nicht zum Schweigen gebracht werden können. Die Replik war in Bereitschaft: „Es ist besser für Frankreich, auf dem Verhandlungswege seine Ansprüche in Elsaß-Lothringen, soweit sie gerecht sind, zu befriedigen, als neue Hunderttausende in den Tod zu schicken. Zum mindesten sollte dieser Versuch gemacht werden." Diese Parole wäre durchgedrungen, zumal sie auch in Frankreich Resonanz gefunden hätte, das sich im Jahre 1917 „einem Scheiterhaufen gleich" selbst zu verzehren drohte. In dieser Situation hätte Lloyd George geschwenkt. Er war zu klug, um gegen die Gewerkschaften die Fortsetzung des Krieges um jeden Preis zu forcieren. Daß ich die Beweglichkeit und Erfindungskraft dieses Mannes unterschätzt habe, ist mir erst nach dem Kriege klar geworden, als Lloyd Georges blutige Gewaltpolitik in Irland sich festgerannt hatte und er plötzlich mit weiser Kühnheit das Steuer herumwarf und den englisch-irischen Frieden schloß. So glaube ich heute, daß er im gegebenen Augenblick auch aus der Knock-out-Politik herausgefunden und ben Weg zu Verhandlungen eingeschlagen hätte. Diese Verhandlungen aber wären in einem wichtigen Punkt anders gelaufen, als wir damals voraussahen. England fühlte sich gebunden, Frankreichs Ansprüche zu unterstützen, weniger durch Verträge, deren stillschweigende Voraussetzung ja immer die günstige Kriegslage war, als durch die Waffenbrüderschaft. Wenn auch die Abtretung Elsaß-Lothringens für ein unbesiegtes Deutschland außer Frage stand, so hätte eine ernsthafte Konzession von unserer Seite erfolgen müssen, sonst wären die Verhandlungen gescheitert. Der Gang der Ereignisse hätte wahrscheinlich auf Abtretung der rein französischen Teile Lothringens hingedrängt. So wäre vielleicht die Rückgabe von Metz an Frankreich gegen große koloniale Kompensationen das Opfer geworden, das Deutschland im Jahre 1917 oder Frühjahr 1918 für den Frieden

Europas und die deutsch-französische Verständigung hätte bringen müssen. Wie auch der rechte Kompromiß im einzelnen ausgesehen hätte – keinesfalls glaube ich, daß die Verhandlungen zu Ende gegangen wären, ohne zu einem Ergebnis zu führen. Nicht nur die Heimat hätte die Unterhändler auf dem Weg des Verständigungsfriedens vorwärts getrieben, auch von der Armee wäre ein fühlbarer Druck ausgegangen. Gewiß, die Soldaten hatten sich an unsägliches Leiden gewöhnt, wie an etwas Alltägliches, sie kämpften und starben und fragten nicht warum; doch nur solange, als der Friede nicht greifbar schien; im Augenblick aber, wo verhandelt wurde, war der Bann des Krieges gebrochen und die Diplomaten auf beiden Seiten hätten übermächtige Impulse zu einer vernünftigen Nachgiebigkeit gespürt.

Nachdem Amerika mit seiner Friedensaktion Schiffbruch gelitten hatte und auf die Seite der Alliierten getreten war, konnte nur noch von England oder Deutschland die Friedensinitiative ausgehen. Ich weiß, daß ich einmal erwartete, die englische Regierung würde sich unter dem Einfluß der Gemäßigten dazu entschließen, die große Weltheilung in Bewegung zu setzen. Ich gönnte Deutschland und nicht England diese Rolle und sagte damals: dann gibt es eine Pax Britannica. Auch heute bin ich überzeugt, daß dasjenige Land, das den Frieden der Versöhnung herbeiführte, sich eine Weltgeltung erworben hätte, die an Landgewinn nicht zu messen war. Es ist tragisch, daran zu denken, daß Deutschland an der Schwelle der schöpferischen Tat gestanden hat. Die Feinde irren, wenn sie sagen, unsere Heeresleitung hätte nie die öffentliche Erklärung über Belgien zugelassen, solange unsere Waffen glücklich waren. Ich glaube nachgewiesen zu haben, daß ein entschlossener und fordernder Kanzler in der Zeit vom Januar 1917 bis März 1918 das Einverständnis der Obersten Heeresleitung hätte erzielen können. Gewiß wären die Militärs nicht frei von taktischen Erwägungen gewesen; vielleicht hätte die Hoffnung überwogen, daß die vorgeschlagene Aktion nicht den Frieden, wohl aber die „Zertrümmerung der englischen Heimatfront" herbeiführen würde, wie das zahlreiche Denkschriften in Aussicht gestellt hatten.[201] Möglich, daß

---

[201] Bei allen Arbeiten jener Zeit, die für die O. H. L. bestimmt waren, war es natürlich, daß in der Ausdrucksweise auf die militärische Mentalität Rücksicht

auch Illusionen im Hintergrund gestanden hätten, sich doch noch einmal mit Belgien über Lüttich zu verständigen. Das militärische Denken geht eben naturnotwendig andere Wege als das politische. War aber die Erklärung über Belgien einmal heraus, dann konnte auch der General Ludendorff nicht mehr an den Rechtsfrieden rühren. Eine überwältigende Bewegung hätte sich hinter den handelnden Staatsmann gestellt. Für die Gewerkschaftler, ohne deren guten Willen der deutsche Krieg verloren war, hatten Legien und Stegerwald deutlich genug gesprochen.

Seine tiefsten Wurzeln aber hatte der Ethische Imperialismus in der deutschen Armee. Nicht umsonst ist das niederländische Dankgebet zu Anfang des Krieges eine deutsche Nationalhymne geworden. Es wurde neben „Deutschland, Deutschland über alles" mit Vorliebe gesungen. Die jungen Kriegsfreiwilligen, die hinauszogen, glaubten an die deutsche Sendung in der Welt und wollten, daß „das Recht siegreich sei". Der Rechtsfriede war reif; er ist nur nicht geerntet worden – durch den bösen Willen der anderen und unsere Blindheit.

Die verpaßten Gelegenheiten der Jahre 1917/1918 haben nicht nur über das deutsche Schicksal bestimmt, sondern die Geschichte der Menschheit um Jahrhunderte zurückgeworfen. Die großen Worte: Völkerbund, Heiligkeit der Verträge, Rechte der kleinen Nationen, Selbstbestimmung, haben von ihrem reinen Klang eingebüßt durch den heuchlerischen Mißbrauch, der im Versailler Frieden mit ihnen getrieben worden ist. Ich möchte aber daran erinnern, daß Wilson selbst seinerzeit die psychologischen Voraussetzungen genannt hat, die für das Zustandekommen der echten Völkerbundgesinnung unerläßlich waren: „No victory", kein überwältigender Sieg der Entente oder Deutschlands.

„Die Geschichte hat dieser Forderung des Präsidenten recht gegeben. Wenn in einem Augenblick, da die Generale auf beiden Seiten sich noch den Sieg auf dem Schlachtfeld zutrauten, wenn damals Staatsmänner von nationaler Selbstbeherrschung und internationalem Pflichtgefühl die Kraft zu Verhandlungen gefunden hätten,[202] beide Gegner bereit, entehrenden Bedingungen gegenüber

---

genommen wurde. Die Worte Friede und Verständigung durften nicht zu häufig fallen, und das Schwergewicht mußte auf die „Zertrümmerung der feindlichen Heimatfront" gelegt werden.
[202] Ich bringe im Anhang IV drei von mir erbetene Meinungsäußerungen englischer Politiker aus dem Jahre 1921. Sie stammen von Männern, die während

Nein zu sagen und lieber noch einmal zu schlagen, beide Armeen unbesiegt, beide Heimatfronten aufrecht, aber beide ernüchtert, dann wäre freie Bahn gewesen für die Gesinnung gegenseitiger Achtung: die vier Jahre lang zurückgedrängten Heilkräfte der Menschheit wären am ersten Tage so rasch und so selbstverständlich freigegeben worden, wie Ärzte und Sanitäter nach der Schlacht an die Arbeit geschickt werden."[203]

---

des Krieges in vorderster Linie für den Verständigungsfrieden eingetreten sind und behandeln die Frage: hatte die englische Friedensbewegung jemals Aussicht, sich durchzusetzen?

[203] Aus meinem Vortrag „Völkerbund und Rechtsfriede" vom 3. Februar 1919. Gedruckt Preuß. Jahrbücher, März-Heft 1919.

Sechstes Kapitel

Politische Bemühungen während der siegreichen Offensive

(März bis Juli 1918)

Das Gefühl der Unwiderstehlichkeit, das bei Beginn der Schlacht unsere Truppen begleitete, läßt sich nicht beschreiben. Die jahrelange Erstarrung der Front löste sich. Der Glaube an Führung und Sieg war nie größer gewesen, auch im August 1914 nicht.

In der militärischen Stelle des Auswärtigen Amts arbeitete ein junger Offizier, ein bekannter Schriftsteller, der wegen seiner Kunst des Schilderns immer zu den „großen Sachen" geschickt wurde, um sie zu beschreiben. Er war bis zu der Offensive ein begeisterter Anhänger des Verständigungsfriedens gewesen. Nun kehrte er von der Schlacht im Westen zurück und stürzte in das Bureau Haeften mit den Worten: „Ach, seien Sie ruhig! Wer das erlebt hat!. .. Die Weltherrschaft!"

Der Jubel sprang auf die Heimat über. Ein Gesinnungsgenosse schrieb: Briey und Longwy seien doch nicht ganz abzuweisen. Der Reichstagsmajorität durfte man nicht von der Friedensresolution sprechen; das nahm sie übel. Im Interfraktionellen Ausschuß rief der Abgeordnete Fischbeck Herrn Haußmann triumphierend zu: „Sehen Sie, die Gasbomben schaffen es doch!" Ein Chefredakteur fragte bei der Pressekonferenz Oberstleutnant v. Haeften, ob man bei den verschiedenen Etappen des deutschen Vormarsches Funkenstationen vorgesehen hätte, die den Korrespondenten für Siegesmeldungen zur Verfügung stehen würden. Die Kundgebungen aus diesen Tagen kann man nicht ohne Grauen vor der Götter Neide lesen. Damals aber entsprachen sie der Stimmung des Heeres und der Heimat.

Am 25. März 1918 erhielt der Generalfeldmarschall v. Hindenburg das Eiserne Kreuz mit goldenen Strahlen, das bisher nur einmal verliehen worden war, an Blücher für den Sieg bei Belle-Alliance. – Die Schlacht selbst erhielt den Namen „Kaiserschlacht", übrigens gegen den Willen des Kaisers.

Der Reichstag empfing am 1.April vom Generalfeldmarschall einen gelinden Backenstreich, den er sich aber gern gefallen ließ:

„Der Brite und der Franzose dürfen nicht glauben, daß die neuen Blutopfer, die sie uns aufgezwungen haben, umsonst gebracht sein sollen. Mit der Armee weiß ich, daß der Reichstag diesen Wunsch der Tapferen hier vorn, der besten Söhne des Volkes, versteht und auch seinerseits für einen kraftvollen deutschen Frieden eintreten wird, der allein, uns fortan vor dem Kriege verschonen kann."

Ende März erhielt ich den folgenden Situationsbericht:

„Oberstleutnant v. Haeften reiste, unerwartet hingerufen, Sonntag abend zum General Ludendorff, der an einem stillen Ort dicht an der Front die Operationen leitet ...

„Ich möchte zum Schluß noch einmal ein Wort über die Notwendigkeit des Eingreifens sagen. Es geht gegenwärtig eine chauvinistische Welle durchs Land. Nahe Freunde von mir werden mit fortgerissen. Es liegt natürlich darin das berechtigte Sich-Wieder-Aufrichten eines stolzen Volkes, das sich durch die Frechheit der Feinde ebenso gedemütigt fühlte wie durch die Hilferufe an das feindliche Ausland, die Erzberger versandte. Kühlmann als Exponent des Verzichtprogramms wird sicher früher oder später ersetzt werden ... [Seine Gegner] arbeiten mit Kriegsentschädigung, Niederkämpfung Englands usw. Demgegenüber setze ich zwei Bemerkungen her:

a) Haeften: Ich habe soeben einem Freunde gesagt, ich bin pessimistisch trotz des über Erwarten glänzenden militärischen Verlaufs, weil nur eine vor Abschluß des Verlaufs einsetzende große ethisch-politische Offensive unsere Erfolge fruktifizieren können wird, und die Männer zu einer solchen sind nicht da.

b) Professor [Alfred] Weber: Überläßt man der öffentlichen Meinung, dem Druck der widerstreitenden Strömungen, die Lösung der Kühlmann-Krisis, so kommt automatisch Helfferich und dann später die Militärdiktatur. Ich sehe nur die einzige Rettung ... in der Erweiterung der Macht des Kaisers. Wenn er nur die Kraft hätte, unabhängig von der öffentlichen Meinung zu handeln.

„Wir dürfen der öffentlichen Meinung keine Schuld geben. Bis heute kennt sie nur Verzichtprogramm oder Machtprogramm. Da fällt ihr die Wahl nicht schwer in Augenblicken, wo unsere Waffen so glücklich sind. Das Dritte, der ethisch fundierte Imperialismus, ist heute eine Geheimreligion. Sie durch einen würdigen Mund auf der Höhe der militärischen Situation dem erstaunten deutschen Volke und der noch mehr überraschten Welt verkünden zu lassen, das ist die große Gelegenheit für den Kaiser, sich seine verlorene Macht wieder zu holen. Wir dürfen damit nicht warten, bis unsere militärischen Erfolge abgeschlossen sind. Dann wirkt es als Zeichen der Schwäche ... Wir müssen unseren Siegen durch dieses Programm eine größere militärische Stoßkraft geben. Ich will deutlicher machen, was ich meine.

„Was erhält unsere Feinde aufrecht in ihrer furchtbaren Not? Was ermöglicht es ihren Regierungen, immer wieder von neuem den Kriegswillen ihrer Völker lebendig zu machen? Es ist das Gefühl, daß sie für eine heilige und wir für eine unheilige Sache kämpfen ...

„Ich glaube heute noch immer, daß das ethische Programm vor der Offensive den Frieden hätte bringen können ... Nun aber soll es uns den Sieg bringen. Aus diesem Grunde muß es verkündet werden, ehe wir den Höhepunkt unserer militärischen Erfolge erreicht haben.

„Am besten wäre ein Augenblick zu wählen, wo ein relativer Stillstand eingetreten ist – das heißt: nicht gerade sensationelle Kampfhandlungen die Weltaufmerksamkeit absorbieren.

„ ... Gott schütze die Leiter Deutschlands vor Übermut."

Gleichzeitig wurde die erste Warnung in die Öffentlichkeit gebracht: [204]

„In diesen letzten Wochen standen wir im Zeichen der Verhandlungen. Der Monat vor Beginn einer großen Kampfhandlung ist immer politisch fruchtbar. Die Verhandlungen, die in Bukarest geführt wurden, traten an Bedeutung zurück hinter der großen öffentlichen Aussprache, die zwischen Hertling und Wilson gehalten wurde und zwischen Hertling, Balfour und Lansdowne hätte gehalten werden sollen. Mag auch der Bukarester Vertrag ein diplomatisches Meisterstück werden, kein noch so großes Vertrauen in die eigene diplomatische Geschicklichkeit durfte den Staatssekretär des Auswärtigen in diesem Monat vor der Offensive von Berlin fernhalten. Hat Herr v. Kühlmann die letzte und vorletzte Hertlingsche Rede gekannt? Hat Herr v. Kühlmann von Bukarest aus bei der Entscheidung der schwerwiegenden Frage mitwirken können: Soll Lloyd Georges oder Lansdownes Wunsch erfüllt werden? Das heißt: Soll die öffentliche Aussprache fortgesetzt werden oder nicht? Herr v. Kühlmann trägt bereits die Verantwortung dafür, daß die Asquithsche Frage vom 26. Juli nicht beantwortet wurde. Bei Asquith, der bloßer Taktiker ist, waren Bedenken erklärlich, die damals Deutschlands Zurückhaltung herbeiführten. Aber Lansdowne ist ein Charakter. Hinter ihm steht eine aufrichtige Volksbewegung, die den ehrenvollen Ausweg aus dem Kriege finden möchte.

Herr v. Kühlmann hält sich sicher in Bukarest auf, weil er glaubt, dort wichtigere Arbeit tun zu können als in Berlin. In dieser Überzeugung liegt die ganze Überschätzung des diplomatischen Handwerks und die Verachtung jener

---

[204] „Deutsche Politik" vom 29. März 1918.

Staatskunst, die versucht, die öffentliche Meinung auch in Feindesland zu beeinflussen.

Es gibt drei Methoden, den Weltkrieg zu liquidieren:

Erstens: Die diplomatische Methode ... Man erklärt seine Verhandlungsbereitschaft und erwartet dann, sich irgendwo mit einem feindlichen Unterhändler, womöglich mit einem, den man von früher her kennt, zu treffen, um in einer freundschaftlichen Aussprache die Lösung des Weltkriegs zu finden. Diese Methode kann als vieux jeu bezeichnet werden.

Zweitens: Die demokratische Methode ... Vertreter der internationalen Sozialdemokratie treffen sich, und versuchen, eine bessere Welt aufzubauen auf Grund von Prinzipien, an die sie glauben, aber die sie noch nicht erprobt haben. Die Verhandlungen werden öffentlich geführt.

Drittens: Die Methode der Staatskunst. Verhandlungen werden vorbereitet durch eine öffentliche Aussprache, die gewissermaßen die Basis der Verständigung schon findet und sie den Völkern so deutlich macht, daß die öffentliche Meinung in den kriegführenden Ländern auf den Versuch hindrängt, die noch bestehenden Differenzen durch diplomatische Abmachungen zu überbrücken. Als Herr v. Kühlmann seine erste Rede hielt, in der er von der notwendigen Atmosphäre sprach, in der die Friedensverhandlungen geführt werden müssen, hatte man gehofft, daß er den dritten Weg beschreiten würde.

So kritisch wir im einzelnen den Ausdrucksformen gegenüberstehen, die sich die guten Absichten unserer Regierung wählen, so kann über den einen entscheidenden Punkt doch kein Zweifel sein: Die moralische Verantwortung für die kommende Waffenentscheidung tragen die Feinde. Die Offensive wurde nicht in Berlin, sondern in Versailles beschlossen."

Welche Wirkung hatte nun die Offensive auf England?

Am 23. März 1918 wird noch Optimismus zur Schau getragen. Die englische Presse arbeitet nach der Direktive: Unsere Linie mag sich biegen, aber sie wird nicht brechen. Man weissagt eine kurze Dauer der Offensive:

Sie ist die letzte Karte der Deutschen, versagt sie, so haben sie den Krieg verloren.

Im Laufe dieses Tages schlägt die Stimmung um. Das Haigsche Telegramm: „Die Deutschen haben unser Verteidigungssystem westlich von St. Quentin durchbrochen," macht einen furchtbaren Eindruck. Man spricht von der Trennung der beiden Armeen und stellt den Verlust der Kanalhäfen in Rechnung.

Haig selbst verlangt nach dem Generalissimus. Der englische Streik wird abgesagt. Ramsay MacDonald geht unter die Rufer im Streit:

„Die große deutsche Offensive wird nicht gelingen. Sie kann wochenlang dauern, bis die Menschenkraft erschöpft ist, aber England wird nicht geschlagen werden."

Haig leitete mit seinem Telegramm die Periode jener heroischen Wahrhaftigkeit ein, deren England im Unglück häufig fähig gewesen ist, zum Schaden seiner Feinde.

Vom 27. März an ist ein fortgesetztes Aufatmen zu spüren, das zu einer großen Erleichterung wird, nachdem am 29. März der Angriff auf Arras abgeschlagen ist. Aber als Grundton bleibt die verbissene Entschlossenheit, den Tatsachen in die Augen zu sehen.

Die Militärkritik hatte während der ersten Tage die Sprache verloren. Sie findet sie in der Atempause wieder, arbeitet nur deutlich mit patriotischen Hemmungen: sachlich stehen sich die Gegensätze nach wie vor unversöhnlich gegenüber.

Die Militärpartei will Haig völlig entlasten.

Er habe nicht die nötigen Menschen zur Verfügung gehabt, weil Lloyd George entgegen dem Rate Robertsons den Mannschaftsersatz vernachlässigt hätte. Ferner habe er unter dem Druck der Franzosen, „die immer der Unterstützung Lloyd Georges sicher sein können", die englische Front gegen sein besseres Wissen ausdehnen müssen und dadurch gefährdet. Die Führung sei meisterhaft gewesen. Als sofort zu erfüllende Forderungen werden aufgestellt: Die allgemeine Wehrpflicht in Irland. Heraufsetzung der Altersgrenze bis zum 55. Lebensjahr. Erneute Auskämmung geschützter Industrien. Beschränkung der östlichen Expeditionen auf das zur lokalen Verteidigung notwendige Maß. Zurückberufung Robertsons, des „ungehörten Warners". Garantien zum Schutze der Heerführer gegen die Einmischung der Zivilisten.

Dagegen sagt die „östliche" Schule:

Unsere Reserven waren vorhanden, aber nicht zur Stelle. Das zahlenmäßige Verhältnis an der deutschen und der alliierten Front war ungefähr gleich. „Wir brauchen eine dirigierende Intelligenz in Zeiten der Krisis ... besonders an der Lötstelle."[205] Haig habe nicht nur als Stratege, sondern auch als Organisator versagt: die englische Front sei offenbar noch im Übergangsstadium von Angriffs- zu Verteidigungslinie gewesen.

Lloyd George handelt rasch. Er nutzt die Bestürzung des Landes und der Allianz, um Entscheidungen zu erzwingen, die er in besseren Tagen nicht durchgesetzt hätte: Foch wird Generalissimus.

Die Vereinigten Staaten willigen ein, amerikanische Regimenter in französische und britische Formationen einzureihen, ja sie bringen das Prestigeopfer und sagen zu, unausgebildete Truppen zur fertigen Ausbildung nach Frankreich und England zu schicken.

Diese beiden Maßnahmen sollten entscheidend für den Ausgang des Krieges werden.

Der Kommandierende der Fünften Armee, Gough, wird durch General Rawlinson ersetzt.

Um die Generalstabspartei zu beruhigen, setzt Lloyd George die Altersgrenze bis zum 55. Jahre hinauf, verspricht eine neue Auskämmung der Industrie und dehnt die allgemeine Wehrpflicht auf Irland aus. Man spürt deutlich, seine Überzeugung steht nicht hinter diesen Aushilfen, ebensowenig wie hinter der Ankündigung, daß bestimmte „östliche" Pläne aufgegeben seien, die man vor der Offensive gefaßt hatte.

Während der Offensive des April und erst recht nach ihrem Stillstand im Mai wird die Katastrophe an der Front nicht mehr gefurchtet. Aber es herrscht ein tiefer Ernst, eine beinahe abergläubische Furcht, in den früheren leichtfertigen Optimismus zurückzufallen. Foch wird deutlich der Mann des öffentlichen Vertrauens. Man spricht in vielsagenden Andeutungen von seiner prinzipiellen Neigung zur Offensive im Gegensatz zu Pétain. Selbst Repington läßt sich herbei zu sagen: Foch garantiert Ypern.

Im Laufe des April und Mai geht die Friedenspartei in Stellung. Die Frage taucht auf, nicht warum die Schlacht verloren ging, sondern: wer ist schuld daran, daß die Schlacht geschlagen werden mußte? Und die Ant-

---

[205] Die Koordination zwischen der englischen und französischen Heeresleitung ließ zu wünschen übrig.

wort lautet – allerdings nur in der pazifistischen Gruppe der City – „Der Versailler Kriegsrat. Die deutsche Regierung wollte Frieden, unser führender Diplomat[206] verstand ihre Sprache."

Die gemäßigten Liberalen klagen nicht die Vergangenheit an, aber sie fordern für die Zukunft:

Wir dürfen die nächste Chance nicht verpassen, sie kommt sicher, wenn die deutsche Offensive gescheitert ist; dann müssen wir die Gelegenheit beim Schopfe packen.

Sorgfältig werden die wenigen Stimmen gebucht, die in Deutschland zur Mäßigung raten.

Die Independant Labour Party trägt Lansdowne die Gefolgschaft auf dem Wege zum Frieden an.[207] Wo sein Name in Arbeiterversammlungen genannt wird, bricht ein großer Jubel los.

Dieses Vertrauen der Massen war ein einzigartiger Trumpf, den der konservative Staatsmann zu gegebener Zeit ausspielen konnte, wenn es sich einmal darum handeln würde, die industrielle Gefahr durch einen Verständigungsfrieden zu bannen.

In der großen Pause der Offensive während des Mai wagen sich auch die altliberalen Führer vor. Bei der Debatte über den Brief Kaiser Karls[208] wird die Neuorientierung Asquiths viel bemerkt.

Aber es fehlt der Opposition die zwingende Persönlichkeit.

Da tritt General Smuts auf den Plan[209] und setzt sich in klarer Sprache für den Verständigungsfrieden ein.

---

[206] Lansdowne.
[207] „Ich persönlich würde nicht zögern," sagt Snowden auf der Independant-Labour-Party-Konferenz am 2. April 1918, „jede Regierung des Friedens zu unterstützen, selbst wenn an der Spitze ein Staatsmann stünde mit einer aristokratischen und Tory-Tradition. Die oberste Notwendigkeit eines sofortigen ehrenvollen Friedens übersteigt alle persönlichen und alle Parteirücksichten, denn dieser Krieg muß aufhören."
[208] Vom 31. März 1917 an Prinz Sixtus von Parma, Schwager des Kaisers. Vgl. Helfferich, a. a. O., Seite 65 ff.
[209] Rede in Glasgow („Manchester Guardian" 18. Mai 1918).

„Es scheint mir, wenn dieser Krieg zu Ende kommen soll, wird es für die Kämpfer von Zeit zu Zeit notwendig sein, zu versuchen, inoffiziell miteinander in Fühlung zu kommen."

Die britischen Kriegsziele seien gemäßigt und begrenzt.

„Wir wollen von niemandem Entschädigungen haben. Wir wollen keine Länder, keine Annexionen." [210]

Lloyd George selbst steht noch auf dem Standpunkt des Knock-out-Blows und trifft seine Gegenmaßnahmen.

Die großen Kraftquellen des englischen Krieges werden aufs neue gespeist:
Einmal das Bewußtsein, mit reiner Hand in den Krieg gegangen zu sein.[211] Dieses Bewußtsein war in letzter Zeit stark durchlöchert worden. Morels Buch „Truth about the War" hatte Eindruck gemacht, vor allem aber der Suchomlinow-Prozeß.

So war es in den letzten Monaten in der englischen Presse über die Schuldfrage ziemlich still geworden, da kamen die „Enthüllungen" von Mühlon und Lichnowsky. Drei Millionen Exemplare werden unter dem Titel „Schuldig" verbreitet, aber das gibt nur ein blasses Bild von der Ausnützung der Denkschriften zur Festigung der englischen Kriegsmoral.[212]

---

[210] Rede in Fairfield Yard, Goven.
[211] Auch den englischen Soldaten wurde immer wieder eingeprägt, daß England die Schlachten der Welt schlüge. Bezeichnend st der Armeebefehl Haigs, den „Manchester Guardian" am 13. April 1918 veröffentlicht: „Jede Stellung muß bis zum letzten Mann gehalten werden. Es darf keinen Rückzug geben. Mit dem Rücken gegen die Mauer, und überzeugt von der Gerechtigkeit unserer Sache, muß jeder von uns bis zum Ende kämpfen. Die Sicherheit unserer Heimstätten und die Freiheit des Menschengeschlechtes hängen gleichermaßen von dem Betragen eines jeden von uns in diesem kritischen Augenblick ab."
[212] Es geschah gegen den Willen des Fürsten Lichnowsky, daß seine vertraulichen Aufzeichnungen öffentlich bekannt geworden sind. Sie zirkulierten nur in eingeweihtem Bekanntenkreis, bis durch einen unverzeihlichen Vertrauensbruch die versprochene Diskretion verletzt wurde.

„Westminster Gazette" vom 3. April schreibt:

> „In all den Leiden und Schrecknissen dieser Zeit ist über dieses Land das überwältigende Gefühl gekommen von der Einheitlichkeit und Gerechtigkeit dieses Krieges ... Es mag ein paar Leute geben, die, als Hindenburgs Hammerschlag fiel, Reue hatten wegen des Augusts 1914, aber die erstaunlichen Enthüllungen von Lichnowsky und Mühlon haben mit einem Male die ganze Gradheit der englischen Sache tiefer und tiefer in die Seele des Landes gegraben ... Nun vernehmen wir das Zeugnis von solchen Deutschen, deren Autorität und Informationsquellen unbestreitbar sind, das besagt, daß der Kaiser tatsächlich schuldig ist, und in unserem Innersten dreht sich etwas um, wenn wir hören, wie dieser seinen Gott als seinen Zeugen und Helfer bei seinen Verbrechen anruft."

Die zweite Kraftquelle des Kriegsidealismus ist die Überzeugung: Deutschlands Kriegsziele bedrohen die Sicherheit und Ehre Englands.

Das Hauptmaterial, mit dem die englische Regierung arbeitet, besteht aus unseren öffentlichen Kundgebungen. „Sämtliche deutsche Zeitungen sind eigentlich jetzt Pan-German, sagt „Manchester Guardian". Telegramme der Obersten Heeresleitung werden abgedruckt, ebenso Äußerungen des Kaisers.

Eine dritte Kraftquelle ist das Gefühl: die Zeit arbeitet für uns und gegen Deutschland.

Alle Wendungen, die von einer Entscheidungsschlacht sprechen, werden aus der deutschen Presse sorglich hervorgeholt. Zunächst wird der Name „Kaiserschlacht" in diesem Sinne ausgebeutet. „Daily News" betont, daß in allen Kundgebungen des Kaisers und der Obersten Heeresleitung das Wort „schleunig" eine große Rolle spielt. Hinter diesem Worte stünde die ganze ungeduldige Friedenssehnsucht des deutschen Volkes. Seine einzige Rettung sei ein rascher Friede.

Begleitet wird diese Beweisführung durch eine große Anzahl von Zeitungsstimmen, die die schlechte Ernährungslage in Deutschland beleuchten.[213]

---

[213] „Bremer Weserzeitung" gegen die Verminderung der Fleischrationen; „Lokalanzeiger" teilt mit, daß kein privater Verkauf von Schweinen mehr in der Provinz Brandenburg stattfinden dürfte; „Leipziger Volkszeitung", daß jetzt auch Wild, Fische usw. nur noch auf Karten zu haben sind; „Berliner Tageblatt", daß

Dieser englische Tatbestand gab zu ernstem Nachdenken Anlaß. Die englische Heimatfront hielt; und sie hielt, weil wir nur militärisch, nicht auch politisch geschlagen hatten.

Man stelle sich einmal die folgende Ereignisfolge vor:

Ende Februar: Zurückstoßung des Verhandlungsgedankens durch Lloyd George, mit der Absicht, auch den deutschen kriegstörenden Reden ein Ende zu machen.

Am 5. März: Lansdownes öffentliche Mitteilung an Graf Hertling, die darauf hinauslief, Deutschland möge sich nicht durch Lloyd George düpieren lassen und nicht seine ganze Politik auf die gegenwärtige Regierung aufbauen. Anfrage an Hertling: Wie ist die Erklärung über Belgien gemeint?

Nehmen wir dann an, etwa am 12. März: Eindeutige Beantwortung der Lansdowneschen Frage durch Hertling.

Etwa am 15. März: Erklärung Lansdownes im Oberhaus, unterstützt von Grey: „Jetzt liegt eine Erklärung der deutschen Regierung vor, die den Weg zu Verhandlungen frei macht."

Unmittelbar darauf: Erklärung Lloyd Georges, das Einlenken der Deutschen sei als ein Zeichen der Schwäche zu buchen. Noch aber sei ihr Übermut nicht genügend gebrochen, sie würden noch mürber werden, wenn England jetzt nur fest bliebe.

Am 22. März: Durchbruch der englischen Linien, das englische Heer auf der Flucht, im Laufe der nächsten Tage mehr als 100 000 Gefangene.

Es erübrigt sich, auszumalen, wie unter solchen Umständen die englische Heimatfront ausgesehen hätte.

Fische vom Groß-Berliner Markt während des Krieges verschwunden sind; „Deutsche Tageszeitung" bespricht den Mangel an Eiern und Geflüge; „Hamburger Fremdenblatt", „Frankfurter Zeitung" erwähnen Mißstände der Ernährung; über die völlig ungenügende Milchversorgung, besonders der Kinder, wird „Berliner Lokalanzeiger" zitiert. Die schlechte Versorgung mit Gemüse, der Mangel an Zucker werden erwähnt. Zusammengefaßt wird dies letzte durch statistische Berichte über vermehrte deutsche Säuglingssterblichkeit und Unterernährung der Jugendlichen.

Auch jetzt war eine Gelegenheit da – würde sie wieder verpaßt werden? Welch ein Kontrast zwischen England im Unglück und Deutschland – ja, im Glück waren wir ja gar nicht. Drüben wird der ganze Ernst der Lage erkannt. Die öffentliche Kritik ist aufgestanden, aber eine patriotische Kritik; sie formt mit an den schwersten Entscheidungen der Kriegspolitik. Bei uns wartet alles, Behörden, Reichstag, Presse, das ganze Volk, daß die Heerführer Sieg und Frieden bringen sollen; nicht mehr mit der jubelnden Begeisterung, die den ersten Anlauf begleitete, aber doch mit der Zuversicht, daß Hindenburg und Ludendorff es schon „schaffen" werden. Keine politische Instanz erwacht zu dem Gefühl der Verantwortung: Herrgott, die Sache geht nicht gut genug, wir müssen den Soldaten helfen. Ich wußte seit Ende März, daß die Militärs nicht damit rechneten, aus eigener Kraft die Zwangslage für die Feinde schaffen zu können. Es war schwer, die Wahrheit zu kennen und nicht öffentlich sagen zu dürfen. Was nutzten schließlich alle unsere Denkschriften und geheimen Überzeugungsversuche. Auch jetzt entstanden viele solche Dokumente. Da finde ich einen Vorschlag, der feindlichen Propaganda zu begegnen:

Gegen die Wutpropaganda der Feinde:
Errichtung eines Gefangenenministeriums mit einem Sprecher von internationalem Ruf an der Spitze, dem obliegen würde, anzugreifen und zu verteidigen.
Gegen die Ermutigungspropaganda:
In unseren öffentlichen Kundgebungen müssen Worte wie „Entscheidung", „baldiger siegreicher Friede" vermieden werden, weil sie innere Schwäche verraten.
Gegen die Propaganda der Feinde in der Schuldfrage:
Graf Metternich sollte aufgefordert werden, in einer Broschüre dem Fürsten Lichnowsky entgegenzutreten.
Gegen die englische Fälschung unserer Verteidigungsoffensive zu einer Knock-out-Offensive:
„Es muß vor Ablauf der Offensive ein deutsches Kriegszielprogramm verkündet werden, das sich mit der Ehre und Sicherheit des englischen Volkes vereinen läßt. Es ist notwendig, daß man mit diesem Programm

nicht erst wartet bis nach der Offensive. Nachdem unsere Operationen in Frankreich endgültig abgeschlossen sind, tritt naturgemäß eine allseitige Erschöpfung ein. Heute sind bereits die Feinde an der Arbeit, die bevorstehende deutsche Erschöpfung als eine endgültige, die englische aber als eine vorübergehende zu stempeln. Darum würde es als Zeichen der Schwäche wirken, wenn wir mit einem plötzlichen Ruck nach der Offensive die alldeutsche Tonart verlassen und nun wieder über Gerechtigkeit, Menschlichkeit, Lebensbedingungen fremder Völker fromme Sprüche machen. Dies wäre derselbe Mangel an politischer Haltung, der uns während unserer Siege den Feind provozieren und höhnen und während einer Depression Friedensresolutionen verfassen läßt."

Es half nichts, die kostbare Ruhepause verrann. Jetzt war noch Bereitschaft der Engländer da, in der belgischen Erklärung den ehrenvollen Ausweg zu sehen. Wie lange noch? Die Amerikaner strömten nach Frankreich. Es kamen weit mehr, als selbst die Alliierten erwartet hatten, und unsere Entbehrungen in der Heimat wuchsen täglich und ließen sich nicht mehr verschleiern.

Da wurde ich durch folgende Mitteilungen aus der Schweiz aufgeschreckt. Stegemann hatte sich Anfang Mai 1918 einem Mitglied der Militärischen Stelle gegenüber freimütig ausgesprochen.

Zwei Dinge seien schlimm für Deutschland:

Der Kemmel ist zu spät genommen.

Ihre Oberste Heeresleitung sagt nicht die Wahrheit. Der Foch hat etwas vor, er stopft nicht nur. Dazu kenne ich das militärische Ingenium Fochs zu gut aus seinen Schriften.

3. Der mir am 11. Mai übersandte Bericht fuhr dann fort:

„Stegemann faßte sich dahin zusammen: ,Deutschlands militärische Lage ist glänzend – und hoffnungslos. Begründung: Deutschlands Siege lassen sich nur fruchtbar machen durch einen politisch-psychologischen Angriff auf die feindlichen Völker. Ein Augenblick hierfür, wie er nie wiederkommt, ist verpaßt. Ich, Stegemann, habe genaue Kenntnis, daß Deutschland mit der drohenden Offensive eine politische Machtstellung hatte, von der Deutschland selbst ahnungslos war. Die Nervosität der Entente steigerte sich von Tag zu Tag. Ihre Stellung verbesserte sich nicht, selbst wenn man noch ein paar Monate gewartet hätte … . Die eigene Initiative war vollständig gelähmt. Eine deutsche Er-

klärung über Belgien in dieser Situation hätte entweder die Offensive überflüssig gemacht oder in ihrer Wirkung verhundertfacht. Ich hatte die Absicht, einen offenen Brief an den Grafen Hertling zu schreiben – ich habe es dann nicht getan, weil ich nicht wußte, wie die Oberste Heeresleitung stand.'
Stegemann führte dann aus, wie Deutschland niemals siegreich aus diesem Kriege hervorgehen könnte, wenn nicht die leitenden Männer einsähen, daß zur höchsten Kriegskunst die Beherrschung der Völkerpsychologie gehört."

Auf die Bitte, Stegemann mochte doch eine Aussprache mit Ludendorff suchen, antwortete er:

„Zunächst wäre mein großer Wunsch, einen anderen Mann zu sprechen – Prinz Max von Baden. Er ist ein liberaler Fürst – das sagt alles. Seine Reden, seine philanthropische Vergangenheit geben ihm die unangreifbare Position, um ... die Welt mit Deutschland zu versöhnen." ...

Der Bericht schloß:

„Die Regierung läßt sich nur von öffentlichen Strömungen drücken ... Es kann nur noch aus fürstlichen Kreisen die Rettung kommen. Mir sagte Stegemann: er wisse vom Kronprinzen von Bayern, daß er rechten Sinnes sei. Großherzogliche Hoheit sagten dasselbe. Könnte nicht vereinter Warnung gelingen, die Einkehr noch rechtzeitig herbeizuführen? Ich glaube nicht, daß man noch zurechtkommt, wenn man Windschutz sucht und wartet, bis der Sturm vorüber ist. Wenn der Sturm vorüber ist, dann hat auch Deutschland keine Kraft mehr ... Denn ohne daß die Schlechten im Feindesland Angst vor uns haben, werden sich die Rechtgesinnten drüben nicht durchsetzen können."

Ich konnte der Ungeduld nur recht geben, die aus diesen Worten sprach. Deutschlands Mäßigung würde nur wirken, solange wir noch siegten. Wir aber würden nicht zur Mäßigung bereit sein, bevor wir nicht zu siegen aufgehört hätten. Dann war es zu spät. Ich fühlte die Pflicht, alles zu versuchen, was in meiner Macht stand, um diesen circulus vitiosus zu durchbrechen. Aber nach den vergeblichen Bemühungen der letzten zwölf Monate war ich mir darüber klar geworden, daß ich aus meiner Reserve heraustreten mußte; solange ich nur meinen unerbetenen Rat aufdrängte, konnte ich nicht viel erreichen. Wollte ich entscheidende Entschlüsse herbeiführen, so mußte ich eine offizielle Stelle bekleiden, die mich in den Augen des Kaisers und des Kanzlers berechtigte, ja verpflichtete, meine Meinung zu sagen. Ich habe damals an den Posten eines Propagandaministers gedacht und auch meine Bundesgenossen auf ihr Drängen hin wissen lassen, daß ich im Notfalle die Berufung zum Amt des Staatssekretärs des Äußeren annehmen würde.

Mitte Mai fuhr ich an die Front, um die badischen Truppen zu besuchen.

Am 19. Mai – dem Samstag vor Pfingsten – begab ich mich auf Einladung des Feldmarschalls von Maubeuge nach Avesnes zum Abendessen. Ich saß zwischen dem Feldmarschall und General Ludendorff. Bei Tisch wurden militärische und politische Fragen besprochen. Gegen Ende der Mahlzeit wandte ich mich zum General und sagte ihm, es liege mir besonders am Herzen, ihm noch etwas zu sagen, ehe wir schieden.

Die politische Offensive, wie ich sie im Februar empfohlen hatte, sei unterblieben, die militärische habe trotz heldenmütigen Kampfes unserer Armee den Sieg nicht herbeigeführt. Ich wüßte nicht, wie es um unsere augenblickliche militärische Lage und um unsere Kräfte stehe und könne also nicht beurteilen, ob weitere Offensiven großen Stiles geplant oder möglich seien. Wie dem aber auch sei, ich bäte ihn, mir das eine zu versprechen: die Reichsleitung, ehe die letzten Offensivkräfte ausgespielt werden, ins Bild zu setzen, denn dann sei es höchste Zeit, Frieden zu schließen. Es käme alles darauf an, mit einer noch schlagfähigen Armee an den Verhandlungstisch zu treten, damit man erneut an die Waffen appellieren könne, wenn unmögliche Bedingungen gestellt werden würden. „Ehe Sie Ihr letztes Pferd aus dem Stall ziehen, machen Sie Schluß !"

Der General stimmte mir zu. Ich konnte bei dieser Gelegenheit nicht mehr sagen. Man stand unter dem Eindruck der Inanspruchnahme durch die bevorstehenden militärischen Operationen.

Die neue Offensive wurde zu einem Angriff von unerhörter Wucht. Er richtete sich gegen die französische Front zwischen Aisne und Marne. Die Anfangserfolge überstiegen die kühnsten Erwartungen und trugen die Schlacht weiter als im ursprünglichen Plan der Obersten Heeresleitung lag. In Paris wollte eine Panik ausbrechen, aber dem greisen Clemenceau gelang es, sie zu beschwören: „Ich schlage mich vor Paris, ich schlage mich in Paris, und ich schlage mich hinter Paris." [214] Am 3. Juni kommt der deutsche Angriff zum Stehen. Ludendorff versucht noch, die Offensive vorwärts zu stoßen, aber die französischen Gegenangriffe, nunmehr von Amerikanern verstärkt, zwingen ihn, am 11. die Schlacht abzubrechen ohne die Entscheidung erzwungen zu haben. Er läßt jedoch einen gewaltig vorspringenden Keil an der Marne stehen in der für Freund und Feind deutlichen Absicht, zu gegebener Stunde die Offensive wieder aufzunehmen.

Während die Schlacht noch in siegreichem Fortschreiten war und der Jubel in Avesnes hochging über die stürmischen Erfolge am Chemin des Dames, unternahm Haeften, was wohl kein anderer gewagt hätte: er traf mit einer Ausarbeitung[215] im Hauptquartier ein, die zur Sorge und Vorsorge stimmen wollte und in den Worten gipfelte:

„Wir dürfen uns nicht wie bisher von den Ereignissen treiben lassen und warten, ob uns eines schönen Tages die politischen Früchte unserer Siege in den Schoß fallen. Ohne das Einsetzen einer planmäßig handelnden Staatskunst vor Abschluß den militärischen Operationen kann der staatsmännische Friede nicht sichergestellt werden, der allein unseren Interessen entspricht."

Haeften glaubte, er würde mit seiner Denkschrift herausgeworfen werden. Aber General Ludendorff wurde nachdenklich und ließ sich davon überzeugen, daß er von der Reichsleitung eine politische Offensive fordern müsse, weil die Siege allein den Frieden nicht schaffen könnten. „Es ist höchste Zeit," so sagte er zu Haeften, „daß etwas geschieht; die Denkschrift muß noch heute abend mit einem Anschreiben[216] an den Reichskanzler." [217] Am 17. Juni erläuterte Haeften seinen Plan beim Grafen Hertling in Gegenwart des Staatssekretärs v. Kühlmann: jetzt wäre auch

---

[214] Vgl. Hermann Stegemann, Geschichte des Krieges; Stuttgart und Berlin 1921, IV, S. 566.
[215] Gedruckt: Ludendorff, Urkunden, S. 478ff. Vgl. auch Ludendorff, Meine Kriegserinnerungen 1914 bis 1918, Berlin 1919, S. 476.
[216] Vom 8. Juni 1918, gedruckt: Das Werk des Untersuchungsausschusses, Bd. 1, Berlin 1925, S. 131 f.
[217] Die Denkschrift wurde am 8. Juni an den Reichskanzler „dringend befürwortet" (Ludendorff, Urkunden, S. 473, Anm.) weitergegeben und ihm am 14. Juni überreicht. Vgl. das Werk des Untersuchungsausschusses, Berlin 1926, Bd. 8, S. 273.

die Erklärung über Belgien von General Ludendorff zu erlangen. Kühlmann übertrug Haeften die Vorbereitung und Durchführung der vorgeschlagenen politischen Offensive, er selbst aber zog nicht die natürlichen Konsequenzen aus der Eröffnung, die Haeften ihm gemacht hatte. Der Staatssekretär glaubte damals an die nahende Möglichkeit vertraulicher Besprechungen und hielt am 24. Juni seine Rede, darin er das, was ihn die Oberste Heeresleitung als geheime Information hatte wissen lassen: sie glaube nicht mehr an einen Sieg durch Waffengewalt allein, folgendermaßen verwertete:

> „Ohne einen solchen Gedankenaustausch wird bei der ungeheuren Größe dieses Koalitionskrieges und bei der Zahl der in ihm begriffenen … Mächte durch militärische Entscheidungen allein ohne alle diplomatischen Verhandlungen ein absolutes Ende kaum erwartet werden können."

Bei dieser Gelegenheit zeigte sich wieder so recht unser Mangel an politischer Disziplin. Die Bemerkung des Herrn v. Kühlmann war nicht sehr akzentuiert (ihre Gefahr lag ja überhaupt nur darin, daß sie–unvermittelt – so ganz anders klang als die offiziellen Kundgebungen seit Beginn der Offensive). Man konnte hoffen, daß diese Worte verweht waren, ehe der Feind auf ihre tiefere Bedeutung aufmerksam wurde. Da stellte unsere nationale Opposition die unglückliche Bemerkung Herr v. Kühlmanns in den Brennpunkt der Diskussionen.

Kronprinz Rupprecht schrieb mir am 5. Juli 1918 darüber:

> „Die Vorgänge im Reichstag, Kühlmanns Rede, wie auch die Reden Stresemanns und Posadowskys waren nicht erfreulich,[218] Stresemann hat am meisten gesündigt, indem er die Worte Kühlmanns so deutete, wie wenn nach dessen Ansicht in militärischer Hinsicht sich überhaupt nichts mehr machen ließe, und Posadowsky insofern gefehlt, als er aussprach, daß Kühlmann Dinge gesagt habe, die man wohl unter vier Augen, nicht aber in der Öffentlichkeit sagen könnte, und hierdurch die Richtigkeit der Behauptungen Kühlmanns im Grunde anerkannte. Noch bedauerlicher sind die jüngsten üblen Reden Scheidemanns und Ledebours, die zweifellos Unterhandlungen erheblich erschweren. Kühlmann, den ich eigentlich nur vom Sehen kenne, und für den ich durchaus nicht ein-genommen bin, kann man ja erforderlichenfalls kaltstellen, seinen sofortigen Abgang aber würde ich nicht für opportun halten, weil dies als Sieg

---

[218] Hauptkritiker Kühlmanns war Graf Westarp.

der Alldeutschen und einer vermeintlichen Kriegspartei im neutralen wie feindlichen Auslande aufgefaßt würde, wo die Beurteilung der Kühlmannschen Rede im allgemeinen weniger ungünstig war wie in Deutschland.

„Meine Auffassung der Lage hat sich seit unserer Unterredung in keiner Weise geändert. Es kommen immer mehr Amerikaner, aber vorläufig werden sie uns noch nicht viel zu schaffen machen ...

„Wie die Dinge liegen, möchte ich Dich dringend bitten, wegen einiger Widerwärtiger nicht von Deinem ursprünglichen Vorhaben zurückzustehen und Dich auch nicht durch andere Schwierigkeiten abschrecken zu lassen. Ich erachte Dein Wirken für außerordentlich wichtig und aussichtsreich und wüßte niemand anderen, der der Dir sich bietenden Aufgabe so gewachsen wäre wie Du. Man muß gelegentlich seine Nerven besiegen, sie werden nur besser hiervon, und mit der Arbeit und den ersten Erfolgen wächst auch das Selbstvertrauen und die Freude an der Arbeit. Schwierigkeiten sind dazu da, um überwunden zu werden. Eine hohe Aufgabe wartet Deiner und eine lohnende.

„Demnächst hoffe ich den Kanzler zu sprechen..."

Der General Ludendorff bekam einen gewaltigen Zorn über die Rede des Staatssekretärs Kühlmann und bestellte sofort telephonisch die geplante politische Offensive ab. Es war klar, daß der Abgang Herrn v. Kühlmanns nur noch eine Frage von Tagen war. Die Berufung seines Nachfolgers wird, so sagte Hans Delbrück in der „Deutschen Politik" (12. Mai 1918) zu einer Kriegshandlung von entscheidender Bedeutung: Er hatte recht.

Ein alldeutscher Staatssekretär würde die Sprengung unserer Heimatfront und die Öffnung unserer Massen für die unabhängigen bedeuten; nach außen aber die Stählung des feindlichen Kriegswillens, die stärkste Unterstützung Lloyd Georges und Clemenceaus, im ganzen also die sichere Verlängerung des Krieges unter für Deutschland erschwerten und für die Feinde erleichterten Bedingungen.

Am 8. Juli erhielt Staatssekretär v. Kühlmann seinen Abschied. Sein Nachfolger wurde Herr v. Hintze. Er war nicht der Kandidat der Obersten Heeresleitung.

Herr v. Hintze war keineswegs ein Alldeutscher, wie unsere Linkspresse und die Feinde sagten, aber er war durchaus ein Vertreter des „vieux jeu", der die öffentliche Meinung nicht ernst genug nahm. Zur Beendigung des Krieges sah er nur den Weg der Fühler. Damit war auch seine Amtszeit zu unfruchtbaren Tastversuchen verurteilt.

Bei Hertlings Ernennung hatte ich noch Erleichterung empfunden, daß der Kelch an mir vorüberging. Heute sah ich selbst die einzige Rettung nur darin, daß ein Vertreter unseres Programms maßgebenden Einfluß gewänne, und ich traute mir zu, den Reichskanzler, General Ludendorff, insbesondere aber auch den Kaiser für eine Politik zu gewinnen, die entgegen der erregten öffentlichen Meinung die Verständigung suchte, ehe wir erschöpft waren. Ich war davon überzeugt, daß der Kaiser für die psychologische Methode grundsätzlich Verständnis hatte, und das wurde mir Mitte Juli bestätigt.

Am 28. Juni hatte ich ihm Vorschläge zur Niederkämpfung der feindlichen Greuelpropaganda unterbreitet, unter anderem die folgenden Einrichtungen zu schaffen angeregt:

Die Gefangenenabteilung des Kriegsministeriums muß einen Sprecher von internationalem Ruf zur Verfügung haben, der, ähnlich wie Lord Newton,[219] sich jederzeit die Gelegenheit schaffen kann, sei es im Parlament oder bei einer anderen öffentlichen Gelegenheit oder in einem Interview, so zu sprechen, daß das feindliche Ausland hinhören muß.

Die Anklagen des Sprechers für das Kriegsministerium müssen eine dokumentarische Erhärtung und detaillierte Ausführung erhalten durch einen Greuelbericht, den nicht, wie bisher, unsere amtlichen Stellen herausgeben, sondern für den berühmte deutsche Rechtslehrer und Philanthropen verantwortlich zeichnen.

Eine Gefangenenkommission, bestehend aus Männern von internationalem Ansehen (Theologen, andere Gelehrte usw.) sollte gegründet werden. Die Mitglieder würden das Recht haben, selbst und durch von ihnen bezeichnete Vertrauensleute, alle deutschen Gefangenenlager unerwartet und auch perodisch besuchen zu können. Die deutschen Behörden müßten sie in die Lage versetzen, aus England erbetene Auskunft unter der Bürgschaft der Wahrheit erteilen zu können …

Eine öffentliche Äußerung von leitender Stelle, vielleicht unter Berufung auf ein Kaiserwort, sollte es deutlich machen, daß eine humane Ge-

---

[219] Leiter des englischen Gefangenenministeriums.

fangenenbehandlung im Sinne des Obersten Kriegsherrn liegt. Als solche Äußerung käme in Betracht entweder:

‚Wer Härten an feindlichen Gefangenen verübt, die mit den Kriegszwecken nichts zu tun haben, ist ein bewußter Agent des feindlichen Auslandes'; oder:

‚Der Geist des Roten Kreuzes gehört ebenso zur deutschen Armee wie der Offensivgeist. Wer einen wehrlosen Feind nicht schont, verrät seine Pflicht geradeso wie derjenige, der nicht alles zur Vernichtung des kämpfenden Feindes tut.'

Ich begleitete die Eingabe mit dem folgenden Schreiben:

Baden-Baden, den 28.Juni 1918.

„Mein allergnädigster Vetter!

Die eingehende Beschäftigung mit der Gefangenenfürsorge und aller damit zusammenhängenden Fragen, der ich mich seit dem Jahre 1914 gewidmet habe, hat mir dadurch, daß ich mit Freund, Feind und Neutralen verkehren mußte, einen tiefen Blick in diese schwierige, traurige und hochinteressante Seite dieses Krieges verschafft. Sie bietet, wie kaum eine zweite, Gelegenheit, völkerpsychologische Studien zu machen und Einsicht zu gewinnen in das Seelenleben des einzelnen wie in die Zusammenhänge, welche hinter dem Leben und Leiden dieser Hunderttausende von beklagenswerten Menschen stehen, auf diese einwirken und von ihnen wieder auf die Länder, denen sie entstammen, zurückreflektieren. Ich habe mit vielen Hunderten von deutschen, aus der Gefangenschaft zurückgekehrten Soldaten und mit Hunderten feindlicher Gefangener in Deutschland gesprochen, mich an den Organisationen zu ihrer Unterstützung beteiligt und zahlreiche Korrespondenzen über ihren Austausch und ihr Schicksal überhaupt unterhalten.

Dabei ist es mir sehr klar geworden, daß wir es bei diesen Fragen nicht nur mit einer rein menschlichen, sondern mit einer hochpolitischen Angelegenheit zu tun haben. Denn hinter jedem Gefangenen steht seine Familie und sein Anhang, und diese zu Millionen anwachsende Zahl Beteiligter und Mitleidender bildet naturgemäß eine Macht, d. h. eine Meinung. Diese Meinung zu Deutschlands Gunsten zu beeinflussen und zu nutzen, war mein Bestreben vom Augenblick an, da ich die Tragweite und Wirkung dieser Sache erfaßte.

Mit meinem von mir hochgeschätzten Landsmann, dem Generalmajor Friedrich, dessen Intelligenz und wahrhaftige Menschlichkeit ich nicht genug rühmen kann, dem Leiter der Gefangenenfragen im Kriegsministerium, habe ich viel und eingehend über diese Fragen gesprochen.

Manchen Strömungen zum Trotz, die namentlich anfangs des Krieges eine rücksichtslose Behandlung der Gefangenen als patriotische Tat betrachteten, hat seine kluge und menschlich edle Tendenz sich durchgesetzt. Wir dürfen es ihm in erster Reihe danken, daß er, um Deutschlands guten Namen, hohe Kulturstellung und Traditionen besorgt, Richtlinien durchsetzte, deren Befolgung uns Ehre macht. Freilich sind, ohne sein Zutun, Dinge vorgekommen, die nicht hätten geschehen dürfen. Die Macht und der Einfluß des einzelnen Vorgesetzten auf das Schicksal des Gefangenen sind natürlich sehr groß; wir wissen, wie Kommandanten der Lager, ihre Adjutanten, ja einzelne Dolmetscher lindernd oder verschärfend auf das Leben der ihnen unterstellten Gefangenen in geradezu erstaunlicher Weise zu wirken vermögen und gewirkt haben. Diese Arbeitslast ist ungeheuer und die persönliche Erregung infolge schlechter Nachrichten aus Feindesland, die vielleicht Verwandte und Freunde gequält und schwer leidend schildern, kaum eine große Rolle spielen und eine beklagenswerte Wirkung ausüben.

Jedenfalls bleibt aber das eine: die Tendenz der Leitung ist unbedingt gut und die Organisation bewundernswert. Auch die Auswahl der Kommandanten ist fast durchweg sehr glücklich.

Trotzdem vermochte seit Anfang des Krieges die feindliche, namentlich die englische Propaganda sich, auf Einzelfällen fußend, der Gefangenenfrage mit großem Geschick zu bemächtigen und hat sie auf ihre Liste der „German atrocities" gesetzt. Unsere passive und aktive Gegenwehr war nicht wirksam. Wir begegneten den Angriffen nicht mit den Methoden, die auf die Psyche der einzelnen Länder eingingen. Immerhin hatten die atrocities eine Zeitlang geringen Anklang, nachdem sie anfangs mit Gier aufgenommen worden waren und großen Haß erweckt hatten.

Neuerdings hat die englische Regierung ihre alte Methode wieder aufgegriffen und gebraucht sie mit Erfolg zur Belebung des Kriegswillens. Wir müssen ihr wirksam begegnen. Ich habe meine Gedanken über die besten Wege des Angriffs und der Abwehr zu Papier bringen lassen und bitte Dich, meine Vorschläge von Freiherrn v. Grünau, dem ich sie zugestellt habe, gütigst anzuhören. Ich habe sie dem Reichskanzler und Generalmajor Friedrich ebenfalls zugeschickt.

Wenn wir die geeigneten Maßnahmen nicht treffen, geraten wir den Engländern gegenüber ins Hintertreffen, zumal diese der privaten Hilfe, die sich unserer deutschen Gefangenen in loyaler Weise annimmt, Billigung und Unterstützung gewähren und dadurch einen starken Trumpf der allgemeinen Meinung gegenüber geschaffen haben.

Vorschläge, die ich vor zwei Jahren gemacht habe, um etwas Ähnliches in Deutschland zu schaffen, wurden als ungeeignet verworfen. Und doch halte ich es für dringend geboten, daß wir, wenn wir uns dereinst an den Verhandlungstisch setzen, alle Atouts materieller nicht nur, sondern auch ethischer Art in der Hand haben, da es gewiß ist, daß unsere Feinde auch diese Waffen gegen uns gebrauchen werden und wir jedes Mittel ausnutzen sollten, ihnen die Maske ... vom Gesicht zu reißen.

Hierzu sollen auch meine bescheidenen Vorschläge dienen ..."

Darauf erhielt ich am 15. Juli die Nachricht von Grünau:

„ ... Die Ausführungen und Vorschläge Eurer Hoheit zu der Gefangenenfrage und der propagandistischen Auswertung unserer Gefangenenbehandlung haben das Interesse des Kaisers lebhaft erregt, und ich konnte daher die Allerhöchste Willensmeinung via Militärkabinett an das Kriegsministerium gelangen lassen desgleichen an das Auswärtige Amt. Auch der Herr Reichskanzler hat sich für die Frage sehr interessiert und hat entsprechende Schritte getan. Ich hoffe, daß Euer Hoheit damit einverstanden waren, daß die Sache von Seiner Majestät an das Kriegsministerium geleitet wurde und so die Auffassung Seiner Majestät gleich von Anfang an bekannt wurde."

Siebentes Kapitel

Der militärische Rückschlag und seine Folgen

Der Kaiser war an die Front abgereist, um den neuen Kampfhandlungen beizuwohnen, die am 16. Juli 1918 kurz nach Mitternacht begannen. Der Obersten Heeresleitung hatte die Kühlmann-Rede so weh getan, weil der Truppe, die in die zweite Marneschlacht ging, nicht der Glaube genommen werden sollte, es gälte die Entscheidung zu erkämpfen.

Schon am 16. abends stockte unser Angriff, auch am 17. kam er nicht weiter. In der Nacht vom 16./17. gab Ludendorff den Befehl zur Räumung des Marnebogens. Mitten in diese Bewegung hinein stieß Fochs Gegenoffensive, auf die die Feinde seit Monaten ungeduldig warteten und an die wir nicht recht geglaubt hatten. Wir kamen in eine furchtbar schwere Lage, in der wir uns zwei Tage hielten und der wir uns dann durch eine meisterhafte Operation entzogen.

Unsere Berichterstattung über diese neue Schlacht war irreführend. Die furchtbaren Verluste der Franzosen und Amerikaner wurden betont.

„Während der Nacht nahmen wir unsere südlich der Marne stehenden Truppen vom Feinde unbemerkt auf das nördliche Flußufer zurück." [220]

Es wurde Wert darauf gelegt, daß der Feind nicht sein letztes Ziel erreicht habe, das ganze Gebiet zwischen Aisne und Marne abzuwickeln.

Das war alles ganz richtig, aber die wesentliche Tatsache blieb im Dunkeln: die mit großer Kühnheit und Hoffnung begonnene Entscheidungsschlacht war verloren. Ich habe die Bedeutung unserer Niederlage damals nicht begriffen, sondern den Glauben geteilt, es würde der Obersten Heeresleitung gelingen, die verlorene Initiative noch einmal wieder zu gewinnen. Allerdings wurde ich stutzig durch eine kurze Bemerkung in einem Brief des Kronprinzen Ruprecht vom 22. Juli 1918:

---

[220] Tagesbericht vom 20. Juli 1918.

„… Über die jüngsten Vorgänge an der Front wirst Du unterrichtet sein. Die Art der Berichterstattung war sehr ungeschickt und geeignet, zu späterer Enttäuschung Anlaß zu geben. Im übrigen hat sich jetzt manches gebessert, aber recht unangenehm war die Überraschung doch."

Ich sandte damals eine neue Bearbeitung des „Ethischen Imperialismus" an Kronprinz Ruprecht und General Ludendorff. Heute muß ich mir sagen, daß schon damals die militärische Grundlage für unseren stolzen Plan zerbrochen war.

Da kam der 8. August – Ludendorffs „schwarzer Tag".[221] Die Engländer brachten uns eine furchtbare Niederlage bei Albert bei. Nach der zweiten Marneschlacht hatten die Feinde ihre Freude noch zurückgehalten – Fochs Name war mit inbrünstiger Hoffnung überall genannt worden, man hatte jedoch noch nicht an einen Umschwung zu glauben gewagt. Jetzt aber jubelte England:

„Wenn eine Bombe vom Himmel fallen könnte, um gute Nachrichten zu verbreiten – nur solch ein plötzliches und glückliches Naturwunder könnte das Erstaunen und die Befriedigung des Landes bei den Nachrichten der letzten drei Tage symbolisieren." („Observer", 11. August.)

„We are smashing through"[222] sagte Lloyd George.

Diesmal war die deutsche Berichterstattung präziser. Der „Überraschungserfolg Haigs" wurde zugegeben.

„Durch dichten Nebel begünstigt, drang der Feind mit seinen Panzerwagen in unsere Infanterie- und Artillerielinien ein. Nördlich der Somme warfen wir den Feind im Gegenstoß aus unseren Stellungen zurück … Wir haben Einbuße an Gefangenen und Geschützen erlitten." (Tagesbericht vom 9. August 1918.)

Aus Berlin hörte ich: „Der Stimmungssturz ist furchtbar". Gleichzeitig kam eine Nachricht, die es mir mehr als alles andere deutlich machte, wie der Regierung das Wasser am Halse stand. Herr v. Radowitz, der Chef der Reichskanzlei, hatte sich an Oberst v. Haeften gewandt: er müsse die

---

[221] Siehe Ludendorff, Kriegserinnerungen, S. 547.
[222] „Wir brechen mit Gewalt durch."

Gesamtleitung der Propaganda als Unterstaatssekretär im Auswärtigen Amt übernehmen.

In der Tat, wenn die Reichsleitung nach der psychologischen Methode der Militärischen Stelle rief, mußte ihre Weisheit am Ende sein. Schade, daß die Einsicht zu spät kam, denn die von uns empfohlene Politische Offensive war als Vorbereitung und Begleitung des Sieges gedacht, nicht aber als sein Ersatz.

Oberst v. Haeften reiste am 11. August ins Hauptquartier,[223] um, wenn irgend möglich, seine Berufung abzuwenden. Der Reichskanzler und der Staatssekretär des Auswärtigen waren in Spa, da der Kaiser einen Kronrat abhalten wollte.[224] Haeften fand General Ludendorff äußerlich ruhig, aber sehr ernst. Nicht der Geländeverlust, nicht die Überlegenheit der von uns vernachlässigten Tankwaffe erschütterten ihn; seine ganze Natur war ja auf die Überwindung von unerwarteten Schwierigkeiten eingestellt. Was den Feldherrn niederdrückte, war: Er hatte das Vertrauen zur „Moral" seiner Truppe verloren, dem unentbehrlichen Element des Sieges. Ludendorff sagte zu Haeften, es sei kein Verlaß mehr auf die Mannschaften, wir brauchten schleunigst den Frieden. Zur Defensive müßte die Armee viel kampffähiger sein, als zur Offensive. Am nächsten Morgen drang er in Haeften, er möchte doch die ihm angetragene Leitung der deutschen Propaganda übernehmen; es sei jetzt keine Hoffnung mehr auf eine Offensive, die Führung habe den Boden unter den Füßen verloren. Es wäre jetzt von entscheidender Bedeutung, wenn die psychologischen Methoden gegen die englische Heimatfront in Anwendung kämen. Haeften entgegnete, in einer solchen Situation müsse schleunigst etwas für den Frieden getan werden, aber er beschwöre den General, jetzt keine Schritte von der Obersten Heeresleitung aus zu tun, nun müsse die Regierung handeln. Er stellte die Frage: werde die Front halten, bis im Spätherbst die Offensive abflaut. Ludendorff antwortete, er habe doch noch das Vertrauen, daß wir durchhalten. Haeften resümierte: So sei also noch für die politische Lei-

---

[223] Über seine Unterredungen mit Ludendorff vgl. „Auszüge aus einem Ende 1918 der Obersten Heeresleitung erstatteten dienstlichen Bericht des Obersten v. Haeften über seine Tätigkeit 1918". Untersuchungsausschuß Bd. 2, S.369ff.
[224] Vgl. Karl Graf v. Hertling, Ein Jahr in der Reichskanzlei, Freiburg i. B. 1919, S. 148ff.

tung Zeit, alle Maßnahmen zu treffen; die Oberste Heeresleitung müsse die Regierung aufklären und im übrigen kämpfen.

Haeften erbat dann genaue Orientierung, die politische Leitung brauche Bewegungsfreiheit. Die glatte öffentliche Erklärung über Belgien sei nötig: Wiederherstellung der Souveränität und Integrität. Ludendorff war einverstanden.

Während des Gesprächs kam Hindenburg herein, kurz vor der Besprechung mit Hertling und Hintze. Oberst v. Haeften hörte, wie sich der Generalfeldmarschall an Ludendorff wandte mit der Frage: Was soll ich den Herren sagen? und die Antwort erhielt: Die volle Wahrheit![225] Und dann skizzierte der General dem Feldmarschall noch einmal die militärische Lage in ihrer ganzen Schwere.

Über diese Besprechung vom 13. August zwischen der Reichsleitung und der Heeresleitung gibt es kein Protokoll, aber ich bin überzeugt, daß der Feldmarschall nichts beschönigt und verschwiegen hat.[226] Entscheidend will es mir scheinen, daß auf Grund dieser Vorbesprechungen Staatssekretär v. Hintze im Kronrat die ihm gewordenen militärischen Mitteilungen folgendermaßen zusammenfaßte:

„Der Chef des Generalstabs des Feldheeres hat die kriegerische Situation dahin definiert, daß wir den Kriegswillen unserer Feinde durch kriegerische Handlungen nicht mehr zu brechen hoffen dürfen, und daß unsere Kriegführung sich als Ziel setzen muß, durch eine strategische Defensive den Kriegswillen des Feindes allmählich zu lähmen."[227]

Dieser Kronrat vom 14. August [228] abgehalten unmittelbar nach dem Wendepunkt des Krieges, ist bereits jetzt in der Geschichte hart umstritten. Es steht Aussage gegen Aussage.[229] Außer dem Kaiser waren anwe-

---

[225] Bericht Haeftens, a. a. O., S. 371.
[226] Vgl. Hertling, a. a. O., S. 148, über den Inhalt der Besprechung, und Bericht Haeftens, a. a. O., S. 372.
[227] Amtliche Urkunden zur Vorgeschichte des Waffenstillstandes 1918, Berlin 1924, S.4.
[228] Protokoll gedruckt: Amtliche Urkunden Nr. 1
[229] Vgl. Ludendorff, Das Scheitern der neutralen Friedensvermittlung August/September 1918, Berlin 1919, S. 10ff. Paul v.Hintze, Das Waffenstillstandsangebot, „Vossische Zeitung" vom 11., 12. und 13. September 1919 und seine Aufzeichnung, Amtliche Urkunden Nr. 2.

send: der Kronprinz, die beiden Feldherren, Graf Hertling und Staatssekretär v. Hintze, außerdem vom Gefolge des Kaisers: Generaladjutant v. Plessen, Chef des Zivilkabinetts v.Berg, Chef des Militärkabinetts Freiherr Marschall. Die große Streitfrage lautet: Hat der Kaiser die „ungeschminkte Bilanz des Weltkrieges" zu hören bekommen, wie er das gefordert?

Darauf ist zu sagen: Wenn man die Frage so auffaßt: Ist General Ludendorff vor seinen Obersten Kriegsherrn im Kronrat hingetreten und hat zu ihm gesprochen, etwa wie er zum Feldmarschall gesprochen hat, so muß die klare Antwort gegeben werden: Nein, die Oberste Heeresleitung hat nicht ohne Schonung und Rücksicht gesprochen.–Wenn man aber anders fragt: Empfing im Kronrat die Reichsleitung in die furchtbare Lage einen genügend deutlichen Einblick, um sofort handeln zu müssen – in der äußeren wie in der inneren Politik – so kann diese Frage mit Entschiedenheit bejaht werden. Den Worten Hintzes, mit denen er die ihm erteilten militärischen Informationen zusammenfaßte, wurde mit keiner Silbe widersprochen. Die militärische Bilanz wurde keineswegs dadurch abgeschwächt, daß Hindenburg am Schluß der Beratung seiner Hoffnung Ausdruck gab, es werde gelingen, auf französischem Boden stehenzubleiben und dadurch schließlich dem Feinde unseren Willen aufzuzwingen. Dieser Schlußsatz trägt nicht den Charakter eines militärischen Gutachtens, sondern eines Trostes, den der Feldmarschall wohl geäußert haben mag, weil er seinen König schonen wollte.

Es ist unbegreiflich, daß die Reichsleitung nicht gehandelt hat. Herr v. Hintze führt zwei Gründe an:

1. Die militärische Aufklärung sei nicht restlos erfolgt.– Ich bestreite das.

2. Es sei ihm die Ermächtigung zur Einleitung diplomatischer Friedensschritte nur mit der Einschränkung erteilt worden, daß ein militärisch günstigerer Moment, etwa ein Erfolg an der Westfront, abgewartet werden müsse.

Zu dieser Begründung fühle ich mich verpflichtet, Stellung zu nehmen, da der Standpunkt, den Oberst v. Haeften am 14. August vor der Obersten Heeresleitung erfolgreich vertrat, auch der meine war: eine militärische Depression dürfe keinen Annäherungsversuch an den Feind zeitigen.

Aber wir empfahlen damit keineswegs politische Tatenlosigkeit. Im Gegenteil: wollte man, wie die Oberste Heeresleitung ganz richtig sagte, einen militärisch günstigeren Moment abwarten zu einer Friedensaktion, so mußte man jetzt handeln, um den feindlichen Kriegswillen zu lockern und unsere Heimatfront zu festigen, allerdings anders als die Reichsleitung meinte. Die Herren sprachen im Kronrat von Propaganda und sahen nicht ein, daß auch der beste Propagandaminister erfolglos arbeiten mußte, wenn die Regierung, die er stützte, keine Werbekraft hatte.

Die Bilanz des Weltkrieges hatte am 14. August 1918 zu heißen: Programmwechsel, d. h. Regierungswechsel. In dieser militärischen Krisis hätten ausgesprochene Anhänger des Verständigungsfriedens ans Ruder kommen sollen, aber sie durften kein Wort von Verständigung sprechen, sondern mußten die nationale Verteidigung proklamieren.

Ich erhielt damals nur dürftige Informationen über den Verlauf der Besprechungen in Spa. Alles, was ich hörte, war: es ist eine Propaganda im Sinne der psychologischen Methode beschlossen worden, und zugleich will Hintze versuchen, diplomatische Fühler auszustrecken. Die militärische Situation sei ernst, aber man habe noch Hoffnung.

Immerhin ging es mir noch besser als den Bundesratsmitgliedern, für die am 27. August 1918 Herr v. Hintze die „Bilanz des Weltkrieges" mit folgenden Worten zog:

„Wir haben ja zwar einige kleine Echecs erlitten, immerhin aber nicht solche, daß wir annehmen müßten, unsere militärische Situation wäre schlecht oder gar verzweifelt." [230]

Aber die Wahrheit sickerte natürlich überall durch, und über das ganze Land ging ein banges, mißtrauisches Fragen. Ich erhielt in diesen Tagen drei bedeutsame Warnungen.

Der Sozialdemokrat Fendrich schrieb mir am 9. August einen Brief [231] erfüllt von Sorge um das Durchhalten der Heimat. Er betonte den nationalen Abwehrwillen, der seine Partei beherrschte, und konnte sich nicht nur auf seine eigene gute Gesinnung berufen, sondern starke und stolze Worte

---

[230] Nach der Mitteilung des braunschweigischen Bundesratsgesandten Boden.
[231] Gedruckt: Anton Fendrich, Die Kluft, Stuttgart 1919, S. 82ff.

aus dem „Vorwärts" anführen: „Die Gefahr verzehnfacht unsere Gewalt"; aber Fendrich fügte die Mahnung hinzu: nicht ohne das Vertrauen in die Führung draußen und drinnen, sonst kann die zehnfache Verminderung der Kraft die Folge der Gefahr sein. Und dann verwies er auf die Angriffe gegen die Sozialdemokraten in dem Aufruf des Bundes der Kaisertreuen, darin zum Bürgerkrieg aufgefordert und unter anderem den Mehrheitssozialdemokraten vorgeworfen wurde, daß amerikanische Millionen bei ihnen arbeiteten. Fendrich fuhr fort: Alles steht auf des Messers Schneide, jedes Wort hat jetzt sein tausendfaches Gewicht, und die es mit dem Wohl der Monarchie und des Vaterlandes so ernst nehmen, sollten sich auch in höherem Maße ihrer Verantwortlichkeit für das Ganze bei der Abfassung und Verbreitung ihrer Aufrufe bewußt sein.

Kronprinz Rupprecht gab mir den folgenden beunruhigenden Bericht:

„München, 15. August 1918.

„Lieber Max!

„Eben hier ... eingetroffen, beeile ich mich. Dir für Deinen Brief vom 7. und die Denkschrift vom Februar[232] herzlichst zu danken.

„Was nun die Denkschrift betrifft, so ist sie famos, doch treffen leider alle Voraussetzungen nicht mehr zu, unter denen sie verfaßt wurde. Durch die fehlerhafte Operation über die Marne und die sich daran reihenden schweren Rückschläge, die sowohl in materieller wie moralischer Hinsicht geradezu verhängnisvoll, hat sich unsere militärische Lage so rapid verschlechtert, daß ich nicht mehr glaube, daß wir über den Winter werden aushalten können, ja, es kann sein, daß bereits früher eine Katastrophe eintritt. – Sehr schlimm ist die Art unserer amtlichen Berichterstattung; sie bewirkt, daß man in der Heimat wie in der Armee das Vertrauen zur OH.L. verliert, und zahlreich vom Feinde zu den Truppen herübergeworfene Propagandaschriften, namentlich Abdrucke der Lichnowskyschen Enthüllungen, wirken schädigend auf die Stimmung unserer übermüdeten Soldaten. Die Amerikaner mehren sich in ungeahnter Weise, gegenwärtig stehen schon 31 amerikanische Divisionen in Frankreich, wir aber sind gezwungen, nicht bloß eine ganze Reihe von Divisionen aufzulösen, sondern obendrein viele Bataillone um je eine Kompagnie zu verringern. Der Ersatz reicht lange nicht mehr aus, die Verluste zu decken, und ist zudem wegen Mangels an Ausbildungspersonal, Unterernährung und körperlichen Gebrechen minderwertiger wie der Ersatz, über den unsere Gegner noch in großer Menge verfügen. – Es handelt sich daher [darum[, wollen wir eine un-

---

[232] „Ethischer Imperialismus", siehe oben II., Kapitel 5.

sere ganze Zukunft als Volk vernichtende militärische Katastrophe vermeiden, ungesäumt mit Friedensangeboten an unsere Gegner heranzutreten, speziell an England, und zwar mit solchen Angeboten, die angenommen werden können und mit Rücksicht auf die Volksstimmung in England auch angenommen werden müssen.

„1. Völlige Wiederherstellung und Entschädigung Belgiens (jeder weitere Kriegsmonat kostet uns ebensoviel).

„2. Abtretung von Teilen des französischen Sprachgebiets in Deutsch-Lothringen (hierzu scheint auch der Kanzler wie die OH.L. bereit, wenigstens war es diese einmal), dafür Rückgabe und Abrundung unserer afrikanischen Kolonien.

„3. Ausgezeichnet finde ich Deinen Gedanken, mit einer Rede hervortreten zu wollen. Ich kann nur wiederholen: Es ist in jeder Hinsicht höchste Eile geboten! – und es müssen entscheidende Beschlüsse gefaßt und leider auch Opfer gebracht werden, um noch viel Schlimmeres zu verhüten.–

„Gelegentlich mehr, zur Zeit bin ich dringend erholungsbedürftig."

Der dritte Alarmruf kam aus Berlin:

11. August 1918.

„Ein Gespräch, das ich heute nachmittag mit einem befreundeten Offizier hatte, veranlaßt mich, noch einige kurze Mitteilungen aufzuschreiben.

Mein Freund kommt durch seine Tätigkeit überall an der Front herum. Er sagte kurz folgendes:

Die Depression in der Heimat greift auf die Front über. Man hat allgemein das Gefühl, daß, wenn es nicht gelingt, innerhalb der nächsten Monate durch einen großen politischen Erfolg eine Erweichung des feindlichen Kriegswillens herbeizuführen, Deutschland verloren ist.

Vielfach wird von dem bevorstehenden Krach gesprochen, der im Herbst im Parlament kommen wird, und nicht ohne Sympathie. Es fallen Worte wie „Ministerium Scheidemann" usw. Ein Fliegeroffizier sagte wörtlich:

„Nun, Wilson macht keinen Frieden mit den Hohenzollern, und bis die weg sind, wird es noch zwei Jahre dauern."

Es fällt mir nicht ein, derartige Äußerungen verallgemeinern zu wollen und an der Moral unseres Heeres zu zweifeln, aber Zerfallsymptome liegen vor, es wäre ein Verbrechen, sie zu ignorieren.

Man hat in diesem Kriege schon so viel gewarnt, daß man sich scheut, es wieder zu tun. Aber ich fühle mich verpflichtet, noch einmal meiner festen Überzeugung Ausdruck zu geben, daß wir einer Katastrophe entgegengehen, es sei denn, daß vor dem Herbst dem Volk ein neuer großer Auftrieb gegeben wird und wir deutliche Erfolge auf dem Wege zum Frieden zu verzeichnen haben.

Die gegenwärtige Regierung kann den Auftrieb nicht geben und kann die Friedensatmosphäre nicht schaffen … .

Hertling hat sich in aller Form auf den Standpunkt gestellt, daß Worte nutzlos sind. Fängt er oder seine Kollegen plötzlich an zu reden, so sagt die Welt nicht mit Unrecht: Jetzt sieht Hertling es doch ein, daß die Militärs es nicht schaffen können. Wir haben ja gleich gesagt, nach deutschen Mißerfolgen wird eine politische Offensive einsetzen.

Selbst eine Landtagsauflösung würde heute abgetrotzt aussehen. Man nimmt mit Recht an, daß Hertling, der auf seine guten Beziehungen zu den Konservativen so großes Gewicht legt, nur unter dem Drucke einer enttäuschten Heimat so drastische Maßnahmen ergreifen würde. Auch eine plötzliche Schwenkung in der Behandlung der Randstaaten, wie Zurückziehung der Militärverwaltung aus den besetzten Gebieten, würde wie Zurückweichen der Regierung aussehen, nachdem Erzberger und andere immer wieder diese Forderung vergeblich gestellt haben. Die Randstaaten selbst hätten das Gefühl: Jetzt verzweifeln die Deutschen am Sieg und werden human.

Ich muß immer an Stegemanns Wort denken:

„Wer zehnmal das Falsche geredet und das Falsche getan hat, wird nicht überzeugen, wenn er zum elftenmal richtig redet und handelt. Und alle guten deutschen Worte und Maßnahmen werden nichts helfen, wenn sie nicht überzeugen."

Die Regierung Hertling wird sicher fallen, so sicher wie Bethmann fallen mußte, Michaelis oder Kühlmann.[233] Gewiß, man hat bisher immer den falschen Nachfolger gewählt! Aber warum? Weil man immer wartete, bis der zu ersetzende Reichskanzler durch irgendeinen Unglücksfall stürzte, so daß dann überstürzt gehandelt werden mußte, anstatt den Wechsel planmäßig und staatsmännisch vorzubereiten und rechtzeitig durchzuführen, ohne sichtbaren Druck der Verhältnisse, aus dem freien Entschluß der Krone.

Die Reichstagsmajorität wird auch im Herbst der Krone keinen Spielraum lassen. Man hüte sich davor, ihre Stoßkraft zu unterschätzen! Ihre Stärke wächst mit der Depression des Volkes, und die Depression im Herbst wird fürchterlich sein. Zudem ist das Anklagematerial gegen die schwache Regierung und die Oberste Heeresleitung wegen ihrer Illusionspolitik, welches Erzberger und Scheidemann heute sammeln, für den Uneingeweihten erschütternd. Das Ministerium Fehrenbach wird allgemein als eine maßvolle Lösung begrüßt werden. Der Kaiser wird nur die Wahl haben: Maschinengewehre oder parlamentarische Regierung, und an siner Wahl kann kein Zweifel sein

Soll man wirklich die Dinge treiben lassen, bis wieder der Unglücksfall kommt? …

---

[233] Kühlmann war am 8. Juli durch Admiral v. Hintze ersetzt worden.

Diese Warnungen kamen von Männern, deren Tätigkeitsgebiete denkbar verschieden waren. Aber hinter den drei Briefen stand die gleiche Erkenntnis: läßt man die Dinge treiben, so ist Deutschland verloren. Noch ist viel zu retten, aber nur durch eine entscheidende Wendung unserer Politik.

Ich hielt es für gut, Fendrichs Brief dem Kaiser zur Kenntnis zu bringen und begleitete ihn mit folgendem persönlichen Schreiben:[234]

„Salem, 15. August 1918.

Mein allergnädigster Vetter.

Ich habe mir erlaubt, Freiherrn v. Grünau zu bitten, Dir den Brief Anton Fendrichs vorzulegen. Der Hilferuf dieses wackeren Alemannen traf mich in einer Stimmung, die der seinen entspricht. Aus dieser Übereinstimmung heraus faßte ich den Entschluß, Dir die Not unseres Volkes nahezubringen in besseren Worten und aus tieferer Erkenntnis und Wissenschaft heraus als die, über die ich verfüge. Du kennst den Mann, dessen Brief den Stempel der Loyalität, der Wahrhaftigkeit und der Vernunft trägt.

Das Volk sucht seinen Kaiser und muß ihn finden, soll schwerer Schaden nicht entstehen. Ob mit Recht oder Unrecht, Tatsache ist, daß es fürchtet, Ihm entfremdet zu werden, während es bereit ist, Seiner Führerschaft zu folgen, wenn es die Gewißheit haben darf, von Ihm verstanden zu werden.

Würden die Millionen tapferer deutscher Soldaten und fleißiger Arbeiter in den Werkstätten der Kriegsindustrie glauben müssen, daß ihr Kaiser die Kaisertreuen dort sucht, wo der „Bund der Kaisertreuen" sich breit macht, so würde eine Enttäuschung und eine Verbitterung sich einstellen, die letzten Endes den Kampf um die Monarchie auf die Straße trägt und die ersten Quellen verschütten würde, aus denen der Deutsche bis heute seine Treue zu Kaiser und Reich und seinen Opfermut getrunken hat.

Die Entfesselung eines Bürgerkrieges, wie der „Reichsverband zur Bekämpfung der Sozialdemokratie" und der „Bund der Kaisertreuen" es tun, ist heute, wo eine Zusammenfassung aller Kräfte oberstes Gesetz ist, ein Staatsverbrechen und eine Torheit sondergleichen. Es ist ein Unglück, daß solche Vünde nicht verhindert werden konnten, es wäre ein noch größeres, würde der geringste Zweifel bestehen können, daß der Kaiser damit einverstanden ist.

Fendrich hat recht, wenn er sagt, daß die Machenschaften der unabhängigen Sozialisten Sache der Polizei sind; die Lösung der Frage des Sozialismus an sich ist Sache der Staatskunst und nicht der Gewalt.

---

[234] Der Abdruck erfolgt nach dem bei meinen Akten befindlichen Entwurf; ob er wörtlich mit dem Original übereinstimmt, ist mir nicht mehr erinnerlich.

Auch ich sehe kein anderes Mittel zur Abwehr schwerster Schädigung des Ansehens der Krone und der Schwächung der inneren Front, als einen „Aufruf an das deutsche Volk", in dem erneut das Kaiserwort vom 1. August erhärtet und auf den kommenden fünften Kriegswinter in Anwendung gebracht wird.

Man hat das deutsche Volk glauben machen wollen, daß dieser Herbst den Frieden bringt. Das Volk hat gern daran geglaubt, daß Not und Elend, Trauer und Sorge bald hinter ihm liegen würden. Es ist in seinen Hoffnungen enttäuscht worden. Es wird weiterkämpfen und seine alte Treue und Standhaftigkeit bewähren, wenn es weiß, daß sein Kaiser der Hüter seiner inneren Einigkeit ist und sein will, und wenn es sieht, daß die deutsche Reichsleitung diejenigen Wege geht, die dazu geeignet sind, nicht allein die militärischen, sondern auch die moralischen Widerstände niederzuzwingen und zu beseitigen, die zwischen uns und einem ehrenvollen Frieden liegen. Hierzu müssen alle ethischen Kräfte herangezogen werden, über die Deutschland verfügt, und alles vermieden werden, was Zweifel an der ethischen Fundierung unserer Politik aufkommen ließe. Der Kampf der Geister ist nun einmal entfesselt, wir müssen auch in ihm Sieger sein, wollen wir überhaupt als Sieger aus diesem Krieg hervorgehen. Hierzu gehört auch die Lösung der inneren deutschen Fragen in einer Richtung, die den Beweis liefert, daß deutsche Freiheit besser ist als westliche Demokratie.

Das ist in erster Linie eine Sache des Vertrauens von oben nach unten und von unten nach oben. Dies Vertrauen immer wieder zu wecken, immer fester zu verankern, ist die schöne Aufgabe der Throne und der Staatskunst ihrer Berater.

Nicht leichten Herzens habe ich diesen Brief geschrieben, denn ich scheue mich, mehr als ich es sagen kann, den Anschein zu erwecken, als wollte ich mich um Dinge kümmern, die mich nichts angehen. Nur mein unbegrenztes Vertrauen zu Deiner mir gütigen Gesinnung und die Erwägung, daß es eine Solidarität der Fürsten gibt, die sie zu gemeinsamer Sorge um das Gesamtwohl des deutschen Volkes verbindet, und eine gemeinsame Pflicht, zu wachen, daß dem monarchischen Gedanken in Deutschland kein Abbruch geschieht – auch nicht von seiten der monarchisch Gesinnten – konnten mich zu diesem schweren Schritt veranlassen, dessen gelinde Beurteilung ich Deiner Nachsicht empfehle."

Der Kaiser antwortete mir:

„Ich danke Dir von Herzen für die Übersendung Deines und Fendrichs Briefes und für Deine so treue Sorge um Kaiser und Reich. Die Schreiben habe ich dem Reichskanzler zugeleitet, damit er sich zur Sache äußert und mir weitere Vorschläge machen kann ... "

Die Wendung in unserer Politik kam noch nicht.

Haeften ging ganz in seinen Propagandaaufgaben auf,[235] die als Einzelleistungen gelangen und deren Gesamtwirkung doch ein Mißerfolg sein mußte, weil für eine Regierung geworben wurde, die nicht mehr zu halten war.

Am 20. August hielt Staatssekretär Solf eine große Rede[236] gegen den Minister Balfour.

Am 22. sprach ich in der badischen Kammer über den Völkerbund. Der Aufbau beider Reden war mit Haeften besprochen. Solf wie ich bekannten uns zum Verständigungsfrieden und zu den Menschheitszielen, aber wir riefen, soweit wir konnten, das Volk zum Kampf auf Leben und Tod gegen die feindlichen Machthaber, die uns vernichten und nichts von Verhandlungen wissen wollten. Unsere Reden sollten für die Oppositionsparteien in den feindlichen Ländern versöhnlich klingen, gegen Lloyd George und Clemenceau aber als Fanfaren wirken.

Solf gab eine Erklärung über Belgien ab. Die Worte Souveränität und Integrität standen in seinem Manuskript, auf Grund der Ermächtigung, die General Ludendorff Oberst v. Haeften am 13. August gegeben hatte. Das Auswärtige Amt aber war päpstlicher als der Papst und protestierte im letzten Augenblick, weil die Oberste Heeresleitung mit diesen Worten nicht einverstanden sein würde. So wurde die Stelle abgeschwächt und die folgende Fassung gewählt:

„Der Herr Reichskanzler hat im vorigen Monat im Reichstag für jeden, der es hören wollte, erklärt, ‚daß wir nicht beabsichtigen, Belgien in irgendeiner Form zu behalten.' Belgien solle nach dem Krieg als selbständiges Staatswesen, keinem als Vasall unterworfen, wieder erstehen. Meine Herren! Der Wiederherstellung Belgiens steht nichts im Wege als der Kriegswille unserer Feinde."

Der Staatssekretär bereinigte den Brest-Litowsker Frieden:

„ ... Der Friede von Brest-Litowsk kam zustande auf Grund der einen großen Übereinstimmung zwischen der russischen und der deutschen Regierung, daß die jahrhundertelang unterdrückten Fremdvölker Rußlands das von ihnen erstrebte nationale Eigendasein erhalten sollten. Diese Übereinstimmung über

---

[235] Er hatte das Amt als Unterstaatssekretär abgelehnt, war aber Graf Hertling zur Verfügung gestellt worden, um zusammen mit Ministerialdirektor Deutelmoser unsere Propaganda einheitlich zu leiten.

[236] Bei einem Empfang von Pressevertretern in der Deutschen Gesellschaft.

das Schicksal der Randvölker ist eine weltbedeutende Tatsache, die sich aus der Geschichte nicht mehr auslöschen läßt. Nicht über das Ziel, wohl aber über die Methoden und über die Wege, die zu dem Eigendasein der Völker führen sollten, gingen die russische und die deutsche Auffassung auseinander. Unsere Auffassung ist nach wie vor die, daß der Weg zur Freiheit nicht über Anarchie und Massenmord führen darf. Zwischen der ersten Sprengung der Fesseln und der vollen Selbsibestimmungsfähigkeit der Randvölker liegt das natürliche Übergangsstadium. Bis sich die ordnenden Kräfte in den verschiedenen Ländern zusammenfinden, fühlt sich Deutschland zum Schutz dieser Gemeinwesen berufen, im eigenen wie im allgemeinen Interesse, wie denn auch tatsächlich Deutschland von den nationalen Mehrheiten und nationalen Minderheiten gerufen worden ist. Der Brest-Litowsker Friede ist ein Nahmen, das Bild, das darin entstehen wird, ist erst in seinen ersten Anfängen entworfen. Die deutsche Regierung ist entschlossen, den erbetenen und gegebenen Schutz nicht zu einer gewaltsamen Annexion zu mißbrauchen, sondern den bisher unterdrückten Völkern den Weg zur Freiheit und Ordnung und zur gegenseitigen Duldung zu öffnen.

Meine Herren! England hat das Recht verwirkt, moralisch für die russischen Randstaaten in die Schranken zu treten. In ihrer namenlosen Leidenszeit während des Krieges haben sie sich einmal über das andere an England um Unterstützung ihrer Sache gewandt. Sie ist ihnen ständig versagt geblieben. Es gab eine Zeit, in der England das zaristische Rußland schärfer bekämpfte als irgendeine andere Nation. Als aber während des Krieges das zaristische Rußland im eigenen Lande unterdrückte, raubte und mordete, hat England geschwiegen, ja mehr als das, es hat den russischen Tatbestand vor der Welt beschönigt und gefälscht, und so mordete Rußland dank Englands moralischer Unterstützung mit einer unerhörten, durch das Gewissen der Welt nicht gehemmten Schwungkraft. Der Hehler darf nicht Richter sein. Das Problem der Fremdvölker, ja das ganze russische Problem wird von England ausschließlich unter dem Gesichtspunkt der Erleichterung des englischen Krieges betrachtet. Jede Verfassung ist England recht, die Rußland als Kriegsmaschine tauglich erhält, und würde Iwan der Schreckliche auferstehen und Rußland zu einem neuen Kampf zusammenschweißen, so würde er den Engländern ein willkommener Bundesgenosse in dem ‚Kreuzzuge für die Freiheit und das Recht' sein. Kann aber Rußland keinen Krieg mehr führen, dann wenigstens einen Bürgerkrieg, damit keine Ruhe an Deutschlands Ostfront entstehen kann. Die wirtschaftliche Notlage der von uns besetzten Gebiete ist ohne Zweifel schwer, aber es ist ein Zynismus im englischen Munde, davon bedauernd zu reden, denn Englands Hungerblockade richtet sich gegen die besetzten Gebiete ebenso wie sie sich gegen uns richtet, gegen die Neutralen und gegen die ganze Welt.

Balfour bespricht unser Verhältnis zu jedem einzelnen dieser Randstaaten. An die erste Stelle setzt er die Behauptung, die deutsche Intervention in Finnland hätte bezweckt, Finnland in deutsche Abhängigkeit zu bringen, mit anderen Worten, ein deutsches Portugal zu schaffen. Welche unerhörte

Herabwürdigung des finnischen Unabhängigkeitskampfes, der seit Jahrzehnten alle Freunde der kleinen Nationen begeistert hat! Aber Finnland hat, wie es scheint, alle Sympathien in England verloren, seit es sich durch das englische Vorgehen in Nordrußland bedroht fühlt und von der Verbindung mit der eisfreien Murmanküste nicht abgeschnitten werden will.

Über unser Verhältnis zu den Ostseeprovinzen, zu Polen und zu der Ukraine erhebt Balfour eine ungeheuerliche Beschuldigung. Wir seien mit diesen Ländern verfahren, sagen wir kurz, wie England mit Griechenland, d. h. wir hätten sie zum aktiven Heeresdienst gegen Deutschlands Feinde gepreßt. Kein einziger Soldat ist zum Heeresdienst aus diesen Ländern für Deutschlands Sache gezwungen worden."

Solf erneuerte sein Bekenntnis zu Deutschlands kolonialer Sendung:

„... Wir wollen einen Ausgleich unter den Kolonialstaaten.

Wir wünschen die Regelung der kolonialen Fragen nach dem Grundsatz, daß kolonialer Besitz den wirtschaftlichen Kräften der europäischen Nationen entsprechen soll und ihrer in der Geschichte bewiesenen Würdigkeit, die ihnen anvertrauten farbigen Völker zu beschützen. Die wirtschaftliche Tüchtigteit allein ist kein genügender Rechtstitel, kolonisieren heißt missionieren. Diejenigen Staaten, die nach diesem Grundsatz vor dem Kriege zu handeln bestrebt waren, die Menschheit auch in den Farbigen zu achten, diese Nationen haben das moralische Recht erworben, eine Kolonialmacht zu sein. Dieses Recht hatte sich Deutschland vor dem Kriege erworben. Die Befreiergeste, mit der die Annexion der deutschen Kolonien als gottgewolltes Werk plausibel gemacht wird, ist eine Blasphemie. Es erscheint Balfour als etwas Selbstverständliches, den Raubinstinkt der engtischen Imperialisten moralisch zu rechtfertigen."

Dann schloß er:

„... Meine Herren! Die psychologische Situation, aus der heraus der britische Staatsmann handelt, ist klar:
Die Feinde wollen keinen Frieden durch Verhandlungen.

Noch einmal geht eine Welle des Übermuts durch ihre Völker wie nach dem Eintritt Italiens, wie nach dem Eintritt Rumäniens und wie nach jedem vorübergehenden politischen oder militärischen Erfolge, und schon sind wieder die alten Kriegsziele bei der Hand, die in den noch nicht gekündigten Geheimverträgen so deutlich festgelegt sind. Der Ententekrieg geht heute wieder um Raub und Ruhm.

Aus diesem Tatbestand ergibt sich klar die Schlußfolgerung: Wir müssen die Balfoursche Rede hinnehmen als einen Aufruf an das deutsche Volk, im fünften Kriegsjahr von neuem alle seine Kräfte des Leidens, Kämpfens und

Siegens zusammenzuraffen, wie in der großen Erhebung vom August 1914 ...."

Meine Rede wurde am 22. August 1918 in Karlsruhe gehalten. Der Anlaß war die Hundertjahrfeier der badischen Verfassung:

„Eure Königliche Hoheit haben die beiden Häuser der Landstände um sich versammelt, um die Erinnerung zu feiern, daß heute vor hundert Jahren Großherzog Karl dem badischen Lande seine Verfassung gegeben hat.
  Das badische Volk weiß sich eins mit seinem Fürsten in dankbarem Gedenken an diesen guten Tag seiner Geschichte.
  ... Großherzog Karl und seine Regierung hatten erkannt, daß die Wunden eines so langen und furchtbaren Krieges sich nur schließen konnten, wenn es gelang, die eigenen Heilkräfte des Volkes durch ein starkes und aufrechtes politisches Leben zu wecken.
  Es ist wohltuend, sich heute die Antworten auf die Thronrede ins Gedächtnis zurückzurufen, welche die Erste und Zweite Kammer dem Großherzog in ihren Dankadressen gaben.
  In der Adresse der Ersten Kammer findet sich folgender Satz:
,Unsere vereinten Bestrebungen werden mithin dahin gerichtet sein, daß die Verfassung der Schild der persönlichen Freiheit und des Eigentums und das feste Band werde, das alle Klassen in brüderlichem Verein zu gleicher Verehrung und gleichem Wetteifer für die Sache des Thrones und des Vaterlandes als unzertrennbare Einheit unauflöslich verbindet.'
  In der Adresse der Zweiten Kammer heißt es unter anderem, daß die namenlosen Drangsale dieser Zeit den großen Grundsatz der Gleichheit der Rechte und Pflichten aller Staatsbürger vor dem Gesetz schufen.'
  In diesen beiden Kundgebungen werden zwei Forderungen aufgestellt, die immer die Grundlage eines kraftvollen Volksstaates bleiben werden: die Forderung an den Staat, Achtung vor der Menschenwürde und der persönlichen Freiheit des einzelnen zu haben; die Forderung an den einzelnen, sich in Hingabe an das Ganze einzusetzen bis zum höchsten Opfer.
  Diese beiden Forderungen scheinen oft in unversöhnlichem Widerstreit. Jedes Land hat Perioden in seiner Geschichte gekannt, da der übersteigerte Drang nach Ungebundenheit den einzelnen, ganze Stände, ja Einzelstaaten von der gemeinsamen Sache des Vaterlandes abkehrte in der Pflege ihrer besonderen Selbständigkeit; und wiederum kennt die Geschichte jeder Nation Regierungen, die glaubten, die Staatsautorität durch einen erzwungenen Gehorsam widerstrebender Untertanen genügend gesichert zu haben.
  Mochte dieser Glaube für vergangene Perioden Gültigkeit haben, heute ist er trügerisch, denn heute enthält die Forderung nach äußerer Kraftentfaltung zugleich die Forderung nach innerer Freiheit. Wie unsere großen Feldherren immer von neuem das Heer zu unerhörter Schwungkraft bereit finden, weil der

Opfergeist eines vertrauenden Volkes es durchdringt, so können wir auch im Frieden nur groß und glücklich dastehen, wenn der Staat getragen wird von einem gemeinsamen Volksgefühl, wenn der Deutsche durch seinen freien Willen das allgemeine Gesetz bejaht ...

Eurer Königlichen Hoheit ist es nicht vergönnt gewesen, die seit dem Regierungsantritt so heilsam begonnenen Friedenswerke fortzuführen. Der Krieg ist gekommen mit seinen herrischen, unerbittlichen Anforderungen. Er hat Eurer Königlichen Hoheit die schwerste aller Aufgaben eines Regenten auferlegt: ein treues und heißgeliebtes Volk durch Not und Leid hindurchzuführen.

... Aber im Gefolge eines jeden schweren und langen Krieges sind bisher immer moralische Volkskrankheiten einhergezogen. Es wäre vermessen, zu glauben, daß irgendeine kriegführende Nation unberührt bleiben kann. Diese Gefahr bedroht auch uns, aber sie kann beschworen werden, wenn die geistigen Führer sich ihrer Aufgabe bewußt bleiben, in Platos Sinn Wächter und Ärzte der Volksseele zu sein.

Schlimm stünde es um die Nation, die glaubte, die Fackel der christlichen Gesinnung während des Krieges senken zu dürfen in der Hoffnung, sie nach dem Frieden noch lebendig und stolz wieder erheben zu können. Ein solches Land hätte seinen Posten als Fackelträger der Gesittung verwirkt.

In jedem Land gibt es Demagogen, die diese Sorge wenig kümmert. Ja die feindlichen Regierungen erblicken ihre nationale Aufgabe darin, die Gesinnung des Hasses und der Rachsucht in den Frieden hinüberzuretten und durch Abmachungen zu verankern, die aus dem kommenden Frieden eine Fortsetzung des Krieges mit veränderten Mitteln machen sollen. Wahrlich, das wäre ein schlechter Berater der deutschen Nation, der uns aufforderte, uns ein Beispiel an Clemenceau und Lloyd George und ihrem neuen Heidentum zu nehmen. Da ist es tröstlich für uns, zu wissen, daß Eure Königliche Hoheit, getreu dem großen mütterlichen Vorbild unserer ehrwürdigen Großherzogin Luise, die Aufgabe aller führenden Kräfte in Deutschland darin sehen, die in jahrtausendlangem geistigen Ringen erwählten und erprobten sittlichen Werte, an die wir im Frieden mit jeder Faser unseres Wesens glaubten, auch im Kriege treu zu bewachen.

Unsere Art und unsere geschichtliche Entwicklung zeigen uns den Weg zu dieser Wächterrolle. Die Verfassung Deutschlands ermöglicht uns die Selbstbesinnung; wir sind nicht gezwungen, in jeder vorübergehenden Aufwallung der Volksleidenschaft, in jedem Auf- und Niederschwanken der Stimmung eine untrügliche Offenbarung des Volkswillens zu sehen, der wir unser Gewissen zum Opfer zu bringen haben. Mobherrschaft, Lynchjustiz, Boykott Andersdenkender, Pogroms gegen Fremde und wie die despotischen Gewohnheiten der westlichen Demokratien alle heißen mögen, werden hoffentlich unserem Wesen immer so fremd bleiben wie unserer Sprache.

Es mag sein, daß die Engländer, Franzosen und Amerikaner wirklich an das Zerrbild Deutschlands glauben, das ihnen ihre verhetzende Propaganda vorspiegelt. Wir kennen unsere Feinde, wie sie uns nicht kennen und kennen wollen. Wir vermögen zu unterscheiden; darum ist es unsere Pflicht, gerecht zu urteilen und nicht zu überhören, wenn gegen Äußerungen niedriger und roher Gesinnung bei unseren Feinden aus der Tiefe ihrer Völker selbst zornige Abwehr aufsteigt.

Solche Freiheit des Urteils war uns nicht immer gegeben. In jahrhundertelangem Bruderzwist hatten wir die Periode der Unduldsamkeit durchzukämpfen und zu überwinden.

Die Schlichtung der inneren staatlichen und religiösen Gegensätze in Deutschland ist im kleinen eine geistige Vorbereitung für eine Zusammenarbeit der Völker geworden. Hat es doch in unserer Geschichte lange Strecken gegeben, da das Zusammenraffen all der stolzen und eigenwilligen Stämme zu einer großen freiwilligen nationalen Einheit so utopisch erschien, wie es heute utopisch erscheint, daß einmal der Tag kommen wird, an dem die kämpfenden, hassenden und voneinander so Namenloses leidenden Völker sich zu einer großen Menschheitsgemeinschaft zusammenfinden, die noch nie gegeben war, die aber aufgegeben ist von dem religiösen Gewissen aller Völker und uns Deutschen noch besonders von unserem größten Denker, Immanuel Kant.

Konnte doch die Einheit des Deutschen Reiches nur gelingen, weil der Glaube an dieses Ideal selbst in den ganz verdüsterten Zeiten deutscher Geschichte niemals erloschen war. So sollten diejenigen, denen das ferne Ziel des Miteinanders der Völker ehrlich am Herzen liegt, nicht den Glauben an ihre große Hoffnung verlieren, mag uns auch die gegenwärtige Gesinnung unserer Feinde das Wort ‚Liga der Nationen' noch so verdächtig erscheinen lassen.

Noch ist Krieg. In England, Frankreich und Amerika hebt schamloser denn je der Vernichtungswille sein Haupt. Ihre alten, längst zusammengebrochenen Illusionen tauchen wieder auf. Sie werden wieder zusammenbrechen. Wir haben es nicht nötig, uns zur Einigkeit zu ermahnen. Jede Handlung, jede Rede der feindlichen Regierungen ruft uns zu: Schließt die Reihen!

Der Sturm, der unser nationales Leben bedroht, ist schwer und dauert lange. Wer zweifelt daran, daß wir ihn siegreich bestehen? … "

Im allgemeinen fanden Solf und ich Beifall auf der Rechten und auf der Linken. Die Konservativen dankten Solf besonders die stolze Sprache. Der Kaiser telegraphierte mir seine Billigung. Die „Frankfurter Zeitung" war nicht zufrieden mit den halben Maßnahmen, die ich in der inneren Politik zu empfehlen schien, und forderte das parlamentarische Regime, dem ich gerade vorbeugen wollte.

Am meisten überraschte mich eine zustimmende Besprechung, die meine Rede in der „Welt am Montag" (vom 26. August 1918) fand, die sonst mit der auswärtigen Politik der Unabhängigen Sozialdemokratischen Partei Deutschlands sympathisierte. Der Verfasser Hans Leuß unterstrich meine Worte: Heute enthält die Forderung äußerer Kraftanstrengung zugleich die Forderung nach innerer Freiheit. – Aus jeder Zeile sprach die Besorgnis um die Stimmung der deutschen Heimat. Leuß verstärkte am 20. September diesen Eindruck durch einen privaten Brief:

„ ... Im Hinter- und Untergrunde der verworrenen, unfreien Öffentlichkeit entwickelt sich aus diesem Zustande heraus eine communis opinio, die Katastrophen für unvermeidlich hält und sich innerlich ihnen anzupassen anfängt.
Demokratische Politiker von besonnenem, im guten Sinne des Wortes realpolitischem Urteil stellen jener Entwicklung die Einsicht gegenüber, daß nur im Zusammenhange mit Bestehendem das Künftige auf sicherem, gewachsenem Grunde ins Dasein treten, eine dem Neuen wie dem Alten gleich verderbliche Entwicklung chaotischer Gegensätze verhindert werden kann. Vor dem Kriege hat mein Freund, Abgeordneter Dr. Franck aus Mannheim, in vertraulichen Gesprächen auf Euer Großherzogliche Hoheit öfter hingewiesen ... "

Leuß stellte sich mir zur Verfügung, um „Verbindungen herzustellen, die vielleicht das Land aus einer Krisis zu retten und schwerere künftige zu hindern vermöchten".

Meine Rede fand im Ausland kaum Beachtung. Der Staatssekretär aber erzielte eine Wirkung in England, die weit über meine Erwartungen hinausging. Ich hatte geglaubt, die Siegerstimmung drüben würde die Menschen taub machen für jedes vernünftige Wort, das aus Deutschland kam. Aber das Rededuell Balfour-Solf reizte offenbar den Fechterinstinkt des englischen Volkes. Man hörte hin.

Die Solfsche Rede, so erfuhr der „Berliner Lokalanzeiger" (vom 27. August 1918) aus dem Haag, würde auf dem Interalliierten Sozialistenkongreß eine beinahe ausschlaggebende Rolle spielen.

Die englische Regierung fühlte sich genötigt, Stellung zu nehmen. Lord Robert Cecil nannte die Äußerungen Solfs über Belgien befriedigender als alles, was vorangegangen war, und fand die Erklärung bedeutsam, daß der Friede von Brest-Litowst nur ein Rahmen sei.

Man durfte aber die Resonanz nicht überschätzen. An eine Friedensbereitschaft der englischen Regierung war nicht zu denken. Immerhin mußte Lord Robert Cecil doch glauben, Rücksicht auf beachtenswerte Gruppen nehmen zu müssen, die Verhandlungen auch jetzt der Waffenentscheidung vorzogen. Man hatte drüben noch gewaltigen Respekt vor unserer Verteidigungskraft.

Die englische Kriegspartei hoffte mehr als auf den Sieg im Felde auf den Zusammenbruch unserer „Moral". Sie registrierte mit wachsender Spannung jedes giftige Parteigezänk, jede neue Entbehrung und Depression in der deutschen Heimat, jeden aufgefangenen Armeebefehl, der sich gegen Deserteure, Feiglinge oder aus der Heimat zurückkehrende Urlauber richtete.

Der Militärkritiker[237] in der „Times" hatte sich schon vor dem „schwarzen Tag" das Geheimnis der englischen Kriegskunst folgendermaßen entfahren lassen:

„Die ‚Moral' des Feindes muß gebrochen werden. Es ist Verlust an ‚Moral' nicht Verlust an Boden, oder an Menschen, oder an Material, was Sieg oder Niederlage ausmacht. Der Feind muß aufhören, an sich oder an seine Führer zu glauben („Times", 7. August 1918).

Die hier geforderte Strategie war längst an der Arbeit und zielte nur zu gut. Unsere politische Leitung hatte unwiederbringlich das Vertrauen des Volkes verloren. Das wußte man. Jetzt aber wurde ich mit Schrecken gewahr, wie in Heer und Heimat eine feindselige und gehässige Kritik auch gegen General Ludendorff sich regte. Es war mir ein Bedürfnis, ihm einen Brief voll vertrauender Worte zu schreiben. Für mich blieb er der Mann, an dem wir im Unglück Halt suchen mußten. Er hatte, wie kein anderer, die Kraft bewährt, das Schicksal Deutschlands an der Front zu wenden. Meine Bundesgenossen erwarteten und verlangten noch mehr von ihm: sie glaubten, er müßte die Initiative ergreifen, um den politischen Angriff der Feinde auf die deutsche Heimat abzuwehren.

Rohrbach schrieb am 26. August den folgenden Brief an General Ludendorff:

„Ew. Exzellenz, darf ich mir die Freiheit zu folgenden Ausführungen nehmen. Seit dem Beginn der feindlichen Teilerfolge an der Westfront ist die Stimmung bei uns im Volke, bei der Masse wie unter den Gebildeten, wie Ew. Exzellenz bekannt sein wird, in beängstigendem Maße deprimiert, und unter dem Eindruck der übertriebenen Gerüchte von angeblich abnehmender moralisch er

---

[237] Früher der „Student of War" des „Manchester Guardian".

Kampfkraft unserer Truppen sinkt sie noch immer tiefer. Ich besitze genügend Fühlung nach unten wie nach oben und fühle mich verpflichtet, meiner Sorge Ausdruck zu geben, daß, wenn nichts Entscheidendes zur Aufrichtung des Mutes in der Heimat geschieht, wir vor der Möglichkeit eines inneren Zusammenbruches stehen.

Das größte Unheil würde geschehen, wenn der Reichstag sich versammelt und dann eine Regierung ohne gestärkte Autorität einer kopflosen Schar von Abgeordneten, namentlich aus den Mehrheitsparteien, gegenübersteht. Ich höre, daß in diesen Kreisen daran gedacht wird, etwas wie eine neue Friedensentschließung zu fassen, eine Erklärung der Bereitschaft, auf Wilsonsche Ideen einzugehen, oder Ähnliches. Kommt es im Reichstag dazu, so geraten wir in die äußerste Gefahr, denn dieser Beweis von Schwäche bei uns würde dem Kriegswillen der Feinde einen solchen Auftrieb geben, daß darüber die vorhandenen friedensbereiten Strömungen völlig verschlungen würden und die Kriegsparteien ihren gegen uns fechtenden Völkern weiter die größten Opfer zumuten könnten. Auf unserer Seite dagegen wäre nach einem solchen Schwächeausbruch eine moralische Wiederaufrichtung kaum noch denkbar.

Ich habe alle Verehrung für die Persönlichkeit und staatsmännische Hingabe unseres greisen Reichskanzlers, aber ich fürchte, daß es ihm bei seinem hohen Alter doch nicht gelingen könnte, wenn Panikstimmung unter den Abgeordneten zutage tritt, der Lage Herr zu bleiben. Mit Rücksicht hierauf sehe ich keinen anderen Ausweg, als daß Euer Exzellenz zu der Aufgabe, eine die öffentliche Meinung beruhigende militärische Lage zu schaffen, auch noch Schritte zur moralischen Wiederaufrichtung der Heimatfront zu tun übernehmen. Das eine ist Euer Exzellenz so gut möglich wie das andere. Ich halte es nicht einmal für besonders schwer, den erschütterten Mut des Volkes neu herzustellen, wenn nur die richtigen Mittel angewendet werden. Dazu ist aber auf jeden Fall eins notwendig, daß die erforderlichen Maßnahmen nicht von solchen politischen Persönlichkeiten getroffen werden, von denen jedermann sieht, daß sie ihr früheres politisches System oder ihre Systemlosigkeit nur darum verlassen, weil die Not oder der General Foch sie treiben. Damit wäre unser Spiel hin. Es müssen große, entscheidende Schritte getan werden, um die gesunkene Stimmung wieder in die Höhe zu reißen, den unbeugsamen nationalen Willen zum Durchhalten zu beleben und uns von neuem die große moralische Schwungkraft zu geben, die allein uns retten kann.

Ich kann Euer Exzellenz auf Grund einer wirklich nahen Fühlung mit unserer Volksseele versichern, daß bloße politische Taktiker, bloße Organisatoren oder selbst sogenannte starke Männer die Aufgabe nicht bemeistern werden, unsere Volksstimmung wieder in die Höhe zu bringen. Das Volk wird ihnen nicht folgen. Es verlangt jetzt, sich selbst unbewußt, nach großen moralischen Charakteren von einer durchsichtigen Reinheit des Willens, die imstande sind, auch den Ideenkampf aufzunehmen und die ganze Kraft bei uns zu entbinden, die aus dem Gefühl des eigenen besseren Rechts und der moralischen Minderwertigkeit der feindlichen Sache fließt. Gelingt es, zugleich mit der siegreichen

Abwehr im Westen, durch großzügige moralische Offensive bei den Feinden dem Krieg seinen Charakter als „Volkskrieg für eine gerechte Sache" zu nehmen, so ist Zusammenbruch des feindlichen Kriegswillens zu erwarten.

Zur Wiederherstellung unserer inneren Lage kommt es vor allen Dingen darauf an, dem deutschen Volke deutlich zu machen, wie absolut eitel der Gedanke ist, als ob wir durch Nachgiebigkeit im gegenwärtigen Augenblick einen erträglichen Frieden erreichen könnten, und als ob die im Dienste der kriegshetzerischen Parteien stehenden feindlichen Regierungen einen anderen Entschluß kennten als den, Deutschland zu vernichten. Diese Einsicht, die bei uns im Volke keineswegs vorhanden ist, wird uns, verbunden mit dem Aufruf aller unserer sittlichen Kräfte und des Glaubens an unser besseres Recht, retten. Daneben müssen in geschickter Weise die starken Momente unserer eigenen Stellung in politischer und materieller Hinsicht und die Schwächen der feindlichen gezeigt werden. Auch das kann eindrucksvoll geschehen.

Einzelheiten hierüber zu entwickeln, kann nicht Sache dieses Briefes sein. Wünschen Euer Exzellenz meine Meinung weiter darüber zu hören, so stehe ich persönlich zur Verfügung. Euer Exzellenz wissen so gut wie wir alle, daß es nicht möglich ist, diesen Krieg für uns zu gewinnen und unsere Existenz für die Zukunft siegreich zu behaupten, wenn die Wiederaufrichtung der erschütterten Moral und des schwankend gewordenen Willens zum Durchhalten in der Heimat mißlingt. Eine Reichsleitung, die in solcher Stunde gegen die Heeresleitung oder ohne sie arbeiten wollte, wäre ein Verhängnis; ebenso eine Militärdiktatur, die die Reihen des Volkes nur noch mehr als schon der Fall, den Wirkungen der feindlichen Propaganda öffnen und alle Hingabe zerstören würde. Wir brauchen eine Regierung, die sowohl dem soldatischen Gefühl als auch der Volksstimmung Rechnung trägt und durch den Erweis moralischer Kraft auch die Reichstagsmajorität freudig hinter sich bringt. Möge es Ew. Exzellenz vergönnt sein, an der entscheidenden Stelle das entscheidende Wort dafür zu sprechen, daß wir eine politische Leitung erhalten, die fähig ist, unserem fechtenden Heere und seinem Generalstab eine innerlich erneuerte Heimatfront als Rückhalt und Kraftquelle hinzustellen ..."

Ende August waren es nicht mehr allgemeine Sorgen und Ängste, mit denen man der Zukunft entgegensah. Mir wurden ganz bestimmte Gefahren bezeichnet, denen es sofort zu begegnen galt:

In Österreich hatte unsere Niederlage noch furchtbarer gewirkt als der Zusammenbruch der eigenen Offensive am Piave.[238] – Man sprach ganz offen von der Vernichtung des preußischen Militarismus als einer erstrebenswerten Lösung des Weltkrieges. Wir hatten denkbar ungeschickt in

---

[238] Vgl. A. v. Cramon: Unser österreichisch-ungarischer Bundesgenosse im Weltkriege, Berlin 1920, S. 174.

der polnischen Frage operiert. Auch loyale Österreicher waren verletzt über die Form, die unser Widerstand gegen die austropolnische Lösung angenommen hatte: wir hatten erklärt, uns mit kleinen Grenzberichtigungen begnügen zu wollen, wenn ein selbständiger polnischer Staat entstünde; würde aber Polen unter das Habsburger Szepter kommen, so müsse ein großes Stück polnischen Landes an Preußen fallen. Österreich legte auf die austropolnische Lösung hauptsächlich aus Gründen des inneren Prestiges Wert, da, im Falle ein selbständiges Polen entstünde, Galizien verloren gehen müßte. Österreich braucht den Frieden dringend und sucht ihn, ohne die gebührende Rücksicht auf uns zu nehmen.

Es droht ein neuer Friedensschritt des Reichstags. Aus dem Bureau Haeften wurde mir geschrieben:

„Beim nächsten Verhör Hertlings sollen ihm neue Majoritätsfesseln angelegt werden; die innere Begründung genau so wie bei Michaelis: weil sie eben kein Vertrauen zu ihm haben. Erzberger plant eine großzügige Kampagne zum Eingehen auf die Wilsonschen Ideen und Wilsonsches Vokabular. War im Juli 1917 die Friedensresolution ein Hilferuf an das feindliche Ausland, so wird die neue Resolution, die vorbereitet wird, in der ganzenWelt wirken wie ein ‚Händehoch' des deutschen Volkes vor der amerikanischen Idee."

Am 2. September will Bayern im Bundesrat die Frage eines Friedensangebotes zur Sprache bringen. Kronprinz Rupprecht gab mir diese Information und billigte den Schritt seiner Regierung:

„Die militärische Lage, die sich seit meinem letzten Briefe [239] wiederum erheblich verschlechtert hat, läßt ein rasches Handeln geboten erscheinen. Die Zeit wirkt gegen uns, je länger wir säumen, desto ungünstiger wird die militärische Lage, und wir müssen zum Frieden kommen, koste es auch sehr bedauerliche Opfer, ehe eine weitere Schwächung unserer militärischen Kraft eintritt."[240]

---

[239] Vom 15. August s. o. S. 288f.
[240] In dem gleichen Brief vom 31. August 1918 hatte Kronprinz Rupprecht geschrieben: „Daß Hertlings Abgang ein Glück wäre und zwar ein möglichst baldiger, dies ist auch die Ansicht unseres Ministers v. Dandl, Hertling ist eben einmal zu alt und fast willenlos geworden. Denselben Eindruck von Hertling gewann auch Kaiser Karl, wie er mir unlängst sagte. Selbst in der eigenen Partei Hertlings besteht die Auffassung, daß er seinen Aufgaben nicht mehr gewachsen, er ist zum völlig gefügsamen Werkzeug Ludendorffs geworden, der ihn nur deshalb hält, weil er mit dem Reichstag gut umzugehen versteht. Dandl teilt meine

Ich konnte den badischen Bundesratsbevollmächtigten Herrn Minister Dr. Düringer noch vor seiner Abreise nach Berlin sprechen. Er teilte meine Überzeugung, daß ein Regierungswechsel viel mehr für den Frieden bedeuten würde als ein Friedensangebot, ja, daß ein Annäherungsversuch der Regierung des Grafen Hertling in diesem Augenblick die Feinde nur ermutigen könnte.

Der bayerische Vorstoß war nicht leicht abzuwehren. Ministerpräsident v. Dandl sprach sehr ernst. Er las aus der pessimistischen Denkschrift des bayerischen Kriegsministers Hellingrath vor und warnte die Regierung, zu warten, bis der Reichstag die Initiative ergriffe, denn bei solcher Initiative könne es um Kronen gehen. Dandl empfahl – ganz entsprechend der Auffassung des Kronprinzen Rupprecht – mit England Fühlung zu nehmen, das in diesem Jahr mächtiger sein würde als im nächsten; 1919 würde das Schwergewicht bei Amerika liegen. Er schloß mit der Forderung, die Lösung der preußischen Wahlrechtsfrage möchte in kürzester Zeit erfolgen.

Der württembergische Minister Weizsäcker sprach womöglich noch besorgter: Unsere Souveräne hätten unbedingt Anspruch darauf, zu erfahren, was nach Auffassung der Obersten Heeresleitung die Chancen seien, mit denen wir im nächsten Jahr weiterkämpfen könnten. Man habe zu sehr im Traum einer Zuversicht gelebt, jetzt müsse die Nation wissen, daß es ums Ganze geht.

Graf Hertling und Staatssekretär v. Hintze gaben den Ernst der Lage zu. Hertling sagte jedoch, die Depression ginge zu weit. Wir hätten mit unserer Offensive eine Enttäuschung erlitten, aber auch dem Feind sei der Durchbruch nicht gelungen. Er könne sich nicht darüber äußern, ob man im Jahre 1918 deutscherseits noch eine Offensive unternehmen wolle, da er geflissentlich vermeide, mit Rücksicht auf die Geheimhaltung, sich über militärische Einzelheiten informieren zu lassen. Die Frage des Mannschaftsersatzes sei sehr ernst in quantitativer und qualitativer Hinsicht. Man sei zu dem Entschluß gekommen, die Situation in ernstester Weise zu verfolgen und das Anknüpfen von Fäden mit den Gegnern sorg-

---

Meinung, daß Du für den Posten des Kanzlers die geeignetste Persönlichkeit, und

fältig zu erwägen, damit der richtige Moment ergriffen werde, um zu Konversationen zu kommen. Graf Hertling skizzierte dann Deutschlands Mindestforderungen, die bereitgehalten werden müßten:

> „Desinitivum des Friedens im Osten, möglichstes Desinteressement in Belgien, das wir wiederherstellen wollten, aber nur insoweit, daß keine feindliche Macht größere Vorteile hat als wir. In Frankreich möglichstes Interesse an Briey und Longwy."

Der Staatssekretär v. Hintze wandte sich gegen den Vorschlag Bayerns mit guten Gründen. Er sagte, daß der gegenwärtige Siegesübermut der Feinde Verhandlungsmöglichkeiten ausschlösse, erst nach verrauchtem Taumel könne man Fäden hinüberspinnen, wenn der Feind merke, daß wir weit davon entfernt seien, uns einen Frieden diktieren zu lassen. Herr v. Hintze wies darauf hin, wie leider Österreich diese Erkenntnis nicht teile. Wien stände im Begriff, sich selbst an den Feind zu wenden. Die von Österreich ins Auge gefaßte Form, zum Abschluß zu kommen, gliche schon mehr dem Schrei eines Ertrinkenden. Er kündete an, daß er im Begriff stände, nach Wien zu reisen, um wenn irgend möglich den österreichischen Friedensschritt [241] aufzuhalten.

Der Vertreter der Obersten Heeresleitung, Oberst v. Winterfeldt, gab alsdann Auskunft über die militärische Lage: Die gegenwärtigen Kämpfe seien für Führung und Truppe das Schwerste, was sie im Krieg erlebt haben. Der Feind wolle eine neue Entscheidung herbeiführen. Schon erstrecke sich der Kampf auf eine Front von 100 Kilometern, man müsse mit einer weiteren Ausdehnung rechnen. Die Frage des Mannschaftsersatzes sei die ernsteste, vor der die Fragen des Prestiges und des Geländes in den Hintergrund träten. Wir müßten Menschen sparen, das sei jetzt die Hauptsache.

Oberst v. Winterfeldt war gerade dabei, gewisse Fortschritte in der Bekämpfung der Tankwaffe glaubhaft zu machen – da wurde er durch ein

---

ich konnte im gleichen Sinne auch auf andere Leute einwirken."
[241] Vgl. Cramon, a. a. O., S. 176ff. und die „Chronologische Übersicht der Entwicklung des österreichisch-ungarischen Friedensvorschlags", Amtliche Urkunden Nr.4.

Telephonat des Generals Ludendorff unterbrochen. Er gab den versammelten Herren von dem erschütternden Inhalt Kenntnis: Die Wotanstellung ist überrannt. Zwei hintereinanderstehende Divisionen sind durch massierte Tankangriffe überwältigt worden. Winterfeldt sagte abschließend:

Die Lage sei nach Ansicht der Obersten Heeresleitung gespannt und ernst, aber der Feldmarschall und Ludendorff ließen deshalb keineswegs den Kopf hängen. Auch bei der Obersten Heeresleitung bestehe der Wunsch, den Krieg nicht ins Angemessene zu verlängern. Das gegenwärtige Anrennen der Feinde geschähe wohl ebenfalls in der Absicht, den Krieg rascher zu beenden.

Minister Dr. Düringer sekundierte dem Oberst v. Winterfeldt. Der gegenwärtige Augenblick sei der denkbar ungünstigste zu Friedensaktionen, jede dahin gehende Äußerung bedeute nur ein Eingeständnis der Niederlage und Schwäche. Er äußerte sich sehr entschieden über die Notwendigkeit, etwas für die Aufrichtung der Heimat zu tun.[242]

Düringer schrieb mir am 6. September 1918 in einem Privatbrief über diese Sitzung: Einzelne Ausführungen wären viel defaitistischer gewesen, als der offizielle Bericht erkennen ließe.

Er gab mir dann noch von einem Gespräch Kenntnis, das nach dem anschließenden Essen im Reichskanzlerpalais der bayerische Ministerpräsident mit ihm herbeigeführt habe. Dandl hätte ihm bedeutet, es wäre nach seiner Meinung jetzt an der Zeit, daß Prinz Max von Baden das Amt des Reichskanzlers übernähme.

„Sie (die badische Regierung) müssen natürlich dagegen sein; aber ich würde es begrüßen, einmal, weil damit der Beweis geliefert wird, daß ein Mitglied eines regierenden Hauses einen solchen Posten übernehmen kann, sodann wegen des Ansehens des Prinzen im Auslande."

Herr Dr. Düringer fügte hinzu:

---

[242] Der Schilderung der Sitzung liegt der Bericht des braunschweigischen Gesandten Boden zugrunde

„Mein Verhältnis zu Dandl ist kein solches, daß er mir persönliche Konfidenzen zu machen hätte. Er hat also mit mir als dem badischen Minister gesprochen. Daraus ergab sich für mich die Pflicht, dem Großherzog Mitteilung zu machen."

Gleichzeitig erfuhr ich von einem Memorandum, das am 12. August zwei mir damals unbekannte Generalstabsoffiziere Ludendorff übergeben hatten: darin forderten sie zur Versteifung unseres Widerstandes die Belebung unserer inneren Kräfte. Sie bezeichneten den Prinzen Max von Baden als den geeigneten Mann, um als Reichskanzler die neue Mobilmachung durchzuführen.[243]

Am 3. September wurde Hahn zu seinem Chef gerufen. Herr v. Haeften sagte ihm, die gegenwärtige Krisis sei schwer, nicht wegen der objektiven Machtgrundlagen, sondern wegen der psychischen Erkrankung, welche durch die Heimat und – zum Teil auch durch die Front gehe.

---

[243] Der eine der beiden Generalstabsoffiziere war unser Militärattache im Haag, Major v. Schweinitz. In seinem in den „Grenzboten" (80. Jahrg., 24. Dezember 1921, S. 414f.) veröffentlichtem Abriß seiner Haager Berichterstattung schreibt er darüber: „Der Umstand, daß ich den Prinzen Max von Baden zum Kanzler vorschlug, hat mich beinahe dazu veranlaßt, dies Buch ungeschrieben zu lassen. Das richtige wäre damals gewesen, den Fürsten Bülow mit der Abwicklung des Krieges zu beauftragen. Zwei Persönlichkeiten, die im Glück und Unglück klarer sahen als wohl irgendeiner ihrer deutschen Zeitgenossen, Ihre Majestät die Kaiserin und der Hausminister Graf Eulenburg, haben den ganzen Krieg hindurch an der Kanzlerkandidatur des Fürsten festgehalten. Noch kurz vor seinem Tode hat der Hausminister die Hoffnung geäußert, daß die politische Rolle des Fürsten nicht ausgespielt sein möchte. Vernünftigerweise müßte sie bei der Reichspräsidentenwahl in Erfüllung gehen. Daß ich den Fürsten im August 1918 nicht vorschlug, erklärt sich aus meinem Wunsch, den Präsidenten Wilson mit seinen eigenen Waffen zu schlagen. Diese Technik kam aber für den Fürsten nicht in Frage. Das spätere Verhalten meines Kandidaten brauche ich nicht zu kennzeichnen. Ich dachte ihn mir natürlich nicht als „Macher von 's Ganze", wie sich der Berliner ausdrückt, sondern als figure head. Als der Prinz schließlich ernannt wurde, geschah es in einer Weise, die meinen Wünschen diametral entgegengesetzt war. Ich wollte unsere Umstellung mit einer Fanfare und nicht mit einer Schamade ankündigen." Ich habe diesen unfreundlichen Worten nur hinzuzufügen: Major v. Schweinitz mußte, als er sie schrieb, wissen, wer schuld daran war, daß meine Kanzlerschaft mit einer Schamade, und nicht, wie er und ich beabsichtigten, mit einer Fanfare begann.

Nur eine Regierung des Volksvertrauens kann diese Krisis überwinden helfen."

Hahn teilte mir noch an demselben Tage den Inhalt bes Gespräches mit. Gleichzeitig wurde mir auch durch den General Ludendorff bestätigt, daß eine Katastrophe an der Front nicht befürchtet würde. Er schrieb mir am 5. September:

„Gegenüber den gewaltigen, die Entscheidung suchenden Anstrengungen des Gegners hoffe ich, die Lage durchaus halten zu können, so daß dann die Enttäuschung im feindlichen Lager unsere Gegner zu Besprechungen zur Anbahnung des Friedens geneigter machen wird."

Am 6. September traf Hahn in St. Blasien ein, um mir im Auftrag des Obersten v. Haeften zu berichten. Sein Vortrag mündete in den Nachweis: die drohende Katastrophe kann noch abgewandt werden, aber sie kommt unaufhaltsam, wenn wir abwarten und nichts tun.

Wir legten die wesentlichen Merkmale der inneren und äußeren Lage schriftlich nieder; ich zog die Schlußfolgerungen, die sich aufdrängten. Es kam zur Aufstellung eines Programms:

I. Der einzige günstige Faktor unserer äußeren Lage

„Warum greifen die Engländer an?

Trotz der Mahnung ernstester Fachkreise, nicht in den Fehler von 1917 zu verfallen und mit unzureichenden Kräften eine Entscheidung erzwingen zu wollen, sondern damit zu warten, bis unbestrittene Überlegenheit der Luftwaffe und Vollgewicht der Amerikaner da ist?

Antwort:

Die Engländer wollen Schluß machen.

a) Der U-Bootkrieg ist zwar nicht der entscheidende Faktor, aber das Problem ist bis heute noch nicht gelöst: gleichzeitig amerikanische Millionenheere zu transportieren und zu versorgen und die Heimat der Entente in gesundem Zustand zu erhalten.

b) In Kreisen der City und älterer Staatsmänner greift das Bewußtsein um sich: ein amerikanischer Sieg ist eine englische Niederlage:

1. „We shall be hypthecated to America." [244]

---

[244] Vgl. die Rede Inchcapes im Oberhaus über Steuerbelastung Englands infolge Verschuldung an Amerika

2. ‚Amerika soll die erste Seemacht werden': Erklärung des amerikanischen Schiffahrtsdirektors.

3. ‚Ein leerer Hafen von London und ein leeres Liverpool sind keine glänzende Vision – wo wir kaum gehen werden – wird Amerika fliegen."
[245]

c) Pazifistische Verseuchung der englischen Munitionszentren.

d) Ansteckungsgefahr des englischen Pazifismus für französische Sozialisten.

e) Die Furcht der Jingoes (Barnes, Wilson) unter den Arbeiterführern, daß der Pazifismus die Gewerkschaften völlig erobern würde.

f) Die dauernden Warnungen der englischen Jingoes vor der Gefährlichkeit einer deutschen politischen Offensive.

Zusammenfassend läßt sich sagen:

Die heutige Kraftanstrengung der Entente findet ihre Haupterklärung in der Verwundbarkeit der englischen Heimatfront. Natürlich hoffen die Engländer, durch ihre materielle Überlegenheit den Zusammenbruch Deutschlands schon in diesem Jahre herbeizuführen. Gelingt es nun, durch eine neu befestigte ‚Moral' von Heimat und Front diese englische Hoffnung zuschanden zu machen, so steht ein schwerer psychologischer Rückschlag in England zu erwarten, das wäre dann der Moment für Deutschland, um politisch entscheidende Handlungen in der auswärtigen Politik vorzunehmen.

II. Was erwarten die Feinde, was hoffen sie?

1. Sie erwarten bei uns

a) den moralischen Zusammenbruch unserer Heimatfront,

b) daß der Reichstag am Ende dieser Kampagne seine Rechnung präsentiert mit der Begründung:

Die Ratgeber der Krone haben versagt, sie haben nicht einen Augenblick die Führung im Reich in der Hand behalten, sie lag in der Hand des Militärs. Aber auch die Militärs haben versagt, sie haben nicht nur Illusionen erregt, sondern selbst daran geglaubt; sie haben die feindliche

---

[245] An empty London and an empty Liverpool is not a brilliant vision – where we will hardly walk – America will fly (Zitat aus der „Nation").

Macht falsch beurteilt, sowohl die moralischen wie die materiellen und numerischen Kräfte ihrer Gegner unterschätzt.

Das deutsche Volk hat kein Vertrauen mehr zu den vom Kaiser erwählten Führern, nicht zu den Bureaukraten, nicht zu den Militärs, es will nun sein Schicksal selbst in die Hand nehmen.

Die Feinde rechnen damit, daß Streiks, passiver Widerstand im Heer usw. hinzutreten.

In dieser Situation erwarten sie, daß der Reichstag die Forderung nach parlamentarischer Regierung stellen und durchsetzen wird. Das neue Ministerium Scheidemann, Erzberger usw. werde dann von Wilson als verhandlungsfähig erklärt werden, unter der Bedingung, daß auch die elsaß-lothringische Frage und der Brest-Litowsker Friede dem internationalen Tribunal unterworfen werden. Deutschland werde in bußfertiger Stimmung sein, entweder bereits reif für einen Entente-Frieden oder bei Fortführung des Krieges bald so zermürbt, daß sich der innere Zusammenbruch in katastrophenartiger Form vollziehen wird.

III. Wohin treiben nun die Dinge in Deutschland?

1. Ein System ist zusammengebrochen, das System des Wartens auf militärische Erfolge.

Die Männer, die dieses System verkörpern, sind heute noch an der Regierung. Das deutsche Volk erkennt sie nicht als seine Führer an. Das schadete nichts, solange die Mehrzahl des deutschen Volkes in Hindenburg und Ludendorff nicht nur die großen Feldherren, sondern auch die Führer zum Frieden sah. Heute glaubt niemand mehr an die Auffassung, die hinter unserer ganzen Kriegspolitik stand: daß die militärischen Erfolge eine Zwangslage für die Feinde schaffen werden, einen Frieden anzunehmen, wie ihn Deutschland sich wünscht.

2. So will heute das deutsche Volk eine Reichsleitung sehen, die mehr als ein politisches Anhängsel der Obersten Heeresleitung ist. Deutschland ist zum Bewußtsein der Führerlosigkeit gekommen. Heimat und Front haben zu gleicher Zeit das Vertrauen verloren, daß das Schicksal Deutschlands in guten Händen ist. Allenthalben ein Nachlassen der Spannkraft, in dem Augenblick, wo alles davon abhängt, daß Heimat und Front ihr Letztes hergeben. Jetzt stecken sie sich gegenseitig an; Truppen

weichen, die ihre Stellung noch halten könnten, zu Hause haben fast alle ihre Haltung verloren.

a) Der ‚Vorwärts' verlangt ein neues Friedensangebot.

b) Erzberger und Scheidemann arbeiten auf eine neue Friedensresolution hin, die auf eine Kapitulation vor Wilsonschen Gedankengängen und Redensarten hinausläuft. Wir können gewärtigen, daß ihr Inhalt ungefähr wäre:

Wir haben ja den Militarismus in Deutschland abgeschafft, wir bestimmen ja jetzt unsere eigenen Geschicke, unsere Regierung ist ja jetzt verantwortlich, wir sind ja nun verhandlungsfähig, wir wollen ja aust den Machtgedanken zugunsten des Rechtsgedankens verzichten.

Das Ganze wird wirken wie ein Buß- und Bittgang an das feindliche Ausland.

c) Erzberger und Scheidemann beabsichtigen eine Generalrechnung gegen die Oberste Heeresleitung und Reichsleitung aufzumachen; unter stillschweigender Begünstigung durch die Nationalliberalen und das Zentrum fordern sie die parlamentarische Regierung, und zwar mit der würdelosen Begründung, sie würde dazu beitragen, den Kriegswillen der Feinde zu erweichen. Sie hoffen, ihre Forderungen durchzusetzen auf Grund des Nachweises, daß die bisherigen Machtfaktoren Deutschlands: Kaiser, Reichsleitung und Heeresleitung, sich unfähig erwiesen hätten, Deutschlands Geschicke zu leiten.

d) Die linksdemokratische Presse verlangt ebenfalls die parlamentarische Regierung; um die Nationalliberalen zu locken, will Theodor Wolff sogar Stresemann einen Platz in dieser Regierung sichern.

e) Auf die Nationalliberalen ist kein Verlaß: Stresemann nähert sich deutlich der Reichstagsmajorität. Seine letzte Rede hätte genau so gut von einem Abgeordneten der linken Parteien gehalten werden können.

3. Von der Front kommt die Nachricht: Nachdem der Glaube an die Unfehlbarkeit der deutschen Obersten Heeresleitung geschwunden ist, sehnt sich mit einem Male die Armee nach einer Politischen Führung. In diesem Verlangen trifft sich also das kämpfende wie das arbeitende deutsche Volk.

Diese Forderung kann unsere Rettung werden. Wer wird die politische Führung übernehmen?

1. Der Reichstag zögert zu lange, gerade von seinem Standpunkt aus. Hätte er Selbstbewußtsein, so müßte er in dieser Stunde der Not zusammentreten, sich Rechenschaft über die Lage geben lassen und mit daran arbeiten, daß eine neue nationale Erhebung uns die Möglichkeit gibt, die große Krisis zu überstehen. Anstatt dessen ist er in den Ferien und die Parteileiter erholen sich für die große Kraftprobe im Herbst. In jedem anderen Lande würde heute das Parlament darauf bestehen, zusammenberufen zu weiden. Sie aber warten auf eine weitere Zermürbung Deutschlands und glauben, daß der große Katzenjammer, der am Schluß der militärischen Kampagne zu erwarten ist, wenn kein Friede kommt, der psychologische Augenblick für die Durchsetzung ihrer Machtansprüche sein wird. So wohltuend es auch ist, daß der Reichstag sich gegenwärtig selbst ausschaltet, vom Standpunkt des Parlamentarismus ist es ein moralischer Selbstmord, daß er in dieser ernsten Stunde auf die Rolle des Wächters verzichtet, zu der er sich berechtigt glaubte, aber natürlich keineswegs befähigt ist.

Aber auch die gegenwärtige Reichsleitung kann in dieser Stunde die Verbesserung unserer Weltstellung nicht herbeiführen. Sie hat in den entscheidenden Augenblicken des Krieges geschwiegen, als ihre Worte Taten gewesen wären.

In diesem Augenblick des Interregnums hat die Krone noch einmal Gelegenheit, zu handeln, ohne Druck von unten. Sie kann aus freiem Entschluß eine Regierung berufen, welche die Reichstagsmajorität lahmlegt, ihr die hauptsächliche Waffe im voraus aus der Hand schlägt, indem sie selbst als der führende Faktor auftritt, den das deutsche Volk in der Stunde der Not herbeisehnt.

Was muß der Kanzler einer solchen Regierung tun?

1. Er und sein Ministerium dürfen kein Wort von Frieden reden, sondern müssen alle Hilfsquellen der Nation zur Abwehr der tödlichen Gefahr aufrufen. Sie müssen keinen Zweifel daran lassen, daß sie Nachgiebigkeit gegen den feindlichen Abermut ablehnen und entschlossen sind, gegen ihn den Krieg länger fortzusetzen. Ohne daß sie es ausdrücklich sagen, müßten ihre ganzen Worte klingen wie eine Absage an diejenigen Elemente in Deutschland, die durch herausfordernde Kriegsziele den feindlichen Willen zum Durchhalten gestärkt haben,

ebenso wie an diejenigen Elemente in Deutschland, die durch würdelose Friedensbeflissenheit zur Festigung der feindlichen Heimatfronten beigetragen haben. Sie müßten die Verlogenheit der Feinde an den Pranger stellen.

Das deutsche Volk konnte es allenfalls gelassen ertragen, daß die halbe Welt einen moralischen Bannfluch gegen seinen guten Namen schleuderte, solange wir in der Lage waren, den Feinden ihre Unverschämtheit mit blutigen Niederlagen heimzuzahlen. Heute aber, wo wir auf eine schwere Defensive beschränkt sind, heißt es mehr denn je, den Kampf ums Recht aufnehmen und unseren guten Namen in der Welt herstellen.

2. Die erste Maßnahme der neuen Regierung hätte die Durchsetzung des Wahlrechts zu sein, dann müßte die Zusammenberufung des Reichstages in einem Augenblick erfolgen, wo er noch seine Ferienerholung genießt. Der neue Mann würde ihn mit einer großen Kampfrede eröffnen:

Kein Friede ohne eine Niederlage des feindlichen Übermutes.

Die Gefahr ist groß, aber wenn alle helfen, wird sie bestanden werden.

Der U-Bootkrieg müßte in die richtigen Proportionen gerückt werden: nicht der entscheidende Faktor, wohl aber der furchtbar bedrohliche Faktor für die Feinde.

Kein Ton des leichtfertigen Optimismus darf anklingen.

3. Man möge nicht glauben, daß ein Drittes übrigbleibt: die Militärdiktatur. Wenn Deutschland nicht in seiner Regierung die Führer auf dem Wege zum Verständigungsfrieden sieht, dann bricht unsere Heimatfront rettungslos zusammen, ob allein durch passiven Widerstand, gegen den keine Unterdrückung fruchtet, ob in revolutionärer Form, das tut hier nichts zur Sache. Es bleibt uns nur die Wahl zwischen den zwei anderen Möglichkeiten:

Entweder überlassen wir es den Herren Erzberger und Scheidemann, Ende des Monats sich als Führer zum Verständigungsfrieden anzubieten und angenommen zu werden, oder die Krone stellt diese Führer selbst aus der Mitte von Männern, deren Prestige es ihnen im In- und Ausland gestattet, das Wort Frieden heute nicht in den Mund zu nehmen und dennoch die Friedensatmosphäre in Feindesland sichtbar zu stärken.

Die Wahl kann nicht zweifelhaft sein."

Wir waren mitten in diesen Erörterungen, als Conrad Haußmann eintraf (7. September).[246] Ich hatte ihn gebeten, mich in St. Blasien aufzusuchen, um mir über die parlamentarische Situation zu berichten. Er kam eben aus der Schweiz.

Bei unseren früheren Unterredungen hatte die natürliche Heiterkeit seines glücklichen Temperamentes überwogen. Mit künstlerischem Behagen pflegte er von dieser oder jener Aktion zu sprechen, die er eingeleitet hatte.

Heute erschreckte mich sein Ernst und seine Eindringlichkeit. Aus seinen Worten klang ein Vorwurf: Seine ganze Politik basiere darauf, daß der Kaiser rechtzeitig aufgeklärt würde und rechtzeitig handle. Ich hätte immer die Parole ausgegeben: Nur keine parlamentarische Krise. Krisen fielen den Soldaten auf die Nerven. Naumann und er hätten dauernd in diesem Sinne gewirkt. Was aber, wenn der Kaiser die Realitäten nicht erführe? Dann wäre es ja tausendmal besser, man sorgte jetzt für die Einberufung des Hauptausschusses und verfrühte planmäßig die Krisis, die panikartig ausbrechen würde, sowie ein Unglücksfall einträte, sei es an der deutschen Front oder in Österreich.

Ich fragte Haußmann, wie seine Fraktion und die übrigen Majoritätsparteien meinem Namen und meinem Programm gegenüberständen. Er erwiderte: „Meine Partei wird den Prinzen Max von Baden mit dem Programm, das ich bestimmt von ihm erwarte, einmütig unterstützen. Das ist meine sichere Vermutung ... Die Sozialdemokratie wird den Abgang Hertlings als Erlösung empfinden und Ihnen zustimmen, wenn das Regierungsprogramm so ist, daß der Eintritt von einem oder zwei Vertretern der Sozialdemokratie in die Regierung erwartet und verlangt werden kann. Das Zentrum wird, wenn der Bruch mit Hertling sich nicht verletzend vollzieht und ein anderes Mitglied des Zentrums in die Regierung einzieht, zum großen Teil hinter der Politik Eurer Hoheit stehen ... In der Bevölkerung wird der Wechsel als großes Ereignis hoffnungsvoll begrüßt werden ... "

---

[246] Vgl. Haußmann, Schlaglichter, S. 211 ff.

Dann aber stellte er die Frage: Welche Freiheit der neue Kanzler gegenüber dem Kaiser und gegenüber der Heeresleitung haben würde? Ich erwiderte ihm, daß ich ohne diese Freiheit das Amt des Kanzlers nicht annehmen würde, daß ich mir aber die gleiche Unabhängigkeit gegenüber dem Reichstag sichern müßte. Drei Vertreter der Majoritätsparteien wollte ich in führenden Ämtern haben. Ich sei jedoch ein Gegner des französischen Parlamentarismus, der nur Deputierte als Minister dulde. Auf die Mitarbeit der Beamten und Männer aus freien Berufen wollte ich nicht verzichten. Ferner könnte ich keine Einmischung der Legislative in die Exekutive zulassen, wie sie unter Michaelis versucht und gelungen sei. Als die Mitarbeiter aus dem Parlament, die ich mir wünschte, nannte ich v. Payer, v. Rechenberg und Ebert. Herrn v. Kardorff hatte ich als Chef der Reichskanzlei im Auge, und Herrn Haußmann selbst dachte ich als parlamentarischen Unterstaatssekretär des Auswärtigen Amtes zur intimen Mitarbeit heranzuziehen.

Haußmann bekannte sich zu einer organischen Entwicklung unseres Regierungssystems und lehnte die schematische Nachahmung westlicher Einrichtungen ab. Heute würde mein Programm und meine Person freudig begrüßt werden, hoffentlich auch noch in drei Wochen; aber der Drang der Unruhe sei groß. Die Dinge trieben zu einer Entwicklung, in der ein rein parlamentarisches System gefordert werden und man nur noch die Wahl haben würde zwischen einem Ministerium Fehrenbach oder einem Ministerium Scheidemann.

„Wenn Hoheit das Kanzleramt in diesen Formen und mit diesen Absichten übernimmt, so kann ich die Milderung des parlamentarischen Systems, die in der fürstlichen Person des Kanzlers liegt, aus bester Überzeugung mitmachen und unterstützen. Wenn die Kombination scheiterte oder Mißerfolg hätte, dann weiß ich nicht, ob nicht im Dezember oder Januar die schroffe Forderung eines rein parlamentarischen Systems ein wichtiges Mittel zur Beeinflussung der Weltstimmung und des Friedens werden könnte."

Mit denkbarer Entschiedenheit stimmte Haußmann meinem auswärtigen Programm zu: „Kein Friedensangebot, sondern Kriegszielproklamierung und Aufruf zur nationalen Verteidigung." Er stützte unsere Auffassung durch zwei wichtige Dokumente, die er aus der Schweiz mitgebracht hatte.

Das eine war ein Brief von Hermann Stegemann vom 27.August 1918:

„Die Ereignisse, die heute im Rückzug der deutschen Armee auf Cambrai-St. Quentin gipfeln, lagen von der Entwicklung vorgezeichnet, als Fochs Angriffsmassen, ins Zentrum der Bewegung manövriert, am 18. Juli zum Gegenstoß aus der Flanke übergehen konnten. Es hat keinen Zweck, zu fragen, wie es zu dieser strategischen Wendung kommen konnte, doch wird man sich darüber klar sein müssen, daß die Wiederherstellung der strategischen Lage auf rückwärtigen Linien eine Vorbedingung der weiteren kriegerischen Abwicklung und daß die deutsche Heeresleitung ihrer ganzen, großen gedanklichen Konzentrationskraft und Kombinationsgabe bedarf, um diese entsagungsvolle Aufgabe durchzuführen.

Andererseits bedarf die politische Leitung des Deutschen Reiches einer klaren Einsicht in die militärische Lage, um den Krieg, der sich mehr und mehr der militärischen Vehandlungs- und Betrachtungsweise und der Schwertführung entzieht, aus drohender ‚Verewigung' zu erlösen und um ihrerseits die Offensive auf die Hörner zu nehmen.

Ich halte nämlich eine große politische Offensive für absolut notwendig, und zwar eine Offensive, die dem Feinde die politischen Argumente, die seinen Kriegswillen über das rein Militärische hinaus zum Völkerwollen gesteigert haben, aus den Händen nimmt. Die deutsche Staatsleitung ist gegenüber dem kampffähigen Gegner stets in der politischen Defensive geblieben, während die Heeresleitung sich richtig und bis zur Kühnheit schrankenlosen Angriffsgeistes auf die Offensive verlegt hat. Politische Offensive heißt nichts anderes, als endlich Klarheit in der belgischen Frage schaffen, die als stärkstes Agens auf England und Amerika wirkt – ob mit Recht oder Unrecht ist gleichgültig – und sich dem Gegner, mit den politischen Schutzwaffen angetan, entgegenstellen, die er selbst so meisterlich zu tragen und zu spiegeln versteht. In diesem Sinne ist eine Erklärung, daß Belgien kein Faustpfand sein soll, daß Brest-Litowsk nur ein Rahmen ist, in dem sich die Staatsgebilde des Ostens nach eigener Wahl gestalten sollen, ist endlich eine Einkleidung des Deutschen Reiches in moderne Staatsformen weder ein Verzicht, noch eine Schwächung Deutschlands, sondern ein Kriegsmittel, wie es schärfer und entwaffnender nicht gedacht werden kann. Es würde die Liberalen Englands, die Doktrinäre Amerikas, die Freunde, die Deutschland in Neutralien zählt, aus einer Befangenheit erlösen, in die sie der Bann dieses Krieges zum Unheil der Welt geschlagen hat.

Ich begründe mit diesen Zeilen alte Forderungen neu, weil die Kriegslage eine neue Formulierung erheischt. Daß ich sie so und immer wieder anders begründen kann, zeugt vielleicht stärker für ihre Richtigkeit als die Entwicklung, die mir leider nur allzusehr recht gegeben hat. Eine große politische Tat kann Deutschland erlösen und – wie immer sie auch aufgenommen werde – unter

Umständen auch der deutschen Heeresleitung die wahre Freiheit des Handelns ... (unleserlich), aber zugeschnitten auf ihr eigenstes Gebiet wiedergeben."

Das zweite Zeugnis war die Niederschrift über ein Gespräch, das Stegemann am 24. August 1918 mit Oberst v.Wattenwyl geführt und dem Haußmann beigewohnt hatte. Die Quintessenz wurde folgendermaßen gezogen:

Die Zahl der Gefangenen sei schon am 25. August über 100 000 Mann, die Zahl der verlorenen Geschütze 4000.

Die U-Boote hätten keinen einzigen amerikanischen Truppentransport versenkt.

Eine strategische Offensive kein Ziel, da weder an den Vorstoß zum Kanal noch an die Einnahme von Paris, noch an die Aufrollung der gegnerischen Front gedacht werden könne.

Eine taktische Offensive hätte Wert, um die rückwärtigen Linien frei wählen zu können, was jetzt nicht möglich sei, da die Druckoffensive zu nah sei, um die Freiheit des Handelns [zu ermöglichen].

... Es sei die Absicht Nordamerikas, die ganze Vogesenfront zu besetzen und dort bis Frühjahr eine so starke Überzahl zu sammeln, daß Nordamerika Elsaß-Lothringen erobern und Frankreich „schenken" könne. Deshalb denke Nordamerika an den Frieden im nächsten Jahr, in dem es als Sieger auftreten könne, während Frankreich heuer „siegen" wolle.

Militärisch frage es sich, wie groß die Reserven Ludendorffs und wie ihr Geist sei. Bray sei nur von der 27. württ. Division gehalten worden, sonst wäre eine Katastrophe eingetreten, weil der Punkt von entscheidender Wichtigkeit gewesen sei. Die anderen deutschen Truppen seien damals alle gewichen. Wenn Ludendorff nicht neue gute Truppen und nicht neue Ideen habe, so wäre der Rückzug an die Maaslinie das Richtigste vom rein militärischen Standpunkt aus.

Der Vorstoß an die Marne und die Operation bei Reims seien der erste große Fehler Ludendorffs gewesen. Diese Offensive in ihrer Vortragung sei fehlerhafter als das zu weite Vorgehen am 4. bis 7. September 1914 gewesen. Jetzt sei Foch geradezu zu der Gegenoffensive gegen die beiden deutschen Keile gezwungen und eingeladen worden, nachdem er zur

Deckung zwischen diesen nicht tief gestaffelten Keilen große Truppenmassen versammelt habe.

Die Zerstörung der höchst gefährlichen Sturmwagen könne nicht mit ihrer Herstellung Schritt halten; eine einzige amerikanische Fabrik stelle alle 20 Minuten einen Wagen fertig.

Es müsse gelingen, die Schlacht auf rückwärtigen Linien auf einige Wochen oder Monate zum Stillstand zu bringen. Erst dann sei eine politische Hauptaktion rätlich, weil der Stillstand die Hoffnungen der Entente enttäusche. Bei einem Frieden von heute – wenn nicht Ludendorff neue Truppen habe – sei ganz Elsaß-Lothringen verloren, in einem Frieden in drei Vierteljahren auch das linke Rheinufer. Die politische Leitung muß genau fragen, was die militärische noch vorhabe.

Das war ein böses Bild unserer Lage.

Die Heimatfront in Gefahr.

Die Schlachtfront wird halten, aber nur, wenn daheim nichts passiert, und die Soldaten die Hoffnung bekommen, die Regierung führt den Weg zum Frieden.

Nur unser Programm konnte den Riß im Volke schließen. Ich war nun einmal der Fahnenträger unserer Richtung geworden und mußte mich jetzt einsetzen, Umwege wurden mir in diesem Augenblick empfohlen, sie waren mir zuwider. Auch war kein Tag zu verlieren.

Kein Mensch, der bei Sinnen war, konnte glauben, daß ich aus Ehrgeiz handelte.

Ich war mir deutlich bewußt, daß meine Kenntnisse und Erfahrungen für die nötige Detailarbeit nicht genügten; aber ich hatte Bundesgenossen, die mich stützen und ergänzen würden.

Mein Name und mein Programm würden in Feindesland sprengen und in der Heimat sammeln. Ich hoffte, den versiegenden Strom der Freiwilligkeit neu zu beleben. Ich traute mir zu, Lansdowne in die Schranken zu rufen, das Wahlrecht durchzukämpfen, die Majorität, die heute führen wollte, in eine loyale Gefolgschaft zu verwandeln, die Vaterlandspartei in eine nicht minder loyale Opposition.

Die Feinde würden Mühe haben, mich als nichtverhandlungsfähig darzustellen im gegebenen Augenblick, wenn der Ausgang ihrer Offensive sie enttäuschen sollte.

Ich erwog, ob nicht andere Vertreter unserer Richtung besser geeignet wären. Meine Stimme trug weiter, das lag nicht an meiner Person, sondern an meiner gehobenen Stellung.

Ich schrieb an den Kaiser und stellte mich ihm zur Verfügung. Ich schilderte die tödliche Gefahr, so wie ich sie in diesen Tagen erkannte, und fügte Dokumente bei, die überzeugen mußten. Mein Programm faßte ich so zusammen:

Eine neue breite Basis muß geschaffen werden, die, von der Vaterlandspartei bis tief in die Sozialdemokratie hineinreicht.

Ich würde mir getrauen, diese Basis zu finden. Meine Sympathien wären mit den Alldeutschen, wenn sie den Sieg forderten, aber gar nicht, wenn sie durch provokatorische Kriegszielforderungen die feindliche Widerstandskraft stärkten und damit den Sieg erschwerten. Mit patriotischen Männern der Mehrheitsparteien verbände mich die Erkenntnis der Notwendigkeit, daß ein großes Volk Menschheitsziele in seinen nationalen Willen aufnehmen müsse. Aber ich lehnte die Friedensbeflissenheit ab, mit der die Reichstagsmajorität durch Vortäuschung deutscher Schwäche ebenfalls den feindlichen Kriegswillen gestärkt hätte. Ohne die Überbrückung der Gegensätze könne keine nationale Erhebung zustande kommen. Die Berufung der neuen Regierung würde kaum den Frieden bringen; aber den deutschen Krieg erleichtern und den feindlichen erschweren.

Ich sprach dem Kaiser von der letzten Chance der deutschen Monarchie, ihre Autorität zu wahren:

„Es handelt sich um die letzte Chance des monarchischen Gedankens überhaupt. Im Osten ist er elend zusammengebrochen, in den westlichen Demokratien ist schon längst kein Raum mehr für den freien Entschluß einer führenden Persönlichkeit.

„Die Staatsmänner der Entente sind nicht in der Lage, nach eigenem Gewissen, entgegen den Volksleidenschaften und Stimmungen, schwerwiegende

Entschlüsse zu fassen, sie müssen immer warten, bis sich eine allgemeine Zustimmung hinter ihre Einsicht stellt.

„Das ist anders in Deutschland. Die monarchische Tradition ist noch so stark im Volke, daß heute eine rettende Tat des Kaisers, selbst wenn sie den Reichstag verblüfft und überrascht, ja gerade weil sie verblüfft und überrascht, im Volk dankbar begrüßt werden würde."

Der Kaiser antwortete mir am 11. September:

„Ich danke Dir von Herzen, ich empfinde tief Deine selbstlose Treue und Deine freundschaftliche Gesinnung, unsere Ansichten sind in der Grundlage übereinstimmend, in diesem Sinne arbeite ich und sind von mir alle Weisungen gegeben und die Vorbereitungen getroffen. Zur Zeit kann anderes nicht in Aussicht genommen werden."

Mit treuen Grüßen
Wilhelm."

Achtes Kapitel

Verzögerte Entschlüsse

(Zweite Hälfte September 1918)

Die Spannung des September war kaum zu ertragen. Wir standen hilflos vor dem sich vollendenden Unglück der Nation, das zu wenden noch in Menschenkraft gelegen hätte. Man erwachte jeden Morgen mit der Sorge: Was ist passiert? Und atmete am Abend auf, daß Front und Bündnisse gehalten hatten. Man klammerte sich an jede Hoffnung, die noch Spielraum zu geben schien. Würde sich der Übermut der Feinde nicht überschlagen? Ich hörte: General Pershing forderte Rückkehr Deutschlands zu den Zuständen, wie sie vor 1870 waren.

Von den Majoritätsparteien kam bessere Kunde: die ehrgeizigen Elemente dringen nicht durch, eine starke Gegenströmung macht ihnen zu schaffen, die mit Rücksicht auf die militärische Lage jede Krisis vermeiden will. Die Führung Erzberger-Scheidemann würde angenommen werden, aber ohne Begeisterung, als etwas, das besser ist als Führerlosigkeit. Selbst unter den Sozialdemokraten würde ein Aufatmen zu spüren sein, wenn die Krone das Prävenire spielte.

Ich erhielt aus Berlin Mitteilung über ein Gespräch mit einem sozialdemokratischen Führer, das die widerstreitenden Stimmungen der Partei scharf beleuchtete und geeignet war, Sorge und Hoffnung zugleich hervorzurufen. Der Abgeordnete besprach die Zukunft der Regierung Hertling und ging die folgenden Möglichkeiten durch:

1. Die Regierung Hertling nimmt unser Programm an: Verzicht auf Personalunionspläne im Osten und ebenso jede westliche Annexion, sofortige Wahlrechtsreform, Abschaffung des Artikel 9.
Dann haben wir keine Handhabe, Hertling zu stürzen. Daß einer von uns dann in die Regierung eintritt, ist allerdings unwahrscheinlich. In eine schlechte Firma geht man nicht gern hinein; wir sind Hertlings müde.

2. Hertling macht Schwierigkeiten und die Mehrheit stürzt ihn. Die Folge wäre die parlamentarische Regierung mit Erzberger und Scheidemann. In dem Fall wäre ja Fehrenbach der logische Reichskanzler. Er würde die Sache auch wahrscheinlich besser machen als die meisten anderen. Heute würden wir noch Solf nehmen, nach semer jüngsten Rede, und uns auch mit Brockdorff-Rantzau zufrieden geben.

3. Hertling versucht vorzubeugen und ein Koalitionsministerium von Westarp bis Scheidemann zu bilden. Wir würden uns nicht beteiligen, sondern in Opposition gehen und auf unsere Zeit warten, die sicher kommen wird. Wir haben heute einen starken Rückhalt im Volk, auch bei den Soldaten. Die Männer da oben, und wir allerdings auch, müssen dann noch durch viele schmerzliche Erfahrungen hindurch. Als Deutscher hasse ich es, das Wort auszusprechen, aber: dann muß es eben noch schlimmer kommen.

Mein Berichterstatter sprach dem sozialistischen Führer von einer vierten Möglichkeit: Nehmen wir einmal an, die Krone ergreift die Initiative, das Wahlrecht kommt, mit dem deutlichen Beweis, daß der Wille des Kaisers dahinter steht, ein neuer Kanzler wird berufen, der sich grundsätzlich mit der Reichstagsmajorität einigt, würden Sie dann in sein Ministerium einen Sozialdemokraten schicken?

Die Antwort lautete:

„Ich bin durch die Erfahrungen dieses Krieges sehr skeptisch geworden. Haben Sie schon jemals in der Geschichte gesehen, daß Monarchen rechtzeitig zur Einsicht kommen? In Augenblicken, wo die Anzeichen der Gefahr sich schon melden, wo aber die Krone durch eine freie Initiative noch alles retten kann, wird ihr immer von ihrer Umgebung gesagt werden: Nun aber fest bleiben. Die Gefahr erfordert eine starke Hand. Nur nicht nachgeben, sonst geht alles verloren. So ist noch jede Regierung ins Verderben getaumelt, die sich vor der Revolution gefürchtet hat.

„Glauben Sie mir, auch die Hohenzollern von heute handeln nur, wenn es zu spät ist. Man wird die Dinge treiben lassen, bis die Ereignisse stärker werden als die Menschen.

„Es wäre das erstemal in der Weltgeschichte, daß vorausschauende Staatskunst den Wagen auf der schiefen Ebene aufgehalten hätte."

„Aber wenn nun der neue Mann doch ernannt würde und träte mit einem überzeugenden Programm vor den Reichstag, würde dann Ihre Partei bereit sein, an der Verantwortung teilzunehmen?"

Der Parteiführer bejahte ohne Zögern: Wir würden unsere ganze Kraft einsetzen, damit die Pläne unserer Feinde zuschanden werden, denn wir wissen ganz genau, daß Deutschland verloren ist, wenn die Entente siegt.

Auch andere Nachrichten bestätigten mir, daß bei rechtzeitiger, vertrauenerweckender Führung durch die Krone die patriotischen Sozialdemokraten nicht für den Plan zu haben wären, auf dem Weg der Krisen die Macht des Parlaments zu erweitern.

Aber ich sagte mir, die Krone muß rasch zuschlagen. In einer Woche würde der Interfraktionelle Ausschuß zusammentreten, was heute noch eine Initiative ist, wird dann als Kompromiß mit parlamentarischen Machtansprüchen erscheinen, noch später als ein Angstprodukt und in ein paar Monaten als eine Kapitulation des Monarchen.

Ich war nahe daran, die ernsten Worte des sozialdemokratischen Führers Seiner Majestät zur Kenntnis zu bringen, aber ich unterließ es schließlich aus dem Gefühl heraus, nach dem Telegramm des Kaisers meinen Rat nicht aufs neue anbieten zu können.

Leider kam auch – durch ein Mißverständnis – eine Unterredung nicht zustande, die zwischen dem Abgeordneten Ebert und mir vereinbart war.

Da erfolgte am 14. September das österreichische Friedensangebot an alle feindlichen Mächte. Herr v. Hintze hatte den „Schrei des Ertrinkenden" nicht hindern können, der nun das verdiente Echo fand. Reuter meldete schon am nächsten Tage als Ansicht der amtlichen Stellen in Washington: Österreich-Ungarn ist am Zusammenbruch. Man könne nur eine Antwort geben: „Gewalt bis zum Äußersten, Gewalt ohne Begrenzung und Beschränkung." Auch England verhielt sich natürlich ablehnend, aber es war bezeichnend, daß Balfour ein glattes Nein nicht wagte. Er schob Deutschland die Verantwortung zu: Payer hätte nichts von Entschädigung Belgiens gesagt:

„Bis die Führer in Deutschland, das Hauptquartier, der Kaiser, der Kanzler und der Reichstag, bereit seien, ihre Absichten klar zu formulieren und eine Lösung zu suchen, die übereinstimme mit dem, was die Alliierten im Interesse des

Rechts, der Zivilisation und des Friedens für nötig hielten, sind Erörterungen fruchtlos."

Der Interfraktionelle Ausschuß begann am 21. September seine Besprechungen. Conrad Haußmann hat mir kurz vor seinem Tode seine Aufzeichnungen über diese Sitzungen zur Verfügung gestellt, und ich muß heute bekennen, daß ich den Majoritätsparteien bitter Unrecht getan hatte, als ich den Kaiser Anfang September vor ihnen warnte: sie würden unsere Notlage ausnutzen, um Friedensresolutionen zu machen und parlamentarische Machtansprüche zu befriedigen. Wer die Notizen Haußmanns sieht, muß zu dem Urteil kommen:

Die Abgeordneten sehen die Wirklichkeit der Situation, die Notwendigkeit eines Regierungswechsels, die Pflicht, die Bedürfnisse der Armee voranzustellen, auch den Interessen der Partei und der Personen. Aber die Herren drängt weder Ehrgeiz noch besondere Eignung zur großen Verantwortung: sie warten ungeduldig auf die Initiative von Krone und Regierung. Sie wollen nur herangezogen werden und fordern deshalb, daß man auch parlamentarische Vertreter in die Regierung berufe. Das Zentrum will ausdrücklich das Wort „Parlamentarisierung" vermeiden. Trimborn sagt am 23. September 1918:[247] „Wir wollen nicht, daß die ‚Parlamentarisierung' mit diesem Wort als Forderung aufgenommen wird. Man läßt solche Sachen sich ‚organisch entwickeln' ... Wir können nicht vor aller Welt erklären: wir haben uns ‚bekehrt'." Aber die Abschaffung des Artikels 9 kann man sich noch nicht einigen. Im Zentrum sind nach wie vor starke Widerstände.

Die Sozialdemokraten wollen nicht in ein Ministerium Hertling eintreten; sie erklären sich bereit, an einer neuen Regierung teilzunehmen, aber sie denken nicht daran, die Führung zu übernehmen. Sie bringen ein Opfer. Das klingt deutlich aus Eberts Worten:

„Es ist ein gewagtes Spiel für unsere Partei, wenn wir eintreten. Aber wir könnten nicht in das Ministerium Hertling eintreten. Der Kredit Hertlings ist so restlos aufgebraucht, das ist unser aller Überzeugung, daß unser Opfer nichts für den Frieden nützt. Ich habe erst gestern einen der größten Kaufleute von

---

[247] Für die Verhandlungen des Interfraktionellen Ausschusses in jenen Tagen vgl. Haußmann, a. a. O., S. 217 ff.

Hamburg gesprochen, der mir sagte, daß Hertling kein Vertrauen im In- und Ausland hat. Wir haben gar keinen festen Kandidaten."

In den ganzen Verhandlungen vom 20. bis zum 23. September taucht nicht ein einziges Mal der Name eines Mannes auf, den der Interfraktionelle Ausschuß oder auch nur eine Partei auf den Schild erheben will. Auch die Entschlossenheit zur Negative, zum Sturz Hertlings, ist nicht vorhanden. Man hält seine Position für unhaltbar, aber Hertling selbst soll sehen, daß er nicht bleiben kann. „Wir wollen keine Ministerstürzerei," sagt Haußmann. Das Zentrum hält noch äußerlich an Hertling fest. Gröber und Herold wohl auch innerlich. Aber auch dem rechten Flügel ist es lieber, Hertling geht, als daß die Sozialdemokraten draußen bleiben. Gröber geht so weit, zu sagen: „Ich wünsche, daß die Sozialdemokraten in die Regierung eintreten. Wenn das der Sinn der Parlamentarisierung ist, so sind wir auch dafür."

Man will die Mitverantwortung der Sozialdemokraten mehr noch um des Krieges als um des Friedens willen. Immer wieder kommt das Wort „Ministerium der nationalen Verteidigung" vor, es wird zum Programm.

„Die Sorge der Ententevölker vor Tauer des Krieges und Glücksumschlag muß durch den entschlossensten militärischen Widerstand vermehrt werden," so darf Haußmann die allgemeine Stimmung zusammenfassen.

Niemand wagt von einem Friedensangebot zu sprechen. Der Abgeordnete Fischbeck sagt:

„Wir müssen den entscheidenden Wert auf eine starke Regierung legen; die bekommen wir nur, wenn die Arbeitervertreter in der Regierung sind."

Die Sozialdemokraten, Parteiausschuß und Reichstagsfraktion tagten am 23. September und beschlossen, in eine neu zu bildende Regierung unter bestimmten Bedingungen einzutreten; es sind dies sechs Punkte, und sie verdienen eine sorgfältige Analyse:

Uneingeschränktes Bekenntnis zu der Entschließung des Reichstags vom 19.Juli 1917 mit der Bereitschafterklärung, einem Völkerbund beizutreten, der auf der Grundlage der friedlichen Verhandlung aller Streitfälle und der allgemeinen Abrüstung beruht.

Dieser Schritt war in unserer Lage unvermeidlich.

Vollkommen einwandfreie Erklärung über die belgische Frage, Wiederherstellung Belgiens, Verständigung über Entschädigung, ebenso Wiederherstellung Serbiens und Montenegros.

Punkt 2 bleibt noch hinter der Bethmann Hollwegschen Erklärung vom 4. August 1914 zurück: „Wir haben ein Unrecht getan und wollen es wieder gutmachen.",

Die Friedensschlüsse von Brest-Litowsk und Bukarest dürfen kein Hindernis für den allgemeinen Friedensschluß sein; sofortige Einführung der Zivilverwaltung in allen besetzten Gebieten, demokratische Volksvertretungen sind alsbald zu begründen.

Solfs Erklärung: „Der Brest-Litowster Friede ist nur ein Rahmen" hatte unserer Politik bereits diese Richtung gewiesen.

Autonomie Elsaß-Lothringens, für alle deutschen Bundesstaaten allgemeines, gleiches, geheimes und unmittelbares Wahlrecht. Der preußische Landtag ist aufzulösen, wenn nicht das gleiche Wahlrecht unverzüglich aus den Beratungen des Herrenhausausschusses hervorgeht.

Die Forderung nach der Auflösung des Landtages ist maßvoll formuliert; dem Herrenhaus soll eine Chance gegeben werden, die Auflösung zu vermeiden.

Sofortige Aufhebung aller Bestimmungen, durch die die Versammlungs- und Pressefreiheit eingeschränkt wurde; die Zensur darf nur auf rein militärische Fragen angewandt werden, Fragen der Kriegsstrategie und Taktik, Truppenbewegungen, Herstellung von Kriegsmaterial. Einrichtung einer politischen Kontrollstelle für alle Maßnahmen, die auf Grund des

Belagerungszustandes verhängt werden, Beseitigung aller militärischen Institutionen, die der politisehen Beeinflussung dienen.

Die hier verlangte Neuordnung des Belagerungszustandes entsprach im wesentlichen auch den Absichten des Grafen Hertling und den Wünschen der meisten Bundesregierungen.

Ein Punkt bot Schwierigkeit:

Einheitlichkeit der Reichsleitung, Ausschaltung unverantwortlicher Nebenregierungen, Berufung von Regierungsvertretern aus der Parlamentsmehrheit oder aus Personen, die der Politik der Parlamentsmehrheit entsprechen. Aufhebung des Artikels 9 der Reichsverfassung; die politischen Veröffentlichungen der Krone und der Militärbehörden sind vor ihrer Veröffentlichung dem Reichskanzler mitzuteilen.

Die Aufhebung des Artikels 9[248] widersprach dem bundesstaatlichen Charakter, aber bei den föderativen Bindungen des Zentrums konnte man da vielleicht noch bremsen. Bedeutsam war, daß die Sozialdemokraten nicht eine parlamentarische Regierung forderten nach französischem Muster, sie wollten nicht nur Reichstagsabgeordnete in die Regierung bringen. Mit keinem Wort wird ein Anspruch darauf erhoben, daß die einzelnen Koalitionsparteien entsprechend ihrem Stärkeverhältnis an der Regierung beteiligt sein wollen. Keine Rede von einer Initiative des Reichstags bei der Auswahl der Personen.

Am 24. September trat der Hauptausschuß zusammen. Die Parteien und die Presse der Mehrheit zeigten keine Spur von Panikstimmung. Jeder, der sprach, war erfüllt von unserer heiligen Not und ungeduldig, zu helfen, soweit es in seiner Kraft stand. Die sachliche Kritik war frei von Gehässigkeit.

Theodor Wolff gab im „Berliner Tageblatt" eine gute Parole aus:

---

[248] Artikel 9: Jedes Mitglied des Bundesrates hat das Recht, im Reichstag zu erscheinen und muß daselbst auf Verlangen jederzeit gehört werden, um die Ansichten seiner Regierung zu vertreten, auch dann, wenn dieselben von der Majorität des Bundesrates nicht adoptiert worden sind. Niemand kann gleichzeitig Mitglied des Bundesrates und des Reichstags sein.

In Tagen wie denjenigen, die wir erleben, muß und wird das Volk zeigen, daß es nicht in schwächlicher Nervosität und Zerfahrenheit, sondern mit ruhiger, kraftvoller Überlegung auf seinem schweren Wege weitergeht.

Graf Hertling überraschte am 26. September durch eine Rede, in der er die Beschwerden über die Handhabung des Belagerungszustands aus den sozialdemokratischen Forderungen herausgriff und die Klagen der Parteien zu einem erheblichen Amfang anerkannte. Er versprach Abhilfe – entweder

Teilung der bisher den militärischen Instanzen zugewiesenen Aufgaben zwischen „diesen und den in Friedenszeiten berufenen bürgerlichen Behörden"'– oder

„die Einfügung ausreichender bürgerlicher Elemente in die letztlich zur Entscheidung berufenen militärischen Stellen".

Die Majoritätsparteien wurden durch dieses Entgegenkommen in Verlegenheit gebracht. Das Zentrum fühlte sich außerstande, gegen Hertling etwas zu unternehmen, nachdem seine Absicht, zu bleiben, deutlich geworden war.

Da schlug am gleichen Tage die Nachricht ein: Bulgarien hat sich an den Feind gewandt, unter dem Eindruck der schweren militärischen Bedrängnis zwischen Wardar und Czerna ermächtigte Malinow den Generalissimus des Feldheeres, dem Oberbefehlshaber der Ententeheere in Saloniki die Einstellung der Feindseligkeiten vorzuschlagen und Verhandlungen mit dem Ziele des Waffenstillstands und eines Abschlusses des Friedens einzuleiten.

Am Abend dieses Tages brachte der Heeresbericht die ersten Angaben über die neue große Offensive Fochs:

„In der Champagne und zwischen den Argonnen und der Maas haben auf breiter Front französisch-amerikanische Angriffe nach elfstündiger Feuervorbereitung begonnen. Der Durchbruch des Feindes ist bereitelt. Der Kampf um unsere Stellung dauert an." (Tagesbericht vom 26. September 1918.)

Haußmann erkannte, daß keine Minute mehr verloren werden durfte. In dieser Situation wollte er weniger denn je eine vom Parlament ertrotzte Lösung; auch wußte er, daß die Parteien sich nicht rasch genug einigten, wenn es galt, blitzschnell zu handeln. So schrieb er am 26. September 1918 in seiner Verzweiflung an Oberst v. Haeften:

> „Kostbare Zeit' ist verronnen. Was heute geschieht, geschieht unter dem Druck des Abfalls des Bundesgenossen, der dem Vorläufer Burian folgt und sein Schrittmacher ist. Die Wirkung auf unsere Heimat und Front wird tief sein. Die Resignation und der Radikalismus wird Grundstimmung, fassungsloser Siegesjubel der Entente wird sich noch steigern.
>
> Soll nicht das Schlimmste – Kopflosigkeit – eintreten, so muß die furchtbare Ära der Bedenklichkeiten aufhören, vom politischen Handeln abzuhalten. Es muß versucht werden, nach einheitlichem Plan zu arbeiten. Weder die Oberste Heeresleitung noch die Krone dient den wichtigsten Interessen durch die Sorge vor ‚Parlamentarisierung' – denn diese ist vielleicht der letzte Wall.
>
> Graf Hertling war seit Wochen keine Kraftquelle; es wird keine Spur von Hoffnung ausgehen von der Fortdauer seiner Kanzlerschaft.
>
> Prinz Max war gestern, wie vor einem Jahr, eine große Chance und ein Ausgleich. Ob er es morgen noch ist, weiß ich nicht. Heute kann er retten, was zu retten ist. Aber jedenfalls muß blitzschnell gehandelt werden, weil in der Schnelligkeit ein Wille erkannt wird. Seine Vollmachten müssen weitgehend sein. Über Paragraphen darf man sich nicht aufhalten. Selbst die Minuten sind kostbar für Volk und Hohenzollern. Wir wissen, um was es geht, und wie groß der Schaden der Unterlassungen und der Nichtrechtzeitigkeit ist. Das Volk sollte gleichzeitig mit der niederdrückenden Kunde die Kunde von einer Mehrheitsregierung mit den zur Verteidigung antretenden Sozialdemokraten unter einem sympathischen Kanzler erhalten. Es ist das letzte Mittel eines weisen Arztes." [249]

Er ging dann noch am Abend zu Haeften voll Vorwürfen gegen sich und andere, die das Unheil hatten kommen sehen:

„Wir waren zu bedächtig und glaubten, daß die richtigen Gedanken, von uns geäußert, in den anderen weiter arbeiten werden, anstatt daß wir die anderen an der Brust packten und in Bewegung setzten, z. B. Sie, Herr

---

[249] Nach Haußmann, Schlaglichter, S. 223 f.

Oberst, Ihren Chef, so" [250] und dabei ergriff er ihn am Rock und schüttelte ihn.

Die Verhandlungen im Hauptausschuß am 26. und 27.[251] brachten nicht die von Haußmann gefürchtete Kopflosigkeit. Aber die Erregung war groß und die Kritik schonungslos.

Herr v. Hintze versuchte noch Hoffnungen auf eine günstige Wendung in Sofia zu erwecken:

Malinow hätte nicht in Verbindung mit dem König, mit der Obersten Heeresleitung und dem Parlament gehandelt, sondern in einer plötzlichen Kopflosigkeit auf eigene Faust die Friedensaktion unternommen. In der Tat sei auch noch nicht die Delegation abgereist, man spüre in der bulgarischen Bevölkerung eine Reaktion gegen den Friedensschritt des Kabinetts Malinow. Beträchtliche Truppenmengen von uns und den Österreichern ständen bereits in Bulgarien, um die bulgarischen Armeen aufzuhalten und zum Stehen zu bringen.

Scheidemann nannte den Optimismus des Staatssekretärs unbegreiflich und beschwor ihn, sich über die Lage um Gottes willen nicht zu täuschen.

In acht Tagen könnten in diesem Saale schon Arbeiter- und Soldatenräte sitzen. Das ist die einzige nervöse Wendung, die sich in diesen Verhandlungen nachweisen läßt.

Erzberger gibt eine angebliche Äußerung des österreichischen Ministerpräsidenten Hussarek wieder: Bulgarien gehe nach Haus, die Türkei werde sich anschließen und dann könne Österreich auch nicht mehr weiter.

Der neuernannte Staatssekretär des Reichsmarineamts, Ritter v. Mann, vermag durch seine Darlegungen keine Beruhigung zu schaffen. Der Neubau der U-Boote hätte bisher nur geringe Überschüsse über die Zahl der vernichteten erzielen können. Jetzt aber würde eine Besprechung mit

---

[250] Ebenda S. 224.
[251] Nach Berichten des braunschweigischen Gesandten Boden. Vgl. ferner Deutscher Geschichtskalender, herausgegeben von Frd. Purlitz, Vom Waffenstillstand zum Frieden von Versailles, S. 29.

der Obersten Heeresleitung für die Freigabe der nötigen Arbeitskräfte die Grundlage schaffen, und dann könnte bis 1920 die genügende Anzahl von U-Booten vorhanden sein, so daß er noch immer daran glaube, der U-Bootkrieg werden den Ausschlag im Kriege geben. – Auf diese Worte erhebt sich zorniger Schmerz. Noske nennt es niederschmetternd, daß erst jetzt an die Auseinandersetzung mit der Obersten Heeresleitung gedacht werde; Gothein spricht von einer furchtbaren Enttäuschung; Erzberger erklärt, der Mangel an U-Booten sei die vernichtendste Anklage gegen Tirpitz und Capelle. Auch Gamp findet die Vernachlässigung der Marine durch die Oberste Heeresleitung „kaum glaublich".

Im Laufe des 28. kam es zu einer programmatischen Einigung im Interfraktionellen Ausschuß. Die wichtigsten Ergebnisse waren:

Die Reichsregierung wird gebeten, die führenden Mitglieder des elsaß-lothringischen Landtages nach Berlin zu berufen, um mit ihnen die Grundlage der Autonomie für Elsaß-Lothringen zu vereinbaren.

Die Sozialdemokraten und die Fortschrittliche Volkspartei geben die Erklärung, daß sie die Aufhebung des Artikels 9,2 und 21, 2 [252] der Reichsverfassung als die Voraussetzung für die Schaffung einer starken, vom Vertrauen der Mehrheit getragenen Regierung zum Zwecke der Organisation der nationalen Verteidigung und Herbeiführung eines Verständigungsfriedens ansehen.

Die Zentrumspartei faßte ihre Sonderstellung dahin zusammen, daß sie an der Einbringung des Antrages sich nicht beteiligen, aber die Abstimmung den Mitgliedern der Fraktion freigeben werde; sie erklärt, daß der Reichskanzler nach wie vor ihr Vertrauen besitze.

Die Nationalliberalen erklärten sich einstimmig für die Aufhebung der genannten Verfassungsbestimmungen. Die Fortschrittliche Volkspartei

---

[252] Artikel 21: Beamte bedürfen keines Urlaubs zum Eintritt in den Reichstag. Wenn ein Mitglied des Reichstags ein besoldetes Reichsamt oder in einem Bundesstaat ein besoldetes Staatsamt annimmt, oder im Reichs- oder Staatsdienste in ein Amt eintritt, mit welchem ein höherer Rang oder ein höheres Gehalt verbunden ist, so verliert es Sitz und Stimme in dem Reichstag und kann seine Stelle in demselben nur durch neue Wahl wieder erlangen.

forderte in Worten, die deutlich aus der Feder Haußmanns stammen, den Rücktritt des Grafen Hertling:

„Die ... zu erhebenden Forderungen ... stehen im Widerspruch zu den Grundsätzen, die von Herrn Grafen v. Hertling während seiner politischen Laufbahn vertreten sind. Die Hochschätzung vor seiner staatsmännischen Persönlichkeit hält die Fortschrittliche Volkspartei davon ab, ihm die Durchführung eines solchen Programms anzusinnen. Sie wird dem Grafen v. Hertling für seine Tätigkeit an leitender Stelle des Reiches dauernd Dank wissen und würde ihm fernerhin dankbar sein, wenn er bei einem etwaigen Rücktritt im Staatsinteresse die Berufung einer Persönlichkeit in Vorschlag bringen wollte, die sich mit der Mehrheit des Reichstages wegen der Bildung einer Regierung auf parlamentarischer Grundlage zum Zwecke der nationalen Verteidigung und der Herbeiführung eines Verständigungsfriedens ins Einvernehmen zu setzen bereit ist."[253]

Dieser Beschluß wurde am 28. dem Reichskanzler mitgeteilt, kurz ehe er am Abend mit dem Staatssekretär v. Hintze ins Hauptquartier reiste.

Die Bedeutung der Reise des Grafen Hertling wurde in parlamentarischen Kreisen noch nicht voll gewürdigt. In der Sitzung vom 29. September wurde die Abwesenheit des Reichskanzlers bemängelt.

Graf Hertling wurde durch Herrn v. Payer, Herr v. Hintze durch Unterstaatssekretär von dem Bussche vertreten.

Ein Vertreter des Kriegsministeriums berichtete über die militärische Lage der Türkei:

Er stelle den Verlust von Aleppo in Rechnung. Deshalb müßte auf rechtzeitigen Rückzug Bedacht genommen werden, um die Abschneidung der türkischen Truppen südlich von Damaskus zu verhüten.

Die Hoffnung auf eine günstige Wendung in Bulgarien wurde preisgegeben. Dagegen suchte Herr von dem Bussche beruhigende Nachrichten über Wien und Konstantinopel glaubhaft zu machen:

---

[253] Nach Haußmann, a. a. O., S. 228.

Man schätze in Wien das Ausscheiden Bulgariens nicht so hoch ein. Hussarek habe dem Grafen Wedel gegenüber aufs bestimmteste betont, Österreich bleibe fest beim Bündnis. – Der Großwesir habe dem deutschen Geschäftsträger erklärt, daß der Bestand des gegenwärtigen Kabinetts und sein, Talaats, Verbleib an der Spitze, in keiner Weise gefährdet seien.

Dieser Optimismus löst Entrüstung bei den Abgeordneten aus. Stresemann behauptet, ganz andere Nachrichten aus Österreich zu haben. Dr. David geht so weit, zu sagen, die Äußerung, daß man mit dem Ausscheiden Bulgariens rechne, es aber nicht sonderlich hoch bewerte, könne doch nur jemand getan haben, der politisch unzurechnungsfähig sei.

Der Vorsitzende des Ausschusses, Ebert, fragt die Regierung, was sie bei der Gesamtsituation zu tun gedenke:

Österreich habe ja doch, wie man aus einer Besprechung beim Staatssekretär des Äußern wisse, schon vor Wochen erklärt, es sei geschlagen und könne nicht mehr. Auf die Verbündeten sei also kein weiterer Verlaß, jeder Tag bringe uns dem Verhängnis näher. Wie beurteile die Reichsregierung die Lage und was wolle sie tun? Darüber müsse das Volk Klarheit haben.

Vizekanzler v. Payer antwortet darauf:

„... Die klar ausgesprochene Tendenz der Reichsleitung sei: wir wollen Frieden haben und tun dazu alles, was möglich ist; aber das hängt nicht nur von uns, sondern auch von unseren Gegnern ab.
„Die Situation sei sehr ernst, aber deshalb dürften wir nicht die Flinte ins Korn werfen.
„Wegen Bulgarien bleibe zur Stunde nur übrig, mit allen militärischen und diplomatischen Mitteln zu arbeiten und deren Erfolg abzuwarten.
„Ebenso heiße es in der Türkei militärisch abwarten.
„Im Westen müßten wir uns unserer Haut wehren, so gut es irgend gehe. Wir könnten keinerlei Erklärung von uns geben, wonach es uns an Kraft fehle. Dann seien wir verloren.
„Jetzt gehe es um die Verteidigung des Vaterlandes im engeren Sinne.
„Wir sind auf der Wacht, aber wir dürfen uns nicht mutlos benehmen."

Payers Standhaftigkeit gibt der Sitzung das Gepräge.

Ebert erwidert:

Er habe allein die furchtbare Wirkung dieser Situation auf das Volk im Auge. Deshalb müsse man wissen, was die Reichsleitung denke, ob sie gerüstet sei, das Volk zusammenzuhalten, wenn der ganze Ernst eintrete.

Abgeordneter Noske:

Er und überhaupt die Sozialdemokratie sei weit entfernt von vollem Pessimismus. Wir hätten einen Frieden um jeden Preis noch nicht notwendig, er halte es vielmehr für möglich, daß wir noch leidlich aus der Sache herauskämen, aber wogegen er Front mache, sei der fortgesetzte Optimismus der Regierung.

Über diese Sitzung des Hauptausschusses berichtet der braunschweigische Gesandte Boden abschließend an seine Regierung:

„Faßt man die Haltung zusammen, die der Reichstagsausschuß in den Verhandlungen dieser Tage zu erkennen gegeben hat, so kann man ihm wirklich nicht Kleinmut und Verzagtheit vorwerfen, sondern er hat bis zu den Sozialdemokraten herunter erkennen lassen, daß er alles tun will, um die Situation zu halten und der Kriegführung zu geben, was ihr nottut. Auch unangebrachte Nörgelei kann man ihm nicht zum Vorwurf machen, sondern wenn man die Beschwerden und Anklagen des heutigen Morgens ehrlich würdigen will, so wird man leider sagen müssen, daß der Reichstag mit seiner Kritik über das Versagen unserer diplomatischen Berichterstattung und über die Fehler in der Führung des U-Bootkrieges ebenso recht hat wie mit seinen nun auch vom Reichskanzler anerkannten Klagen über die Handhabung des Belagerungszustandes."

Ich kann dieses Urteil nur bestätigen und erhärten, möchte nur darauf hinweisen: auch unter dem Eindruck der bulgarischen Katastrophe und unserer eigenen tödlichen Gefahr sprang im Parlament kein Wille auf, die Lage aus eigener Kraft zu meistern. Wollte die Majorität jetzt Deutschlands Geschick in die Hand nehmen, so mußte sie einen Führer aus ihrer Mitte stellen. Die Herren aber bitten nur die bestehenden Gewalten, ja bitten sie geradezu stehentlich, die geeigneten Maßnahmen zu ergreifen, um das Verhängnis abzuwenden.

Am 30. September früh wird der Rücktritt des Grafen Hertling bekannt, der Kaiser begleitet ihn mit einem Erlaß, der die „Revolution von oben" einleiten sollte; ein unseliges Wort, das im Hauptquartier gefallen war.

„Euer Exzellenz haben mir vorgetragen, daß Sie sich nicht mehr in der Lage glauben, an der Spitze der Regierung zu verbleiben. Ich will mich Ihren Gründen nicht verschließen und muß mit schwerem Herzen Ihrer weiteren Mitarbeit entsagen. Der Dank des Vaterlandes für das von Ihnen durch Übernahme des Reichskanzleramtes in ernster Zeit gebrachte Opfer und die von Ihnen geleisteten Dienste bleibt Ihnen sicher. Ich wünsche, daß das deutsche Volk wirksamer als bisher an der Bestimmung der Geschicke des Vaterlandes mitarbeite. Es ist daher mein Wille, daß Männer, die vom Vertrauen des Volkes getragen sind, in weitem Umfange teilnehmen an den Rechten und Pflichten der Regierung. Ich bitte Sie, Ihr Werk damit abzuschließen, daß Sie die Geschäfte weiterführen und die von mir gewollten Maßnahmen in die Wege leiten, bis ich den Nachfolger für Sie gefunden habe. Ihren Vorschlägen hierfür sehe ich entgegen.

Großes Hauptquartier, den 30. September 1918.

gezeichnet: Wilhelm I. R.

gegengezeichnet: Dr. Graf von Hertling."

Dieser Erlaß drängte Personen und Parteien auf den Weg der Begehrlichkeit. „Ich bitte Sie, Ihr Werk damit abzuschließen, daß Sie die Geschäfte weiterführen und die von mir gewollten Maßnahmen in die Wege leiten, bis ich den Nachfolger für Sie gefunden habe." Mit diesem Satz wurde das Parlament dazu eingeladen, über die Zusammensetzung der neuen Regierung zu beraten, ehe ihr Führer berufen war. In allen demokratisch regierten Ländern des Westens hat der Premierminister freie Hand bei der Auswahl seiner Mitarbeiter. Durch diese Einleitung der „Revolution von oben" wurde der Führergedanke preisgegeben.

Herr v. Payer[254] und Graf Roedern treten an Stelle des Grafen Hertling sofort in Verhandlungen mit den Parteiführern. Graf Roedern

---

[254] Vgl. auch für das folgende Payer, Von Bethmann Hollweg bis Ebert, Frankfurt a. M. 1923, S. 91 ff.

versucht noch für den Gedanken eines Koalitionsministeriums, das von den Sozialdemokraten bis zu den Konservativen reicht, zu werben. Er dringt aber nicht durch. Die Majorität will nicht – in erster Linie aus außenpolitischen Gründen – daß die Rechte in der Regierung vertreten ist.

Die Besprechungen im Interfraktionellen Ausschuß am 30. September, vor allem aber am 1. Oktober, geben ein vollständig verändertes Bild. Man vermißt das Gefühl für die Würde des Augenblicks.

Am 27. hatte die feindliche Offensive ihre Angriffsfront weiter ausgedehnt in Richtung auf Cambrai. Am 28. schloß sich ein gewaltiger Vorstoß in Flandern an.

Am 29. war die Hindenburg-Linie in ihren stärksten Abschnitten eingedrückt. Die schweren Kämpfe waren noch nicht zu Ende und die Armee ürchtete den Durchbruch wie nie zuvor. In Berlin aber wird den ganzen Tag über parlamentarisiert, und die Wünsche steigern sich von Stunde zu Stunde.

Bezeichnend für die neue Wendung ist die Haltung des Zentrums: Gröber verabscheute bisher das Wort Parlamentarisierung. Nun stellt er im Namen seiner Partei die grundsätzliche Forderung auf, daß die Fraktionen der Mehrheit im Verhältnis zu ihrer Stärke an der Regierung beteiligt sein müßten. Vergeblich sucht Haußmann zu bremsen: Wir können nicht diktieren, wer in die Regierung hinein soll.

Nach Schluß der Interfraktionellen Sitzung vom 30. September – spät am Nachmittag – verhandelt Herr v. Payer noch weiter. Da weiß sich Conrad Haußmann wieder keinen anderen Rat, als den Oberst v. Haeften zu Hilfe zu rufen: Die Krone müßte sofort einen Kanzler präsentieren, Payer verhandle im Auftrag Hertlings immerfort über die Zusammensetzung der Regierung und frage die Parteien nach ihren Wünschen. „Diese Methode bringt die Krone unter den Schlitten."

Haeften ging sofort zu Herrn v. Payer in den Reichstag und fragte ihn, ob er selbst geneigt wäre, das Reichskanzleramt zu übernehmen. Payer verneinte es. Auf die Frage, wen er für geeignet hielte, antwortete er: Prinz Max von Baden. Sie kamen überein, man dürfe mit der Entscheidung nicht länger zögern, der Mann müsse nach Berlin, der die neue Regierung bilden solle. Payer bat Haeften, in diesem Sinne an das

Hauptquartier zu telephonieren und die Zustimmung der Obersten Heeresleitung zur Kandidatur des Prinzen Max herbeizuführen.

Als Haeften den General Ludendorff am Telephon erreicht hatte, war der Feldmarschall bei ihm. Die beiden Heerführer sprachen sofort das erbetene Einverständnis aus. Haeften erhielt Auftrag, am folgenden Tage so früh wie möglich Herrn v. Berg, den Chef des Zivilkabinetts, zu verständigen, der gerade vom Hauptquartier nach Berlin unterwegs war.

Am Morgen des 1. Oktober wurden die Parteiführer Ebert, Fischbeck und Gröber zu Herrn v. Berg gebeten. Inzwischen gehen die Verhandlungen im Interfraktionellen Ausschuß weiter. Es wird – so sagt Haußmann[255] – die Besetzung der einzelnen Stellen und Verteilung unter die Parteien „in wenig glücklicher und sympathischer Weise" diskutiert:

„Die Zahl der vorhandenen Stellen muß festgestellt werden."

„Wir erheben Anspruch auf die Stelle des Vizepräsidenten, falls die Stelle wieder neu besetzt wird."

„Dann würde ein Mann unserer Partei als Dritter hinzutreten."

„Wir erheben Anspruch auf eine erste Stelle."

„Wir würden uns Mösle als Unterstaatssekretär anrechnen lassen."

„Reichskolonialamt Solf, aber anrechnen lassen."

Bewegung kam in die Beratungen und Berechnungen durch die Berichte, die Ebert, Fischbeck und Gröber über ihren Besuch beim Chef des Zivilkabinetts erstatteten: Berg hatte erneut zu einem Koalitionsministerium geraten. „Sie sind nicht allein auf der Welt." Nach einem vergeblichen Vorstoß für Bülow, der allerdings bei dem Kaiser kein Vertrauen hatte, war von Herrn v. Berg Prinz Max von Baden vorgeschlagen worden. Die vom Zivilkabinett präsentierte Kandidatur brachte den Interfraktionellen Ausschuß in Abwehrstellung, nur die Fortschrittler traten für mich ein.

Ich war seit einigen Tagen bei meiner Schwester, der Herzogin von Anhalt, in Dessau zu Besuch. Am Vormittag des 1. Oktober wurde ich im

---

[255] Nach Haußmanns Notizen; vgl. ferner Haußmann, a. a. O., S. 231 ff.

Auftrag des Herrn v. Berg angerufen, ich sollte sofort nach Berlin kommen.
Das Programm, das ich vertreten wollte, wurde skizziert. Ich setze die Kernsätze her:

> „Kein Friedensangebot – wohl aber deutlichste Proklamierung der Kriegsziele, die große Zugeständnisse an die Feinde enthalten können, dagegen
> Betonung der absoluten Entschlossenheit, bis zum Tode zu kämpfen, wenn entehrende Bedingungen gestellt werden."[256]

---

[256] Andere wesentliche Stellen der Niederschrift lauteten:
„Es handelt sich darum, die ganze Lösung der Krisis unter dem einen Gesichtspunkt vorzunehmen: Den Weg zum Frieden frei zu machen. Innere Gründe fordern einen neuen Geist, einen Wechsel des Systems, einen Wechsel der Menschen. Diese inneren Gründe aber treten zurück hinter der einen Aufgabe: Durch die Lösung dieser Krisis den feindlichen Kriegswillen zu schwächen und den feindlichen Friedensparteien die Plattform zu geben, auf die sie warten …
Folgendes sind die Mächte, die heute trotz des Siegesrausches der Entente zum Frieden drängen:
1. Das Zurückschrecken vor dem fünften Kriegswinter („Der Kriegswille hält nicht durch
    einen fünften Winter voller Blut und Schlamm." „Common Sense" vom 14. September);
2. Angst in England vor dem Ersatz der englischen Tonnage durch die amerikanische;
3. Angst vor dem Übergewicht Amerikas innerhalb der angelsächsischen
    Welt;
4. Angst vor dem amerikanischen Siege im nächsten Jahre und vor der
    salomonischen Richterrolle Wilsons;
5. Angst vor der industriellen Unruhe …

Es bedarf folgender Methoden, um an den Verhandlungstisch zu kommen:
Einmal der Niederringung der moralischen Widerstände, die gegen uns stehen. Unter diesem Gesichtspunkt haben die Personen ausgewählt zu werden. Es gibt heute für uns keine andere Plattform als den Frieden des Rechts. Diese Plattform muß uns heute gegen die Gewaltforderungen der Entente schützen (Elsaß-Lothringen usw.). Wir müssen die feindlichen Regierungen vor ihren Völkern ins Unrecht setzen. Wenn aber diese Plattform des Rechts von Männern aufgenommen wird, die früher Briey, Longwy und die flandrische Küste gefordert haben oder diesem Standpunkt durch Schweigen Konzessionen gemacht haben, als wir siegten und hofften, einen Gewaltfrieden diktieren zu können, dann haben es die feindlichen Regierungen leicht, die neue Plattform als bloßes Zeichen der Schwäche und als Unaufrichtigkeit zu diskreditieren.

Ich nahm von meiner Schwester Abschied mit den Worten: „Ihr könnt von mir alles eher erwarten als ein Friedensangebot."

Wir müssen eine Regierung von Männern bilden, von denen es dokumentarisch feststeht: daß sie diesen Frieden des Rechts auch im Augenblick unserer größten Siege erstrebt haben; ...
Unter diesen Gesichtspunkten haben wir die Namen des neuen Ministeriums zusammenzustellen:
Payer, Ebert, Rechenberg, Zunck, Schwander, Solf [oder Brockdorff-Rantzau), Gothein Harnack, Dernburg, Naumann, Haußmann, Fürst Hohenlohe."
In die Reichskanzlei dachte ich zu berufen:
Rosenberg, Simons, Kardorff.
Als Pressechefs:
Rohrbach, Deutelmoser zu verwerten.
Es wäre falsch, aus prinzipiellen, parteipolitischen und Gründen der Auslandswirkung den Fachverstand auszuschalten, der sich bewährt hat und für technische Fragen unentbehrlich ist. Die Technik muß in gewissen Ressorts auch von den leitenden Ministern und nicht nur von den Nachgeordneten Beamten gekannt werden. Zu diesen unentbehrlichen Ministern gehören: Graf Roedern, Hergt, Freiherr v. Stein, Breitenbach, Eisenhardt-Rothe, Drews.
...
Die Regierung hat nun eine Reihe von heilenden Handlungen zu vollziehen, die gerade, weil sie von diesem Ministerium ausgehen, eine große Überzeugungskraft in der Welt haben würden:
Die Anerkennung der belgischen Frage als eine Rechtsfrage mit der notwendigen Konsequenz, daß Deutschland bereit ist, Belgien zu entschädigen.
Einleitung einer Initiative der elsaß-lothringischen Volksvertretung zur Herbeiführung der Autonomie. Hier kommt außerordentlich viel auf die Regie an, daher Haußmanns Sonderauftrag.
Ehrliche Randstaatenpolitik, saubere Interpretierung des Brest-Litowsker Friedens. Rahmen, der auszufüllen ist. Die Ausfüllung: Prüfung des Volkswillens in den besetzten Gebieten in Formen, die das Rechtsgefühl der Welt befriedigen.
Zu diesem Zweck: Schaffung demokratischer Volksvertretungen, Selbstbestimmung; vor allem aber jetzt saubere Arbeit, besonders was Personenfragen anbetrifft – geeignete humane Persönlichkeiten, Zurückziehung der Militärverwaltung, keine dynastischen Lösungen.
Forderung, daß die Schuldfrage nach dem Kriege einer internationalen Kommission überwiesen wird, Forderung, daß die Greuelbeschuldigungen der Völker schon jetzt einer internationalen Kommission überwiesen werden."

Druck:
Canon Deutschland Business Services GmbH
im Auftrag der KNV-Gruppe
Ferdinand-Jühlke-Str. 7
99095 Erfurt